工商管理优秀教材译丛

经济学系列

国际经济学基础

[美] 多米尼克·萨尔瓦多（Dominick Salvatore）著

第 3 版

高峰 译

Introduction to International Economics Third Edition

清华大学出版社
北京

Dominick Salvatore
Introduction to International Economics, 3rd edition
EISBN：978-1-118-09232-3
Copyright © 2012 by John Wiley & Sons, Inc.
Original language published by John Wiley & Sons, Inc. All Rights reserved.
本书原版由 John Wiley & Sons, Inc. 出版。版权所有，盗印必究。
Tsinghua University Press is authorized by John Wiley & Sons, Inc. to publish and distribute exclusively this Simplified Chinese edition. This edition is authorized for sale in the People's Republic of China only (excluding Hong Kong, Macao SAR and Taiwan). Unauthorized export of this edition is a violation of the Copyright Act. No part of this publication may be reproduced or distributed by any means, or stored in a database or retrieval system, without the prior written permission of the publisher.
本中文简体字翻译版由 John Wiley & Sons, Inc. 授权清华大学出版社独家出版发行。此版本仅限在中华人民共和国境内（不包括中国香港、澳门特别行政区及中国台湾地区）销售。未经授权的本书出口将被视为违反版权法的行为。未经出版者预先书面许可，不得以任何方式复制或发行本书的任何部分。

北京市版权局著作权合同登记号　图字：01-2012-7859

本书封面贴有 Wiley 公司防伪标签，无标签者不得销售。
版权所有，侵权必究。举报：010-62782989，beiqinquan@tup.tsinghua.edu.cn。

图书在版编目（CIP）数据

　　国际经济学基础：第 3 版／（美）萨尔瓦多（Salvatore, D）著；高峰译. —北京：清华大学出版社，2013
（2024.2重印）
　　书名原文：Introduction to International Economics
　　ISBN 978-7-302-31664-0

　　Ⅰ. ①国… Ⅱ. ①萨… ②高… Ⅲ. ①国际经济学－教材 Ⅳ. ①F11-0

中国版本图书馆 CIP 数据核字（2013）第 042895 号

责任编辑：王　青
封面设计：常雪影
责任校对：宋玉莲
责任印制：杨　艳

出版发行：清华大学出版社
　　　　网　　址：https://www.tup.com.cn, https://www.wqxuetang.com
　　　　地　　址：北京清华大学学研大厦 A 座　　　　邮　　编：100084
　　　　社 总 机：010-83470000　　　　　　　　　　邮　　购：010-62786544
　　　　投稿与读者服务：010-62776969, c-service@tup.tsinghua.edu.cn
　　　　质量反馈：010-62772015, zhiliang@tup.tsinghua.edu.cn
印 装 者：三河市君旺印务有限公司
经　　销：全国新华书店
开　　本：185mm×260mm　　　　印　张：22.75　　　　字　数：538 千字
版　　次：2013 年 4 月第 1 版　　　　　　　　　　　　印　次：2024 年 2 月第 5 次印刷
印　　数：11501～11700
定　　价：69.00 元

产品编号：046722-03

前 言
国际经济学基础（第3版）
Introduction to International Economics

　　本书旨在通过大量实例研究引导学生进入国际经济学领域,告诉学生学习国际经济学的重要性和相关性。本书解释了国际经济的运行机制,它能给国家和人民带来哪些好处,以及全球经济面临的主要问题。所有这些都以清晰、接近现实的方式讲解,没有多少经济学背景的学生也可以很容易地理解。本书是适用于一个学期课程的国际经济学教材,针对的是那些只上过一两门经济学原理课程的本科生。全新的第3版保留并强化了之前版本的成功之处。

当前国际经济面临的挑战

　　本书对国际经济学的理论和原则进行了简洁而全面、及时且清晰的探讨。这些理论和原则对于理解、评价并解决当前美国与世界所面临的重要问题都是绝对必要的。这些问题包括：

　　1. 在经历"二战"以来最为严重的全球金融危机和经济衰退（2008—2009年）后,美国和大多数其他发达国家经济复苏缓慢,高失业问题依然存在,且财政预算赤字居高不下、难以为继。

　　2. 世界经济的全球化、快速的技术变革以及日益强化的国际竞争造成美国和其他发达国家大范围的企业规模缩减和就业岗位的不稳定,采取限制贸易的举措以试图（徒劳地）保护本国企业和就业免受外国竞争的趋势在日益增强。

　　3. 资本市场的全球化导致汇率波动、金融环境日益动荡和政府对国内货币控制的进一步弱化。发展中国家和发达国家频频出现的金融与经济危机威胁着整个国际货币体系的稳定性。

　　4. 美国的低储蓄率和超额贸易赤字,欧洲居高不下的结构性失业,日本缓慢的经济增长,以及中东欧转轨经济国家经济结构改造的不充分,使世界贸易与世界经济的增长趋缓,并导致大量的贸易争端。

　　5. 许多发展中国家的极度贫穷以及愈演愈烈的国际间不平衡,向当今世界提出了严肃的道义、政治和发展难题。

　　6. 资源匮乏、环境恶化和气候变化对全球经济的可持续发展形成巨大威胁。

第3版新增加的内容

　　在第1章,一些新的小节被加入进来以反映不断深化的经济全球化问题。1.6节进行了较大的调整,指出今天的美国和全球正在面临的主要国际经济（贸易和金融）问题,与此同时,第16章相关的讨论也作了较大修改,探讨如何解决这些问题。

世界经济的迅速全球化给大多数国家带来了巨额收益,但是也使得很多国家面临更大的挑战,例如一些贫穷国家并不能从全球化中获益,而美国和其他发达国家则需面对来自新兴市场国家,尤其是中国的日益强劲的竞争。本书新加的一些小节和案例研究对这些议题进行了讨论。

美元与欧元汇率以及美国巨额且难以持续的贸易赤字在近期成为新闻的焦点。本书的一些章节和案例研究从理论与实践的角度对美国贸易赤字、贸易保护主义和汇率之间的关系进行了详尽探讨。

除了会对国际贸易和国际竞争造成影响外,世界经济的持续全球化以及国际资本市场的自由化进一步削弱了政府对国家经济和金融事务的控制能力。与此同时,国际宏观经济政策协调还不够充分,不足以应对全球金融市场唇齿相依所带来的潜在问题和挑战。

本书的第3版还对全球经济严重的结构性失衡进行了深入分析,并对解决这些失衡问题的各种可选政策进行了评价。当今世界经济中主要的结构性失衡问题包括:美国巨额的贸易和预算(双)赤字;美国和欧洲的高失业率;日本的经济低迷;中东欧经济转轨国家的经济结构改造不够充分;来自中国的竞争对发达国家和发展中国家形成挑战;新兴市场经济国家发生金融和经济危机的危险;世界贫困问题;资源匮乏;环境恶化。所有这些议题在这一版中都有所涉及。

案例研究的数量有所增加,加入了很多新的案例,并对原有的案例进行了更新。

每章后的网址作了更新和扩展,给出了可获得与每一章所讨论议题相关的数据、信息和分析的重要网址和链接,指导学生如何获取和使用互联网上丰富的信息资源。

本书的网站也进行了更新和扩展,提供更多的例子、案例、知识点以及可以通过网络解答的问题和习题。

第3版新增的和完全重写的小节包括:我们生活在全球经济中;全球化的挑战;劳动力与资本的国际流动;国际组织与世界经济;外包、离岸外包及对全球化的恐惧;近期的全球金融危机。所有其他小节的内容也进行了调整和更新。

新增的案例研究包括:不同国家的相对资源禀赋与比较优势;世界上最具竞争力的经济体;20国集团(G20)成员国在2009年和2010年实施的反倾销措施;美国经常项目余额与国际投资净头寸的恶化;美元的有效汇率和美国经常项目余额;全球金融危机和"大衰退";主要工业化国家间的贸易失衡。

更新的国际贸易和国际金融数据贯穿全书,反映了全球贸易和金融的新发展。

全书的结构

本书共分为6个部分。第1部分(第2～4章)介绍贸易理论(如贸易基础和贸易所得);第2部分(第5～6章)介绍贸易政策(如贸易壁垒及其效应);第3部分(第7～9章)考察经济一体化、经济发展和国际资源流动;第4部分(第10～12章)介绍一国国际收支平衡的衡量方法、外汇市场和汇率的决定;第5部分(第13～14章)考察开放经济宏观经济学或国内经济与世界其他经济体的相互关系;第6部分(第15～16章)考察当前国际货币体系的运作情况。在典型的国际经济学课程中,老师可能会跳过第3部分,只留下其他的12章和第1章绪论,从而一周讲授一章。

学生须知

各章节都采用同一个实例来讨论含义相同的基本概念,这是本书的一大特色。例如,从第2章至第6章(讨论贸易理论与政策)所使用的图表与计量模型是相同的。这使学生不必每次都学习一个新实例,从而大大减轻了负担。

实例与图表中所使用的实际数值是按比例来表现的。这使概念和理论更具体、更易接受,而且更恰当,图表也更易于阅读和理解。

全书有很多案例。这些实际的案例研究显示了国际经济学的重要性以及与现实的相关性。

每章均按数字排列划分,方便查阅。所有的图表均在文中有详细解释,并在标题下做了简单归纳。

每章都包括下列内容:

学习目标(learning objectives)指出每章最重要的内容,方便学生学习。

重要术语(key terms)各章的重点术语以黑体列出,并附有英文。全书最后附有全部重要术语总表。

本章小结(summary)回顾了每一章的重要内容。

复习题与练习题(review questions and problems)要求学生进行运算或对某一特定事件做出解释。

附录(appendices)难度超过正文中内容的材料在附录中提供。

参考书目(selected bibliography)包括对文中所涉及问题最具参考价值的详细书目。

互联网(Internet)每章结尾都提供数据资料、信息和每章议题分析的链接与网址,可使学生接触并使用互联网中丰富的信息资源。

此外还有:

网站(web site)提供更多的例子、案例、知识点及可以通过网络解答的问题和习题。为反映国际经济中重要的新进展,我们会不断对网站进行更新。

教师须知

教师手册,由作者提供。它包括各章教学目标和授课建议,各章后问题的答案,每章一套共15道多项选择题和答案,以及各章的附加问题和附加的文章。

测试题库,由犹他迪克西州立学院的 Munir Mahmud 教授编写,包括超过50道多选题和额外的简答题。方便教师出测试题的电子版题库也可获得。

每章的 PowerPoint,由科罗拉多大学的 Dale Deboer 教授提供。

目 录

国际经济学基础(第3版)
Introduction to International Economics

第1章 绪论 1
  1.1 我们生活在全球经济中 2
  1.2 全球化的挑战 2
  1.3 国际贸易与一国的生活水平 5
  1.4 劳动力与资本的国际流动 7
  1.5 国际经济学的主要问题 9
  1.6 当前的国际经济问题和面临的挑战 9
    1.6.1 "大衰退"后发达经济体的缓慢增长和高失业率 10
    1.6.2 迅速全球化背景下发达国家的贸易保护主义 10
    1.6.3 汇率的过度波动和失衡 10
    1.6.4 发达经济体的结构失衡和转型经济体的重组问题 11
    1.6.5 许多发展中国家的深度贫困 11
    1.6.6 资源困乏、环境恶化、气候变化和不可持续发展 11
  1.7 国际组织与世界经济 11
    1.7.1 世界贸易组织(WTO) 11
    1.7.2 世界银行 12
    1.7.3 国际货币基金组织 12
    1.7.4 联合国 12
  1.8 本书的结构 12
  本章小结 13
  复习题与练习题 14
  附录 国际贸易数据和其他信息来源 14
  参考书目 18
  网址 19

第1部分 国际贸易理论

第2章 比较优势 23
  2.1 引言 24
  2.2 重商主义者的贸易观点 24
  2.3 基于绝对优势的贸易：亚当·斯密 26

2.4　基于比较优势的贸易：大卫·李嘉图 27
2.5　比较优势下的贸易所得 28
2.6　考虑货币的比较优势 29
2.7　比较优势与机会成本 31
2.8　固定成本下的生产可能性曲线 32
2.9　机会成本与相对商品价格 34
2.10　固定成本下的贸易基础与贸易所得 34
本章小结 35
复习题与练习题 36
附录　多种商品和多个国家情形下的比较优势 37
参考书目 39
网址 39

第3章　标准贸易模型 41

3.1　引言 42
3.2　成本递增条件下的生产可能性曲线 42
3.3　边际转换率 43
3.4　社会无差异曲线 44
3.5　孤立均衡 45
3.6　成本递增条件下的贸易基础与贸易所得 46
3.7　贸易条件下的均衡相对价格 47
3.8　贸易条件 48
3.9　专业化、贸易与去工业化 50
本章小结 52
复习题与练习题 53
附录　贸易条件下的均衡相对商品价格与贸易条件 54
参考书目 58
网址 58

第4章　赫克歇尔—俄林和其他贸易理论 59

4.1　引言 60
4.2　要素禀赋和赫克歇尔—俄林理论 60
4.3　正式的赫克歇尔—俄林模型 61
4.4　要素价格均等化与收入分配 63
4.5　对赫—俄模型的经验检验 65
4.6　规模经济和国际贸易 66
4.7　基于产品差异的贸易 68
4.8　技术差距与产品生命周期模型 70

4.9　运输成本与国际贸易 ………………………………………………………… 72
　4.10　环境标准与国际贸易 ………………………………………………………… 74
本章小结 ………………………………………………………………………………… 75
复习题与练习题 ………………………………………………………………………… 76
附录　特定要素模型和产业内贸易模型 ……………………………………………… 77
参考书目 ………………………………………………………………………………… 80
网址 ……………………………………………………………………………………… 80

第 2 部分　国际贸易政策

第 5 章　贸易壁垒：关税 …………………………………………………………… 85
　5.1　引言 ……………………………………………………………………………… 86
　5.2　关税的种类 ……………………………………………………………………… 86
　5.3　关税对小国的影响 ……………………………………………………………… 88
　5.4　消费者和生产者剩余的关税效应 ……………………………………………… 89
　5.5　小国征收关税的成本和收益 …………………………………………………… 90
　5.6　大国征收关税的成本和收益 …………………………………………………… 93
　5.7　最优关税和报复关税 …………………………………………………………… 95
　5.8　关税结构理论 …………………………………………………………………… 95
本章小结 ………………………………………………………………………………… 98
复习题与练习题 ………………………………………………………………………… 99
附录　利用提供曲线分析最优关税和报复关税 ……………………………………… 99
参考书目 ………………………………………………………………………………… 100
网址 ……………………………………………………………………………………… 101

第 6 章　非关税壁垒与保护主义的政治经济学 …………………………………… 102
　6.1　引言 ……………………………………………………………………………… 103
　6.2　进口配额 ………………………………………………………………………… 104
　6.3　其他非关税壁垒 ………………………………………………………………… 105
　6.4　倾销和出口补贴 ………………………………………………………………… 108
　6.5　保护主义的政治经济学 ………………………………………………………… 112
　6.6　外包、离岸外包及对全球化的恐惧 …………………………………………… 113
　6.7　战略贸易与产业政策 …………………………………………………………… 115
　6.8　美国的商业政策史 ……………………………………………………………… 116
　6.9　乌拉圭回合 ……………………………………………………………………… 118
　6.10　突出的贸易问题与多哈回合 ………………………………………………… 121
本章小结 ………………………………………………………………………………… 122
复习题与练习题 ………………………………………………………………………… 123

附录　用博弈论分析战略性的贸易与产业政策 ·················· 124
参考书目 ·· 125
网址 ··· 125

第3部分　国际贸易和投资

第7章　经济一体化 ·· 129
7.1　引言 ·· 130
7.2　经济一体化的各种形式 ··· 130
7.3　关税同盟中的贸易创造和贸易转移 ·································· 131
7.4　关税同盟的动态效益 ·· 133
7.5　欧盟 ·· 134
7.6　欧洲自由贸易联盟 ··· 137
7.7　美国自由贸易协议和北美自由贸易协定 ···························· 137
7.8　发展中国家经济一体化的尝试 ·· 139
7.9　中东欧与苏联地区的经济一体化 ····································· 142
本章小结 ·· 144
复习题与练习题 ·· 145
参考书目 ·· 145
网址 ··· 146

第8章　国际贸易与经济发展 ··· 147
8.1　引言 ·· 148
8.2　随着时间推移的增长和发展 ··· 149
8.3　贸易理论与经济发展 ·· 150
8.4　贸易对发展的贡献 ··· 151
8.5　贸易条件与经济发展 ·· 153
8.6　贫困化的增长 ··· 155
8.7　出口波动与经济发展 ·· 155
8.8　进口替代与出口导向 ·· 157
8.9　贸易自由化与发展中国家的增长 ····································· 158
8.10　发展中国家目前的问题与需要 ······································· 161
　　8.10.1　发展中国家的贫困问题 ······································· 161
　　8.10.2　发展中国家的外债问题 ······································· 162
　　8.10.3　发展中国家的贸易问题 ······································· 163
本章小结 ·· 164
复习题与练习题 ·· 165
参考书目 ·· 166

网址 ··· 166

第9章 国际资源流动与跨国公司 ··· 168

9.1 引言 ··· 168
9.2 对外投资的形式 ·· 169
9.3 关于国际资本流动的一些数据 ··· 169
9.4 国际组合投资的动机 ··· 171
9.5 对外直接投资的动机 ··· 172
9.6 国际资本流动对资本输入国与输出国的作用 ·································· 174
9.7 跨国公司存在的原因 ··· 176
9.8 跨国公司为其母国带来的问题 ··· 178
9.9 跨国公司在东道国产生的问题 ··· 178
9.10 国际劳工迁徙的原因及其福利效应 ··· 179
本章小结 ·· 182
复习题与练习题 ··· 183
附录 国际资本流动与移民的效应分析 ··· 183
参考书目 ·· 185
网址 ··· 186

第4部分 国际收支平衡表、外汇市场和汇率

第10章 国际收支平衡表 ··· 189

10.1 引言 ·· 190
10.2 国际收支平衡表：定义和用途 ··· 190
10.3 国际收支平衡表会计准则：借方和贷方 ··· 191
10.4 复式簿记 ·· 191
10.5 美国的国际交易 ·· 193
10.6 国际交易中的会计余额与失衡 ·· 196
10.7 度量国际收支中的赤字与盈余 ·· 196
10.8 美国战后国际收支状况 ·· 197
10.9 美国的国际投资头寸 ··· 199
本章小结 ·· 202
复习题与练习题 ··· 203
参考书目 ·· 204
网址 ··· 205

第11章 外汇市场与汇率 ··· 206

11.1 引言 ·· 207
11.2 外汇市场的功能 ·· 207

11.3 均衡汇率 ··· 210
11.4 交叉汇率、有效汇率和套利 ··· 212
11.5 汇率和国际收支平衡 ··· 214
11.6 即期与远期汇率 ··· 215
11.7 外汇期货与期权 ··· 216
11.8 外汇风险 ··· 217
11.9 套期保值 ··· 219
11.10 投机 ··· 220
11.11 利率套利 ·· 221
本章小结 ··· 223
复习题与练习题 ··· 224
参考书目 ··· 225
网址 ··· 226

第12章 汇率的决定 ·· 227

12.1 引言 ··· 228
12.2 汇率决定理论回顾 ··· 228
12.3 贸易或弹性方法 ··· 230
12.4 购买力平价理论 ··· 230
12.5 汇率的货币模型 ··· 234
12.6 汇率的资产或资产组合模型 ··· 236
12.7 汇率动态 ··· 237
12.8 汇率预测 ··· 238
本章小结 ··· 240
复习题与练习题 ··· 241
参考书目 ··· 242
网址 ··· 242

第5部分 开放经济宏观经济学

第13章 浮动汇率与固定汇率制度下的自动调节机制 ······································ 247

13.1 引言 ··· 248
13.2 浮动汇率下的调节 ··· 248
13.3 外汇市场的稳定性 ··· 250
13.4 金本位制下的固定汇率调节 ··· 253
13.5 封闭经济中的收入决定 ··· 254
13.6 开放经济中的收入决定 ··· 256
13.7 国外的反馈效应 ··· 260
13.8 吸收法 ··· 260

13.9 浮动汇率与固定汇率下自动调节的总结 ………………………………… 261
本章小结 …………………………………………………………………………… 263
复习题与练习题 …………………………………………………………………… 264
附录 金本位制下的调节：价格黄金流动机制 ………………………………… 265
参考书目 …………………………………………………………………………… 266
网址 ………………………………………………………………………………… 267

第14章 调整政策 …………………………………………………………………… 268

14.1 引言 ……………………………………………………………………………… 268
14.2 国家目标和政策 ………………………………………………………………… 269
14.3 固定可变汇率条件下实现内外部均衡的财政和货币政策 ………………… 270
14.4 固定汇率条件下货币政策对内外部均衡的影响 …………………………… 271
14.5 固定汇率条件下财政政策对内外部均衡的影响 …………………………… 272
14.6 固定汇率条件下实现内外部均衡的政策组合 ……………………………… 273
14.7 浮动汇率条件下货币和财政政策对内部均衡的影响 ……………………… 274
14.8 利用通货膨胀调整失业 ………………………………………………………… 276
14.9 现实世界中的政策组合 ………………………………………………………… 277
14.10 直接控制 ………………………………………………………………………… 279
本章小结 …………………………………………………………………………… 281
复习题与练习题 …………………………………………………………………… 283
参考书目 …………………………………………………………………………… 283
网址 ………………………………………………………………………………… 284

第6部分 国际货币体系：过去、现在和未来

第15章 浮动汇率与固定汇率、欧洲货币体系及宏观经济政策的协调 ………… 287

15.1 引言 ……………………………………………………………………………… 288
15.2 固定汇率和浮动汇率：回顾 …………………………………………………… 288
15.3 支持浮动汇率的理由 …………………………………………………………… 289
15.4 支持固定汇率的理由 …………………………………………………………… 290
15.5 最佳货币区 ……………………………………………………………………… 292
15.6 欧洲货币体系及其向货币联盟的过渡 ……………………………………… 293
15.7 欧元的诞生，欧洲中央银行和统一货币政策 ……………………………… 296
15.8 货币发行局制和美元化 ………………………………………………………… 298
15.9 可调整钉住汇率、蠕动钉住汇率和管理浮动汇率 ………………………… 300
15.10 国际宏观经济政策协调 ………………………………………………………… 302
本章小结 …………………………………………………………………………… 303
复习题与练习题 …………………………………………………………………… 304
参考书目 …………………………………………………………………………… 305

网址 ··· 306

第16章 国际货币体系：过去、现在与未来 ···································· 307

16.1 引言 ··· 308
16.2 国际货币体系的含义 ··· 309
16.3 金本位制和两次世界大战之间的经验 ···································· 309
16.4 布雷顿森林体系 ·· 310
16.5 布雷顿森林体系的运作和发展 ·· 312
16.6 美国的国际收支赤字和布雷顿森林体系的崩溃 ······················· 314
16.7 现行国际货币体系的运作 ·· 315
16.8 现行国际货币体系的问题和改革计划 ···································· 317
16.9 新兴市场经济的金融危机 ·· 319
16.10 近期的全球金融危机 ··· 322
16.11 现存的其他国际经济问题 ··· 324
本章小结 ·· 328
复习题与练习题 ·· 329
参考书目 ·· 330
网址 ··· 331

术语表 ··· 333

译后记 ··· 348

第 1 章

Introduction to International Economics

绪 论

学习目的

学完本章,你应当能够:
- 理解全球化的意义和重要性
- 理解国际贸易与一国生活水平的关系
- 理解为什么人员的国际流动(移民)与资本的国际流动也是世界经济融合与全球化的一个标志
- 描述国际经济学的主要议题
- 识别国际经济的主要问题

重要术语

全球化	globalization
反全球化运动	anti-globalization movement
相互依存	interdependence
国际贸易理论	international trade theory
国际贸易政策	international trade policy
国际收支平衡表	balance of payments
外汇市场	foreign exchange markets
调节国际收支	adjustment in the balance of payments
微观经济学	microeconomics
宏观经济学	macroeconomics
开放经济宏观经济学	open-economy macroeconomics
国际金融	international finance
世界贸易组织	World Trade Organization(WTO)
世界银行	World Bank
国际货币基金组织	International Monetary Fund(IMF)
联合国	United Nations(UN)

1.1 我们生活在全球经济中

我们生活在一个全球化的世界上。我们可以实时地通过手机、电子邮件、即时通讯、电话会议与世界上的任何一个角落联系,而且我们可以近乎神速地在全球各地旅行。偏好越来越趋于同质化(也就是说,全球越来越多的人偏爱相同的东西),而且,我们所消费的很多商品不是在国外生产,就是采用了很多进口零部件。我们所接受的很多服务也越来越多地由外国人提供,例如,纽约某家医院拍的片子在印度班加罗尔(Bangalore)进行分析,H&R Block将我们的税单送到海外处理。就连那些几十年前还只是面临本地竞争的小公司如今也必须与全球各地的企业竞争。

尽管并不像商品和服务的国际间流动那么自由,各技术层面的数百万名工人也已实现在全球各地的移动,成千上万份工作已经从发达国家转移到了印度和中国等发展中国家。

金融也已经全球化了。我们可以对位于世界任何地方的公司进行投资,可以购买几乎是来自世界任何地方的任何公司的金融工具(股票和债券)。很多养老基金事实上就在进行海外投资,只要轻点鼠标,某个金融中心的金融危机就会迅速传递到世界各地。我们可以用美元很容易、很迅速地兑换欧元以及大部分其他货币,不过我们进行货币兑换所依据的汇率往往会经常性地大幅度波动。简言之,偏好、生产、竞争、劳动力市场和金融市场正在迅速全球化,这对作为消费者、工人、投资者和投票人的我们产生了深远的影响——是的,我们生活在全球经济中(参见案例研究1-2)。

1.2 全球化的挑战

全球化(globalization)是一场革命,在范围和重要性上堪比工业革命,但工业革命发生在一个多世纪以前,而当前的全球化革命就发生在这一二十年,就在我们眼皮底下。当然,全球化并非新生事物。2000年前,罗马铸币就在罗马帝国流通,而中国的货币流通甚至更早。近代以来一共发生了三次快速的全球化:1870—1914年、1945—1980年,以及1980年至今。

1870—1914年的全球化是欧洲工业革命的结果,当时在北美(美国、加拿大)、南美(阿根廷、智利和乌拉圭)、澳大利亚和新西兰以及南非发现了一些资源丰富、人烟稀少的新大陆。这些地方涌入了主要来自英国的数以百万计的移民和大量的海外投资,成为食品和原材料的新的生产基地。这些所谓的"拓殖区"在这一时期通过向欧洲出口越来越多的食品和原材料来换取制成品得到了快速发展。现代全球化的这一阶段由于1914年第一次世界大战的爆发而终结。

快速全球化的第二阶段始于1945年第二次世界大战结束,一直持续到1980年前后。这一阶段的特点是国际贸易的迅猛增长,主要原因是美国在大萧条期间(1929年开始并持续到第二次世界大战)实施的严格的贸易保护政策被废除了。当前的全球化革命(1980年至今)与之相比的区别在于速度、深度和迫切性,而这些则源于电信和运输的极大改善、国家间取消大部分对资本流通的限制所带来的巨额国际资本流动以及世界大多数国家的参与。因此,今天的全球化与以往的全球化相比,范围更广、影响更大。2008—2009年发生的"二战"后最严重的经济与金融危机只是暂时减缓了全球化的进程。

然而,与所有的革命一样,今天的全球化既有很多好处和优势,也有一些不足甚至是有害的副作用。事实上,关于全球化的优势和不足的程度和类型存在大量争议。从海外获取更便宜和/或更好的产品和服务是否应该以牺牲国内的就业机会为代价?为什么某些国家的某些人非常富有、脑满肥肠而另一些人则穷困潦倒、食不果腹?

尽管劳动力流动通常能够实现对于劳动力更为有效的利用,但是也会造成发达国家能力较差的劳动力失业和工资水平下降,并对移出国带来负面影响(人才流失)。类似的,金融全球化和不加限制的资本流动可以实现资本在世界各地更有效率的使用,并为个人和企业提供增加回报和分散风险的机会。但这些似乎也造成了周期性的国际金融危机,例如1997年由亚洲开始波及大多数发展中国家的金融危机,以及2007年始于美国并于2008年和2009年影响到全球的次贷危机。我们真的快耗尽石油、其他矿产和水等资源了吗?世界是否将陷入气候灾难?

全球化的这些不足和负面影响使得人们不禁开始重新思考长期以来对于自由贸易的信念是否正确,并引发了大规模的**反全球化运动**(anti-globalization movement)。该运动认为全球化是造成世界各地大量人权问题和环境问题的根源,并指责其为了跨国公司的利润而牺牲全人类的福利和环境。全球化还因为世界贫困以及贫困国家的童工问题,富裕国家的就业机会减少和工资下降以及全世界的环境污染和气候变化等问题而受到诟病。虽然这些指责有一定道理,然而深入的经济分析可以表明当今世界所面临的很多严重问题都另有原因。

全球化涉及社会、政治、法律和道德等很多方面,因此经济学家需要与其他领域的社会学家、物理学家以及整个社会密切合作,才能使全球化更为人性化(也就是说,让所有的国家和人民分享其带来的好处)。全球化具有无与伦比的重要性,因为它能够提高物质资料的生产效率;全球化是不可避免的,因为我们无法逃避。但是,我们希望全球化是可持续的、以人为本的,并且最重要的是"公平"。这需要对世界的治理结构做出极大的改变。这就是人类如今以及未来10年所面临的挑战。

上述所有问题以及其他很多问题正是本书直接或间接讨论的国际经济学的议题。

案例研究 1.1

在美国销售的戴尔和其他品牌个人计算机并非美国货

总部位于得克萨斯州朗德罗克(Round Rock)的戴尔公司协调着遍及美洲、欧洲和亚洲34个国家的全球性生产网络。戴尔在美国销售的绝大部分计算机只有最后的组装是在国内完成的,而各个零部件、外设、印刷电路板和局部装配流水线则依靠国外的制造商提供。其原因是，大部分零部件在世界其他地方生产更便宜，因而进口（见表1.1）。无论高价值的零件还是价值很低的零件（如电源或键盘）都不必在戴尔的组装厂附近生产。只有一些中等价值的部件（如主板和其他印刷电路板）会在当地生产，因为空运它们以满足随时变化的需求成本太高，保持大量库存又有很高的风险，但这些部件也并不总是产自当地。2009年，惠普个人计算机中所使用的超过90%的零部件都是在美国以外的地方生产的。苹果公司的iPhone零部件几乎全都来自亚洲：显示屏来自日本，闪存来自韩国，整机组装则是在中国。苹果公司只是贡献了设计和软件，并整合了其他公司的创新成果。它的iPad零部件就来自三星和LG（韩国）、松下（日本）、博通（Broadcom，美国）、Catcher Technologies、Wintek、Simplo Technology和Novateck Microeletronics（中国台湾）以及ST Microelectronics（意大利和法国），并在中国组装。

表1.1　为戴尔个人计算机提供零部件的地区和公司

零部件	地区	公司
显示器	欧洲、亚洲	飞利浦、诺基亚、三星、索尼、宏碁
印刷电路板	亚洲、苏格兰、东欧	SCI、Celestica
驱动器	亚洲（新加坡）	希捷、Maxtor、西部数据
打印机	欧洲（巴塞罗那）	宏碁
机箱	亚洲、东欧	Hon Hai/Foxteq
附件	亚洲、爱尔兰	Hon Hai/Foxteq

资料来源：J. Dedrick and K. L. Kraemer, (2002), "Dell Computer: Organization of a Global Production Network" and "Globalization of the Personal Computer Industry: Trends and Implications," *Working Papers*, Irvine, CA: Center for Research on Information Technology and Organization (CRITO), University of California, Irvine, 2002; "The Laptop Trail," *The Wall Street Journal*, (June 9, 2005), p. 31; "Rising in the East," *The Economist*, (January 3, 2009), p. 47; http://www.ipadforums.net/apple-ipad-news/514-rumor-alert-ipad-rlease-date-likely-fridaymarch-26th-2.html; and http://en.wikipedia.org/wiki/Apple_A4.

案例研究1.2

什么样的车算是一辆"美国"汽车？

要回答什么样的车算是一辆美国汽车并非易事，这似乎有些奇怪。一辆产自俄亥俄州的本田雅阁算是美国车吗？那么在加拿大生产的克莱斯勒小货车呢（特别是现在克莱斯勒已经成为德国梅塞德斯·克莱斯勒的一部分）？近50%的部件从日本进口的肯塔基丰田或马自达算是美国车吗？显然，要断定什么是真正的美国汽车变得越来越困难，人们的观点也大相径庭。

一些人认为，凡是在北美（美国、加拿大和墨西哥）组装的汽车都可以看作美国车，因为它们用的是美国制造的零件。但是汽车业工人联合会认为在加拿大和墨西哥制造汽车将抢走美国工人的工作机会。有些人认为由在美国的日本工厂生产的汽车应视为美国车，因为它们为美国人提供了工作岗位。另一些人则认为这些日本"跨国工厂"生产的汽车应该算是外国车,理由是:(1)它们创造的工作岗位是从美国汽车制造者那里转移过来的;(2)它们使用的零部件有近40%是从日本进口的;(3)它们将利润转移回日本。那么,如果这些工厂使用的零部件75%甚至90%是美国生产的,又该怎么算呢?由马自达位于密歇根州的工厂为福特生产的福特Probe,算是美国车吗?

准确认定一辆美国汽车的确有困难,即使在1992年美国汽车标签法要求所有在美国出售的汽车均须标明其所使用的本国和外国零部件的比例之后,这种情况仍然没有改变。也许有人怀疑在当今日益相互依存和全球化的世界,这样的问题是否还有意义。为了增强竞争力,汽车制造商必须在全球范围内购买更便宜、质量更好的零部件,同时还要将汽车销往世界各地以获取大规模生产的经济效益。福特在6个国家(美国、英国、德国、意大利、日本和澳大利亚)设计汽车,在30个地区拥有生产设备(北美3个,南美3个,亚洲7个,欧洲17个),其员工中来自国外的人数比来自美国的还要多。事实上,汽车和其他很多产业正在迅速发展为一系列真正全球化且独立的公司。

资料来源:"Honda's Nationality Proves Troublesome for Free-Trade Pact," *The New York Times*,(October 9, 1992), p.1; "Want a U.S. Car? Read the Label," *The New York Times*,(September 18, 1994), Section 3, p.6; "Made in America? Not Exactly: Transplants Use Japanese Car Parts," *The Wall Street Journal*,(September 1), 1995, p. A3B; "And Then There Were Five," *U.S. News & World Report*,(March 4, 2000), p. 46, "What Is an American Car?" *The Wall Street Journal*,(January 26, 2009), p. A5; and "One Ford for the Whole World," *Business Week*,(May 15, 2009), pp. 58-59.

1.3 国际贸易与一国的生活水平

美国横跨北美大陆,具有丰富的人力资源与自然资源,能够相对高效地生产本国需要的大部分产品。与之形成鲜明对照的是一些小工业国,如瑞士和奥地利,它们仅拥有一些特殊资源,只能生产和出口非常少的产品,而进口其他大部分物资。甚至一些工业强国,如日本、德国、法国、英国、意大利、加拿大,对国际贸易也有很强的依赖。对发展中国家来说,出口提供了就业机会以及购买本国不能生产的产品和尚未掌握的先进技术所需要的外汇。

国家间经济关系或称国家间的**相互依存**(interdependence)程度可以用商品和劳务的进出口额占国内生产总值(GDP)的比例来粗略地衡量。国内生产总值是指一国生产的全部商品和劳务的总价值。如图1.1所示,在小工业国及发展中国家,进出口总值在国内生产总值中所占的比例要大大高于美国。因此,相对于美国而言,国际贸易对其他大多数国家甚至更为重要。

即使美国对国际贸易依赖程度相对较小,但美国高水平的生活在很大程度上仍依赖于国际贸易。首先,有许多商品,如咖啡、香蕉、可可、茶叶、苏格兰威士忌、白兰地等,美国根本就不生产。其次,美国国内没有锡、钨、铬矿等储藏,而它们对一些工业生产流程非常重要。另外,美国的石油、铜和其他许多矿产储量也日益减少。对一国的生活水平来说,

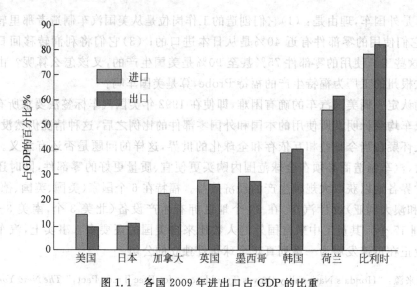

图1.1 各国2009年进出口占GDP的比重

相较于美国,国际贸易(进口与出口)对小型发达国家和发展中国家更重要。

资料来源:International Monetary Fund(IMF), *International Financial Statistics* (Washington, DC: IMF, March 2011).

更为重要的是许多产品虽然可以在国内生产,但成本远高于国外。我们后面将会讲到,以上这些解释了大部分的贸易收益。

然而,美国退出世界贸易后美国人的生活水平可能不会有大幅度下降,而其他国家则难以做到这一点。日本、德国、英国、意大利不会像美国那样不受影响,更不必说瑞士和奥地利了。甚至俄罗斯和中国,过去由于政治和军事原因而高度自给,现在也在开始承认他们也需要进口高技术产品,需要引进国外资本,甚至需要进口谷物、大豆及其他农产品。同时,他们也已能够出口大量的产品和劳务以支付进口所需的费用。

一般而言,各国经济间的相互依存随时间而增强,世界贸易的增长速度要高于世界产品生产的增长速度(见图1.2)。很明显,美国在过去40年中就是这种情况。各年度世界贸易的增长速度都快于世界GDP的增长速度,唯一例外的是2001年和2009年。2001年世界的GDP略有增长,而世界贸易则下降了1%(这是自1982—1983年以来的首次下降)。很大程度上,这是由于美国在2001年的经济衰退以及"9·11"恐怖主义分子袭击纽约世贸中心事件带来的对恐怖主义的恐惧所造成的。2009年,受"二战"后最严重的金融危机影响,世界贸易也有所下降。更可能出现的情况是,未来的世界贸易仍将成为刺激世界经济的强劲力量。(本章1.6节提供了国际贸易中商品集中和地区集中情况的相关数据,以及全球最主要的商品和劳务的出口者与进口者。)

但是,国家间相互依存还有其他许多重要方式,因而一国的经济事件和经济政策将对其他国家产生重大的影响(反过来也是如此)。举个例子,如果美国刺激本国的经济,那么美国公众对商品和服务需求的增加就会带动进口。这又会刺激出口这些商品的国家的经济。另一方面,美国利率的上浮会吸引外国的基金(资本)流入。就像我们将在本书第4部分看到的那样,这种资金流入会提升美元的国际价值,进而刺激美国的进口,减少美

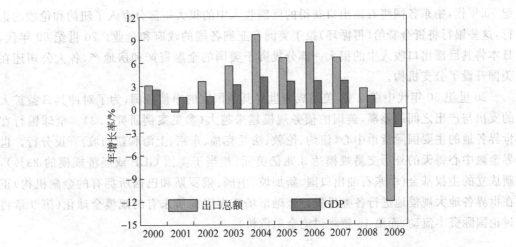

图 1.2 世界 GDP 与贸易的增长情况，2000—2009 年（每年变化的百分率）

国际贸易（出口）比全球 GDP 的增长快得多，除了 2001 年和 2009 年。

资料来源：World Trade Organization(WTO), *World Trade Report* 2010(Geneva: WTO, 2010), p.3.

国的出口，而这最终会削弱美国国内经济的活力而有助于刺激国外的经济。

最后应指出，国家间旨在减少贸易壁垒的贸易谈判可能带来美国高技术产品（如计算机）出口的增加及这些行业就业机会和工人工资的增加。但也可能带来鞋类和纺织品进口的增加，从而减少这些行业工人的就业机会和工资。从中可以看到，当今世界各国之间的联系是多么紧密，或者说，是相互依存的。政府针对纯国内问题的政策也会产生重要的国际影响。

1.4 劳动力与资本的国际流动

除商品和服务贸易外，人（移民）和资本的国际间流动是世界经济一体化和全球化的另一个衡量指标。

当今世界上约有 1.9 亿人居住在出生国以外的国家，其中近 60% 的人居住在富裕国家（大约 3 600 万人居住在欧洲，3 800 万人居住在美国）。移民主要出于经济原因（如提高生活水平以及为子女提供更多的机会），但是也有一些移民是为了逃避政治和宗教迫害。居住在美国的 3 800 万海外出生人口占美国人口总数的 12.6%。这些人中，超过 1 100 万人或者说近 30% 的人是非法入境的。大多数国家都有限制移民的规定，以减少低技能人口的流入（对于高技能和高技术人口的移入，则往往采取鼓励政策）。移民通常会受到比商品、服务和资本国际间流动更多的限制（9.10 节将更为详尽地探讨国际劳动力流动）。

一般来说，资本在国际间的流动要比人自由的多。金融资本和投资组合资本（银行贷款和债券）通常会流向利率较高的国家和市场，面向工厂和企业的海外直接投资则会流向预期利润较高的国家。这使得资本得到更有效的利用，通常会使借贷双方都受益。20 世纪70年代,中东各国将石油出口获得的巨额收入中的很大一部分存入了纽约和伦敦的银行,这些银行将资金贷给(再循环)拉丁美洲和亚洲各国的政府和企业。20世纪80年代,日本将其巨额出口收入中的很大一部分投资于美国的金融资产和房地产,各大公司还在美国开设了分支机构。

20世纪80年代中期以来,美国成为世界其他国家的净债务国,为了对冲其日益扩大的支出与产出之间的差额,美国的债务规模越来越大(参见案例研究1.3)。全球银行在世界各地的主要国际货币中心(纽约、伦敦、法兰克福、东京、上海和新加坡)开设分行。世界金融中心每天的外币交易规模达3兆亿美元(相当于美国GDP或经济规模的23%),新成立的主权基金(中东石油出口国、新加坡、中国、俄罗斯和巴西所拥有的金融机构)正在世界各地大规模地进行各类投资。金融市场正在以前所未有的规模全球化(第9章将讨论国际资本流动,而第16章将讨论金融危机)。

案例研究 1.3

主要的资本净流出国和净流入国

表1.2列出了2009年资本净流出国和净流入国的有关数据。实际中几乎所有的国家都会有资本的流入和流出,因为各国的投资者会利用国外贷款以及投资的机会,防范风险并分散化自己的投资组合。从世界的角度来看,资本流出多于流入的国家是资本净流出国,而资本流入多于流出的国家是资本净流入国。从表1.2可以看出,中国是最大的资本净流出国,其次是日本和德国。而美国则是最大的资本净流入国。美国就是花得太多了,生活水准超出了应有的水平,这种状况需要得到纠正。

表 1.2 2009年世界主要资本净流出国和净流入国

资本的净流出国	占全球资本流出的百分比/%	资本的净流入国	占全球资本流入的百分比/%
中国	23.4	美国	41.7
德国	13.3	西班牙	7.3
日本	11.7	意大利	7.0
挪威	4.8	法国	3.9
俄罗斯	4.7	澳大利亚	3.7
瑞士	3.6	加拿大	3.6
韩国	3.5	希腊	3.5
其他	35.0	其他	29.3

资料来源:IMF, *International Financial Statistics*, 2010.

1.5 国际经济学的主要问题

国际经济学研究国家之间经济的相互依存性。它分析一国与世界其他国家间商品、劳务、资金和货币的流动,旨在监控其流动的政策,以及这些政策对国家福利产生的影响。这种经济和金融的依存关系受国家间政治、社会、文化及军事关系的影响,反过来又会影响这些因素。

国际经济学特别关注国际贸易理论、国际贸易政策、国际收支平衡表、外汇市场和开放经济宏观经济学。**国际贸易理论**(international trade theory)分析贸易的基础和所得;**国际贸易政策**(international trade policy)考察贸易限制的原因和效果;**国际收支平衡表**(balance of payments)测度一国与外部世界交易的总收入和总支出的情况;而**外汇市场**(foreign exchange markets)是一国货币与他国货币交换的框架。最后,开放经济宏观经济学研究在出现不均衡(赤字或盈余)时**国际收支的调整**(adjustment in the balance of payments)机制。更重要的,国际经济学分析一国经济内外部之间的关系,以及在不同国际货币制度下,一国经济与世界其他国家经济的相互依存性和相互关系。

国际贸易理论和政策是国际经济学的微观经济学部分,因为它把单个国家看作基本单位,并研究单个商品的(相对)价格。另一方面,由于国际收支平衡表涉及总收入和总支出,调整政策及其他经济政策影响国家收入水平和价格总指数,因而它们是国际经济学的宏观经济学部分。这些内容通常被称为**开放经济宏观经济学**(open-economy macroeconomics)或**国际金融**(international finance)。

国际经济关系不同于地区间的经济关系(例如,同一国家内不同地区间的经济关系),因此,需要一些不同的分析工具,进而必须把国际经济学作为经济学的一个独立的分支看待。这就是说,国家通常会对商品、劳务和生产要素在国际间的流动施加某些限制,而一般不对其在国内各地区间的流动进行限制。此外,国际间的流动也因语言、风俗、习惯和法律的不同而受到某些限制;国际间商品、劳务及资源的流动也增加了外汇收入及支出额,并常常引起外汇价格的变动。

国际经济学在过去两个世纪内获得了长久、持续和富有成效的发展,这得益于世界最著名的一些经济学家,其中包括:亚当·斯密、大卫·李嘉图、约翰·斯图亚特·穆勒、阿尔福雷德·马歇尔、约翰·梅纳德·凯恩斯和保罗·萨缪尔逊。其他经济学分支没有国际经济学发展的时间久,因此尚未提出一个著名的贡献者及发展史的明确清单。

1.6 当前的国际经济问题和面临的挑战

本节简要分析当今世界所面临的最重要的国际经济问题和挑战。研究国际经济理论和政策将有助于理解这些问题并对各种解决方案的建议进行评价。当今世界面临的最严重的经济问题是最发达国家的增长缓慢和高失业率。在国际贸易方面,最严重的问题是在快速全球化的背景下发达国家日益抬头的贸易保护主义;在国际货币方面,最严重的问题是变动过于频繁的汇率(即各国货币的国际价值的巨大波动),以及旷日持久的汇率失衡(即汇率长时间远离均衡点)。其他严重的国际经济问题包括美国深层次的结构失衡，欧洲和日本僵化的经济体系以及中欧和东欧转型经济体的重组问题；很多发展中国家的深度贫困；资源匮乏、环境恶化、气候变化及其给世界发展的可持续性带来的风险。下面将分别对这些问题进行简短阐述。

1.6.1 "大衰退"后发达经济体的缓慢增长和高失业率

2010年和2011年，发达经济体在走出1929年大萧条后最为严重的金融和经济危机(常被称为"大衰退")后，又经历了缓慢增长和高失业率。2008—2009年的经济危机始于2007年8月美国的次级(高风险)房屋抵押贷款市场，然后于2008年蔓延到美国所有的金融和房地产部门，并最终波及全世界。美国和其他一些发达国家采取措施，保护银行和其他金融机构免于破产，并大幅降低利率，推出巨额的经济刺激组合方案。然而，这些措施只是避免了全球陷入更深层次的经济衰退。尽管从官方来看经济衰退已于2010年结束，但经济的缓慢增长以及高失业率仍是大部分发达国家面临的最严重的经济问题。尤其在希腊、爱尔兰、葡萄牙和西班牙(均是欧盟成员国)，这些问题更为严重。他们仍然处在源于过度借债、不可维持的预算赤字和国际竞争力下降的深度经济危机中。

1.6.2 迅速全球化背景下发达国家的贸易保护主义

在第一部分(第2~4章)有关国际贸易的纯理论研究中，我们将看到对于整个世界而言最好的政策就是自由贸易。在自由贸易条件下，每个国家都专业化生产其能以最高效率生产的商品，并可以通过出口这种商品，换取数量多于在国内生产的其他商品。然而，在现实世界中，大多数国家都对自由贸易施加了某些限制。尽管限制贸易的政策总是被证明有助于国家福利，但通常只有一小部分从中获利的生产者拥护贸易限制政策，而这却是以牺牲基本没有发言权的大部分消费者的利益为代价的。目前，由于经济和金融危机导致发达国家的低增长和高失业率以及来自以中国和印度为首的新兴市场经济越来越富竞争力的挑战，这一问题进一步恶化。由于人们普遍担心就业机会的大量流失，在发达国家(特别是美国)出现了实施免受海外竞争的保护措施的呼声。发达国家面临的挑战是如何保持竞争力，如何避免出现就业机会的严重流失，以及如何分享全球化带来的好处并防止保护主义继续蔓延。发达国家如何应对这一挑战将在本书的第二部分(第5章和第6章)讨论。

1.6.3 汇率的过度波动和失衡

在第4部分(第10~12章)的国际金融研究中，我们将看到汇率频繁而巨幅的波动以及旷日持久的汇率失衡。周期性的金融危机也带来了金融和经济的不稳定，并使得发达国家和新兴市场国家的经济增长放缓，这从2007年源于东南亚的金融危机就可看出。这些会破坏国际贸易模式和专业化分工，并造成全球范围内国际金融环境的不稳定。这些问题还会引起人们对目前的国际货币制度进行改革以及对主要经济体的宏观经济政策进行更多协调的呼声。

1.6.4 发达经济体的结构失衡和转型经济体的重组问题

美国面临严重的结构失衡,表现为过度支出和国民储蓄不足。这意味着美国通过在海外过度借债过着超出其应有水平的生活。结果是美元价值被高估、贸易赤字数额巨大而无法承受以及金融环境的不稳定。欧洲的问题是僵化的劳动力市场,而日本的问题则是其分配体系严重缺乏效率,以致经济增长缓慢。转型经济体(中、东欧的原中央计划经济体)为了建立全面的市场经济并实现更快的经济增长,亟须进一步的经济重组。这些地区的发展不足拖累了整个世界经济的增长,并引发贸易保护主义抬头。因此,我们可以看到各国或各地区所面临的问题在现今相互依存的世界会迅速演变成全球性的经济问题。本书的第四部分(介绍开放经济宏观经济学)将探讨可以用来解决这些问题的政策措施。

1.6.5 许多发展中国家的深度贫困

虽然许多发展中国家(特别是中国和印度)的经济正在高速发展,但许多最贫穷的发展中国家,尤其是非洲撒哈拉沙漠以南的国家,仍面临深度贫困、棘手的国际债务、经济停滞和生活水平与其他国家的差距日益扩大的问题。今天,大约有10亿人(约占世界总人口的1/6)每天的生活费不足1美元。一个成千上万人饥饿的世界不仅从道德观念上讲是不可接受的,而且不可能有和平与安宁。本书第8章和第16章将论证为什么世界上的富国与最穷的发展中国家生活水平的差距如此之大,并且在日益扩大,以及应如何刺激最贫困国家的经济增长。

1.6.6 资源困乏、环境恶化、气候变化和不可持续发展

富裕国家的经济增长和贫困国家的发展如今正在受到资源困乏、环境恶化和气候变化的威胁。面对需求的迅速增长(尤其是来自中国和印度的需求)和生产国的供给量限制,石油和其他原材料的价格在过去几年出现大幅上涨,食物的价格也大幅上升。在很多新型市场经济中,环境保护让位于经济增长。亚马孙热带雨林正迅速被破坏。我们正亲眼目睹可能会对地球上的生命造成恶劣影响的严重气候变化。这些问题的充分分析和解决需要集各学科之力,需要全世界共同努力,也需要世界各国政府有所改变。

1.7 国际组织与世界经济

全球经济、金融和政治体系受到四个专门的国际组织的制约,即世界贸易组织、世界银行、国际货币基金组织和联合国。本节我们简要介绍它们的功能。

1.7.1 世界贸易组织(WTO)

总部位于日内瓦的世界贸易组织是世界上成员国家数量最多的国际组织,负责管理国际间商品和服务的贸易。特别的,它主要负责国与国之间贸易规则的制定,新的贸易协定的谈判与实施,成员间贸易纠纷的仲裁,以及监督成员国遵守各项世贸组织的协定。世界贸易组织成立于1995年1月1日,替代了1948年创建的关税与贸易总协定(GATT)。

GATT 和 WTO 一共发起了八轮成功的多边贸易谈判,大幅降低了关税和其他贸易壁垒。WTO 在 2001 年开始的多哈发展议程(DDA)中发起了新一轮贸易谈判,但到 2011 年谈判仍未获成功,或者说仍未有结果。

1.7.2 世界银行

也称为国际复兴开发银行。世界银行是第二次世界大战后建立的受到多个国家共同支持的银行。它为发展中国家的发展项目(如修建桥梁、道路、学校等)提供贷款,其使命是减少贫困。第二次世界大战刚结束时,它也向发达国家提供贷款以帮助战争中被破坏的国家的重建。随着时间的推移,世界银行的大多数贷款用于发展目的,只有少量贷款用于冲突后的重建、自然灾害后的重建、应对人道主义紧急情况以及有需要的发展中和转型国家的冲突后恢复等项目。

1.7.3 国际货币基金组织

总部设在华盛顿的国际货币基金组织负责监督其成员是否遵守事先商定的一系列国际金融行为规则,并为遇到国际收支暂时性困难的国家提供资金融通。特别的,国际货币基金组织会监督各成员国的宏观经济政策,尤其是那些会对汇率和国际收支产生影响的政策。它也为其成员提供财务与技术上的支持,使自己成为最终的国际贷款人。

1.7.4 联合国

联合国有 192 个成员国,总部设在纽约,目标是促进国际间法律、安全、经济发展、社会进步以及人权议题等方面的合作。联合国于 1945 年成立,取代了先前的国际联盟,以阻止国与国之间的战争,并为和平解决国际争端提供平台。

1.8 本书的结构

本书由 6 部分组成,第 1 部分(第 2～4 章)阐述国际贸易理论。以第 2 章阐述比较优势的重要理论作为开端,第 3 章用标准贸易模型研究贸易的基础与所得;第 4 章展示了基于要素禀赋、规模经济和不完全竞争的现代国际贸易理论。

第 2 部分(第 5～6 章)阐述国际贸易政策。第 5 章考察关税;第 6 章研究非关税贸易壁垒、贸易保护主义的政治经济学,并概述美国和其他国家在过去几十年间商业政策的历史。

第 3 部分(第 7～9 章)讨论国家贸易和投资关系。第 7 章考察一组国家之间的经济一体化;第 8 章考察经济增长以及国际贸易对经济发展的影响;第 9 章则讨论国际资源流动和跨国公司。

第 4 部分(第 10～12 章)涉及国际收支平衡、外汇市场和汇率决定。透彻地掌握这 3 章对于理解第 5 部分,即调节国际收支失衡和开放经济宏观经济学非常关键。第 10 章讨论一国国际收支的测度;第 11 章考察外汇市场的运行情况;第 12 章讨论的是决定汇率的各种因素,以及汇率波动的原因。

第 5 部分(第 13~14 章)考察调节国际收支失衡的各种机制,这通常被称为"开放经济宏观经济学"。第 13 章阐述了通过改变国内外价格和收入进行调节的机制。第 14 章讨论通过改变税收、利率和汇率进行调节的政策。

第 6 部分(第 15~16 章)考察国际经济的运行情况。第 15 章比较固定和浮动汇率制度,考察欧洲货币体系,并讨论国际宏观经济政策协调。第 16 章考察国际货币体系的运行,并对当今世界面临的主要国际经济问题提出了解决方案。

本书既有大量实际的例子与事件贯穿全书以解释某一理论或观点,又在每一章中给出 3~7 个特殊的案例研究。这些现实中的案例短小精悍,对书中主要观点的理解大有帮助。书中重要的术语都集中列在书后的"术语表"中,并给出了相应的解释。参考书目提供了与本章内容相关的最重要的参考文献,网址部分给出了与每章主题相关的信息的网站以及涉及国际经济学其他信息的相关链接。

本章小结

1. 当今世界正在经历一场以偏好、生产、劳动力市场和金融市场的全球化为基础的变革。全球化非常重要,因为它能带来效率的提高;全球化也是不可避免的,因为要提高国际竞争力就必须走全球化道路。全球化由于日益加剧的收入不均、童工、环境污染等问题而受到诟病,也引发了强烈的反全球化运动。

2. 美国依赖国际贸易来获取大量它不生产的商品及一些矿产能源(由于美国无储藏或国内储量日益减少)。但是那些能在国内生产而在国外生产成本更低的商品在数量上对美国人民的生活水平更重要。国际贸易对于其他国家的福利甚至比对美国更加重要。

3. 除商品和服务贸易外,人(移民)和资本的国际间流动是世界经济一体化和全球化的另一个衡量指标。当今世界上约有 1.9 亿人居住在出生国以外的国家,其中的 3 800 万人居住在美国。每年有巨额的资本(以银行贷款、债券、对工厂和企业的对外直接投资等形式)在国际间流动。

4. 国际经济学阐述了纯贸易理论、贸易政策的理论、经济增长与国际资源流动、国际收支平衡表、外汇市场以及国际收支平衡的调节或开放经济宏观经济学等内容。前三项内容是国际经济学的微观方面,后三项是国际经济学的宏观方面(也可以称为国际金融)。

5. 当今世界面临的主要国际经济问题包括:(1)"大衰退"后发达经济体的缓慢增长和高失业率;(2)迅速全球化背景下发达国家的贸易保护主义;(3)汇率的过度波动和失衡;(4)发达经济体的结构失衡和转型经济体的重组问题;(5)许多发展中国家的深度贫困;(6)资源困乏、环境恶化、气候变化和不可持续发展。

6. 世界经济、金融和政策体系由 4 个专业的国际机构来管理,它们分别是世界贸易组织、世界银行、国际货币基金组织和联合国。

7. 本书由六部分组成。第 1 部分(第 2~4 章)介绍国际贸易理论;第 2 部分(第 5~6 章)讨论国际贸易政策;第 3 部分(第 7~9 章)探讨国际贸易与投资;第 4 部分(第 10~12 章)讨论国际收支、外汇市场以及汇率的决定;第 5 部分(第 13~14 章)讨论调节国际收支失衡的多种机制以及开放经济宏观经济学;第 6 部分(第 15~16 章)探讨国际经济的运行以及提升其机能的计划。每一章给出 3～7 个案例研究,帮助理解书中的主要观点。

复习题与练习题

1. 全球化的含义是什么?其带来的好处和不利之处分别是什么?为什么会出现反全球化运动?
2. 国际经济关系与区域经济关系有何不同?
3. 如何评价一国与他国之间的相互依赖程度?
4. 为什么说美国对国际贸易的依赖程度低于其他大多数发达国家?
5. 如果美国完全杜绝国际贸易,美国人民的生活水平会有怎样的变化?
6. 如果移民美国,会有什么好处,需要付出什么代价?
7. 为什么资本会在国际间流动?
8. 当今世界面临的主要国际经济问题有哪些?
9. 最重要的国际经济和政策性机构有哪些?它们分别承担怎样的职能?
10. 当今世界面临的国际经济问题对美国有何影响?对你个人又有何影响?

附录 国际贸易数据和其他信息来源

本附录将给出国际贸易中商品与地理位置的基本情况,并提供世界主要进出口国的一些产品与劳务的数据,还将提供一些额外的国际数据与事件信息的出处。

A1.1 国际贸易基本数据

表 1.3 给出了 2009 年世界货物贸易的商品构成。在全球商品出口总额的 124 900 亿美元中,11 690 亿美元,即 9.4% 是农产品;22 630 亿美元,即 18.1% 是能源与矿产品(其中 18 080 亿美元,即 14.5% 为燃料);83 550 亿美元,即 66.9% 是制造业产品(其中 14 470 亿美元,即 11.6% 为化工产品,13 230 亿美元,即 10.6% 是办公和通信设备,8 470 亿美元,即 6.8% 是自动化产品)。由此可见,全球货物出口总额的近 2/3 为制造业产品,18.1% 为能源和矿产品,9.4% 为农产品。

表 1.4 显示的是 2009 年世界商品贸易的地理构成,在全球货物出口总额的 124 900 亿美元中,16 020 亿美元,即 12.8% 出自北美(其中美国占 10 560 亿美元或 8.5%),4 590 亿美元或 3.7% 出自拉美(其中巴西占 1 530 亿美元或 1.2%),50 160 亿美元或 40.2% 出自欧洲(其中德国占 11 260 亿美元或 9.0%),4 520 亿美元或 3.6% 来自独立国家联合体(CIS)(其中俄罗斯联邦占 3 030 亿美元或 2.4%),3 840 亿美元或 3.1% 出自非洲(其中南非占 630 亿美元,或 0.5%),6 900 亿美元或 5.5%(多为石油)出自中东,38 880 亿美元或 31.1% 出自亚洲(中国占了其中的 12 020 亿美元或 9.6%,日本占了其中的 5 810 亿美元或 4.7%)。如此看来,欧洲和亚洲是世界上最大的出口地区,其次是北美。表 1.4 也列出了世界商品进口的地理构成。

表 1.3　2009 年世界商品贸易的构成及所占比率

类别	出口额/10 亿美元	占世界出口总额的百分比/%
农产品	1 169	9.4
能源与矿产品	2 263	18.1
能源	1 808	14.5
制造业产品	8 355	66.9
铁和钢	326	2.6
化工产品	1 447	11.6
办公和通信设备	1 323	10.6
自动化产品	847	6.8
纺织品	211	1.7
服装	316	2.5
其他	703	5.6
商品出口总额	12 490	100.0

资料来源：WTO, *International Trade Statistics* (Geneva：WTO, 2010), Table A10.

表 1.4　2009 年世界商品贸易的地区构成及所占比率

地区或国家	出口额/10 亿美元	所占比例/%	进口额/10 亿美元	所占比例/%
北美	1 602	12.8	2 178	17.2
美国	1 056	8.5	1 605	12.7
加拿大	317	2.5	330	2.6
墨西哥	230	1.8	242	1.9
拉美	459	3.7	443	3.5
巴西	153	1.2	134	1.1
欧洲	5 016	40.2	5 161	40.7
德国	1 126	9.0	938	7.4
法国	485	3.9	560	4.4
意大利	406	3.3	413	3.3
英国	352	2.8	482	3.8
独联体国家[a]	452	3.6	333	2.6
俄罗斯	303	2.4	192	1.5
非洲	384	3.1	405	3.2
南非	63	0.5	73	0.6
中东	690	5.5	494	3.9
亚洲	3 888	31.1	3 668	28.9
中国	1 202	9.6	1 006	7.9
日本	581	4.7	552	4.4
印度	163	1.3	250	2.0
六大东亚贸易伙伴[b]	1 169	9.4	1 093	8.6
总计	12 490	100	12 682	100.0

[a] 亚美尼亚、阿塞拜疆、白俄罗斯、格鲁吉亚、哈萨克斯坦、吉尔吉斯斯坦、摩尔多瓦、俄罗斯、塔吉克斯坦、乌兹别克斯坦、乌克兰、土库曼斯坦。
[b] 六大东亚贸易伙伴：韩国、马来西亚、菲律宾、中华台北、泰国和新加坡。
资料来源：WTO, *Annual Report* (Geneva, 2010), Table 6 and 7.

表 1.5 列示的是 2009 年各地区商品出口的目标地区。从表中可以看出,北美 37.9%的商品出口到北美国家(美国出口到加拿大、墨西哥,以及加拿大、墨西哥出口到美国),5.7%出口到拉美(南美和中美),18.1%出口到欧洲,1.2%出口到独联体国家,3.2%出口到非洲,3.0%出口到中东,31.0%出口到亚洲。从表 1.5 的第二行可以看出,拉美各国的主要贸易伙伴是北美,然后依次是拉美其他国家、亚洲和欧洲。第三行显示欧洲贸易的 70.9%以上是地区内部的贸易。正如所预料的,欧洲到目前为止是独联体国家以及非洲最大的贸易伙伴,而中东地区(多半为石油)则主要出口到亚洲、欧洲和美国。

表 1.5　2009 年商品出口的目的地　　　　　　　　　　　　　　　　%

	北美	拉美	欧洲	独联体[a]	非洲	中东	亚洲	总计
北美	37.9	29.3	5.7	3.0	7.2	9.7	10.1	13.2
拉美	5.7	27.4	1.8	1.9	3.3	2.2	3.0	3.8
欧洲	18.1	17.1	70.9	47.1	41.5	30.1	13.3	41.2
独联体	1.2	1.2	4.7	27.9	1.8	2.8	2.0	3.7
非洲	3.2	2.1	2.9	0.4	11.5	2.3	2.7	3.2
中东	3.0	1.1	1.5	1.2	8.6	20.9	11.2	5.7
亚洲	31.0	21.8	12.5	18.5	26.0	32.0	57.8	29.4
总计	100.0	100.0	100.0	100.0	100.0	100.0	100.0	100.0

[a] 亚美尼亚、阿塞拜疆、白俄罗斯、格鲁吉亚、哈萨克斯坦、吉尔吉斯斯坦、摩尔多瓦、俄罗斯、塔吉克斯坦、乌兹别克斯坦、乌克兰、土库曼斯坦。
注:由于并未完全包括所有数据和四舍五入的原因,价值加总并不一定等于 100.0%。
资料来源:WTO, *International Trade Statistics* (Geneva, WTO, 2010), Table 1.5。

表 1.6 是 2009 年主要的商品出口国和进口国。该表显示世界上最大的商品进出口国是中国、美国和德国。中国在世界最大商品进出口国中的排名上升很快,现在已取代美国(美国如今排在德国之后,位列第三)成为全球最大的商品出口国。同时,中国也是世界第二大的商品进口国,排在美国之后,德国之前。

表 1.6　2009 年世界主要商品出口国和进口国(10 亿美元,占世界总计 %)

	出	口			进	口	
名次	国家	金额/10 亿美元	份额/%	名次	国家	金额/10 亿美元	份额/%
1	中国	1 202	9.6	1	美国	1 605	12.7
2	德国	1 126	9.0	2	中国	1 006	7.9
3	美国	1 056	8.5	3	德国	938	7.4
4	日本	581	4.6	4	法国	560	4.4
5	荷兰	498	4.0	5	日本	552	4.4
6	法国	485	3.9	6	英国	482	3.8
7	意大利	406	3.2	7	荷兰	445	3.5
8	比利时	370	3.0	8	意大利	413	3.3
9	韩国	364	2.9	9	比利时	352	2.8
10	英国	352	2.8	10	加拿大	330	2.6
	以上总计	6 440	51.6		以上总计	6 683	52.7
	全球总计	12 490	100.0		全球总计	12 682	100.0

资料来源:WTO, *Annual Report* (Geneva: WTO, 2010), Table I.8。

表 1.7 是 2009 年世界主要的劳务进出口国。排名顺序与商品贸易的排名顺序类似，但是中国的劳务出口位列第五，劳务进口位列第四，与商品贸易的排名有所差别。劳务贸易额约为商品贸易额的 1/4，而且增长速度大大快于商品贸易，这是多数国家，尤其是发达国家在向服务经济转型的反映。

表 1.7　2009 年世界主要服务出口国和进口国(10 亿美元，占世界总计 %)

出　口				进　口			
名次	国家	金额/10 亿美元	份额/%	名次	国家	金额/10 亿美元	份额/%
1	美国	474	14.1	1	美国	331	10.5
2	英国	233	7.0	2	德国	253	8.1
3	德国	227	6.8	3	英国	161	5.1
4	法国	143	4.3	4	中国	158	5.0
5	中国	129	3.8	5	日本	147	4.7
6	日本	126	3.8	6	法国	126	4.0
7	西班牙	122	3.6	7	意大利	115	3.6
8	意大利	101	3.0	8	爱尔兰	103	3.3
9	爱尔兰	97	2.9	9	西班牙	87	2.8
10	荷兰	91	2.7	10	荷兰	85	2.7
以上总计		1 743	52.0	以上总计		1 566	49.8
全球总计		3 350	100.0	全球总计		3 145	100.0

资料来源：WTO, *Annual Report* (Genvea：WTO, 2010), Table I.10.

A1.2　其他国际数据与信息资料

以下是最重要的国际国内贸易与金融数据的资料和当前重要事件的资料。

美国联邦政府出版物

Economic Report of the President(华盛顿特区：美国政府出版办公室，年刊)，该报告包含美国最新的经济动态、美国经济的时间序列数据(包括国际贸易和金融)。

Statistical Abstract of the United States(华盛顿特区：美国商务部，年刊)，该年刊包含大量的美国统计数据及可比较的其他国家数据。

Survey of Current Business(华盛顿特区：美国商务部，月刊)，该刊包含按商品种类和地理区域划分的国际贸易的简明数据，以及其他国内和国际数据。

国际组织出版物

Direction of Trade Statistics(华盛顿特区：国际货币基金组织，季刊与年报)，该刊物包含 186 个国家或地区之间详细的进出口数据。

International Financial Statistics(华盛顿特区：国际货币基金组织，月刊与年报)，该刊物包括 191 个国家或地区各方面的经济数据。

International Trade Statistics（日内瓦：世界贸易组织，年刊），该刊物提供了该组织147个成员国及其他各组国家的贸易数据。

OECD Economic Outlook（巴黎：经济合作与发展组织，每年6月与12月出版），该报告包括最新经济动态分析、经合组织对未来经济活动的预测以及该组织30个成员国和其他各组国家的简要数据表。

World Economic Outlook（华盛顿特区：国际货币基金组织，每年4月与10月出版），该报告包括最新经济动态分析和该组织对未来经济活动的预测，以及发达工业国家和各组国家的简要数据表。

World Development Report（牛津大学出版社，世界银行年刊），该刊包括发展中国家经济和社会方面的数据，以及最新经济动态分析和未来经济形势的预测。

时事资料来源

Chicago Tribune（日报）
Los Angeles Times（日报）
New York Times（日报）
Washington Post（日报）
Financial Times（日报）
Wall Street Journal（日报）
Business Week（周刊）
Forbes（双周刊）
Fortune（双周刊）
IMF Survey（双周刊）
The Economist（周刊）

参考书目

- J. Stiglitz, *Globalization and Its Discontents*(New York：Norton，2003).
- J. Bhagwati, *In Defense of Globalization*(New York：Oxford University Press，2004).
- T. Friedman, *The World Is Flat：Further Updated and Expanded* (New York：Farrar, Straus, Giroux，2007).

对当前国际交易体系运作方式的讨论，参见：

- P. Krugman,*Pop Internationalism*(Cambridge, Mass.：MIT Press，1996).
- J. N. Bhagwati,*Free Trade Today*(Princeton, N. J.：Princeton University Press，2002).
- D. Salvatore, "The Challenges to the Liberal Trading System." *Journal of Policy Modeling*, July/August 2009, pp. 593-599.

对当前国际货币体系运作方式的讨论，可见：

- R. Solomon,*Money on the Move*(Princeton, N. J.：Princeton University Press，1999).
- P. B. Kenen, *The International Financial Architecture* (Washington, D. C.：Institute for International Economics，2001).

- D. Salvatore, ed., "The Dollar, the Euro, and the International Monetary System," *Special Issue of the Journal of Policy Modeling* (June 2005). With the participation of some of the world's leading experts.

对全球化及当今全球贫困问题的讨论见：
- World Bank, *Globalization, Growth and Poverty* (Washington, DC：World Bank, 2002).
- J. Sachs, *The End of Poverty* (New York：Penguin Press, 2005).
- D. Salvatore, "Economic Growth, Cross-Country Inequality, and World Poverty during Globalization," *Journal of Policy Modeling* (June 2007), pp. 635-642.
- Commission on Growth and Development, *The Growth Report* (Washington, DC：World Bank, 2008).

网址

在国际货币基金组织(IMF)、世界贸易组织(WTO)、经济合作与发展组织(OECD)、世界银行和联合国的网站上有大量贸易与金融的资料数据(包括参考书目中的报告)，网址分别是：

http://www.imf.org
http://www.wto.org
http://www.oecd.org
http://worldbank.org
http://unstats.un.org/unsd/economic_main.htm

有关美国进出口及与别国贸易余额的大量近期和历史性资料可在以下网站查找：
http://www.census.gov/foreign-trade/index.html

大量出版国际贸易与国际金融分析报告的国际经济学研究机构的网站是：
http://www.iie.com

第1部分
国际贸易理论

第1部分（第2～4章）阐述了国际贸易理论。第2章解释了比较优势这一重要理论，第3章考察了标准贸易模型下贸易的基础与所得，第4章则介绍了基于要素禀赋、规模经济和不完全竞争的现代国际贸易理论。

第 2 章

比较优势

学习目的

学完本章,你应当能够:
- 解释重商主义的贸易观点
- 解释基于绝对优势的贸易理论
- 理解比较优势原理
- 理解机会成本与相对商品价格之间的关系
- 阐述不变成本下贸易的基础与所得

重要术语

贸易基础	basis for trade
贸易所得	gains from trade
贸易模式	pattern of trade
重商主义	mercantilism
绝对优势	absolute advantage
自由放任	laissez-faire
比较优势原理	law of comparative advantage
劳动价值论	labor theory of value
机会成本理论	opportunity cost theory
生产可能性曲线	production possibility frontier
固定机会成本	constant opportunity cost
相对商品价格	relative commodity prices
完全专业化	complete specialization
小国情形	small-country case

2.1 引言

本章我们要考察17世纪到20世纪上半叶贸易理论的发展情况。我们采取这种历史的方式不是因为我们对经济思想史的发展感兴趣,而是因为这种方式可以方便我们由浅入深且更现实地介绍国际贸易的有关概念和理论。

本章我们试图回答的基本问题是:

1. 什么是**贸易基础**(basis for trade)以及**贸易所得**(gains from trade)?可以推测,一个国家正如一个人一样,只有当其能从贸易中获利时才会自愿从事贸易。但是贸易所得是如何产生的呢?在参与国际贸易的国家中,贸易所得有多大,在国家间又是如何分配的?

2. **贸易模式**(pattern of trade)是什么?也就是说,哪些商品在国际贸易中被用来交易,每个国家都出口、进口哪些商品?

我们首先简要讨论17—18世纪盛行的经济理论——重商主义,接着讨论亚当·斯密的绝对优势理论,以及40年后大卫·李嘉图的比较优势理论。比较优势理论正确解释了贸易模式和贸易所得。比较优势学说作为最重要的经济理论之一,不仅可用于国家和个人,而且可用来揭示逻辑推理中的许多严重谬误。

比较优势理论中存在一个难题。李嘉图的这一理论是建立在劳动价值论基础上的,而劳动价值论在后来被摒弃了。20世纪上半叶,戈特弗里德·哈伯勒(Gottfried Haberler)应用机会成本理论(正如生产可能性曲线和转换曲线所显示的)来解释它,使李嘉图的比较优势理论获得了新生。

为简单起见,我们的讨论首先仅限于两个国家、两种商品。在本章附录中,结论会一般化到包括多个国家、多种商品的情况。

 ## 2.2 重商主义者的贸易观点

经济学作为一门系统化的科学始于1776年亚当·斯密发表的《国富论》。但是,国际贸易方面的著作在一些国家要早于这一时间。在英国、西班牙、法国、葡萄牙及荷兰等国发展成现代国家的过程中,产生了许多国际贸易方面的著作。具体地说,17—18世纪期间,一批人(包括商人、银行家、政府官员甚至哲学家)写了许多有关国际贸易的文章和小册子,推崇一种被称为**重商主义**(mercantilism)的经济哲学。

重商主义者认为国家富强的方法应当是使出口大于进口,而出超的结果是金银等贵重金属的流入。一个国家拥有越多的金银,就会越富有、越强大。因此,政府应当竭尽所能鼓励出口,不主张甚至限制商品(尤其是奢侈类消费品)的进口。然而,由于所有贸易国同时出超是不可能的,而且任一时点上金银总量是固定的,一个国家的获利总是基于其他国家的损失,因此,重商主义者鼓吹经济民族主义,认为国家利益在根本上是冲突的。

重商主义者以稀有金属的存量来衡量国家的财富。相对而言,如今我们是以可用于生产产品与提供服务的人力、人造和自然资源的多寡来衡量国家财富的。这些有用资源越多,生产与提供的满足人们需要的产品和服务就越多,一国的生活水平也就越高。

然而，重商主义者渴望积累稀有金属也有更合理的理由。如果我们注意到重商主义者是在为统治者写作，是为了加强国力，这一点就可以理解了。拥有更多的黄金，统治者可以有更强大的军队以加强其在国内的统治；更强的陆军与海军还可使其有可能占领更多的殖民地。除此之外，更多的黄金意味着更多的货币（如金币）存在于流通领域，这可以使商业活动更活跃，通过鼓励出口、限制进口，政府可以刺激国民产出，并增加就业。

无论如何，重商主义者主张政府严格控制所有的经济活动，鼓吹经济民族主义，因为他们认为一国在贸易上的收益只能建立在他国损失之上（也就是说，贸易是一种零和游戏）。这些观点在以下两种意义上是重要的。第一，更好地理解亚当·斯密、大卫·李嘉图及其他古典经济学家的观点，它们是对重商主义贸易观以及政府作用观的回应；第二，随着被高失业率控制的国家试图通过限制进口来刺激国内生产和就业，现在新重商主义有卷土重来的势头（将在第6章详细讨论）。事实上，除了1815—1914年的英国，没有一个西方国家曾彻底摆脱过重商主义者的观点（见案例研究2.1）。

案例研究 2.1

重商主义在21世纪仍然活跃

尽管大多数国家声称更倾向于自由贸易，但许多国家仍然对国际贸易施加诸多限制。大多数工业国为了保护国内就业，对农产品、纺织品、鞋、钢材以及其他许多产品实行进口限制。同时，对于一些对国家的国际竞争力和未来发展至关重要的高科技产业，如计算机和电信则提供补贴。发展中国家甚至对国内产业施以更强的保护。通过过去一些年的多边谈判，对部分产品的一些明显的保护措施（如关税和配额）已减少或被取消了，但另一些较为隐蔽的保护方式（如对研究与开发的税收优惠和补贴）却增加了。不断发生的众多贸易争端也证实了这一点。

在过去的几年中，美国和欧盟就以下事件发生了争端：欧盟禁止美国出口用激素喂养的牛的肉和转基因食品；欧盟从非洲国家进口香蕉而不从中美洲的农场进口，从而影响了美国的商业利益；欧盟为了发展新式超大型喷气客机向空中客车公司提供补贴，使波音747客机的销量锐减；美国政府向部分出口商提供税收减免；美国在2002年对进口钢材征收了30%的进口税。在美国、日本以及其他发达国家和发展中国家之间还有许多类似的贸易争端。的确，被保护产品的清单很长，各式各样。为了面对外来竞争保护国内就业，并鼓励本国高科技产业的发展，需要采取贸易限制，这些都是典型的重商主义理论。重商主义的势头虽然有所减弱，但在21世纪仍然存在。

资料来源：D. Salvatore, "The Challenges to the Liberal Trading System," *Journal of Policy Modeling*, (July/August 2009), pp. 593-599; J. N. Bhagwati, *Free Trade Today* (Princeton, N. J.: Princeton University Press, 2002); and D. Salvatore, ed., *Protectionism and World Welfare* (New York: Cambridge University Press, 1993).

2.3 基于绝对优势的贸易：亚当·斯密

斯密从一个简单事实入手，那就是要使两个国家自愿进行贸易，两个国家必须都获利。如果一个国家无利益可得或者只有损失，它就会拒绝进行贸易。但是这种互利贸易是怎样产生的？贸易所得是从何而来的呢？

按照亚当·斯密的理论，两国间的贸易基于**绝对优势**（absolute advantage）。如果一国相对另一国在某种商品的生产上有更高效率（或有绝对优势），但在另一种商品的生产上效率较低（或有绝对劣势），两国就可以通过专门生产自己有绝对优势的产品并用其中一部分来交换其有绝对劣势的商品。这样，两国的资源都可以被最有效地使用，而且两种商品的产出会增长。这种增长可用来测度生产专门化所产生的收益，这种收益通过国际贸易在两国间进行分配。

例如，由于气候条件，加拿大种植小麦效率更高，但不适合种植香蕉（要种植的话，必须种在温室中）。而尼加拉瓜适合种植香蕉而不适合种小麦。因此，加拿大在小麦种植上相对尼加拉瓜有绝对优势，而在香蕉生产上有绝对劣势。尼加拉瓜则反之。这样，如果两国都生产自己有绝对优势的产品，然后通过贸易获得另一种商品，则两国都会获利。加拿大专门生产小麦（也就是说，产量远大于国内需求），用一部分小麦（多余的）换取尼加拉瓜生产的（多余的）香蕉。结果，小麦和香蕉的产量都增加了，人们对这两种产品的消费也更多。而且，加拿大、尼加拉瓜都会获利。

因此，尽管重商主义者相信一国的贸易收益是建立在他国损失之上的，倡导国家严格控制所有经济活动和贸易，但亚当·斯密（还有追随其后的其他古典主义经济学家）认为，所有国家都可以通过自由贸易获利，倡导**自由放任**（laissez-faire），即政府尽可能少干涉经济活动。自由贸易会使世界资源获得最有效的使用，使世界福利最大化。对于这种自由放任政策和自由贸易，只有极少数例外，其中之一就是保护对国家安全特别重要的产业。

从这点看来，现在大多数国家对自由贸易施以诸多限制似乎是与之矛盾的。贸易限制无一例外地以保护国家利益的面目出现。事实上，只有一小部分从中获益的产业及该产业的员工才特别鼓吹限制贸易，而贸易限制却使那些不得不为国内产品支付更高的价钱的消费者受损。这一问题将在第2部分详细讨论。

绝对优势可以通过一个简单的例子来说明。表2.1表明，1小时的劳动在美国可生产6蒲式耳的小麦，但在英国只能生产1蒲式耳小麦。而1小时劳动在美国可生产4码布，但在英国可生产5码布。因此，在小麦生产上，美国有绝对优势，而在布匹生产上，英国有绝对优势。美国可专门生产小麦，通过贸易交换所需的布匹，而英国则相反。

表2.1　绝对优势产品

产品	美国	英国
小麦（蒲式耳/小时）	6	1
布（码/小时）	4	5

如果美国用6蒲式耳的小麦(6W)去交换英国的6码布(6C),美国获利2C或是节约半小时劳动(由于美国国内只可以用6蒲式耳小麦换4码布)。同样,英国从美国获得的6蒲式耳小麦若在英国生产需6小时劳动,6小时劳动可在英国生产30码布(6小时×5码)。由于可用6码布(需要约1小时多一点时间生产)来与美国交换6蒲式耳小麦,英国获利24码布,这相当于节约了约5个小时的劳动。

英国从贸易中获得的收益大于美国这一事实此时并不重要。重要的是通过专业化生产和贸易,两国均获得了利益。(我们将在2.6小节看到,商品的贸易价格是如何确定的,以及与此相近的另一个问题,即利益在贸易国间如何分配。)

然而,绝对优势只能解释现在世界贸易中的一小部分交易,例如在发达国家与发展中国家之间的一些贸易。大多数世界贸易,尤其是发达国家间的贸易,用绝对优势解释不了。这一问题留给了大卫·李嘉图,李嘉图用比较优势理论,很好地解释了贸易基础和贸易所得。事实上,绝对优势可以被看成是一般的比较优势理论的特殊情况。

2.4 基于比较优势的贸易:大卫·李嘉图

1817年,李嘉图发表了《政治经济学及赋税原理》(*Principles of Political Economy and Taxation*)一书,提出了比较优势原理。这是一项最重要、无可争议的经济学原理,具有很强的实用价值。本节我们首先定义比较优势原理,接着用一个简单的数字例子来阐述它。在下一节,我们将通过说明两国分工生产并出口自己有比较优势的产品,确实都可以从中得到利益来证明这一理论。

根据**比较优势原理**(law of comparative advantage),即使一国在两种商品的生产上较之另一国均处于劣势(相对于另一国有绝对的劣势),仍有可能产生互利贸易。一个国家可以专门生产并出口绝对劣势相对小一些的商品(这是其有比较优势的商品),同时进口其绝对劣势相对较大的商品(这是其有比较劣势的商品)。

我们可以通过表2.2来弄清比较优势原理。表2.2与表2.1的唯一不同之处在于英国现在1小时仅能生产2码而不是5码布。因此,现在英国在小麦和布匹的生产上与美国相比均处于绝对劣势。

表 2.2 比较优势产品

产品	美国	英国
小麦(蒲式耳/小时)	6	1
布(码/小时)	4	2

然而,由于英国劳动生产率在布匹生产上是美国的1/2,而在小麦生产上仅是美国的1/6,因此,英国在布匹生产上有相对优势。而美国在布匹和小麦生产上都有绝对优势,但由于小麦的绝对优势(6:1)比布匹的绝对优势(4:2)大,因此美国在小麦生产上有相对优势。

总而言之,美国小麦的绝对优势大于布匹的绝对优势,因此,美国在小麦生产上有相对优势。英国布匹生产的绝对劣势要小些,因此,英国在布匹生产有相对优势。根据比较优势原理,如果美国专门生产小麦并出口一部分换取英国布匹,则两国都会获利(同时,英国专门生产并出口布匹)。

注意,在一个有两国、两种商品的世界里,一旦断定一国在一种商品上有比较优势,则另一国一定在另一种商品上有比较优势。

2.5 比较优势下的贸易所得

要证明比较优势原理,我们必须表明英国与美国通过专门生产并出口其有比较优势的商品均可获利。

我们知道,如果美国用6单位小麦(6W)仅可换得英国的4单位布(4C),那么是否进行贸易对美国而言是无差别的,因为利用其国内资源,它可以通过少生产6单位小麦而多获得4单位布(见表2.2)。如果用6单位小麦(6W)仅可换得少于4单位的布(4C),美国将拒绝贸易。同样,如果英国用2单位布只可换取1单位小麦,那么是否进行贸易对英国而言就是无差别的,如果必须用多于2单位的布换取1单位小麦,英国将拒绝贸易。

要证明两国均可获利,假设美国可用6单位小麦(6W)换取英国的6单位布(6C),则美国可获利2单位布(2C),或是节约1/2小时劳动时间,因为美国国内6单位小麦仅可换取4单位布。英国同样可从这样的贸易中获利,因为英国从美国获得的6单位小麦(6W)在英国需要6小时劳动来生产,而利用这6小时劳动,英国可生产12单位布(12C),在贸易中英国用6单位布(6C)交换美国的6单位小麦(6W)。因此,英国获利6单位布或是节约了3小时劳动。而英国通过贸易获得的利益大于美国获得的利益这一点并不重要,重要的是:即使一国在两种商品生产上均处于劣势(如此例中的英国),两国仍然可以通过贸易双双获利。

我们可通过日常生活中的一个简单例子来认识这一理论的正确性。假设一个律师打字速度是其秘书的两倍,那么律师在法律实务和打字方面,相对秘书均有绝对优势;然而,由于秘书没有法学学位不能从事法律业务,律师在法律方面有更大的绝对优势或有一个相对优势,而秘书在打字方面有相对优势。根据比较优势原理,律师应将所有时间用在法律业务上而让秘书去打字。例如,律师每从事1小时法律工作可获100美元,但必须付给秘书每小时10美元的打字费用,他若自己打字每小时将损失80美元;原因是每打1小时字他可节约20美元(因为他的打字速度是秘书的两倍),但同时损失了每从事1小时法律工作所获得的100美元。

回到美国和英国的例子上来,我们知道通过6单位小麦与6单位布的交换,两国均可获利。然而,这不是互惠贸易的唯一交换比率。由于美国国内可用6单位小麦换取4单位布(两者均需1个劳动小时),如果美国可用6单位小麦从英国换取多于4单位的布,美国就可获利。而在英国国内,6单位小麦=12单位布(两者都需要6个劳动小时生产);如果可以用少于12单位的布从美国换取6单位小麦,则意味着英国可以获利。总而言之,如果美国可用6单位小麦换得多于4单位布就可获利,英国如果用少于12单位的布换取6单位小麦就可获利。因此互惠贸易比率范围是:

$$4C < 6W < 12C$$

12单位布与4单位布的差(即8单位布)代表交换6单位小麦时两国可分配的总收

益。例如当交换比率为6W=6C时,美国获利2单位布,英国获利6单位布,共8单位布。交换比率越接近6W=4C(美国的国内或内部交换比率,见表2.2),美国的贸易所得越小,英国的贸易所得越大。换言之,交换比率越接近6W=12C(英国的国内或内部交换比率),相对于英国的贸易所得来说,美国的贸易所得就越大。

例如,如果美国用6单位小麦换英国的8单位布,两国均可获利4单位布,共获利8单位布,如果美国用6单位小麦可换得英国的10单位布,则美国获利6单位布,英国仅获利2单位布(当然,如果交易量大于6单位小麦,贸易所得也将成比例增加)。在2.10小节,我们会看到,在现实世界中需求与供给怎样决定着交换比率。交换比率同时也决定了贸易双方如何分配贸易所得。至此,我们所做的是要证明:即使一国在两种商品生产上均处于劣势,互惠贸易仍可发生。

只有当一国在两种商品的生产上相对于另一国有相同的绝对劣势时,才不会有相对优势和贸易。例如,英国1小时劳动时间可生产3单位小麦(3W),而不是原来的1单位(1W),在小麦和布的生产上,英国的生产率均正好是美国的一半。那么,因为在英国国内2小时劳动时间可以生产6单位小麦(6W)或4单位布(4C),因此它不会愿意用多于4单位的布去换取美国6单位的小麦。在这种情况下,不会有互惠贸易发生。然而,这种情况是非常罕见的。

2.6 考虑货币的比较优势

根据比较优势原理(抛开上面提到的例外情况),即便一国(如例中的英国)与另一国(美国)相比在两种产品上均有绝对劣势,两国仍有互惠贸易的可能。但是你可能会问,如果英国在两种商品生产上效率均低于美国,它怎么能向美国出口商品呢?答案在于英国的工资要比美国的工资低很多,以至于当两种商品均用其中一国的货币表示时,布匹(英国有比较优势的产品)的价格在英国相对较低,而小麦的价格在美国相对较低。让我们看看这是怎么回事。

假设美国的工资率是每小时6美元。因为1小时劳动在美国可生产6蒲式耳小麦,一蒲式耳小麦的价格为 $P_w=1$ 美元。另一方面,1小时劳动可生产4码布,1码布的价格为 $P_c=1.50$ 美元(由6美元/4C得出)。假设同一时间,英国工资率为每小时1英镑。由于1小时劳动在英国可生产1单位小麦(见表2.2),英国小麦价格为 $P_w=1$ 英镑。同样,1小时劳动在英国可生产2单位布,布匹的价格为 $P_c=0.5$ 英镑。如果英镑与美元间的汇率为1英镑=2美元,那么在英国,$P_w=1$ 英镑=2美元,$P_c=0.5$ 英镑=1美元。具体情况见表2.3。

美元

表 2.3　1英镑=2美元下英美两国小麦与布的美元价格

产品	美国	英国
1蒲式耳小麦	1.00	2.00
1码布	1.50	1.00

从表 2.3 可以看出小麦（美国有比较优势的产品）的价格在美国比在英国低。而布匹（英国有比较优势的产品）的价格在英国比在美国低（注：我们的价格都是用美元标价的，若用英镑标价，结果也是一样的）。

由于美国小麦的美元价格低，商人会从美国买来小麦卖到英国，再从英国买来布匹卖到美国。尽管在布匹生产上，英国的劳动生产率为美国的 1/2（见表 2.2），但英国劳动的工资率仅为美国工资率的 1/3，因此，英国布匹的价格要低于美国布匹的价格。也就是说，英国劳动力的低效率已被其低工资率所补偿。结果是，布匹的美元价格在英国要低些，因此英国可以出口布匹到美国。只要英国的工资率处于美国工资率的 1/6～1/2（与英美两国在小麦和布匹生产上的生产率差异相同），就会是这种结果。

因此，美国可能出现的抵制英国的廉价劳动力以保护本国工人的高工资与高生活标准的论点，是错误的。同样，英国可能出现的抵制美国的高效率劳动力以保护本国劳动力的论点，也是错误的。这些论点显然是不合理的，从根本上说是错误的（见案例研究 2.2）。

案例研究 2.2

蜡烛工的请愿

有时讽刺与讥笑比理论和逻辑能更有效地影响公众观点。例如，在重商主义哲学盛行时期，保护主义蔓延，被激怒的法国经济学家巴斯底特（Frédéric Bastiat，1801—1851 年），通过以子之矛攻子之盾的方法压倒了保护主义者。巴斯底特在 1845 年虚构的法国蜡烛工人请愿的故事中，成功地实现了这一目的。现摘录如下：

我们正在经受着无法容忍的外来竞争，它看来有一个比我们优越得多的生产条件来生产光源，因此可以用一个荒谬的低价位占领我们整个国内市场。当它出现时，贸易离我们而去——所有的消费者都涌向它，许多有无数分支机构的国内企业一下子停滞不前了。这个竞争对手不是别人，就是太阳。

我们所请求的是，请你们通过一条法令，命令关上所有窗户、天窗、屋顶窗、帘子、百叶窗和船上的舷窗；一句话，所有使光线进入房屋的口、洞、边沿、裂缝和缝隙，都应当为了受损害的工厂而关掉。这些值得称赞的工厂使我们以为已使我们的国家满意了，作为回报，我们的国家不应当将我们置于一个如此不平等的竞争之中……

仅仅因为或部分因为进口的煤、钢铁、奶酪和外国的制成品的价格接近于零，你们就对这些商品的进口设置了很多限制，但为什么，当太阳光的价格整天都处于零时，你们却不加任何限制，任它蔓延？

如果你们尽可能减少自然光，从而创造对人造光的需求，哪个法国制造商会不欢欣鼓舞？如果我们制造更多的蜡烛，那就需要更多的动物脂，这样就会有更多的牛羊，相应的，我们会得到更多人造草场、肉、毛、皮和作为植物生产基础的肥料。

资料来源：Frédéric Bastiat, *Economic Sophisms* (Edinburgh: Oliver and Boyd, 1873), pp. 49-53，本文有删节。

2.7 比较优势与机会成本

李嘉图将比较优势原理建立在**劳动价值论**(labor theory of value)的基础上,该理论假设商品的价格或价值只决定于该商品生产过程中投入的劳动数量。这意味着:(1)劳动是唯一的生产要素或所有商品的生产都以同一固定比例使用劳动要素;(2)劳动是同质的(即只有一种类型的劳动)。既然这些假设都不是真实的,比较优势的解释就不应该以劳动价值论为基础。

具体而言,劳动既不是生产的唯一要素,也不是以固定比率投入所有商品的生产过程。例如,一些商品(如钢铁),相较于另一些商品(如纺织品),在生产中需要更高的资本/劳动比率。除此之外,在大多数商品的生产过程中,劳动、资本和其他要素之间是可以相互替代的。更进一步,劳动显然不是同质的,而是在培训、生产率和工资上都有很大不同。至少我们必须考虑劳动的不同生产率。事实上,这也是对李嘉图比较优势进行实证检验的方式(参见案例研究 2.3)。

比较优势理论不必基于劳动价值论,却可以以机会成本理论(可以接受)作为基础进行解释。1936 年哈伯勒(Haberler)用**机会成本理论**(opportunity cost theory)解释了比较优势理论。用机会成本理论解释的比较优势原理,有时也被称作比较成本原理。

案例研究 2.3

劳动生产率与比较优势

麦克杜格尔(MacDougall)在 1951 年和 1952 年首次对基于劳动生产率和成本的比较优势理论进行了实证检验,他使用的数据是 1937 年美国和英国 25 个行业的劳动生产率和出口额。由于美国的工资水平是英国的两倍,麦克杜格尔认为在那些美国劳动力的生产率是英国劳动力两倍以上的行业,美国的生产成本将较低。而在这些行业美国相对于英国有比较优势,美国也会以低于英国的价格向世界其他地区销售该产品。另一方面,在英国劳动力生产率是美国劳动力 0.5 倍以上的行业,英国会具有比较优势并以低于美国的价格向世界其他地区销售产品。麦克杜格尔实证研究的结果表明,在他所研究的 25 个行业中有 20 个行业确实是这样的。

对于美国和英国劳动生产率和出口之间的正向关系,被此后由巴拉萨(Balassa)用 1950 年数据和斯特恩(Stern)用 1950 年、1959 年数据所做的研究进一步证实。近些年,戈卢布(Golub)用 1990 年 33 个行业的数据对美日之间的贸易所做的研究,以及戈卢布和谢伊(Hsieh)采用 1972—1991 年 39 个部门的数据对美国与其他 9 国(日本、德国、英国、法国、意大利、加拿大、澳大利亚、墨西哥和韩国)之间的贸易所做的研究,也进一步证实了李嘉图贸易模型。因此,生产成本(而不是劳动成本)、需求、政治关联以及各种国际贸易流通的障碍似乎都不能割断相对劳动生产率与出口份额之间的联系。

资料来源：G. D. A. MacDougall, "British and American Exports: A Study Suggested by the Theory of Comparative Costs," *Economic Journal*, (December 1951), p. 703; R. Stern, "British and American Productivity and Comparative Costs in International Trade," *Oxford Economic Papers*, (October 1962), pp. 275-296; B. Balassa, "An Empirical Demonstration of Classical Comparative Cost Theory," Review of Economics and Statistics, (August 1962), pp. 231-238; S. S. Golub, *Comparative and Absolute Advantage in the Asia-Pacific Region* (San Francisco: Federal Reserve Bank of San Francisco, Center for Pacific Basin Monetary and Economic Studies 1995), p. 46; and S. S. Golub and C. T. Hsieh, "Classical Ricardian Theory of Comparative Advantage Revisited," *Review of International Economics*, May 2000, pp. 221-234.

根据机会成本理论，一种商品的成本是额外生产1单位此种商品所必须放弃的另一种商品的生产量。这里没有做出劳动是唯一的生产要素或劳动是同质的假设，也没有假定劳动是决定商品价格的唯一要素。结论是，当一国在一种商品生产上有较低的机会成本时，该国在该商品生产上就有比较优势（在另一种商品上有比较劣势）。

例如，为了在国内生产额外1单位小麦，美国必须放弃2/3单位的布匹生产以释放足够的资源，那么小麦的机会成本就是2/3单位的布（即在美国1W＝2/3C）。如果在英国1W＝2C，则小麦的机会成本（用必须放弃生产的布匹数量表示）就比美国高，因此，美国在小麦生产上相对英国有比较优势。在一个两国、两种商品的世界中，英国在布匹生产上有比较优势。

根据比较优势原理，美国将专门生产小麦并出口一部分小麦换取英国的布匹。这个结论与我们先前基于劳动价值论所得的结论一致。

2.8　固定成本下的生产可能性曲线

机会成本可以用生产可能性曲线或转换曲线来说明。**生产可能性曲线**（production possibility frontier）是指一国采用其所能获得的最佳技术，充分利用其所有资源生产的两种商品的各种组合。

表2.4给出了（假设的）美、英两国小麦（百万蒲式耳/年）、布匹（百万码/年）的生产可能性组合表。我们可以看到，美国可生产180单位小麦和0单位布，150单位小麦和20单位布，或120单位小麦和40单位布，以及0单位小麦和120单位布。美国每放弃30单位小麦的生产，所释放的资源恰好能生产额外的20单位布。也就是说，30单位小麦＝20单位布（两者均需同样数量的资源）。因此，在美国1单位小麦的机会成本是2/3单位布（与表2.2相同），而且保持不变。另一方面，英国可生产60单位小麦和0单位布，50单位小麦和20单位布，40单位小麦和40单位布，以及0单位小麦和120单位布。它每放弃10单位小麦便可多生产20单位的布。因此英国1单位小麦的机会成本为2单位布，而且保持不变。

由表2.4中给出的英、美两国生产可能性组合表可作出如图2.1所示的生产可能性曲线。曲线上每一点代表该国可生产的小麦、布匹的组合。例如，在 A 点，美国可生产 90 单位小麦和 60 单位布，在 A' 点，英国可生产 40 单位小麦和 40 单位布。

表 2.4 美、英两国小麦、布匹的生产可能性组合

美国		英国	
小麦	布匹	小麦	布匹
180	0	60	0
150	20	50	20
120	40	40	40
90	60	30	60
60	80	20	80
30	100	10	100
0	120	0	120

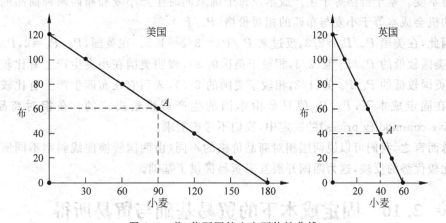

图 2.1 美、英两国的生产可能性曲线

美国与英国的生产可能性曲线可以通过把表 2.4 中的值标在图中而得到。曲线是向下倾斜的，或者说，斜率是负的，表示如果一国想多生产一些小麦，就必须放弃一些布匹的生产。直线型生产可能性曲线反映了不变的机会成本。

生产可能性曲线以下或以内的点也是可能的，但不是有效的，因为在这些点，该国仍存在闲置资源和（或）并没有采用所能获得的最佳技术。而生产可能性曲线以上各点在现有资源和技术的条件下是不可能达到的。

在图 2.1 中，美、英两国生产可能性曲线向下倾斜（斜率为负），表明美英两国如果想生产更多小麦，必须放弃一些布匹的生产。两国的生产可能性曲线均为直线，表明它们的机会成本是固定的，即每多生产 1 单位小麦，美国必须放弃 2/3 单位布的生产，英国必须放弃 2 单位布的生产，在生产可能性曲线上的任何一点，这一结论均成立。

当(1)生产资源或要素可完全替代或者在两种商品的生产中各要素比例固定，(2)同一要素的所有单位是同质的，或者确切地说，具有同等质量时，会产生**固定的机会成本**（constant opportunity cost）。因此，当每个国家都将生产布匹的资源转移到小麦生产中时，它们不会被迫使用越来越不适于小麦生产的资源，不管它们已经生产了多少小麦。对

更多布匹的生产而言也是如此。也就是说,我们所说的固定成本是指每生产额外 1 单位某种商品必须放弃的固定数量的另一种商品。

尽管每个国家的机会成本是固定的,但由于国与国之间的机会成本不同,这就使国际贸易成为可能。然而,固定成本并不现实。我们讨论它是因为它易于理解,有助于我们在下一章讨论更现实的递增成本的情况。

2.9　机会成本与相对商品价格

我们知道小麦的机会成本是指每多生产 1 单位小麦必须放弃的布匹的生产量。这可由生产可能性曲线或转换曲线的斜率的绝对值得出,有时也被称作边际转换率。

图 2.1 表明,美国转换曲线的斜率(绝对值)为 120/180＝2/3＝美国小麦的机会成本,并且固定不变。英国转换曲线的斜率(绝对值)为 120/60＝2＝英国小麦的机会成本,并保持不变。基于价格等于生产成本及每个国家同时生产小麦和布匹两种商品的假设,小麦的机会成本等于小麦与布匹的相对价格(P_w/P_c)。

因此,在美国 $P_w/P_c=2/3$,反过来 $P_c/P_w=3/2=1.5$。在英国,$P_w/P_c=2$,$P_c/P_w=1/2$。美国较低的 P_w/P_c 值(2/3,相较于英国的 2),表明美国在小麦生产上有比较优势。同样,英国较低的 P_c/P_w 值(1/2,相较于美国的 2/3),表明它在布匹生产上有比较优势。注意,在固定成本下,P_w/P_c 值只是由本国的生产或供给决定的。在**相对商品价格**(relative commodity prices)的决定中,我们不考虑需求。

总而言之,我们可以说两国相对商品价格的不同(由两国转换曲线斜率不同所决定)是其比较优势的反映,这为两国开展互惠贸易提供了基础。

2.10　固定成本下的贸易基础与贸易所得

在没有贸易的情况下,一国只能消费它生产的商品,因此一国的生产可能性曲线同时也是消费可能性曲线。人们的偏好或需求决定了该国事实上选择生产和消费的商品组合。

例如,在没有贸易时,美国可能选择生产和消费生产可能性曲线上的商品组合 A(90W 和 60C),如图 2.2 所示,英国可能选择的组合为 A'(40W 和 40C)。

如果有贸易的可能,美国会专门生产小麦(具有比较优势的产品),并在生产可能性曲线的 B 点(180W 和 0C)生产。同样,英国会专门生产布匹,并在 B' 点(0W 和 120C)生产。如果美国用 70 单位小麦交换英国的 70 单位布,它最终在 E 点(110W 和 70C)消费,英国最终在 E' 点(70W 和 50C)消费。因此,美国通过贸易获利 20 单位小麦和 10 单位布(比较图 2.2 中的 E 点与 A 点),英国获利 30 单位小麦和 10 单位布(比较图 2.2 中的 A' 点与 E' 点)。

两国专门生产其具有比较优势的产品所带来的产出的增加使得两国小麦和布匹消费的增加成为可能。也就是说,没有贸易时,美国生产 90 单位小麦,英国生产 40 单位小麦,产出总量为 130 单位。通过专门化的生产和贸易,可生产小麦 180 单位(全部由美国生

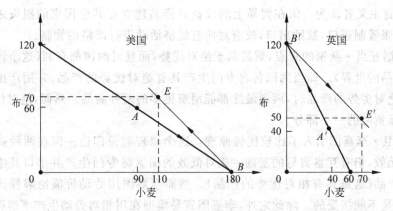

图 2.2 贸易所得

在没有贸易时,美国在 A 点生产与消费,英国在 A' 点生产与消费。有贸易时,美国在 B 点专门生产小麦,而英国在 B' 点专门生产布。通过用 70 单位小麦与英国的 70 单位布交换,美国最后在 E 点消费(获利 20 单位小麦和 10 单位布),英国最后在 E' 点消费(获利 30 单位小麦和 10 单位布)。

产)。同样,没有贸易时,美国生产 60 单位布,英国生产 40 单位布,产出总量为 100 单位,通过专门化生产,可生产 120 单位布(全部由英国生产)。

通过专门化生产而增加的 50 单位小麦和 20 单位布,是美国与英国可以分享的贸易所得。请记住,若无贸易,美国不会专门生产小麦,因为它也需要消费布匹。同样,英国也不会专门生产布匹,因为它还需要消费小麦。

注意,用 70 单位小麦交换 70 单位布,$P_w/P_c=1$。$P_w/P_c>1$ 时,美国希望出口的小麦数量多于英国在该价格下愿意进口的数量,P_w/P_c 会降到 1。另一方面,如果 $P_w/P_c<1$,美国愿意出口的小麦数量小于英国在该价格下希望进口的数量,因此 P_w/P_c 会上升到 1。$P_w/P_c=1$ 时,美国希望出口的小麦数量恰好等于英国在该价格下希望进口的小麦数量。因此,$P_w/P_c=1$ 是有贸易情况下的均衡相对商品价格。

最后,要注意的是,在固定成本情况下,两国进行**完全专业化**(complete specialization)的生产,每一种商品的均衡相对商品价格处于两国贸易前相对商品价格之间。唯一的例外是,其中一个国家的规模太小,以至于不能满足另一国对小国出口商品的需求。在这种情形下,只有小国进行完全专业化生产,在大国贸易前的相对商品价格下,贸易仍会发生。所有的贸易收益均由小国获得。这就是所谓的**小国情形**(small-country case),表明了"作为不重要角色的重要性"(然而,这种利益不是没有成本的,因为小国面临其所生产的唯一商品的未来需求可能减少的风险。这里我们所讲述的是,大国会从专业化生产中受益并且与其他大国进行贸易,而小国"只是匆匆过客"。

本章小结

1. 本章研究了贸易理论从重商主义者到斯密、李嘉图和哈伯勒的发展,并且试图回答两个问题:(1)贸易基础和贸易所得是什么?(2)贸易模式是什么?

2. 重商主义者认为一国在贸易上的收益只能是建立在其他国家的损失之上的。因此,他们主张管制进口,鼓励出口,政府对所有经济活动进行严格的管制。

3. 根据亚当·斯密的观点,贸易基于绝对优势,而且对两国都有利(这个讨论假设两国、两种商品的世界)。即当两国各自专门生产其有绝对优势的产品,并用产出的一部分交换其有绝对劣势的产品时,两国最终都能消费更多的两种商品。然而,绝对优势只能解释当今国际贸易的一小部分。

4. 大卫·李嘉图引入了比较优势原理。这个原理假设即使一国在两种商品的生产上均相对无效,仍有互惠贸易的基础。相对低效的国家将专门生产并出口其绝对劣势相对较小的产品(这是其有相对优势的产品)。然而李嘉图用劳动价值论解释比较优势原理,这一点是不能接受的。除此之外,李嘉图贸易模型在用相对劳动生产率解释时得到了实证检验的进一步证实。

5. 哈伯勒用机会成本理论解释比较优势原理。他认为一种产品的机会成本是为了释放多生产一单位该种商品所需要的资源必须放弃的另一种商品的数量。一种商品的机会成本等于商品相对价格,由生产可能性曲线斜率的绝对值给出。直线型生产可能性曲线反映出机会成本是固定的。

6. 没有贸易时,一国的生产可能性曲线也是其消费曲线。通过贸易,一国可专门生产其有比较优势的产品并用其中的一部分向其他国家交换其有比较劣势的产品。这样,两国均可比无贸易时消费更多的每种商品。当完全专门化生产时,均衡的相对商品价格处于贸易前两国相对商品价格之间。

复习题与练习题

1. 重商主义者的贸易观点是什么?它们与亚当·斯密的观点有何不同?

2. 亚当·斯密的贸易基础和贸易模式分别是什么?贸易所得是如何产生的?斯密倡导什么样的国际贸易政策?他认为政府在国家经济生活中的适当功能是什么?

3. 李嘉图的比较优势原理在哪点上优于斯密的绝对优势理论?比较优势所带来的贸易所得如何产生?在每种商品生产上均比另一国家低效的国家怎样向另一国出口商品?

4. 表2.5列出了在四种假定情形下美、英两国1小时可生产的小麦与布匹的数量。指出每种情形下美、英两国(1)具有绝对优势或绝对劣势的商品,(2)具有相对优势和相对劣势的商品。

表2.5　在美国和英国的生产可能性组合产品

	A 情形		B 情形		C 情形		D 情形	
	美国	英国	美国	英国	美国	英国	美国	英国
小麦(蒲式耳/小时)	4	1	4	1	4	1	4	2
布(码/小时)	1	2	3	2	2	2	2	1

5. 假设在表 2.5 的 B 情形下,美国用 4 单位小麦与英国的 4 单位布交换:
   (1) 美国获利多少?
   (2) 英国获利多少?
   (3) 互惠贸易的范围有多大?
   (4) 如果改用 4 单位小麦与 6 单位布交换,两国分别获利多少?

6. 表 2.5 中 B 情形下,假设劳动是唯一生产要素而且是同质的(即只有一种类型)
   (1) 美、英两国小麦和布用劳动表示的生产成本是多少?
   (2) 如果工资率为 6 美元,则小麦和布在美国的价格各是多少?
   (3) 如果工资率为 1 英镑,则小麦和布在英国的价格各是多少?

7. 你如何解释关于为了保护国内就业美国必须限制纺织品进口的争论?

8. 为什么李嘉图对相对优势原理的解释不被接受?哪种可接受的理论可被用于解释这一原理?

9. 一国的机会成本与生产可能性曲线之间的关系如何?在固定机会成本下,生产可能性曲线有何特征?商品的机会成本与商品相对价格间的关系如何?从图上看有何特征?

10. 假设表 2.5 中 B 情形的数据是指百万蒲式耳小麦和百万码布(单位):
    (1) 画出美、英两国的生产可能性曲线。
    (2) 美国和英国的小麦相对价格(即 P_w/P_c)为多少?
    (3) 美、英两国的布匹相对价格(即 P_c/P_w)为多少?
    (4) 假设无贸易或自给自足点对美国而言是 3 单位小麦和 3/4 单位布(百万单位),对英国而言是 1/2 单位小麦和 1 单位布,另假设有贸易时美国用 1 单位小麦与英国的 1 单位布交换。绘图表明英、美两国自给自足(无贸易)时的生产与消费点,有贸易时的生产与消费点,以及贸易所得。

附录 多种商品和多个国家情形下的比较优势

现在我们将比较优势理论首先扩展到多于两种商品,接着扩展到多于两国的情形。每种情形下,我们可看到比较优势理论很容易被一般化。

A2.1 有多于两种商品时的比较优势

表 2.6 表明美、英两国 5 种商品的美元和英镑价格或成本。

表 2.6 在美国和英国的商品价格

商 品	在美国的价格/美元	在英国的价格/英镑
A	2	6
B	4	4
C	6	3
D	8	2
E	10	1

为决定美国、英国各自出口、进口何种商品,我们必须先将所有商品用同一种货币表示,然后再比较两国的价格。例如,如果美元和英镑的汇率是 2 美元=1 英镑,则英国商品的美元价格为:

商品	A	B	C	D	E
在英国的美元价格	12	8	6	4	2

在这一汇率下,商品 A 和 B 在美国的美元价比英国低;商品 C 在两国价格相同;商品 D 和 E 在英国价格更低。因此,美国出口商品 A 和 B 到英国,从英国进口商品 D 和 E,商品 C 是非贸易品。

现假设汇率为 1 英镑=3 美元,则英国商品的美元价格为:

商品	A	B	C	D	E
在英国的美元价格	18	12	9	6	3

在这一较高的汇率下,A、B、C 的美元价格在美国较低,D、E 的价格在英国较低。因此,美国将向英国出口 A、B、C,从英国进口 D、E。注意当 1 英镑=2 美元时,商品 C 为非贸易品;当 1 英镑=3 美元时,美国出口商品 C。

最后,如果汇率为 1 英镑=1 美元,英国商品的美元价格为:

商品	A	B	C	D	E
在英国的美元价格	6	4	3	2	1

这种情况下,美国只向英国出口商品 A,进口除 B 以外的所有商品(B 在两国价格相同,为非贸易品)。

如果美元与英镑的汇率是浮动的并且由贸易因素唯一决定,最终实际汇率将固定在使美国向英国的出口价值量与美国从英国的进口价值量恰好相等的水平。一旦均衡汇率确定,我们就可以确定美国、英国各自出口何种商品。在既定均衡汇率下,每个国家在其所出口商品上有比较优势。

由表 2.6 可知,美国在商品 A 上有最大的比较优势,美国至少必须出口这种商品。为使这一点成为可能,汇率必须满足 1 英镑>0.33 美元。英国比较优势最大的商品是 E,英国至少必须出口 E。为使这一点成为可能,汇率必须满足 1 英镑<10 美元。这种讨论可被扩展到更多的商品。

A2.2 多于两国时的比较优势

假设不是两国 5 种商品,而是 2 种商品(小麦和布)和 5 国(A、B、C、D 和 E)。表 2.7 对这些国家的 P_w/P_c 由低到高排列。有贸易时,均衡的 P_w/P_c 将处于 1 和 5 之间,即 $1<P_w/P_c<5$。

表 2.7 用国内 P_w/P_c 对国家排名

国家	A	B	C	D	E
P_w/P_c	1	2	3	4	5

如果在有贸易时均衡的 $P_w/P_c=3$，国家 A、B 将向 D、E 出口小麦以换取布。C 将不参与国际贸易，因为其贸易前的 P_w/P_c 值与有贸易时的均衡 P_w/P_c 值相同。给定有贸易时均衡的 $P_w/P_c=4$，A、B、C 将向 E 出口小麦以换取布，D 将不参与国际贸易。若有贸易时均衡的 $P_w/P_c=2$，则 A 将向其他各国（除了 B）出口小麦以换取布。

这种讨论很容易被扩展到许多国家和许多商品的情形。因此，基于简单的两国、两种商品模型得出的结论可以被一般化并且适用于多国和多种商品的情形。

参考书目

本章所涉及问题的解决方案及相关例子，参见：

- D. Salvatore, *Theory and Problems of International Economics*, 4th ed., (New York：McGraw-Hill, 1996), chs. 1, 2(sects. 2.1 to 2.3).

前古典重商主义国际贸易的观点，参见：

- E. F. Heckscher, *Mercantilism*, Vols. I and II (London：Allen & Unwin, 1935).
- P. C. Newman, A. D. Gayer, and M. H. Spencer, *Source Readings in Economic Thought* (Net York：Norton, 1954), pp24-53.

斯密和李嘉图的国际贸易观点，参见：

- A. Smith, *The Wealth of Nations* (New York：The Modern Library, 1937), Book I, ch. 3; Book IV, chs. 1-3, 6-8.
- D. Ricardo, *The Principles of Political Economy and Taxation* (Homewood, Lll.：Irwin, 1963), ch. 7.

经典比较优势理论的杰出表述，可参见：

- G. Haberler, *The Theory of International Trade* (London：W. Hodge & Co., 1936), chs. 9-10.
- J. Viner, *Studies in the Theory of International Trade* (New York：Harper & Brothers, 1937), ch. 7.

对李嘉图贸易模型的经验检验，请见：

- G. D. A. MacDougall, "British and American Exports：A Study Suggested by the Theory of Comparative Costs," *Economic Journal*, December 1951 (Part I：pp. 697-724) and September 1952 (Part II：pp. 487-521).
- S. S. Golub and C. T. Hsieh, "The Classical Ricardian Theory of Comparative Advantage Revisited," *Review of International Economics*, May 2000.

网址

世贸组织（World Trade Organization）中所有成员国的贸易政策可见：
http：//www.wto.org
国际经济学研究所（Institute for International Economics）出版的国际贸易理论与政策的最新报告

和分析倾向于贸易自由化的体制，相关内容可见：

http://www.iie.com

公众全球贸易观察(Public Citizen Global Trade Watch)是由消费者协会律师拉尔夫·纳德(Ralph Nader)创立的组织，其反对贸易自由化的主张可见：

http://www.citizen.org/trade

第 3 章

标准贸易模型

学习目的

学完本章,你应当能够:
- 画出递增成本下的生产可能性曲线
- 画出一组社会无差异曲线
- 描述成本递增情形下无国际贸易的均衡状态下的国家
- 说明递增成本下的贸易基础和贸易所得
- 解释贸易条件的含义
- 解释在美国和其他发达国家,国际贸易与去工业化的关系

重要术语

递增机会成本	increasing opportunity costs
边际转换率	marginal rate of transformation(MRT)
社会无差异曲线	community indifference curve
边际替代率	marginal rate of substitution(MRS)
自给自足	autarky
孤立条件下的均衡相对商品价格	equilibrium-relative commodity price in isolation
贸易条件下的均衡相对商品价格	equilibrium-relative commodity price with trade
不完全分工	incomplete specialization
贸易条件	terms of trade
去工业化	deindustrialization
提供曲线	offer curve
相互需求曲线	reciprocal demand curve

3.1 引言

本章我们将把上一章的简单贸易模型扩展为机会成本递增条件下的更接近现实的模型。同时,我们还将引入需求偏好理论和社会无差异曲线。接着,我们就会看到在成本递增且无贸易的情况下,需求和供给因素如何确定一国均衡的相对商品价格。从中我们也能确定一国有比较优势的商品。

然后,我们引入国际贸易这个条件,并讨论在此情况下一国如何通过专门生产本国具有比较优势的商品,并将其部分出口换取该国具有比较劣势的商品来获得收益,以及每一国家的贸易条件如何决定。最后,将讨论很多发达国家认为已经迫在眉睫的去工业化问题。

在本章和以后的几章中,为了方便演示,我们不妨用国家1和国家2来代替前例中的美国和英国,用商品 X 和商品 Y 代替布和小麦。章后的附录将说明如何通过使用提供曲线得到均衡的相对商品价格。

3.2 成本递增条件下的生产可能性曲线

在更现实的条件下,一国在生产中面对的通常是递增的,而不是固定的机会成本。**递增机会成本**(increasing opportunity costs)意味着一国每多生产一单位某商品必须放弃越来越多的另一商品以释放恰好足够的资源。机会成本递增使得生产可能性曲线成为一条凹向原点的曲线(而不是一条直线)。图3.1是假想的国家1和国家2关于商品 X 和 Y 的生产可能性曲线。

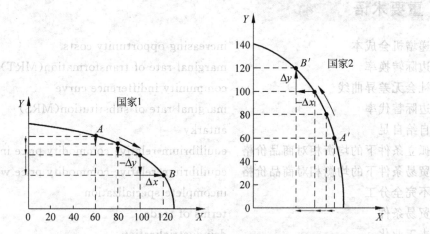

图3.1 成本递增条件下国家1和国家2的生产可能性曲线

凹向原点的生产可能性曲线表明每一国在生产这两种商品时都是机会成本递增的。国家1每多生产20单位 X,必须减少越来越多的 Y 的生产。向下的长度递增的箭头说明了这一点。同样,国家2每多生产20单位 Y 的递增机会成本是以 X 的数量表示的。向左的长度递增的箭头说明了这一点。

假设国家1现在在图3.1(左图)生产可能性曲线上的 A 点进行生产,它想要生产更多的 X。因为在 A 点该国以可获得的最佳技术用尽了它全部的资源,为了生产更多的

X，它必须减少 Y 的产量（在第 2 章，我们看到这就是生产可能性曲线斜率为负的原因）。

图 3.1（左图）显示，国家 1 每多生产 20 单位 X，必须放弃越来越多的 Y。国家 1 所面临的递增的机会成本用 Y 表示，就是图中沿纵轴向下的越来越长的箭头，这使得生产可能性曲线凹向原点。

国家 1 在生产商品 Y 时也面临递增的机会成本。这也可以通过曲线来说明：国家 1 每多生产 20 单位 Y，必须放弃的 X 的数量逐渐递增。除此之外，我们也可以用图 3.1（右图）中国家 2 的生产可能性曲线来说明商品 Y 的机会成本是递增的。

从 A' 点沿国家 2 的生产可能性曲线向上移动，可以发现沿横轴的向左的箭头长度不断增加。这表明国家 2 每多生产 20 单位 Y，必须放弃的 X 的数量越来越多。

3.3 边际转换率

X 对 Y 的**边际转换率**（marginal rate of transformation，MRT）指的是一国每多生产一单位 X 必须放弃生产的 Y 的数量。因此，边际转换率也是 X（图 3.1 中横轴表示的商品）边际成本的另一种说法，它可由生产可能性曲线上某一点的斜率给定。

例如，在图 3.1（左图），如果国家 1 的生产可能性曲线在 A 点的斜率（MRT）是 1/4，即在该点，国家 1 为了多生产 1 单位 X 必须少生产 1/4 单位 Y 以释放足够的资源。同样，如果 B 点的斜率，或 MRT，等于 1，这表示在 B 点国家 1 为了多生产 1 单位 X 必须少生产 1 单位 Y。

这样，沿着国家 1 的生产可能性曲线从 A 点向 B 点移动，意味着斜率（MRT）从 A 点的 1/4 上升到 B 点的 1。这表明随着 X 产量的增加，机会成本是不断增加的。这可以和第 2 章中直线型生产可能性曲线进行对比，在直线情形下，不论 X 的产量是多少，生产 X 的机会成本始终是常数，也就是生产可能性曲线的斜率。

但是，递增机会成本是如何产生的，它为什么会比固定机会成本更接近实际情况呢？机会成本递增是由于生产要素或资源：(1) 不是同质的（即同种要素的所有单位并不完全相同或具有相同的质量）；(2) 在所有商品的生产中生产要素的比率或密集度不是固定不变的。这意味着，随着一国生产越来越多的某种商品，它必须使用越来越低效或并不完全适合生产这种商品的资源或要素。这就使得一个国家每多生产一单位该种商品，就必须放弃越来越多的另一商品的生产以提供足够的资源。

例如，假设某国部分土地是平原，适宜种植小麦；部分土地是山区，更适宜放牧和生产乳制品。该国最初只生产小麦，但现在要集中力量生产乳制品。通过把山区的麦田转化为牧场，该国的小麦产量并没有减少很多，但获得了大量乳制品。这样，用小麦减产数量来表示的乳制品的机会成本在刚开始时是很小的。但是，如果这种转化继续下去，直到最后很适宜种小麦的平原都被用来放牧，生产乳制品的机会成本就会不断增加。这就导致了生产可能性曲线凹向原点。

在图 3.1 中，国家 1 和国家 2 的生产可能性曲线的不同，是因为两国有不同的要素或资源禀赋，和/或两国使用了不同的生产技术。在现实社会中，不同国家的生产可能性曲线通常都是不同的，因为没有哪两个国家具有完全相同的要素禀赋，即使它们都使用相同的技术。

随着要素供给和/或生产技术的变化,一国的生产可能性曲线也不断移动。这些变化以及经济增长和其对国际贸易的影响将在第8章详细讨论。

3.4 社会无差异曲线

到目前为止,我们讨论了一国商品的生产或供给情况,就像该国生产可能性曲线所反映的。现在我们引入一国的偏好或需求偏好情况,这是由社会无差异曲线决定的。

一条社会无差异曲线(community indifference curve)反映了能使社会或国家获得同等满足程度的两种商品的不同组合。较高的曲线反映较高的满足程度,较低的曲线反映较低的满足程度。社会无差异曲线凸向原点,斜率为负(与经济学原理课程中讨论的个人无差异曲线相同)。图3.2是国家1和国家2的三条假想的无差异曲线。由于假设两国需求偏好不同,两组无差异曲线的形状也有所不同。

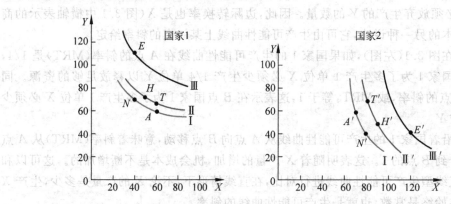

图 3.2 国家1和国家2的社会无差异曲线

社会无差异曲线表示使一国获得同等满足程度的 X 和 Y 的不同组合。较高的曲线表示较高的满足程度。社会无差异曲线是向下的,即斜率为负,而且凸向原点。曲线斜率递减意味着 X 和 Y 的边际替代率递减。

对于国家1,N 点与 A 点代表相同的满足程度,因为它们均在图3.2(左图)的无差异曲线 I 上。T 点与 H 点位于更高的无差异曲线 II 上,因此代表更高的满足程度。尽管 T 点的消费组合比 A 点包含了更多的 Y 和更少的 X,T 点的满足程度仍高于 A 点,这是因为 T 点处于一条较高的无差异曲线 II 上。E 点表示更高的满足程度,因为它在无差异曲线 III 上。对于国家2,各点使其获得的满足程度由小到大依次为:$A' = N' < H' < E'$。

注意,图3.2中社会无差异曲线的斜率均为负。这是一种普遍情况,因为如果一国要保持相同的满足程度,它在多消费 X 的同时,必须减少 Y 的消费。这样,当国家1沿无差异曲线 I 从 N 点移至 A 点后,它消费了更多的 X,但是对 Y 的消费减少了。同样,国家2沿无差异曲线 I′ 从 A' 点移至 N' 点后,它消费了更多的 X 和更少的 Y。如果一国始终消费同等数量的 Y,而不断提高对 X 的消费量,该国就必定会移到一条更高的社会无差异曲线上。

消费中的 X 对 Y 的**边际替代率**(marginal rate of substitution, MRS)指的是一国为

保持在原来的无差异曲线上,多消费一单位 X 而必须放弃的 Y 的数量。它由社会无差异曲线在该消费点的斜率的绝对值给定,并且随着该国消费点沿曲线的下移而下降。例如,在无差异曲线 I 上,N 点的斜率的绝对值(MRS)大于 A 点的斜率的绝对值(见图 3.2(左图));同样,在无差异曲线 I′ 上,A' 点的斜率的绝对值(MRS)大于 N' 点的斜率的绝对值(见图 3.2(右图))。

无差异曲线的斜率绝对值(或 MRS)递减反映了这样一个事实:一国消费的 X 越多,消费的 Y 越少,对该国来说,相较于一单位 X,边际的一单位 Y 的效用会越来越大。因此,该国每多消费一单位 X,只会放弃越来越少的 Y 商品。

边际替代率递减意味着社会无差异曲线是凸向原点的。生产的机会成本递增使生产可能性曲线凹向原点,而边际替代率递减使得同一的无差异曲线凸向原点。社会无差异曲线也必须是不相交的。相交将意味着在两条不同的社会无差异曲线上能达到相同的满足程度,这与定义相悖。因此,图 3.2 画出的国家 1 和国家 2 的无差异曲线是互不相交的。

3.5 孤立均衡

在 3.2 节中,我们讨论了表示一国生产或供给条件的生产可能性曲线。在 3.4 节中,我们考察了反映一国需求偏好的社会无差异曲线。现在我们研究在一国不发生对外贸易的情况下,供求力量的相互作用如何确定均衡点,或社会福利最大化点。

在没有对外贸易的条件下,当一国达到其生产可能性曲线所允许的最高的社会无差异曲线时,该国就达到了均衡状态,这发生在社会无差异曲线与生产可能性曲线相切的点。两条曲线在切点的公切线的斜率给出了国内的均衡相对商品价格,反映了该国的比较优势。

图 3.3 将图 3.1 的生产可能性曲线和图 3.2 的社会无差异曲线放在一起。在图 3.3(左图)中,我们可以看到,无差异曲线 I 是国家 1 在其生产可能性条件下所能达到的最高的无差异曲线。因此,在没有对外贸易,即**自给自足**(autarky)的情况下,当国家 1 在 A 点进行生产和消费时,它就达到了均衡,即福利最大化。同样,国家 2 在 A' 点达到均衡,在该点它的生产可能性曲线与无差异曲线 I′ 相切。注意,在没有贸易时,一国只能消费自己生产的商品。

既然社会无差异曲线是凸向原点而且互不相交的,因此上述切点就只能有一个,即均衡状态是唯一的。此外,我们可以肯定这样的均衡点一定存在,因为存在无数条无差异曲线(尽管我们在图 3.2 中只画了其中的三条)。较低的无差异曲线上的点也是可行的,但并不能使社会福利最大化。另一方面,受一国现有资源和技术条件的限制,更高的无差异曲线还不可能达到。

孤立条件下的均衡相对商品价格(equilibrium-relative commodity price in isolation)由在孤立条件下生产和消费的均衡点上一国生产可能性曲线与无差异曲线的公切线的斜率给定。因此,在国家 1,X 的孤立均衡相对价格 $P_A=P_X/P_Y=1/4$,而在国家 2 则为 $P_{A'}=P_X/P_Y=4$(见图 3.3)。同一种商品在两国的相对价格不同,是因为这两个国家的

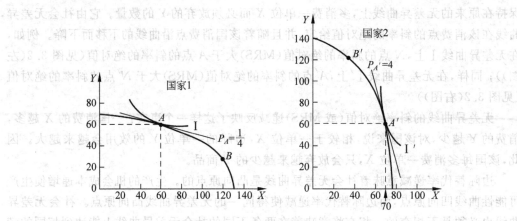

图3.3 孤立均衡

在孤立情形下,国家1在A点进行生产和消费时达到均衡,即实现福利最大化,在该点国家1的生产可能性曲线与其能达到的最高无差异曲线Ⅰ相切。同样,国家2在A'点达到均衡,它的生产可能性曲线与无差异曲线Ⅰ'也相切于该点。在国家1,商品X的均衡相对价格就是其生产可能性曲线与无差异曲线在切点A的公切线的斜率,图中$P_A=1/4$。对于国家2,$P_{A'}=4$。由于X在国家1的均衡相对价格低于国家2,国家1对X具有比较优势,而国家2对Y具有比较优势。

生产可能性曲线和社会无差异曲线在形状与位置上均不相同。

在孤立条件下,$P_A<P_{A'}$,因此国家1在商品X上,国家2在商品Y上具有比较优势。也就是说,如果国家1专业化生产X,并出口X以换取国家2专业化生产的Y,两国均可从中获益。在下一节我们将讨论这种情况是如何发生的。

3.6 成本递增条件下的贸易基础与贸易所得

如图3.3所示,在不存在贸易的条件下,X在国家1的均衡相对价格是$P_A=1/4$,在国家2的均衡相对价格是$P_{A'}=4$。故国家1在X的生产上有比较优势,而国家2在Y的生产上有比较优势。有贸易时,国家1应该专业化生产X,并出口X以从国家2换取Y。图3.4展示了这种情况是如何发生的。

从A点,即图3.4(左图)上的孤立均衡点,开始,随着国家1专业化生产X的程度不断深入,从而沿生产可能性曲线向下移动,生产X的机会成本也在递增。这体现为生产可能性曲线的斜率递增。从图3.4(右图)上的A'点开始,随着国家2专业化生产Y的程度不断深入,从而沿着其生产可能性曲线向上移动,它也要经历生产Y的机会成本递增的过程。这体现为国家2的生产可能性曲线的斜率递减(生产X的机会成本下降,意味着生产Y的机会成本上升)。

这一专业化过程一直持续到相对商品价格(生产可能性曲线的斜率)在两国相等时才停止。有贸易时,共同的相对价格(斜率)将处于贸易前相对价格1/4和4之间的某一点,在该点贸易达到均衡。图3.4中,均衡价格为$P_B=P_{B'}=1$。

通过贸易,国家1的生产组合从A点移到了B点,同时用80X与国家2的80Y进行

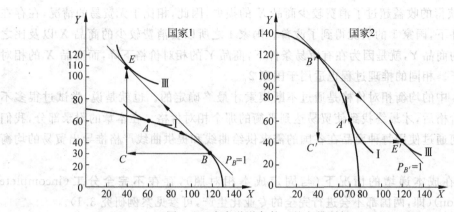

图 3.4 成本递增条件下的贸易所得

有贸易时,国家 1 的生产从 A 点移到了 B 点。国家 1 用 $80X$ 与国家 2 的 $80Y$ 交换(见贸易三角 BCE),最终国家 1 在 E 点消费(在无差异曲线Ⅲ上),而不是无差异曲线Ⅰ上的孤立均衡点 A。同样,国家 2 的生产从 A' 移到了 B',国家 2 用 $80Y$ 交换国家 2 的 $80X$(见贸易三角 $B'C'E'$),最终国家 2 在无差异曲线Ⅲ上的 E' 点消费,而不是无差异曲线Ⅰ′上的孤立均衡点 A'。$P_B = P_{B'} = 1$ 就是均衡相对价格,即贸易达到平衡的价格。

交换(见贸易三角 BCE),最终国家 1 在无差异曲线Ⅲ上的 E 点($40X$ 和 $110Y$,与无差异曲线Ⅰ上的 A 点相比较)进行消费。因此,国家 1 在专业化生产和贸易中获得了收益。无差异曲线Ⅲ是国家 1 在 $P_X/P_Y = 1$ 条件下进行贸易所能达到的最大满足程度。BE 被称为贸易可能性曲线,或者更简单一点,贸易线,因为两国会在这条线上进行贸易。

同样,国家 2 的生产组合从 A' 点移到了 B' 点,如图 3.4(右图)所示,通过用 $80Y$ 与国家 1 的 $80X$ 进行交换(见贸易三角 $B'C'E'$),国家 2 最终在无差异曲线Ⅲ′上的 E' 点($120X$ 和 $40Y$,与无差异曲线Ⅰ′上的 A' 点比较)进行消费。因此,国家 2 也从专业化生产和贸易中获得了收益。

注意,通过专业化生产与贸易,每个国家都可消费在生产可能性曲线(也是无贸易时的消费可能性曲线)以外的商品组合。在没有专业化生产和贸易的情况下,这是不可能实现的。

3.7 贸易条件下的均衡相对价格

贸易条件下的均衡相对价格(equilibrium-relative commodity price with trade)就是贸易均衡时双方共同的相对价格。在图 3.4 中,就是 $P_B = P_{B'} = 1$。在这个相对价格下,国家 1 想出口的 X 的数量(80 单位)等于国家 2 希望进口的 X 的数量(80 单位);同样,国家 2 想出口的 Y 的数量(80 单位)也正好等于国家 1 希望进口的 Y 的数量。其他任何相对价格都不会持久,因为贸易处于不均衡的状态。

注意,虽然在 E 点,国家 1 会消费较少的商品 X(40 单位),但是却消费了比 A 点多得多的商品 Y(130 单位相比于 A 点的 30 单位,见图 3.4),因此国家 1 仍从贸易中获得了收益(即在有贸易的条件下,国家 1 从无差异曲线Ⅰ移到无差异曲线Ⅲ)。这样,消费更多商品 Y 所获得的收益超过了消费较少商品 X 的损失，因此，相比于无贸易的情况，在存在贸易的条件下，国家 1 的状况得到了改善。国家 1 之所以会消费较少的商品 X 以及比之前多得多的商品 Y，就是因为在有贸易条件下，商品 Y 的相对价格下降，而商品 X 的相对价格上升了。相同的推理过程也适用于国家 2。

图 3.4 中的均衡相对价格是通过不断摸索才最终确定的。也就是说，尝试过很多不同的相对价格后，才最终找到使贸易达到平衡的那个相对价格。在本章的附录部分，我们将说明如何通过使用每种商品在各国的需求供给曲线和提供曲线严格推导出贸易的均衡相对价格。

注意，在成本递增的情况下（与固定成本相对照），存在**不完全分工**（incomplete specialization）（即，两国都不会进行完全的专业化生产，可见案例研究 3.1）。

案例研究 3.1

部分国家的专业化生产与出口商品的集中

由于存在成本递增，在现实世界中没有任何一个国家仅仅专业化生产一种商品。最接近完全专业化生产和贸易的国家是科威特，该国 2009 年的石油出口占总出口额的 92.7%。阿根廷是另一个高度专业化生产自然资源的发展中国家，该国的食品出口占总出口的 50.0%。如表 3.1 所示，美国以及有 27 个成员国的欧盟出口最多的商品还不到其总出口额的 15%。而韩国、中国和日本的这一比例为 31%～35%。

表 3.1	2009 年部分国家主要出口商品占总出口的百分比（%）	
美国	化工产品	13.8
欧盟	化工产品	14.8
韩国	办公及通信设备	31.2
中国	办公及通信设备	32.9
日本	自动化产品	34.2
阿根廷	食品	50.0
科威特	燃料	92.7

资料来源：World Trade Organization（WTO），*International Trade Statistics*（Geneva：WTO，2010）。

3.8 贸易条件

一国的**贸易条件**（term of trade）是指该国出口商品和进口商品价格的比。因为在两国世界里，一国的出口即是其贸易伙伴的进口，后者的贸易条件就等于前者贸易条件的倒数。

例如，国家1出口商品 X，进口商品 Y，因此国家1的贸易条件为 P_X/P_Y，在图3.4和图3.5中，等于1。相反，国家2出口商品 Y，进口商品 X，因此它的贸易条件为 P_Y/P_X，也等于1(因为是 $P_X/P_Y=1$ 的倒数，因此国家2的贸易条件也等于1)。

随着供给与需求的不断变化，贸易规模和贸易条件也会发生变化。一国贸易条件的上升或改善通常被视为对该国有利，因为该国收到的出口商品的价格相对于支付的进口商品的价格上升了。在两国世界中，一国贸易条件的改善必然会带来其贸易伙伴贸易条件的恶化。例如，如果国家1的贸易条件从1上升到2，这必然意味着国家2的贸易条件会恶化，从1下降到1/2。

在有很多种贸易商品（而不是只有两种）的情况下，一国的贸易条件为该国出口商品的价格指数与其进口商品价格指数的比。该比值通常会乘以100，以便用百分数的形式表示。这样表示的贸易条件通常是指商品或净易货贸易条件，以便与第8章的贸易条件的衡量相区别。案例研究3.2展示了G-7（七国集团）国家的贸易条件，案例研究3.3则给出了1990—2009年间一些年份中工业化国家和发展中国家的贸易条件。

案例研究 3.2

G-7 国家的贸易条件

表3.2给出了七国集团(G-7)在1990—2009年间一些年份的贸易条件。这里，贸易条件用出口单位价值指数除以进口单位价值指数来衡量，2000年为100。表3.2表明，1990—2009年，美国、日本和德国的贸易条件下降，而其他四国的贸易条件则有所上升，尤其是加拿大和意大利，前者主要因为石油价格的上升（加拿大是主要的石油出口国），而后者则是因为其奢侈品出口价格的上升。

表3.2 七国集团(G-7)1990—2009年间一些年份的贸易条件
（出口单位价值÷进口单位价值，2000年为100）

年 份	1990	1995	2000	2005	2009
美国	101.1	103.2	100.0	97.2	98.8
加拿大	97.2	97.2	100.0	111.3	114.8
日本	83.9	114.9	100.0	83.3	74.2
德国	109.3	107.5	100.0	105.3	105.8
法国	100.1	106.5	100.0	110.6	103.9
英国	101.1	101.1	100.0	104.9	104.5
意大利	94.0	96.0	100.0	101.1	103.3

资料来源：Elaborated from International Monetary Fund(IMF), *International Financial Statistics* (Washington, DC, various issues).

案例研究 3.3

工业化国家和发展中国家的贸易条件

表 3.3 给出了 1990—2009 年间一些年份发达国家和发展中国家总体,以及亚洲、中东、欧洲和西半球发展中国家的贸易条件。这里,贸易条件用出口单位价值指数除以进口单位价值指数来衡量,2000 年为 100。

表 3.3　发达国家和发展中国家在 1990—2009 年间一些年份的贸易条件
（出口单位价值÷进口单位价值,2000 年为 100）

年份	1990	1995	2000	2005	2009
发达国家	99.8	104.8	100.0	101.3	100.1
发展中国家	103.0	101.9	100.0	99.4	106.7
非洲	100.4	102.8	100.0	107.9	—
亚洲	106.8	106.8	100.0	91.5	93.0
欧洲	68.7	105.5	100.0	102.1	100.5
中东	109.0	68.4	100.0	140.4	161.1*
西半球	129.6	107.1	100.0	104.3	91.8

*=2007

表 3.3 表明,1990—2009 年间,发达国家和发展中国家总体的贸易条件略有上升,亚洲和西半球发展中国家的贸易条件大幅下降,而非洲发展中国家(到 2005 年)的贸易条件小幅上升,欧洲和中东地区发展中国家的贸易条件则是大幅上升。中东地区贸易条件上升主要是因为 2004 年以来石油出口价格的大幅上升。

资料来源：Elaborated from IMF, *International Financial Statistics* (Washington, DC: various issues).

3.9　专业化、贸易与去工业化

我们已经看到,伴随国际贸易而发生的生产专业化意味着生产更多的该国具有比较优势的商品以及更少的该国具有比较劣势的商品。这就使得该国具有比较优势的部门和产业将创造更多的就业机会,而在该国具有比较劣势的部门和产业的就业机会则会逐渐丧失。达到均衡时,我们知道新创造的就业多于丧失的,而且创造就业的部门和产业更高效,因此相对于那些丧失的工作,新的工作会支付更高的工资。然而,面临失业的部门与产业的工人和工会仍然需要政府给予贸易保护以保住这些国内的就业。与此相关的贸易政策我们将在本书第 2 部分(第 5 章和第 6 章)阐述。我们将会看到,一般而言,国家应该抵制这种压力,并给工人提供帮助,对他们进行再培训以满足扩张部门工作的技能需要,或者将他们转移到正在创造出更多就业机会的部门。

正如我们将在案例研究3.4中看到的，这些产业中的大部分失业并不是由于进口本身，而是由于国内的原因，诸如技术改进、消费者需求变化以及经济结构调整。当然，高进口竞争的产业的确由于进口的原因比其他制造业经历了更高的失业，这一点可以由以下事实证明：高进口竞争产业占制造业总就业人数的30%，而这些产业在1979—1999年的失业人数却占到了制造业总失业人数的38.4%。

20世纪70年代以来，美国和其他发达国家便开始关心**去工业化**（deindustrialization）问题，其表现为制造业就业水平下降。然而，正像案例研究3.4所指出的，这一现象主要源于劳动生产率的提高以及其他国内因素，而不是人们有时所宣称的国际贸易。的确，发达国家已经将其生产和经济重心从工业部门转向了服务部门，后者已经占到其GDP的一半以上。因此，将发达国家的经济称为"服务经济"而不是"工业经济"会更为恰当。

案例研究3.4

美国、欧盟和日本的国际贸易与去工业化

20世纪70年代以来，大多数发达国家便开始关心反映为制造业就业水平下降的去工业化问题。表3.3显示了1970—1994年影响发达国家整体以及影响美国、欧盟和日本的去工业化的不同因素。

表3.4显示，1970—1994年在全部工业化国家、美国和欧盟，制造业的平均就业比重下降了约10个百分点，在日本该比重下降了约4个百分点。该表还显示就业下降主要是由于劳动生产率的提高（这使得较少的劳动创造更高的产出成为可能），投资率的下降以及其他国内因素。除美国之外，国际贸易事实上反而带来了产业就业率的上升（负号表示与去工业化相反的情况）。在美国，国家贸易导致制造业就业下降了9.8个百分点。美国从巨额贸易逆差中获得的收益远不能抵补就业机会丧失所带来的损失，但是这一严重问题并未引起重视。而且，电子化革命也在日益加剧百万计的就业机会转移出这个国家的风险。这一议题将会在第二部分（第5章和第6章）展开讨论。

表3.4 影响去工业化的因素

	工业化国家	美国	欧盟	日本
制造业就业比重(%)				
1970年	27.6	26.4	30.4	27.0
1994年	18.0	16.0	20.2	23.2
变化	−9.6	−10.4	−10.2	−3.8
影响百分比变化的因素：				
生产率提高	65.6	65.4	59.8	157.9
投资	18.8	3.8	20.6	71.1

续表

	工业化国家	美国	欧盟	日本
影响百分比变化的因素：				
贸易	(—)2.1	9.6	(—)2.9	(—)30.0
其他	17.7	21.2	22.5	(—)51.7
总计	100.0	100.0	100.0	100.0

资料来源：IMF, *Staff Studies for the World Economic Outlook* (Washington, DC, December 1997), p. 68; R. E. Scott, "Costly Trade with China," *Briefing Paper #188*, (Economic Policy Institute, October 9, 2007); and "Pain from Free Trade Spurs Second Thoughts," *The Wall Street Journal*, (Match 28, 2008), p. A1.

本章小结

1. 本章把简单贸易模型扩展为更接近现实的机会成本递增的情形。我们以社会无差异曲线的形式介绍了需求偏好，然后验证了供求两方面的力量如何共同决定一国的比较优势，以及这种相互作用引起专业化生产和互利贸易的机理。

2. 机会成本递增意味着一国每多生产一单位某商品，必须减少越来越多的另一种商品的产量，以获得生产第一种商品的足够资源。这表现为生产可能性曲线为一条凹向原点的曲线。生产可能性曲线上各点的斜率就是该点的边际转换率（MRT）。机会成本递增源于资源的不同质和资源在各种商品生产中所占比例的差异。各国生产可能性曲线的不同是因为不同国家具有不同的要素禀赋和生产技术。

3. 社会无差异曲线反映了使一个国家达到相同满足程度的两种商品的所有组合。较高的曲线反映了较大的满足程度。社会无差异曲线的斜率为负，凸向原点，各曲线互不相交。社会无差异曲线上各点的斜率就是该点的边际替代率（MRS），即一国要保持在同一条无差异曲线上，多消费1单位 X 而必须少消费的 Y 的数量。贸易会影响一国国内收入的分配，从而使得无差异曲线相交。这个问题可以通过补偿原则来解决。

4. 在无贸易条件下，当一国达到其生产可能性曲线所允许的最高社会无差异曲线时，其生产和消费就达到了均衡。这一均衡发生在该国生产可能性曲线和社会无差异曲线的切点上。两条曲线切点的公切线的斜率即是该国内部均衡时的相对商品价格，它反映了该国的比较优势。

5. 在贸易条件下，各国都专业化生产其具有比较优势的商品且面临递增的机会成本。专业化生产将不断深化直到这种商品在两国的相对价格相等，在该价格水平上，贸易将达到均衡。通过相互之间的贸易，各国最终都达到了比无贸易条件下的无差异曲线更高的无差异曲线。在成本递增条件下，专业化生产是不完全的。

6. 一国的贸易条件由该国的出口价格指数与进口价格指数的比给出。为了能用百分数的形式表示贸易条件，这一比值通常要乘以 100。一国贸易条件的改善通常被认为是对该国有利的，因为该国从出口中获得的价格相对于其为进口支付的价格上升了。

7. 国际贸易使得一国具有比较优势的产业创造出更多的工作机会,而该国具有比较劣势的产业则面临失业。这就带来了限制进口以拯救国内就业的需求。一般而言,应该为工人提供再就业培训帮助。发达经济国家已经开始关心反映为制造业就业水平下降的去工业化问题。然而,去工业化主要是由劳动生产率上升和其他内部因素,而不是国际贸易造成的。

复习题与练习题

1. (1) 机会成本递增的原因是什么?
   (2) 为什么不同国家的生产可能性曲线有不同的形状?
2. 在一个坐标系内,画一条凹向原点的生产可能性曲线。
   (1) 从生产可能性曲线接近中点的地方开始,用箭头表示该国在生产更多的 X(横轴表示的商品)和更多的 Y 时所发生的机会成本递增情况。
   (2) 当生产更多的 X 时,生产可能性曲线的斜率如何变化?如果生产更多的 Y 呢?这种变化反映了什么?
3. (1) 在一个坐标系内,画一条凹向原点的生产可能性曲线,再画一条社会无差异曲线切于生产可能性曲线较平坦的部分。在另一个坐标系内,画另一条生产可能性曲线,再画另一条社会无差异曲线切于生产可能性曲线较陡直的部分。
   (2) 画一条直线表示各国在孤立情形下的均衡相对商品价格。
   (3) 各国具有比较优势的商品分别是什么?
   (4) 在什么情况下,两国之间不存在比较优势或比较劣势?
4. (1) 在第 3 题的图中,用箭头表示在贸易条件下各国专业化生产的方向,标出各国均衡的产量和消费。
   (2) 各国相对其自给自足状态有什么额外所得?哪个国家所得更多?为什么?
5. (1) 一国在孤立情形下的均衡相对商品价格意味着什么?
   (2) 各国的这一价格是如何确定的?
   (3) 它如何定义该国的比较优势?
6. (1) 相比于在 A' 点的 60 单位,国家 2 在 E' 点仅消费 40 单位的商品 Y,那么国家 2 是如何得到福利状况的改善的?
   (2) 为什么国家 2 在 E' 点比在 A' 点消费更少的商品 Y?
7. (1) 在机会成本递增的条件下,为什么会有不完全专业化(甚至在较小的国家)?
   (2) 成本递增下的结果与固定成本情形下有何不同?
8. 在一个坐标系内,画一条凹向原点的生产可能性曲线,再画两条不同的社会无差异曲线,分别与生产可能性曲线相切。假定两国在生产上相同,但有不同的消费偏好。在图中指出各国自给自足状态下的均衡相对商品价格,并表示出专业化生产和互惠贸易的过程。
9. 假定一国的贸易条件在某一特定时间段内从 100 上升到 110。
   (1) 该国贸易伙伴的贸易条件有多大程度的恶化?

(2) 为什么说这对该国的贸易伙伴是不利的？

(3) 这是否意味着贸易伙伴国的福利一定会下降？

10. 20世纪90年代初NAFTA（由美国、加拿大和墨西哥缔结的北美自由贸易协定）进行谈判的过程中，反对者认为，美国的很多就业机会会转移到墨西哥，因为墨西哥的工资水平比美国低很多。这一推理有什么问题？

附录 贸易条件下的均衡相对商品价格与贸易条件

在附录中，我们将说明如何通过使用(1)每种商品在各国的需求和供给曲线以及(2)各国的提供曲线推导出如图3.4所示的贸易条件下的均衡相对价格。

A3.1 用供给和需求曲线推导贸易条件下的均衡相对商品价格

本节我们将用国家1和国家2的供给和需求曲线推导如图3.4所示的贸易条件下的均衡相对商品价格。

图3.4中的均衡相对价格是通过不断摸索才最终确定的。也就是说，尝试过很多不同的相对价格后，才最终找到使贸易达到平衡的那个相对价格。本节我们将说明如何通过使用每种商品在各国的需求和供给曲线严格推导出贸易的均衡相对价格。这要使用每个国家每种商品的总供给和总需求曲线。图3.5形象地显示了这一过程。

图3.5（左图）表示如何导出商品X在国家1的供给和需求曲线。左下图中的供给曲线（S_X）可由左下图中国家1的生产可能性曲线上各相对价格下的生产点导出。具体而言，国家1在A点生产$60X$，而在左上图价格线$P_X/P_Y=1/4$（为了避免图形复杂化，这条线并未在图中画出）与生产可能性曲线在A点相切。这就给出了左下图中（这里P_X/P_Y由纵轴表示）供给曲线S_X上的A点。国家1在F点生产$90X$，而在该点价格线$P_X/P_Y=1/2$与生产可能性曲线相切。这就给出了供给曲线S_X上的F点。最后，$P_X/P_Y=1$时，国家1在B点生产$120X$，而在该点价格线$P_X/P_Y=1$与生产可能性曲线相切。这就可以得出左下图中供给曲线S_X上的B点。连接A,F,B点就可以得出左下图中国家1对商品X的供给曲线（S_X）。

国家1对商品X的需求曲线（D_X），如图3.5（左图）所示，可由左上图中社会无差异曲线与贸易线的切点导出。具体而言，在左上图中，国家1在A点消费$60X$，而在该点价格线$P_X/P_Y=1/4$正好与无差异曲线Ⅰ（如图3.3所示，在图3.5中为了避免图形过于复杂，这条线没有画出）相切。这就给出了左下图中需求曲线D_X上的A点。在$P_X/P_Y=1/2$时，国家1在H点达到均衡或社会福利最大化，而在该点无差异曲线Ⅱ与贸易线FH相切。这就给出了需求曲线D_X上的H点。最后，$P_X/P_Y=1$时，国家1在E点达到均衡或社会福利最大化，而在该点无差异曲线Ⅲ与贸易线BE相切。这就给出了D_X上的E点。在左下图中连接A,H,E点就可以得到商品X的需求曲线（D_X）。图3.5右下方中国家2的供给与需求曲线也可通过相同的方法导出，具体推导过程留给学生课下练习。

仅考察图3.5的下半部分，我们发现在左图中，$P_X/P_Y=1/4$时国家1将消费它生产的全部$60X$（点A），出口为零。而在$P_X/P_Y=1/2$时，国家1将生产$90X$（F点），消费

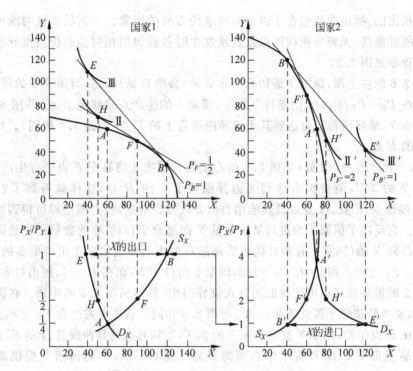

图 3.5 贸易条件下的需求、供给和均衡相对商品价格

左下图中国家 1 对商品 X 的供给曲线 $AFB(S_X)$ 是由 $P_X/P_Y=1/4$、$P_X/P_Y=1/2$、$P_X/P_Y=1$ 时国家 1 的生产可能性曲线上所对应的 A,F 和 B 点导出的。国家 1 的需求曲线 $AHE(D_X)$ 由无差异曲线与贸易线的切点 A,H 和 E 导出。国家 2 的 S_X 和 D_X 可通过类似的方法得到。在图的下半部分,我们发现只有在 $P_X/P_Y=1$ 时国家 1 供给的商品 X 的出口量恰好等于国家 2 需求的商品 X 的进口量。因此,$P_X/P_Y=1$ 是贸易条件下的均衡相对商品价格。

$50X(H$ 点$)$,这样国家 1 就可以出口 $40X(FH)$。当 $P_X/P_Y=1$ 时,国家 1 将生产 $120X$(B 点),消费 $40X(E$ 点$)$,这样它将会出口 $80X(BE)$。另一方面,右图表明,当 $P_X/P_Y=4$ 时,国家 2 将消费它生产的全部 $70X(A'$ 点$)$,出口为零。当 $P_X/P_Y=2$ 时,国家将消费 $80X(H'$ 点$)$,生产 $60X(F'$ 点$)$,这样它将进口 $20X(H'F')$。当 $P_X/P_Y=1$ 时,国家 2 将消费 $120X(E'$ 点$)$,生产 $40X(B'$ 点$)$,这样它将进口 $80X(E'B')$。

从图 3.5 的下半部分,我们可以看出,只有在 $P_X/P_Y=1$ 时国家 1 供给的商品 X 的出口量恰好等于国家 2 需求的商品 X 的进口量。其他的相对价格都无法保持,因为贸易是不均衡的。对于商品 Y 也是如此。因此,$P_X/P_Y=1$ 是贸易条件下均衡的相对商品价格。

A3.2 提供曲线与贸易条件

本节我们将推导国家 1 和国家 2 的提供曲线,并解释有贸易条件下的均衡相对商品价格和贸易条件如何在两国提供曲线的交点处决定。

一国的**提供曲线**(offer curves),有时也称为**相互需求曲线**(reciprocal demand curves),反映的是该国为了进口其需要的某一数量的商品而愿意出口的商品数量。正如其定义所指出的,提供曲线包含了供给与需求两方面的因素。一国的提供曲线可以从它的生产可能性曲线、无差异曲线图以及贸易发生时各假设的相对商品价格推导得出。具体推导过程参见图 3.6。

在图 3.6 的左上图,国家 1 最初处于非贸易(自给自足)状态,与图 3.3 的情况相同。如果贸易在 $P_B = P_X/P_Y = 1$ 的条件下发生,国家 1 的生产点将移至 B 点,并用 80X 交换国家 2 的 80Y,最终消费组合达到其无差异曲线Ⅲ上的 E 点(与图 3.4 相同)。从而得到右上图中的 E 点。

在 $P_F = P_X/P_Y = 1/2$ 处(见图 3.6 的左上图),国家 1 将移至 F 点进行生产,用 40X 交换国家 2 的 20Y,消费组合达到无差异曲线Ⅱ上的 H 点,这样就得到了右图中的 H 点。连接原点、E 点、H 点以及其他用类似方法得到的点,在右图中即可得到国家 1 的提供曲线。它反映了国家 1 为进口某一数量 Y 而愿意出口的 X 的数量。注意国家 1 的提供曲线凸向 X 轴(国家 1 有相对优势的商品),并表明要使国家 1 出口更多的商品 X,必须使 P_X/P_Y 上升。因此,在 $P_F = 1/2$,国家 1 出口 40X,而在 $P_B = 1$,则出口 80X。

国家 2 的提供曲线也可用类似的方式推导得出,具体见图 3.6 的中图。在图 3.6 的中左图,国家 2 最初处于孤立均衡点 A',与图 3.3 相同。若贸易发生在 $P_{B'} = P_X/P_Y = 1$,国家 2 将在 B' 点生产,用 80Y 交换国家 1 的 80X,达到其无差异曲线Ⅲ′上的 E' 点。中左图中的贸易三角 $B'C'E'$ 对应于中右图的贸易三角 $OC'E'$,得到国家 2 提供曲线上的点 E'。

中左图中,$P_{F'} = P_X/P_Y = 2$ 时,国家 2 的生产将移至 F' 点,用 40Y 交换国家 1 的 20X,并达到其无差异曲线Ⅱ′上的 H' 点。中左图的贸易三角 $F'G'H'$ 对应于中右图的贸易三角 $OG'H'$,我们得到国家 2 提供曲线上的 H' 点。连接原点、F' 点、H' 点及其他用类似方法得到的点,即可在中右图中绘出国家 2 的提供曲线。注意,国家 2 的提供曲线凸向 Y 轴(国家 2 有比较优势的商品),并表明要使国家 2 出口更多的商品 Y,必须提高商品 Y 的相对价格。这意味着其倒数(P_X/P_Y)会下降。因此,$P_{F'} = 2$ 时,国家 2 将出口 40Y,而 $P_{B'} = 1$ 时,则出口 80Y。

国家 1 和国家 2 的提供曲线相交于图 3.6(下图)的 E 点,定义了均衡的 $P_X/P_Y = P_B = P_{B'} = 1$。在 P_B,国家 1 提供 80X,交换 80Y(国家 1 提供曲线上的 E 点),而国家 2 正好提供 80Y,交换 80X(国家 2 提供曲线上的 E' 点)。因此,在 P_B,贸易达到均衡。$P_B = P_X/P_Y = 1$ 是国家 1 的贸易条件。$P_{B'} = P_Y/P_X = 1$ 是国家 2 的贸易条件。

在其他任何 P_X/P_Y 处,贸易不会达到均衡。例如,$P_F = 1/2$ 时,国家 1 出口的 40X(见下图的 H 点)远小于国家 2 在这一较低的价格下要进口的 X 的数量(为了说明这一点,我们可以延伸国家 2 的提供曲线直到与价格线 $P_F = 1/2$ 相交。这并没有在图中表示出来)。$P_F = 1/2$ 时国家 2 对商品 X 的超额进口需求会促使 P_X/P_Y 上升。此时,国家 1 将出口更多的商品 X(即沿国家 1 的提供曲线上移),而国家 2 会减少对商品 X 的进口(即沿国家 2 的提供曲线下移),直到供给和需求在 P_B 达到均衡。P_F 向 P_B 的移动也可以用商品 Y 来解释。而且在其他任何 P_X/P_Y 处,例如 $P_F \neq P_B$,都会出现这一情况。

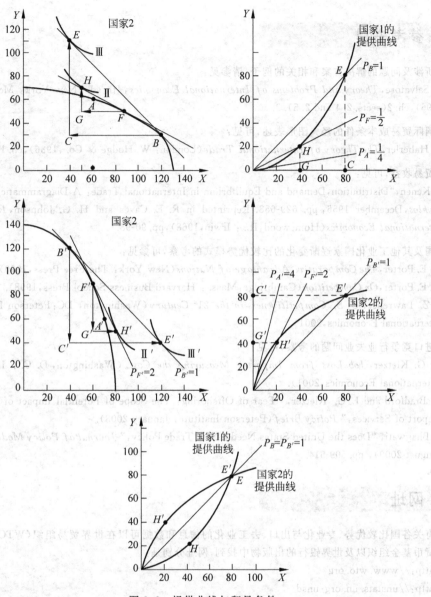

图 3.6 提供曲线与贸易条件

国家 1 的提供曲线在上图由国家 1 的生产可能性曲线、无差异曲线图以及贸易发生时各假设的相对商品价格推导得出。国家 2 的提供曲线在中图由类似的方式导出。国家 1 和国家 2 的提供曲线相交于下图的 E 点,定义了均衡的 $P_X/P_Y = P_B = P_{B'} = 1$。在 P_B,国家 1 提供 $80X$,交换 $80Y$(国家 1 提供曲线上的 E 点),而国家 2 正好提供 $80Y$,交换 $80X$(国家 2 提供曲线上的 E' 点)。此时,贸易达到均衡。$P_B = P_X/P_Y = 1$ 是国家 1 的贸易条件。$P_{B'} = P_Y/P_X = 1$ 是国家 2 的贸易条件。

参考书目

本章所涉及问题的解决方案和相关的例子,请参见:
- D. Salvatore, *Theory and Problems of International Economics*, 4th ed. (New York: McGraw-Hill, 1996), ch. 2(sects. 2. 4 and 2. 5). 3.

关于国际贸易成本条件的经典图形表述,可见:
- G. Haberler, *The Theory of International Trade* (London: W. Hodge & Co. , 1936), ch. 12.

关于贸易收益,可见:
- P. Kenen, "Distribution, Demand and Equilibrium in International Trade: A Diagrammatic Analysis," *Kyklos*, December 1956, pp. 629-658. Reprinted in R. E. Caves and H. G. Johnson, *Readings in International Economics* (Homewood, IL. : Irwin, 1968), pp. 90-98.

对美国及其他工业化国家逐渐变化的比较优势模式的考察,可参见:
- M. E. Porter, *The Comparative Advantage of Nations* (New York: The Free Press, 1990).
- M. E. Porter, *On Competition* (Cambridge, Mass. : Harvard Business School Press, 1998).
- R. Z. Lawrence, *U. S. Competitiveness in the 21st Century* (Washington, DC: Peterson Institute for International Economics, 2001).

对高进口竞争行业失业问题的考察,可见:
- L. G. Kletzer, *Job Loss from Imports: Measuring the Costs* (Washington, D. C. : Institute for International Economics, 2001).
- B. Bradford and L. G. Kletzer, "Fear of Offshoring: The Scope of Potential Impact of Export and Import of Services," *Policy Brief* (Peterson Institute, January 2008).
- J. Bhagwati, "Does the United States Need a New Trade Policy," *Journal of Policy Modeling* (July/August 2009), pp. 509-514.

网址

有关各国比较优势、专业化与出口、去工业化的信息和数据可以在世界贸易组织(WTO)、联合国、国际货币基金组织以及世界银行的出版物中找到,网址分别是:

http://www.wto.org
http://unstats.un.org/unsd
http://www.imf.org
http://www.worldbank.org

关于去工业化的问题,参见:
http://www.imf.org/external/pubs/ft/issues10
http://www.imf.org/external/pubs/ft/wp/WP9742.PDF

第 4 章

赫克歇尔—俄林和其他贸易理论

学习目的

学完本章,你应当能够:
- 了解要素比例或者说赫克歇尔—俄林理论的结论是什么
- 解释国际贸易是如何影响一国的收入分配的
- 解释国际贸易是如何以规模经济为基础开展的
- 了解产品差别是如何成为国际贸易的基础的
- 理解技术差距和贸易的产品生命周期模型
- 理解运输成本是如何影响国际贸易的
- 理解环境标准和贸易之间的关系

重要术语

赫克歇尔—俄林(赫—俄)理论	Heckscher-Ohlin(H-O) theory
赫克歇尔—俄林(赫—俄)定理	Heckscher-Ohlin(H-O) theorem
要素比例或要素禀赋理论	factor-proportions or factor-endowment theory
要素价格均等化定理	factor-price equalization theorem
斯托尔帕—萨缪尔森定理	Stolper-Samuelson theorem
特定要素模型	specific-factors model
里昂惕夫之谜	Leontief paradox
规模报酬递增	increasing returns to scale
外包	outsourcing
国际规模经济	international economics of scale
差别产品	differentiated products
产业内贸易	intra-industry trade
技术差距模型	technological gap model
产品生命周期模型	product cycle model

运输成本　　　　　　　　　　transportation or logistics costs
非贸易商品与劳务　　　　　　nontraded goods and services
环境标准　　　　　　　　　　environmental standards

4.1　引言

本章将从三个重要方面扩展我们在第3章考察过的标准贸易模型。首先,我们解释比较优势的基础(即是什么决定了比较优势)。在第3章中我们已经看到,一种商品在两个国家不同的相对价格体现了比较优势的存在,这也是两国互利贸易的基础。现在,我们要更深入地解释产生不同相对价格和比较优势的原因。

国际经济学基础第二个方面的扩展是我们要分析国际贸易对贸易双方要素收入的影响。也就是说,我们要考察国际贸易对劳动和资本收入及国际收入差异的影响。对这两个标准贸易模型没有解决的重要问题,我们将在本章利用赫克歇尔—俄林(H-O)要素禀赋理论进行解释。

第三个方面,我们将考察其他基于规模经济、产品差异或技术差异的国际贸易模型。本章末尾将讨论运输成本和环境标准对国际贸易的影响。本章附录给出了特定要素模型和行业内贸易模型。

4.2　要素禀赋和赫克歇尔—俄林理论

1919年,瑞典经济学家埃利·赫克歇尔发表了题为《国际贸易对收入分配的影响》的论文。这篇文章发表后并没有引起人们很多注意,直到十年以后,他的学生,另一位瑞典经济学家伯尔蒂尔·俄林才在这篇文章的基础上进行了进一步的研究和阐述,构建了模型。他在1933年出版了著名的《区际贸易与国际贸易》(*Interregional and International Trade*)一书。这是第3章讨论的标准贸易模型的一个重大扩展。

在第3章,我们看到两个国家之间的相对价格差异和比较优势是由于生产可能性曲线的差异(生产或技术要素的相对充裕程度的差异引起的)和全社会的无差异曲线的差异(偏好)引起的——参见图3.3和图3.4。生产可能性曲线和社会无差异曲线的差异是两国相对价格差异与比较优势存在的基础。

赫克歇尔—俄林理论(Heckscher-Ohlin(H-O) theory,以下简称赫—俄理论)着重说明的是各国生产要素的相对充裕程度是造成国家间相对价格差异和存在比较优势的最主要的决定因素。赫—俄理论可以表述成两个定理的形式:赫—俄定理(涉及贸易模式及其预测问题)和要素价格均等化定理(涉及国际贸易对要素价格的影响)。本节我们讨论赫—俄定理。要素价格均等化定理将在4.4节讨论。

赫克歇尔—俄林(赫—俄)定理(Heckscher-Ohlin(H-O) theorem)认为,一国应当出口该国相对丰裕和便宜的要素密集型的商品,进口该国相对稀缺和昂贵的要素密集型的商品。简而言之,劳动相对丰裕的国家应当出口劳动密集型的商品,进口资本密集型的商品。

在所有可能造成国家之间相对商品价格差异和比较优势的原因中,赫—俄定理认为各国的相对要素丰裕度或称要素禀赋是国际贸易中各国具有比较优势的基本原因和决定因素。正是因为这个原因,赫—俄定理又常被称为**要素比例或要素禀赋理论**(factor-proportions or factor-endowment theory)。即每个国家都应专业化生产并出口该国相对丰裕和便宜的要素密集型的商品,进口该国相对稀缺和昂贵的要素密集型的商品。

这样一来,赫—俄定理解释了比较优势产生的原因,而不像古典经济学家只是假设其成立。赫—俄定理认为相对要素丰裕度和相对要素价格之间的差异是导致两国贸易前相对商品价格不同的原因。这种相对要素价格和相对商品价格之间的差异可以转化为两国间绝对要素价格和绝对商品价格的差异(如2.6节所述)。这种绝对价格差异才是两国之间发生贸易的直接原因。

也就是说,商人们并不需要知道赫—俄定理或者是造成贸易国之间不同商品不同美元价格的原因。他只需要从便宜的国家购买货物然后将其以昂贵的价格出售。不过两国商品美元价格的差异是以两国商品相对价格(即 P_X/P_Y)的差异为基础的,而两国商品的相对价格差异是以相对要素价格(如劳动的价格相比资本的价格)为基础的,相对要素价格的差别又取决于(根据赫—俄定理)两国的要素(如劳动和资本)相对充裕程度。

4.3 正式的赫克歇尔—俄林模型

为了用图来说明赫克歇尔—俄林模型,假设国家1是劳动充裕的国家(即相对于资本而言,国家1比国家2有更多的劳动),商品 X 是相对劳动密集型商品(即在 X 的生产中,劳动资本比例 L/K 要高于 Y)。这使得国家1的生产可能性曲线比国家2的生产可能性曲线相对更平、更宽。参见图4.1中的左图。

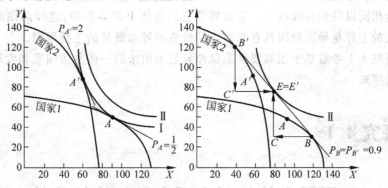

图 4.1 赫克歇尔—俄林模型

由于假设两国需求偏好相同,无差异曲线 I 和 II 是两国共同的无差异曲线。无差异曲线 I 与国家1的生产可能性曲线切于 A 点,与国家2的生产可能性曲线切于 A' 点。这两个切点确定了两国在无贸易均衡时的相对商品价格。国家1为 $P_A=1/2$,国家2为 $P_{A'}=2$(见左图)。由于 $P_A<P_{A'}$,国家1在商品 X 上具有比较优势,国家2在商品 Y 上具有比较优势。开展贸易(见右图)后,国家1在 B 点组织生产,将用 $40X$ 交换 $45Y$,最终达到 E 点的消费组合(见贸易三角 BCE)。国家2在 B' 点组织生产,用 $45Y$ 交换 $40X$,最终达到 E' 点的消费组合(与 E 点重合,见贸易三角 $B'C'E'$)。因为两国消费都达到了更高的无差异曲线 II,两国均在贸易中获利。

图 4.1 的左图中,我们在同一坐标轴上同时画出了国家 1 和国家 2 的生产可能性曲线(这些就是在第 3 章用过的生产可能性曲线)。因为 X 是劳动密集型商品,而国家 1 是劳动丰裕的国家,所以国家 1 的生产可能性曲线就斜向度量商品 X 数量的横轴。另一方面,因为 Y 是资本密集型商品,而国家 2 是资本丰裕的国家,所以国家 2 的生产可能性曲线就斜向度量商品 Y 数量的纵轴。由于将生产可能性曲线画在了同一坐标轴上,所以曲线形状的差异显得更清楚。也因此有助于说明赫克歇尔—俄林模型。

假设没有贸易时两国有相同的需求偏好,或者说它们的无差异曲线是完全一样的。那么国家 1 在 A 点处于均衡,此时无差异曲线 Ⅰ 与国家 1 生产可能性曲线切于 A 点,国家 2 在 A' 点处于均衡,此时无差异曲线 Ⅰ 与国家 2 生产可能性曲线切于 A' 点。无差异曲线 Ⅰ 是国家 1 和国家 2 在无贸易条件下所能达到的最高无差异曲线,A 点和 A' 点反映了两国在无贸易发生时各国生产和消费的均衡点(参见图 4.1 中的左图)。因为没有贸易时,在国家 1 的 $P_X/P_Y=P_A=1/2$ 低于国家 2 的 $P_X/P_Y=P_{A'}=2$,国家 1 在商品 X 的生产上有比较优势而国家 2 在商品 Y 的生产上有比较优势。

开展贸易后(参见图 4.1 的右图),国家 1 将专业从事商品 X 的生产,产出也从 A 点移到 B 点。然后在 $P_X/P_Y=P_B=0.9(40/45)$ 的价格下可以用 $40X$ 交换国家 2 的 $45Y$,国家 1 的消费可以达到 E 点(参见贸易三角 BCE),该点处于更高的无差异曲线 Ⅱ 上。国家 2 将专业从事商品 Y 的生产,产出将从 A' 点移到 B' 点。国家 2 在 $P_X/P_Y=P_B=P_{B'}=0.9$ 的价格下可以用 $45Y$ 交换国家 1 的 $40X$,从而使消费达到 E' 点(参见贸易三角 $B'C'E'$),该点也处于更高的无差异曲线 Ⅱ 上。相比没有贸易时消费处于无差异曲线 Ⅰ 上,有贸易时消费点处于更高的无差异曲线 Ⅱ 上,所以两个国家都从贸易中获益。

赫—俄定理用生产要素的物质可获得性或供给(当偏好和技术条件相同时)来解释国家间相对商品价格的差异和国际贸易。然而值得注意的是,赫—俄理论并不要求两国需求偏好完全相同以得到后续结果。它只要求它们大体上是类似的,这样两国间要素供给或禀赋之间的差异是导致两国具有相对商品价格差异和贸易的主要原因。

案例研究 4.1 考察基于相对要素禀赋差异显示出来的一些发达国家和发展中国家的比较优势的模式。

案例研究 4.1

不同国家的相对资源禀赋与比较优势

表 4.1 给出了 2008 年一些发达国家和发展中国家基于(1)可耕种土地,(2)实体资本,(3)研发科学家,(4)高技能劳动力,(5)中等技能劳动力及(6)低技能劳动力的可获得性或丰裕程度的比较优势。

可耕种土地是指可生产农业产品的广泛资源;实体资本指机器、厂房及其他非人力意义上的产品;研发科学家指拥有大学以上教育程度的最高技能的劳动力,他们生产的是最

表 4.1　2008 年不同国家的相对要素禀赋和比较优势

国家	(1)可耕种土地	(2)实体资本	(3)研发科学家	(4)高技能劳动力	(5)中等技能劳动力	(6)低技能劳动力
美国	−	+	+	+	−−	−−
日本	−−	++	++	+	−−	−−
德国	−	+	+	+	−	−
英国	−	−	−	+	−	−
法国	−−	+	+	+	−	−
意大利	−−	−	−	+	−	−
加拿大	+	+	+	+	−	−
中国	−	+	++	−	++	++
印度	++	−	+	−	++	++
俄罗斯	++	−	+	+	−	−
巴西	+	+	−	−	+	+
韩国	−−	++	++	+	−	−
墨西哥	−	−	−	−	+	+
其他国家或地区	+	−	−	−	+	+

高技术的产品;高技能劳动力指受过完整高等教育(或大学教育)的劳动力;低技能劳动力指仅受过初等教育的劳动力。

从广义上讲,如果一国拥有相对密集的某种产品,或者在生产某种产品所需要的要素上相对世界其他国家丰裕且便宜,那么该国在这种产品上就拥有比较优势。在表 4.1 中,比较优势用(+)表示,比较劣势用(−)表示。双+或双−表示有非常强的比较优势或比较劣势。

从表 4.1 可以看出,美国在实体资本、研发科学家和高技能劳动力密集型商品上具有比较优势,而在其他商品,尤其是中等技能和低技能劳动力相对密集的商品上则有比较劣势。日本在实体资本和研发科学家相对密集的商品上有非常强的比较优势。中国在研发、中等和低技能劳动力相对密集的商品上有非常强的比较优势,在实体资本密集型商品上有比较优势。印度则有所不同。

资料来源:Author's calculations on the World Bank, OECD and United Nations Data Bank,2010.

4.4　要素价格均等化与收入分配

赫—俄模型中的**要素价格均等化定理**(factor-price equalization theorem)认为国际贸易会使各国同质要素获得相同的回报率。这意味着国际贸易会使参与贸易各国的同质劳动(即有相同水平的训练、技能和生产力的劳动)获得等量工资。同样,国际贸易会使参与贸易各国的同质资本(即具有同等风险和生产力的资本)获得均等收益。相对要素价格和绝对要素价格都将相等。

从 4.3 节中,我们知道在没有贸易的条件下,因为国家 1 的劳动价格(即工资率)比较低，国家1商品X的相对价格低于国家2。当国家1专业化生产商品X（劳动密集型商品）并减少Y（资本密集型商品）的产量时，对劳动的相对需求会上升，从而提高工资率。同时对资本的相对需求下降，引起利率的下降。在国家2发生的一切恰好与国家1相反。即国家2专业化生产Y并降低X的产量时，对劳动的需求下降，从而引起工资下降，对资本的需求增加，从而提高了利率。

因此，国际贸易使国家1（低工资国家）的工资上升，使国家2（高工资国家）的工资下降，因而使两国的工资率与贸易前相比差距缩小了。同样，国际贸易降低了国家1（高利率国家）的利率，提高了国家2（低利率国家）的利率，也使两国的利率与贸易前相比差距缩小了。只要两国之间的工资和利率还存在差异，贸易规模就会一直扩大，而贸易的发展则会缩小两国间工资和利率的差异。贸易的发展会一直持续到两国间工资和利率完全相等为止。不仅相对工资和利率相同，绝对工资水平和利率也将相等。也就是说，自由的国际贸易会一直发展，直到两国同类劳动力的真实工资和实际利率完全相等（当不存在贸易限制、运输成本和其他假设时）。

正如要素价格均等化定理所预测的，过去很长时期的国际贸易导致不同国家的真实工资趋于一致。但由于工资完全一致的假设条件（不存在贸易限制、运输成本及其他假设）无法得到满足，而且也不可能完全满足，因此各国之间尤其是发达国家和发展中国家之间真实工资的差距仍然很大。但是国家之间的工资在逐渐趋同，正如该理论所预计的。

自由贸易（即使只是部分自由）导致的两国之间的相对和绝对要素价格均等化意味着国家1（劳动相对充裕、便宜，资本相对缺乏、昂贵的国家）劳动的实际收入上升，资本所有者的实际收入下降，而国家2（劳动昂贵而资本便宜的国家）劳动的真实收入下降，资本所有者的真实收入上升。这正是斯托尔帕—萨缪尔森定理的结论。更一般的，斯托尔帕—萨缪尔森定理认为自由的国际贸易会使一个国家相对缺乏的要素的实际收入减少，而使一个国家相对充裕的要素的实际收入增加。

由于在发达国家（如美国、日本、德国、英国、法国、意大利、加拿大等）中，劳动是相对缺乏的要素而资本是相对丰裕的要素（即我们例子中的国家2），国际贸易将会降低这些国家劳动的实际收入，提高资本所有者的实际收入。所以发达国家的工会一般都会赞成和主张贸易保护。另一方面，在较不发达国家（如印度、埃及、韩国和墨西哥等），劳动是相对丰裕的要素，国际贸易会提高劳动者的真实收入，降低资本所有者的真实收入。

但是既然国际贸易使得劳动缺乏、资本充裕的国家，比如美国的实际工资和劳动者的实际收入下降，美国政府是不是不应该限制贸易呢？回答是否定的。原因是贸易导致的劳动者（特别是非熟练工人）的损失小于资本所有者的收入。用合适的税收政策可以使收入在资本所有者和劳动者之间重新分配，使得两种生产要素的所有者都可以在国际贸易中获利。这种再分配政策可以是重新培训被进口所替代的劳动，也可以是对劳动和某些社会服务业的减税。我们将在第5章和第6章讨论贸易政策时重新考虑这些重要问题。

这些结论都是基于要素可以在各国和各产业之间自由流动的假设之上的。如果假设劳动可以流动而资本不能流动。也就是假设某些类型的资本（如农业机械）只能用于或适用于特定商品（如食品）的生产，而另一类型的资本（如工业机械）仅能用于另一特定商品

(如布料)的生产,则必须用特定要素模型进行分析。这个模型的结论是贸易会(1)提高用于生产一国出口商品的特定资本的回报或收入,(2)减少用于生产一国进口商品的特定资本的回报,(3)导致劳动(可流动要素)的回报不确定(可增可减)。相比长期中所有要素都是可变的而不太可能是特定的,特定要素模型更适用于短期(此时某些要素更可能是特定的)分析。特定要素模型将在附录 A4.1 中讨论。

最后,注意贸易在对要素价格的影响作用方面实际上是替代了生产要素的国际间流动。具体地说,在完全流动的情况下(即信息充分、无法规约束、无运输成本),劳动将会从低工资国家流动至高工资国家,直到两国工资相等,这种流动才会停止。同样,只要两国利率不等,资本就会从低利率国家流向高利率国家。贸易作用于对要素的需求,而要素流动作用于对要素的供给。这两种作用都会使同质要素的绝对收入完全相同。要素在国际间有些(但不是完全)流动的条件下,较小的贸易量即可达到两国要素收入的完全均等。

4.5　对赫—俄模型的经验检验

对赫—俄模型的第一次经验检验是在 1951 年,由瓦西里·里昂惕夫利用美国 1947 年数据进行的。由于美国是世界上资本最丰裕的国家,里昂惕夫期望能得出美国出口资本密集型商品,进口劳动密集型商品的结论。里昂惕夫的检验结果令人震惊。美国进口替代品的资本密集程度比美国出口商品的资本密集程度高出大约 30%。这意味着,美国进口的是资本密集型商品,出口的反而是劳动密集型商品。其与赫—俄理论的预测完全相反,这就是著名的**里昂惕夫之谜**(Leontief paradox)。

偏差或者里昂惕夫之谜产生的一个可能的原因是里昂惕夫使用的是两要素(劳动、资本)模型,从而忽略了其他要素如自然资源(土壤、矿藏、森林等)的影响。在两要素模型中,把一种可能是自然资源密集型的商品,划分为资本或劳动密集型(在两要素模型框架里),显然是不正确的。另外,里昂惕夫所定义的资本仅仅包含实物资本(如机器、设备、厂房等),完全忽视了人力资本。人力资本是指工人拥有的能提高其劳动生产率的教育、工作培训、健康状况等一系列性状。后续将人力资本包括进来而将自然资源排除出去的经验检验,就彻底消除了里昂惕夫之谜。

近来利用多年多个国家多个部门的数据,且引入国家之间技术和要素生产率差别进行的研究,对赫—俄理论提供了强有力的支持,特别是考虑到国家可以专业化生产某一类与其特定要素禀赋最为匹配的商品(参见 Salvatore,2007,5.6 节)。然而,基于规模经济、国家间的产品差异和技术差别,当今的贸易规模日益扩大。这些将在本章后面加以讨论,对基本的赫—俄理论进行补充,以帮助解释全球贸易模式。

对于要素价格均等化定理(赫—俄定理Ⅱ),即使粗略的观察都能清楚表明贸易并未使国家间相同要素的收入和回报相等。与墨西哥和中国相比,美国和德国的医生、工程师、技师、技工、秘书和劳动者的工资要高得多。造成这种现象的原因是赫—俄定理所依赖的许多过分简单的假设(比如所有国家使用相同的技术、没有贸易限制等)在真实世界中并不成立,而还有其他许多因素(如某些国家比另一些国家技术变化快)在国家贸易发生时也会不断起作用,并倾向于增加国际间的不平等。在这种情况下,更现实的说法是国际贸易减少(而不是消除)了国家间同质生产要素回报的国际差异。过去几十年工业化国家的报酬(工资和收益)就是这样的情况。例如,日本制造业生产工人的小时工资从1975年仅为美国工人小时工资的48%上升到2006年的85%,而英国同期的这一比例则从54%快速升高到114%。

4.6 规模经济和国际贸易

  在规模报酬递增条件下,即使两国的生产和需求状况完全相同(即它们有同样的生产可能性曲线和同样的无差异曲线)以致没有贸易时两国的相对商品价格也完全相同(即没有比较优势和比较劣势),互利贸易也会发生。贸易形式是赫—俄模型所无法解释的。

  规模报酬递增(increasing returns to scale)指的是产出水平增长比例高于要素投入增长比例的生产状况。例如,如果所有的投入都增加1倍,产出将增加1倍以上。由于大规模生产可以更有效地利用劳动力进行专业分工,所以规模报酬递增是有可能发生的。也就是说,当每个工人可以专门从事一项简单的重复性工作时,劳动生产率就会提高。另外大规模的企业可以使用更加专业化和高效率的大型机器,而小企业却不能。当今世界上大约有1/3的制造行业是规模报酬递增的。

  图4.2显示了如何在规模报酬递增的基础上进行互利贸易。如果两国在各个方面完全一样,我们就可以用同样的生产可能性曲线和无差异曲线图来表示两国的情况。规模报酬递增使得生产可能性曲线凸向原点,或是向内弯曲。当一个国家专业从事某种商品的生产时,这种商品的相对价格就会下跌而不是上涨。由于生产可能性曲线和无差异曲线图完全相同,两国的无贸易均衡相对商品价格也是相同的。在图4.2中,两国无贸易均衡时的商品价格为$P_X/P_Y=P_A$,这也是两国生产可能性曲线和无差异曲线Ⅰ在A点的公切线的斜率。

  通过贸易,国家1将在B点完全专业化生产商品X,而国家2将在B'点完全专业化生产商品Y。然后彼此间用$60X$与$60Y$交换,每个国家的最终消费组合均将达到无差异曲线Ⅱ上的E点。两国在贸易过程中均获利$20X$和$20Y$。只有当各国都在一种商品上面临规模经济时贸易获利才会发生。在无贸易条件下,由于各国均想消费两种商品,所以每个国家都不会完全专业化生产其中的一种商品。

  值得注意的是,两国的无贸易均衡点A是不稳定的均衡点。如果在某种原因下国家1沿着生产可能性曲线向A点右侧移动,则商品X的相对价格(生产可能性曲线的斜率)会不断下降直至国家1在X上实现完全专业化生产为止。同样,如果国家2沿着生产可能性曲线向A点左侧移动,P_X/P_Y会不断上升(即P_Y/P_X下降)直至国家2在商品Y上实现完全专业化生产。

  有必要对以上分析和图4.2做些补充说明。第一,两国之中是哪一国在商品X还是在商品Y上实行完全专业化生产是没有区别的,在现实世界中,这种专业化分工模式可能是由于某种历史原因造成的。第二,在规模报酬递增条件下,两国要进行互利贸易并不需要两国在各方面完全一致。第三,20世纪80年代以来,随着跨国公司在全球大量建立

第4章 赫克歇尔—俄林和其他贸易理论

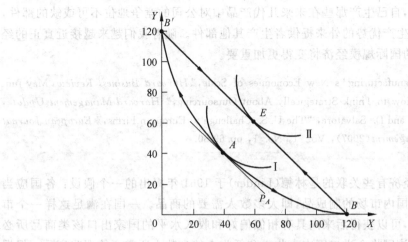

图 4.2 基于规模经济的贸易

在相同的凸向原点的生产可能性曲线（由于经济规模）和无差异曲线图下，两国的孤立均衡商品价格也是相同的，为 P_A。通过贸易，国家1可以于 B 点完全专业化生产商品 X，国家2可以于 B' 点完全专业化生产商品 Y。通过彼此间用 $60X$ 和 $60Y$ 相互交换，两国的最终消费组合均为无差异曲线Ⅱ上的 E 点，在贸易中均获利 $20X$ 和 $20Y$。

生产线，零部件的国际贸易，或者说**外包**（outsourcing），急剧增加，因而产生了新的重要的**国际规模经济**（international economies of scale）（参见案例研究 4.2）。

案例研究 4.2

新的国际规模经济

当今，越来越多的跨国公司产品的零部件是在许多国家生产的（见案例研究 1.1）。其目的是减少生产成本。例如，一些福特嘉年华的发动机是在英国生产的，动力传送器是在法国生产的，离合器是在西班牙生产的，各部分的组装是在德国进行的，然后销往欧洲各地。与之类似，日本和德国的相机往往是在新加坡组装的，以利用那里的廉价劳动力。

利用外部资源往往不是为了赢得更多利润，而是保持竞争力的需要。那些不从国外寻求廉价资源的公司不仅会在世界市场失去竞争力，甚至在国内市场也是如此。美国公司花费1000亿美元寻求外部资源，从而节约 10%～15% 的成本。如今外部资源占日本公司总制造成本的 1/3 以上，这为它们节约了超过 20% 的生产成本。

在当今迅速缩小的世界，公司必须不断寻求更廉价的资源和海外生产，从而保持竞争力。的确，这一过程可以看成是如今经济全球化中新的国际规模经济。正如20世纪80年代各公司不得不在各自国内使经营合理化一样，他们如今面临在世界生产体系范围内整合协调各部分经营的挑战，以利用新的国际规模经济。对于公司来说重要的是集中自己的核心竞争力，自己生产那些在未来几代产品中对公司的竞争地位不可或缺的部件，同时利用具有明显生产优势的外来提供者生产其他部件。随着我们越来越接近真正的经济全球化，未来新的国际规模经济将变得更加重要。

资料来源："Manufacturing's New Economies of Scale," *Harvard Business Review*, May-June 1992, pp. 94-102; "How to Think Strategically About Outsourcing," *Harvard Management Update*, (May 2000), pp. 4-6; and D. Salvatore, "The U. S. Challenge to European Firms," *European Journal of International Management* (2007), Vol. 1, No. 1, pp. 69-80.

最后，与规模经济有些关联的是林德(Linder)于1961年提出的一个假设：各国应当出口那些拥有巨大国内市场的制成品，即大多数人需要的商品。一国在满足这样一个市场的需求的过程中，可以获得后来向具有相似偏好和收入水平的国家出口该类商品所必需的经验和效率。该国将会进口国内高收入和低收入的少数人所需要的那些商品。根据这种"相似偏好"或"重叠需求"的假设，具有相似偏好和收入水平的国家之间的贸易量是最大的。但是，林德的假设只在其祖国瑞典得到了证实，在其他国家并不灵验。例如，为什么非天主教国家如中国大量出口人造圣诞树，尽管中国国内这些商品的市场很小。

4.7 基于产品差异的贸易

在现代经济中，大部分商品是有差别的，而不是同质的。例如，雪佛兰汽车就与丰田、大众、沃尔沃或雷诺汽车不完全相同。这就使得国际贸易中有很大一部分包含了同一产业内或同一类商品组中**差别产品**(differentiated products)的交易。也就是说，与完全不同商品之间的国际贸易相对，很大一部分国际贸易实际上是差别商品的**产业内贸易**(intra-industry trade)。

产业内贸易的产生完全是为了利用生产的规模经济。也就是说，国际竞争迫使工业化国家的各企业或工厂只生产某一产品的一种或少数几种款式，而不是生产全部款式。这可以保持很低的单位成本。若只生产少数几种款式，企业就可以为长期持续生产使用更专业化、更快捷的机器设备。该国可以从他国进口其他款式和种类的商品。由于消费者可以在生产的规模经济所带来的较低价格水平上有更多的选择(即更多样化的差别产品)，所以，消费者在产业内贸易过程中获益匪浅。

即使在欧盟成立之前，在大多数产业中，欧洲和美国的工厂规模都是差不多的。但是，欧洲企业的单位成本高得多，这主要是因为与其美国同行相比，欧洲工厂生产的一种产品的种类和样式更为多样化。随着欧盟之间关税下降直至被取消以及贸易的增长，每个工厂都可以专业化生产一种产品的少数几种款式，从而使单位生产成本迅速下降。

按照由埃尔赫·赫尔普曼(Elhanan Helpman)、保罗·克鲁格曼(Paul Krugman)和凯尔文·兰开斯特(Kelvin Lancaster)以及其他一些学者自1979年以后发展的产业内部贸易模型，我们还需要考虑两个有趣的问题。首先，赫—俄模型中的贸易是基于各国比较优势或要素禀赋(劳动力、资本、自然资源及技术)差别的，而产业间贸易是基于产品差别和规模经济的。这样,要素禀赋差别较大的国家之间基于比较优势的贸易额也较大,而产业内贸易则在具有相同的经济规模和要素比例的国家之间较大(当生产要素大致确定之后)。

第二,赫—俄模型预测,贸易会降低一国稀缺资源的收入,与之相比,基于规模经济的产业内贸易可以使所有要素都获得收益。这可以解释为什么欧盟的形成以及战后制成品的贸易开放都没有遇到利益集团的阻挠。这与工业化国家的劳工力量强烈反对工业化国家与新兴的发展中国家开展自由贸易形成了对比。这是因为后一种贸易模式是产业间而不是产业内贸易,它会引起工业化国家某些产业(如纺织产业)的完全崩溃和大批劳动力在其他产业的再就业问题。

我们暂时可以得出这样一个结论:比较优势确定产业间贸易的模式,差别产品生产中的规模经济导致产业内贸易。在现实世界中两种类型的国际贸易都在同时发生着。要素禀赋的差别(就像发达国家和发展中国家之间的差别)越大,比较优势和产业间贸易就越重要。而当要素禀赋比较相似时(如发达国家间的差别),产业内贸易就会占主导地位。

然而,在4.5节中讨论的赫—俄理论的最新检验说明,考虑到各国有技术与要素的价格差别,由于非贸易品和运输成本的存在,利用更多的可细分的要素禀赋及贸易数据,我们可以知道大量的产业内贸易事实上是建立在要素禀赋的国际性差别和比较成本不同的基础之上的。因此,在产业内贸易与赫—俄理论之间的矛盾比最初乍一看时少许多。

也就是说,大量的产业内贸易事实上是以要素禀赋的差异和比较成本为基础的。例如,美国从墨西哥进口的计算机可能是将高技能的美国劳动力制造的电路板,与低技能的墨西哥劳动力的工作相结合的产物,这被称为加工出口区(maquiladoras)(参见案例研究4.3)。本章附录给出了一个产业内贸易的正式模型。

案例研究 4.3

产业内贸易的增长

表4.2给出了1988—1991年及1996—2000年工业化国家在制成品方面发生的产业内贸易的份额。产业内贸易指数取值范围从0(没有产业内贸易)到1(一国所有贸易都是产业内贸易)。该表显示1996—2000年,法国的产业内贸易比例最高(77.5),其次是加拿大(76.2)和奥地利(74.2)。在其他七国集团的国家中,英国的比例为73.7,德国为72.0,美国为68.5,意大利为64.7,日本为47.6。比例最高的是欧洲国家(挪威和希腊除外),最低的是太平洋国家和发展中国家(墨西哥除外)。在这两个时期比例增长最快的是匈牙利、韩国、墨西哥和日本。另一些国家(如比利时/卢森堡、希腊和爱尔兰)的比例则下降了。

表 4.2　部分国家制成品贸易中产业内贸易的比例　　　　%

国　家	1988—1991	1996—2000	国　家	1988—1991	1996—2000
法国	75.9	77.5	丹麦	61.6	64.8
加拿大	73.5	76.2	意大利	61.6	64.7
奥地利	71.8	74.2	波兰	56.4	62.6
英国	70.1	73.7	葡萄牙	52.4	61.3
墨西哥	62.5	73.4	韩国	41.4	57.5
匈牙利	54.9	72.1	爱尔兰	58.6	54.6
瑞士	69.8	72.0	芬兰	53.8	53.9
德国	67.1	72.0	日本	37.6	47.6
比利时/卢森堡	77.6	71.4	新西兰	37.2	40.6
西班牙	68.2	71.2	土耳其	36.7	40.0
荷兰	69.2	68.9	挪威	40.0	37.1
美国	63.5	68.2	希腊	42.8	36.9
瑞典	64.2	66.6	澳大利亚	28.6	29.8

资料来源：OECD,"Intra-Industry Trade," *Economic Outlook* (Paris：OECD, June 2002), pp. 159-163.

4.8　技术差距与产品生命周期模型

除了劳动力、资本和自然资源的相对可用量的差异(赫—俄模型所强调的)，以及规模经济和产品差别的存在以外，各国技术的动态变化也可以作为一个引发国际贸易的单独因素。技术差距模型和产品生命周期模型研究的就是这一问题。由于这些模型中都包含了时间因素，我们可以将其视为对静态赫—俄模型的动态扩展。

根据**技术差距模型**(technological gap model)，工业化国家之间贸易的很大一部分都是以新产品和新工序的引进为基础的。作为这些产品的唯一生产者，发明厂商和国家在这些产品的市场上暂时处于垄断地位。这种暂时垄断地位通常是建立在为鼓励发明创造而授予的专利或版权基础之上的。

作为科技最发达的国家，美国出口大量的高新技术产品。但是，外国生产者获得新技术后，它们就能凭借其较低的劳动力成本最终占领外国市场，甚至是美国市场。与此同时，美国厂商会获得更新的产品和生产工序，由于新的技术差距，他们仍能向国外出口这些新产品。但是，这个模型也有一个缺点，就是它并不能解释技术差距的大小，也没有给出技术差距产生和随着时间推移而消失的原因。

对技术差距模型的一个推广是弗农(Vernon)在 1966 年推出的**产品生命周期模型**(product cycle model)。根据该模型，当一种新产品刚刚诞生时，其生产往往需要高素质的劳动力。当这种产品成熟并广为大众接受时，它就变得标准化了，可以用大规模生产技术和素质较低的劳动力进行生产。因此，生产该产品的比较优势会从最早引入它的发达国家转移到劳动力相对便宜的不发达国家。这一过程一般都伴随着发明国向劳动力便宜的国家的直接投资。

根据产品生命周期理论,一种产品的生命周期可以划分为5个阶段:(1)产品推出;(2)为出口扩大生产;(3)产品标准化并且国外通过模仿开始生产;(4)外国模仿者开始在第三国市场上低价销售;(5)模仿者在发明者本国市场上低价销售。

弗农还指出,高收入和劳动集约型的产品一般在富国最先投产,这是因为:(1)这些国家进行这种生产的机会最大;(2)这些新产品的发展需要接近市场以迅速从消费者处获得反馈,从而进行改进;(3)存在对提供服务的需求。技术差距模型强调的是模仿过程中的时间滞后性,而产品生命周期模型强调的是产品的标准化过程。根据这些理论,工业化程度最高的国家应当出口含有新的、更先进技术的非标准化产品,进口含有旧的、已普遍应用的技术的标准化产品。

关于产品周期模型的一个典型例子就是第二次世界大战后美日两国在无线电产品上的竞争。第二次世界大战刚结束时,由于真空管技术在美国迅速发展,美国垄断了无线电产品的世界市场。但是,几年后,日本由于模仿了美国的技术并凭借其低价的劳动力,也占据了很大一部分市场份额。随后美国发明了晶体管,重新在技术上领先。但是几年之后,日本再次通过模仿掌握了这一技术,又一次可以用低价和美国竞争。而美国又通过引入印刷电路在同日本的竞争中重新占了上风。生产无线电的最新技术究竟是劳动力密集型还是资本密集型,美国能否在这个市场中占有一席之地,或者美国和日本最终会不会被诸如韩国、新加坡等成本更低的生产商所代替,这一切仍然尚待分晓。

在1967年进行的一项研究中,格鲁伯(Grubber)、梅塔(Mehta)和弗农发现在出口和研发费用之间存在很强的相关性。他们把研发费用当作国家或厂商在新产品或新工序上获得暂时比较优势的代表。这样,这些结果就倾向于支持技术差距模型和密切相关的产品生命周期模型。由于能以非常快的速度推出新产品和技术,美国是世界上最富有竞争力的经济体(参见案例研究4.4)。

案例研究 4.4

世界上最具竞争力的经济体

表4.3是由瑞士管理发展协会(IMD)统计的2010年最具国际竞争力的20个经济体。国际竞争力是指一个国家或企业能够比国际市场的其他竞争者创造更多财富的能力。国际竞争力是通过计算四大类300个竞争力指标的加权平均数得出的,这四大类是:(1)经济表现(对国内经济的宏观表现的评估);(2)政府表现(政府政策有助于提高竞争力的程度);(3)企业效率(企业创新和赢利的程度);(4)基础设施(基本的、科技的及人力的资源符合企业需要的程度)。

如表4.3所示,新加坡是全球最具竞争力的经济体,紧随其后的是中国香港地区和美国。德国位列第 16 位，中国内地排第 18 位，而英国（未在表中列出）排第 22 位，法国排第 24 位，日本排第 27 位。值得注意的是，表中所列 20 个经济体中的 12 个经济体是小国（或地区，其中 9 个是发达经济体），8 个经济体是大国（其中美国位列第 3 位，中国内地排第 18 位）。

表 4.3　2010 年国际竞争力排名

排名	经济体	排名	经济体
1	新加坡	11	卢森堡
2	中国香港地区	12	荷兰
3	美国	13	丹麦
4	瑞士	14	奥地利
5	澳大利亚	15	卡塔尔
6	瑞典	16	德国
7	加拿大	17	以色列
8	中国台湾地区	18	中国内地
9	挪威	19	芬兰
10	马来西亚	20	新西兰

资料来源：IMD，2010.

需要指出的是，这些模型中的贸易最初都是基于工业化国家中那些用相对丰裕的要素（如高技能的劳动力、大量研发经费等）发展出的新技术。然后，通过模仿和产品标准化，不发达国家由于其廉价劳动力在这种产品上获得了比较优势。所以可以说，贸易是建立在随时间推移各国要素相对丰裕度（技术）的变化的基础上的。因此可以把技术差距模型和产品周期模型当作赫—俄模型在技术动态发展的情况下的一个扩充，而不是另一个替代模型。简而言之，与解释静态比较优势的赫—俄基本模型相对，产品周期模型试图解释新产品和新生产工序的动态比较优势。我们将在 8.2 节研究随着时间发展，比较优势成长和变化的原因。

4.9　运输成本与国际贸易

到目前为止，我们都还假设运输成本为零。本节将放松这一假设。我们将看到运输成本可以通过影响进口国和出口国相互贸易的商品价格来直接影响国际贸易，也可以通过影响生产或工厂的选址来间接地影响国际贸易。

运输成本(transportation or logistics costs)包括运费、储藏费、装卸费、保险费及货物在运输期间的利息费用。我们将用运输成本这一术语概括把货物从一处运到另一处所发生的全部费用。

一种同质商品若想进入国际贸易流通，它在两国贸易前的价格差必须大于把该商品从一国运至另一国的运输成本。考虑运输成本可以解释为什么多数商品与劳务并没有进入国际贸易流通领域。这些货物与劳务被称为**非贸易商品与劳务**(nontraded goods and services),即那些运输成本超过其在国家间价差的商品和服务。因此,除了在边境地区以外,水泥很少进入国际贸易领域的主要原因就在于其极高的重量/价格比率。同样,一个普通人不会只为了理一次发而从纽约飞往伦敦。

一般地说,非贸易商品的价格是由国内供求情况决定的,而贸易商品的价格是由国际市场供求情况决定的。冷冻车、冷冻船的大量使用大大降低了运输成本,从而使得许多非贸易商品转变为贸易商品。例如,在冬天,我们可以在波士顿、芝加哥、纽约、费城的商店里发现从南美运来的葡萄、其他水果及各种蔬菜。而在过去,高运输成本和高损耗率使这种事根本不可能发生。同样,集装箱运输(把货物装在大的标准化的容器之中)大大降低了装卸和运输成本,也使得许多以前的非贸易商品成为贸易商品。

在图4.3中,共同的纵轴表示商品X在国家1和国家2的美元价格。从共同原点向右移动表示商品X在国家2的数量增加;从共同原点向左移动表示商品X在国家1的数量增加。注意,对于国家1,当我们从右向左移动时,对于商品X的需求曲线(D_X)是负斜率的(向下倾斜),而对X的供给曲线(S_X)是正斜率的(向上倾斜)。

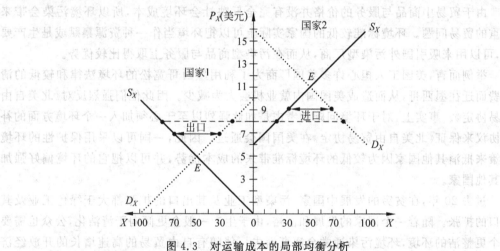

图4.3 对运输成本的局部均衡分析

共同的纵轴表示商品X在两国的美元价格。从共同原点向左移动表示国家1商品X的数量增加。在无贸易条件下,国家1会在$P_X=5$美元处生产,它消费$50X$,国家2会在$P_X=11$美元处生产,它消费$50X$。如果运输成本为每单位2美元,国家1的$P_X=7$美元,国家2的$P_X=9$美元。$P_X=7$美元时,国家1将会生产$70X$,消费$30X$,出口$40X$。$P_X=9$美元时,国家2将会生产$30X$,进口$40X$,从而消费$70X$。

在不进行贸易的情况下,国家1在均衡价格$P_X=5$美元(由国家1的供需曲线D_X和S_X的交点给出)处生产和消费$50X$,国家2在$P_X=11$美元处生产和消费$50X$。当贸易开展时,国家1会向国家2出口商品X。故国家1的P_X上升而国家2的P_X下降。在自由贸易且不存在运输成本的条件下,商品X的均衡价格为8美元,此时,国家1意愿出口的商品X与国家2意愿进口的商品X相等。如图4.3所示,在$P_X=8$美元时,国家1会生产$80X$,本国消费其中的$20X$,并出口$60X$到国家2,而国家2的情况正好相反。

如果每单位X的运输成本为2美元,国家2的P_X将会比国家1的P_X高2美元。为了平衡贸易,两国将分担这2美元的费用。在图4.3中,这表现为国家1的$P_X=7$美元,国家 2 的 $P_X=9$ 美元。在 $P_X=7$ 美元处，国家 1 生产 $70X$，消费 $30X$，出口 $40X$。在 $P_X=9$ 美元处，国家 2 生产 $30X$，进口 $40X$，消费 $70X$。

注意，如果没有运输成本，两国的均衡价格为 $P_X=8$ 美元，有 60 单位的 X 被用于贸易。因此，运输成本降低了生产的专业化程度、贸易额以及两国的贸易所得。最后，由图 4.3 可见，运输成本是由两国平均负担的。一般地，如果国家 1 的 D_X 曲线与 S_X 曲线比国家 2 的陡峭，国家 1 就要负担更多的运输成本。

4.10 环境标准与国际贸易

产业的选址和国际贸易也会受不同国家的不同环境标准的影响。环境标准指一国允许的空气污染、水污染、热污染及垃圾堆积而引起的污染程度。如果环境被当作生产、消费或者商品服务处置中产生的废物的便宜且方便的堆积和倾泻的场所，就会导致环境污染。

由于贸易中商品与服务的价格并没有完全反映社会环境成本，所以环境污染会带来严重的贸易问题。环境标准较低的国家实际上可以把环境当作一种资源禀赋或是生产要素，可以用来吸引国外污染型厂商，从而在污染型商品与服务上取得比较优势。

举例而言，美国工人担心许多美国厂商为了利用墨西哥宽松的环境法律和较低的清污费而迁往墨西哥，从而造成美国国内就业机会大为减少。因此他们强烈反对《北美自由贸易协定》。事实上，对于环境问题的考虑是如此强烈以至于必须加入一个环境方面的补充协议来保证《北美自由贸易协定》在美国国会通过。因此，一国可以采用保护性的环境政策来抵消其他国家因为较低的环境标准带来的成本优势，并可以把它的环境偏好强加给其他国家。

过去 20 年，在贫穷的发展中国家，污染型工业及其出口的扩张都大于绿色工业及其出口的扩张。随着一个国家的发展和富裕，由于生产一般会更倾向于清洁化，公众也需要一个更整洁的环境，环境污染通常会逐渐消失。伴随有自由贸易的高速增长的开放经济（如智利）也经历过比封闭经济（如玻利维亚和萨尔瓦多）污染密集型更低的增长。

严厉的反污染法规可能会限制经济的发展，因此在经济发展的早期是不适用的。同样，全球统一的环境标准也是不适用的。由于各国有各自不同的社会发展优先权考虑及环境目标，强制推行全球统一的环境标准是不实际的。一国在富裕起来的同时，会采用一些对环境更为有益的经济发展方式，并越来越关心"可持续发展"，从而在不损害后代利益的前提下满足自己的需要。

1999 年 3 月在日内瓦举行的贸易与环境高层研讨会强烈建议今后的贸易协定要经过环境影响评估，就像美国现在对国内项目有这方面的要求一样。未来，关于不同国家环境标准和有关国际贸易的争论将变得更加频繁和引人注意，也会成为未来贸易谈判的一个重点。事实上，反全球化运动已经将反对污染作为反对全球化的主要论据（另外还包括血汗工厂和跨国公司的剥削）。大部分现有研究表明，国际贸易对环境的影响非常小，而且对不同的国家影响也会不同。

2001 年 6 月，一项旨在让工业化国家削减造成全球变暖的温室气体排放的历史性协议获得签署,成为1997年签订的关于气候变化的京都议定书的一部分。美国拒绝签署这项协议,理由是该议定书目标设定过于任意,执行起来成本过高。2007年12月在印度尼西亚巴厘岛举行的联合国气候变化大会上,190个国家和地区(包括美国)签署了一项协议,承诺在2012年前协商出一个新的协定,以接续京都议定书。京都议定书将于2012年到期,它要求在2050年前温室气体排放减半。2010年12月在墨西哥坎昆举行的联合国气候变化大会上,富裕国家承诺每年提供1 000亿美元基金以帮助贫穷国家沿着更清洁的路径发展。

本章小结

1. 本章给出的赫—俄理论扩展了第3章的贸易模型,以解释比较优势产生的根本原因(即是什么决定了比较优势),并用赫—俄理论考察国际贸易对于生产要素收入的影响。对于这两个问题,古典经济学家是无能为力的。本章还考察了以规模经济、产品差别和各国技术发展差异为基础的互补贸易理论。

2. 赫—俄理论,或称要素禀赋理论,可以用两种方式表述。根据赫—俄定理(H-O定理),一国应出口该国相对丰裕和便宜的要素密集型的商品,进口该国相对稀缺和昂贵的要素密集型的商品。根据要素价格均等定理,国际贸易会使各国同质要素获得均等的相对和绝对收入。

3. 斯托尔帕—萨缪尔森定理认为自由的国际贸易会使一个国家相对缺乏的要素的实际收入减少,而使一个国家相对充裕的要素实际收入增加。如果某些要素是特定的(例如仅能在特定的产业中使用),特定要素模型认定贸易将对一国的可流动要素产生不确定的效果,即它将有利于那些只用于出口商品或出口部门的固定要素,而对那些用于进口竞争型商品或部门的固定要素则有害。

4. 在所有可能导致贸易前相对商品价格差异的因素中,赫克歇尔和俄林认为要素禀赋(在相同技术和相同需求偏好下)的差异是产生和引起比较优势的根本原因。在使各国同质要素获得均等的相对或绝对收入的过程中,国际贸易可以作为国际要素流动的替代物。

5. 里昂惕夫用美国1947年数据对赫—俄模型做了第一个实证检验。里昂惕夫发现美国进口替代品的资本密集程度比其出口商品的资本密集程度高30%。由于美国是世界上资本最丰裕的国家,这一结果与赫—俄模型所预测的完全相反,这就是所谓的里昂惕夫之谜。最近的一些研究成果则有力地支持了基本的赫—俄模型。

6. 即使两国在各个方面完全一样,互利贸易仍可以在规模经济的基础之上发生。当每个国家分别在不同商品的生产上实行专业化之后,两种商品的世界总产出会大于现有经济规模下没有专业化的产出。这样,通过贸易,两国可以分享这一收益。

7. 当今国际贸易中有很大一部分是差别产品之间的贸易。这种产业内贸易之所以会发生,完全是为了利用每个工厂都只生产一种产品的少数几种款式时所带来的规模经济。各国要素禀赋差异越小,产业内贸易相对产业间贸易的重要性就越大。

8. 根据技术差距模型,厂商将出口其首创的新产品,直至其他国家的模仿者夺去其市场。与此同时,创新的厂商会再次推出一种新产品或新工序。而根据相关的产品生命周期理论,一种产品要经历五个阶段：推出产品；为出口扩大生产；标准化及国外通过模仿开始生产；模仿者在第三国市场低价销售；模仿者在发明者本国低价销售。技术差距模型和产品周期模型可以看成是赫—俄模型在技术动态发展情况下的一个扩充。

9. 运输成本存在的条件下,只有那些贸易前价格差大于运输成本的商品才能进入贸易。当贸易达到均衡时,两国贸易产品的相对价格有一个相当于运输成本的差额。运输成本也可以通过影响生产和产业选址来影响国际贸易。产业可被划分为资源定向型、市场定向型和流动型。环境标准也会影响产业选址和国际贸易。

复习题与练习题

1. (1) 赫—俄理论的基本原理是什么？
   (2) 赫克歇尔和俄林认为哪个因素是比较优势和贸易的基本决定因素？
   (3) 赫—俄理论从哪个方面代表了前一章标准贸易模型的扩展？
2. 从图4.1中的国家1和国家2的生产可能性曲线出发,用图表示,尽管两国的需求偏好有很小的差异,国家1仍会在商品X上持续地拥有比较优势。
3. (1) 要素价格均等化定理的基本原理是什么？
   (2) 斯托尔帕—萨缪尔森定理的基本原理是什么？
   (3) 特定要素定理的基本原理是什么？
   (4) 其与生产要素国际间的流动有什么关系？
4. (1) 什么是里昂惕夫之谜？
   (2) 里昂惕夫之谜是如何解决或解释的？
   (3) 赫—俄理论的现状如何？
5. 过去20年中,与发展中国家的国际贸易对美国工资不平等的加剧起到了什么作用？
6. (1) 规模经济是什么意思？
   (2) 规模经济如何成为国际贸易的基础？
   (3) 新的国际规模经济是什么含义？
7. (1) 产品差别化和产业内贸易的含义是什么？
   (2) 产业内贸易是如何产生的？
   (3) 产业内贸易的好处在哪里？
8. (1) 根据技术差距模型,国际贸易是如何发生的？
   (2) 对这一模型有哪些批评意见？
   (3) 产品生命周期的几个阶段都是什么？
9. 画一个与图4.3相似的图,说明贸易商品的供求曲线较陡峭的国家,负担的运输成本较大。
10. 不同的环境标准是如何影响产业选址及国际贸易的？

第4章 赫克歇尔—俄林和其他贸易理论

附录 特定要素模型和产业内贸易模型

在本附录中,我们将讨论特定要素模型和正式的产业内贸易模型。这些模型比正文中介绍的模型更深入,可以作为选择阅读材料。

A4.1 特定要素模型

假设在国家1(劳动丰裕的国家),劳动可以在产业间自由流动,而资本却不能。由于劳动是可流动的,在国家1生产 X 和 Y 的劳动工资是相等的。国家1生产 X 和 Y 的劳动雇佣量及均衡工资由生产 X 的劳动边际产量曲线与生产 Y 的劳动边际产量曲线的交点给出。由微观经济学的理论可知,生产 X 的劳动边际产量的价值等于 X 的价格乘以生产 X 的劳动的边际实物产量。即 $\text{VMPL}_X = (P_X)(\text{MPL}_X)$。类似的有,$\text{VMPL}_Y = (P_Y)(\text{MPL}_Y)$。我们也知道如果一个企业在资本一定的情况下雇佣越多的工人,因为边际报酬递减法则,VMPL 会下降。最后,为了实现利润最大化,企业雇佣工人数量会使得工资等于劳动边际产量的价值(即直到 $w = \text{VMPL}$)。

我们可以借助图 4.4 说明在无贸易条件下国家1生产 X 和 Y 的均衡工资和劳动就业量。该图中,横轴表示国家1可用的劳动供给,纵轴表示工资率。先注意观察 VMPL_X 曲线(像通常一样,是从左到右的)和 VMPL_Y 曲线(它是从右到左的)。均衡工资率 E_D 是由曲线 VMPL_X 和 VMPL_Y 的交点确定的。由于劳动可以在两个产业间完全自由地流动,生产 X 和 Y 的工资率是相同的。生产 X 用去的劳动数量为 OD,其余劳动即 DO' 用于生产 Y。

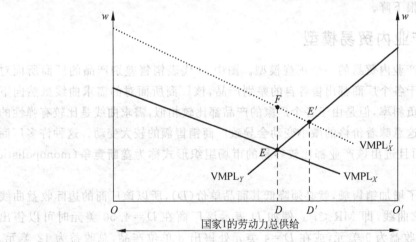

图 4.4 特定要素模型

劳动可以在产业间流动,但资本不能。横轴表示国家1可用的劳动供给,纵轴表示工资率(W)。贸易前曲线 VMPL_X 和 VMPL_Y 的交点确定了两个产业的 $w = ED$。OD 数量的劳动被用来生产 X,DO' 单位劳动被用于生产 Y。开展贸易后,P_X/P_Y 的上升使 VMPL_X 移动到 VMPL'_X,工资 W 从 ED 移到 $E'D'$,DD' 单位的劳动从生产 Y 转移至生产 X。由于工资 W 相对于 P_X 上升较小,故以 X 计价工资下降,但以 Y 计价,工资上升(因为 P_Y 不变)。在固定资本条件下生产 X 时使用更多的 L,VMPK_X 和利率 r 以 X 和 Y 计价都是上升的。生产 Y 时,若资本不变,减少劳动的用量,VMPK_Y 和利率 r 以两种商品计价都是下降的。

由于国家1(劳动丰裕的国家)在商品X(劳动密集型商品)上具有比较优势,贸易的开展会提高P_X/P_Y的值。由于$\text{VMPL}_X=(P_X)(\text{MPL}_X)$,$P_X$的上升使得$\text{VMPL}_X$相应成比例地上升了$EF$,到达$\text{VMPL}'_X$。工资率以较小的比例提高,从$ED$到$E'D'$,有$DD'$单位的劳动从$Y$的生产中转移到$X$的生产中去。由于工资的上升比例低于$P_Y$的上升比例,以$X$计价则工资下降,而以$Y$计价则工资上升(因为$P_Y$没有变化)。所以$P_X$上升和劳动实际收入上升的效果是不确定的,取决于人们的消费模式。主要消费X的工人生活条件会降低,而主要消费Y的工人生活水平会提高。

对于特定要素(资本)的报酬(利率)的变化是明确的。由于在生产X时,特定数量的资本需要与越来越多的劳动相结合,VMPK_X和利率以两种商品计价都是上升的。另一方面,在生产Y时,特定数量的资本与更少的劳动相结合,VMPK_X和利率以X和Y计价都是下降的。

这样,随着贸易的开展,不流动要素——资本(该国的稀缺要素)的实际收入在生产X时上升,生产Y时下降,同时实际工资(在生产X和Y时都是相等的)以商品X计价下降,以商品Y计价上升。这就是我们用特定要素模型分析得到的短期内资本在一国的产业间不能自由流动的结果。

将特定要素模型一般化,我们认为,贸易会对各国的流动要素有一种模糊效果,这对出口部门的非流动要素有利,而对进口竞争性部门的非流动要素不利。这一点正是短期内当一些要素是特定或非流动的(即,只可以用在某些产业)时候我们所预期的。而在长期,当劳动和资本都可以在该国的各个产业间自由流动时,赫—俄模型认为,贸易的开展会导致用于出口部门密集型投入的实际收入与回报上升,而进口竞争性部门密集型投入的实际收入与回报下降。

A4.2 产业内贸易模型

图4.5就是产业内贸易的一个正规模型。图中D代表销售差别产品的厂商所面对的需求曲线。由于各个厂商都出售各自的差别产品,该厂商所面对的需求曲线虽然向下倾斜或者说具有负斜率,但是由于各个厂家的产品都比较相似,需求曲线是比较有弹性的(即斜率较小)。这意味着价格的微小变动会导致厂商销售额的较大变动。这种许多厂商出售差别产品,而且进出该产业都比较容易的市场组织形式称为**垄断竞争**(monopolistic competition)。

由于厂商为了增加销售额,就必须降低其商品单价(D),所以该厂商的边际收益曲线(MR)低于其需求曲线,即$\text{MR}<P$。例如D表示该厂商在$D=4.50$美元时可以售出2单位该产品,总收益为9美元,或在$D=4$美元处售出3单位产品,总收益为12美元。这样,总收益的变化量或边际收益$\text{MR}=3$美元,小于出售第三单位该商品时的单价$P=4$美元。

如果只生产一种产品的一个或少数几个种类,厂商在生产中就会面临规模报酬递增,因此其平均成本线(AC)是向下倾斜的(即当产量增加时AC下降)。同时,厂商的边际成本曲线(MC)低于AC曲线。原因是如果AC是下降的,则MC一定小于AC。

厂商的最优产量为3个单位,即MC与MR曲线的交点(见图4.5)。在较小的产出

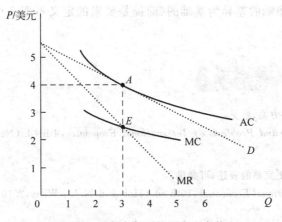

图 4.5　垄断竞争下的生产和定价

D 是厂商销售某一产品所面临的需求曲线，MR 是对应的边际收益曲线。由于产品差别的存在，D 是向下倾斜的。这使得 MR<P。在垄断竞争下厂商的最优产出水平由 MR＝MC 的 E 点给出，为 3 个单位。在 Q＝3 处，P＝AC＝4（A 点），厂商处于其保本点（即长期内对投资只收回正常利润）。AC 是厂商的平均成本曲线，由于规模经济的存在，AC 是向下倾斜的。

水平上，MR（即额外收益）大于 MC（即额外成本），该厂商就应当扩大产量。另一方面，当产量大于 3 时，MR<MC，该厂商就应当减少产量。因此，最优产量就是 3 个单位。在需求曲线上的 A 点，厂商得到的单价是 4 美元。另外，如果该行业中的厂商可以获得超额利润，越来越多的厂商会被吸引进入这一产业，该厂商面临的需求曲线（D）与 AC 曲线相切，因此，在 Q＝3 处，P＝AC＝4 美元。这意味着该厂商正好保证收回成本（即它在长期中只获得投资的正常利润）。

我们现在可以研究产业间贸易和产业内贸易之间的关系了。假设国家 1 是劳动丰裕的国家，商品 X 是劳动密集型产品；而国家 2 是资本丰裕的国家，商品 Y 是资本密集型产品。如果商品 X 和商品 Y 是同质的，则按照赫—俄理论，国家 1 将出口商品 X 并进口商品 Y，而国家 2 将出口商品 Y 并进口商品 X。这就是产业间贸易，只反映了两国的比较优势。

另一方面，如果商品 X 和商品 Y 都有不同的种类（即 X 和 Y 均为差别产品），国家 1 仍是商品 X 的净出口者（这是基于比较优势的产业内贸易），同时它还需要进口某些其他种类的 X，并出口某些种类的商品 Y（这是基于产品差异和规模经济的产业内贸易）。

同样，国家 2 仍是商品 Y 的净出口者，但它也会进口某些种类的 Y，并出口某些种类的 X。国家 1 和国家 2 各自对 X 和 Y 的净出口反映了基于比较优势的产业内贸易。同时，国家 1 也进口某些种类的 X 并出口某些种类的 Y，而国家 2 也进口某几种 Y 并出口部分种类的 X 的事实（即两国对于这两种商品的市场有一个互相渗透），反映了基于产品差异和规模经济的产业内贸易。

这样，当产品是同质的时候，就只有产业间贸易。如果产品是差别的，则产业间和产业内贸易都会发生。两国的要素禀赋和技术越接近，与产业间贸易相比，产业内贸易越重要，反之亦然。由于随着时间推移，工业化国家在要素禀赋和技术上越来越相似，产业内贸易相对于产业间贸易的重要程度也越来越大。正如前面所指出的，大量的产业内部贸易也是以国际要素禀赋的差异为基础的（前提是要素的定义不那么严格且以一种更分散的方式来定义）。

参考书目

本章所涉及问题的解决方案，参见：

- D. Salvatore, *Theory and Problems of International Economics*, 4th ed. (New York: McGraw-Hill, 1996), ch. 4.

对赫—俄理论更深入、更完整的表述，可参见：

- D. Salvatore, *International Economics*, 10th ed. (Hoboken, N. J.: Wiley, 2010), chs. 4 and 5.

赫—俄理论的原文见：

- B. Ohlin, *Interregional and International Trade* (Cambridge, Mass.: Harvard University Press, 1983).

关于国际贸易对美国工资不均等化的影响，参见：

- W. Cline, *Trade and Income Distribution* (Washington, D. C.: Institute for International Economics, 1997).
- D. Rodrik, *Has Globalization Gone Too Far?* (Washington, D. C.: Institute for International Economics, 1997).

关于行业内贸易，见：

- D. Greenaway and C. R. Milner, *The Economics of Intra-Industry Trade* (Oxford: Basil Blackwell, 1986).
- M. E. Porter, *On Competition* (Cambridge, Mass.: Harvard Business School Press, 1998).
- Brulhart, M. "An Account of Global Intra-Industry Trade," *The World Economy* (March 2009), pp. 401-459.

关于运输成本，参见：

- World Bank, *From Natural Resources to the Knowledge Economy: Trade and Job Quality* (Washington, D. C.: World Bank, 2002), Ch. 2.

关于环境污染、工业选址与国际贸易之间的关系，参见：

- P. R. Portney, "Environmental Problems and Policy: 2000-2050," *Journal of Economic Perspectives*, Winter 2000, pp. 199-206.
- World Bank, *International Trade and Climate Change* (Washington, DC: 2007).

网址

从美国商务部和国际贸易委员会的主页上可以查到有关美国国际贸易统计的大量数据。网址为：
http://www.ita.doc.gov/td/industry/otea

由欧盟统计办公室提供的欧洲国家的贸易数据可见：
http://ec.europa.eu/trade

美国制造业工人按小时计的工资补偿额以及与国外工人的工资比较见劳工统计局、国外劳工统计的主页上，网址是：

http://www.bls.gov/home.htm

许多国家的单位工人资本存量数据见宾夕法尼亚大学的网站：
http://pwt.econ.upenn.edu

关于各国国际竞争性的数据可见管理发展研究所，网址为：
http://www02.imd.ch/wcy

可用于衡量内外部产业贸易量的数据见美国统计局网站：
http://censtats.census.gov/sitc/sitc.shtml

不同产品组与国家的国际贸易统计数据可从美国统计局网站上查到，网址为：
http://www.census.gov/foreign-trade/statistics/country/

第2部分
国际贸易政策

第2部分（第5章和第6章）考察国际贸易或商业政策。第5章讨论历史上最重要的贸易限制即关税政策。第6章继续讨论其他贸易管制政策，评价各种实施贸易管制的理由，并对贸易管制政策的历史做一个总结。

国际经济学基础（第3版）
Introduction to International Economics

第 2 部分

国际贸易政策

第 5 章

贸易壁垒：关税

学习目的

学完本章，你应当能够：
- 描述关税对消费者和生产者的影响
- 识别关税对小国的成本和收益
- 描述关税对大国的影响
- 描述最优关税和报复关税
- 理解关税结构的含义

重要术语

贸易或商业政策	trade or commercial policies
进口关税	import tariff
出口关税	export tariff
从价关税	ad valorem tariff
从量关税	specific tariff
混合关税	compound tariff
关税消费效应	consumption effect of a tariff
关税生产效应	production effect of a tariff
关税贸易效应	trade effect of a tariff
关税收入效应	revenue effect of a tariff
消费者剩余	consumer surplus
租金或生产者剩余	rent or producer surplus
关税保护成本或重负损失	protection cost or deadweight loss of a tariff
关税的贸易条件效应	terms of trade effect of a tariff
最优关税	optimum tariff
禁止性关税	prohibitive tariff

名义关税　　　　　　　　　　nominal tariff
有效保护率　　　　　　　　　rate of effective protection

5.1　引言

在第 1 部分,我们看到自由贸易可以使世界产出最大化并且对所有国家都有利。然而,实际上所有的国家都会给国际贸易的自由流动增设一些限制条件。本章将分析关税对征税国的产出、消费、贸易和福利的影响以及对其贸易伙伴国的影响。第 6 章将继续讨论非关税贸易壁垒和保护主义的政治经济学。

5.2 节考察不同类型的关税;5.3 节分析关税对小国的一般性影响;5.4 节说明关税对消费者和生产者剩余的影响;5.5 节度量了关税对一国的成本和收益;5.6 节分析关税对大国的成本和收益;5.7 节讨论最优关税规模和外国的报复;最后,5.8 节讨论关税结构理论。本章附录将利用提供曲线对关税进行更进一步的分析。

5.2　关税的种类

由于设置于国际贸易之上的这些限制和法规与一国的贸易或商业有关,它们通常被称为**贸易或商业政策**(trade or commercial policies)。我们将可以看到尽管贸易管制从国家福利的角度总是被认为是合理的,但在现实生活中通常只有那些受益于贸易管制的一些特殊利益集团才会极力地赞成它们。

历史上最重要的一类贸易管制就是关税。关税是对通过一国国境的贸易商品课征的税收。**进口关税**(import tariff)是对进口商品课征的税收,而**出口关税**(export tariff)是对出口商品课征的税收。进口关税比出口关税更重要,我们的讨论也主要关注进口关税。美国宪法禁止出口关税,但是,发展中国家却经常对其传统出口产品征收出口关税(如加纳的可可和巴西的咖啡),以得到更有利的价格并增加收入。发展中国家之所以在很大程度上依赖出口关税来增加收入,是因为这种关税征集起来很方便。工业化国家总是通过增设关税或其他贸易壁垒来保护一些产业(通常是劳动密集型产业),而收入的增加主要通过征收所得税。

关税可能是从价的、从量的或混合的。**从价关税**(ad valorem tariff)表示为贸易商品价值的一个固定百分比。**从量关税**(specific tariff)的含义是对每单位贸易商品征收某一固定税额。而**混合关税**(compound tariff)是从价和从量关税的结合。

例如,对自行车征收 10% 的从价税,意味着每进口 100 美元自行车需要支付 10 美元关税,每进口 200 美元自行车需支付 20 美元关税。而对进口自行车征收 10 美元的从量关税意味着不论自行车的价格水平如何,海关人员将对每辆进口自行车征收 10 美元的固定关税额。最后,对进口自行车征收 5% 的从价税和 10 美元的从量税,这将导致每进口一辆单价为 100 美元的自行车须缴纳 15 美元关税,每进口一辆单价为 200 美元的自行车须缴纳 20 美元关税。美国使用从价税与从量税的场合基本持平,而欧洲国家主要依赖从价税，本章的讨论也以从价进口关税为主。

自第二次世界大战以来关税水平有明显的下降，现在发达国家工业制成品的平均关税大约为5%或者更低(参见案例研究5.1)，但在发展中国家这一比例要高很多(参见案例研究5.2)。农产品贸易仍然一直受到相对很高的贸易壁垒的限制。这些将在下一章讨论。

案例研究 5.1

主要发达国家对非农产品的平均关税税率

表5.1列出了2009年美国、欧盟、日本和加拿大(即主要发达国家和欧盟国家)对各种非农产品征收的平均关税率。从表中可见，关税税率最高的进口产品包括服装、纺织品和皮革制品(也包括欧盟及日本的鱼及鱼类产品)，但平均税率水平则低于4%。

表5.1 2009年美国、欧盟、日本、加拿大的非农进口产品关税情况				%
产品	美国	欧盟	日本	加拿大
鱼及鱼类产品	1.0	11.8	5.5	0.9
矿产品及金属	1.8	2.0	1.0	1.7
石油	1.5	3.1	0.6	2.7
化工产品	2.8	4.6	2.2	2.8
木材、纸等	0.5	0.9	0.8	1.1
纺织品	8.0	6.6	5.5	6.6
服装	12.1	11.5	9.2	16.9
皮革、鞋等	4.0	4.2	9.7	5.3
非电子化机械	1.2	1.9	0.0	0.9
电子化机械	1.7	2.8	0.2	1.7
运输设备	3.0	4.3	0.0	5.8
其他制造品	2.6	2.7	1.2	3.0
平均	3.3	4.0	2.5	3.5

资料来源：World Trade Organization(WTO), *World Trade Report* 2010(Geneva：WTO,2010).

案例研究 5.2

主要发展中国家非农产品的平均关税

表5.2给出了2009年中国、印度、俄罗斯、巴西、韩国和墨西哥对各种进口非农产品征收的关税。该表说明，税率最低的是韩国和中国，其他国家的平均关税在9.9%(墨西

哥)和 15.3%(巴西)之间。但是六国的关税税率都比发达国家高得多。

表 5.2　2010 年中国、印度、俄罗斯、巴西、韩国和墨西哥的非农产品关税税率　　%

产品	中国	印度	俄罗斯	巴西	韩国	墨西哥
鱼及鱼类产品	10.7	29.8	12.7	10.0	16.0	16.6
矿产品及金属	7.4	7.5	10.1	10.1	4.6	7.3
石油	4.4	3.8	5.0	0.2	4.1	4.4
化工产品	6.6	7.9	6.9	8.3	5.7	5.5
木材、纸等	4.4	9.1	14.2	10.7	2.2	9.2
纺织品	9.6	13.6	11.8	22.5	9.1	14.5
服装	16.0	16.1	19.7	35.0	12.6	30.0
皮革、鞋等	13.4	10.2	9.8	15.7	7.8	11.1
非电子化机械	7.8	7.3	4.1	12.7	6.0	5.9
电子化机械	8.0	7.2	8.7	14.2	6.2	7.7
运输设备	11.5	20.7	15.2	18.1	5.5	14.2
其他制造品	11.9	8.9	13.0	15.3	6.7	10.5
平均	8.7	10.1	10.1	14.1	6.6	9.9

资料来源：WTO, *World Trade Report* 2010, Part 2(Geneva：WTO, 2010).

5.3　关税对小国的影响

现在我们将考察进口关税对征收关税的国家的影响。首先我们考察关税对一个小国的影响，然后(5.6 节)考察对大国的影响。这里小国定义为其进口不会影响商品的全球价格的国家。也就是说，一个小国可以在给定商品全球价格的基础上进口它想要的任意数量的商品。我们可以在图 5.1 的帮助下分析进口关税的影响。

图 5.1 中，D_X 为该国商品 X 的需求曲线，S_X 为供给曲线。在没有贸易时，D_X 和 S_X 的交点确定了均衡点 E，在该点，该国需要 60(单位)X，供应价格为 $P_X=3$ 美元。通过自由贸易，由于商品 X 的全球价格为 $P_X=1$ 美元，该国将消费 100 单位 $X(AB)$，其中 20$X(AC)$ 由国内生产，其余 80$X(CB)$ 是进口的。水平虚线 SF 代表了假设进口国是小国，其贸易不能影响商品的世界价格时，自由贸易下外国对该国商品 X 的供给曲线。

如果该国对进口商品 X 征收 100% 的从价税，该国 X 商品的价格 P_X 将升至 2 美元(与全球市场上的一样)。当 $P_X=2$ 美元时，国家 2 将消费 80$X(GH)$，其中 40$X(GJ)$ 由国内生产，其余的 40 单位 $X(JH)$ 依靠进口，水平虚线 S_F+T 代表新的包含关税的情况下外国对该国的商品 X 的供给曲线。

因此，关税消费效应(即由关税带来的国内消费的减少)等于(−)20 单位 $X(BN)$；关税产出效应(即由于关税导致的国内产量的增加)等于 20$X(CM)$；关税贸易效应(即由关税导致的进口的减少)等于 40$X(BN+CM)$；关税收入效应(即政府从关税中所得收入)等于 40 美元(进口的每单位 1 美元的 40X，或 $MJHN$)。

第 5 章 贸易壁垒：关税 89

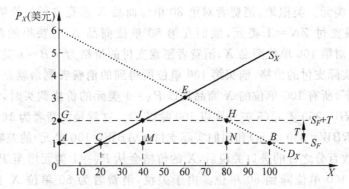

图 5.1 关税对小国的影响

D_X 和 S_X 代表该国对商品 X 的需求与供给曲线。自由贸易时价格 $P_X=1$ 美元,该国消费 $100X(AB)$,其中 $20X(AC)$ 在国内生产,$80X(CB)$ 进口。当对商品 X 征收 100% 的进口关税时,该国商品 X 的价格上升为 $P_X=2$ 美元。当 $P_X=2$ 美元时,该国消费 $80X(GH)$,其中 $40X(GJ)$ 国内生产,$40X(JH)$ 进口。这样,关税的消费效应为 $(-)20X(BN)$,产出效应为 $20X(CM)$;贸易效应为 $(-)40X(BN+CM)$,收入效应为 40 美元$(MJHN)$。

注意,当由于关税原因,国家 2 的价格 P_X 每增加 1 美元,D_X 的弹性越大越平坦时,消费效应越大(见图 5.1)。同样,S_X 的弹性越大,生产效应越大。因此,该国的 D_X 和 S_X 弹性越大,关税的贸易效应就越大(即该国对商品 X 进口的减少越多),并且关税的收入效应也越小。

 ## 5.4 消费者和生产者剩余的关税效应

由于国家对商品 X 征收 100% 的进口关税,使得商品 X 的价格从 $P_X=1$ 美元增加到 $P_X=2$ 美元,导致了消费者剩余的减少和生产者剩余的增加。我们将在图 5.2 中对此进行讨论并在下一节用它们来测量关税的成本和收益。

图 5.2 中左图表明关税产生的消费者剩余的损失等于图中阴影部分的面积,即 $AGHB=90$ 美元,原因如下。在征收关税前,该国消费者以 $P_X=1$ 美元的价格消费 $100X$。消费者为每一单位商品 X 支付的价格等于他愿意为最后或者说第 100 单位商品 X 支付的价格(由 D_X 上的 B 点给出)。但是对于此前所购买的商品 X,消费者得到了更多的满足,因此愿意为它们支付更高的价格。事实上,需求曲线的高度表示消费者愿意为每单位商品支付的最高价格。消费者宁愿在这一价格下购买而不愿意放弃对该商品的消费。

消费者对每单位商品愿意支付的价格(由 D_X 在该点的高度表示)与其实际支付的价格(最后购买的一单位的 D_X 的高度)的差称为消费者剩余。因此,**消费者剩余**(consumer surplus)就是消费者对每一单位商品所愿意支付的价格与实际支付价格的差。从图形上看,它是位于实际购买价格水平线之上与需求曲线之下的面积。

例如,图 5.2 左图说明该国的消费者愿意对第 60 单位的商品 X 支付的价格为 $LE=3$ 美元。由于他们实际只支付 1 美元,因此,他们在购买第 60 单位商品上获得的消费者

剩余为 $KE=2$ 美元。类似地，消费者对第 80 单位商品 X 愿意支付的价格为 $ZH=2$ 美元，由于实际只支付 $ZN=1$ 美元，他们在第 80 单位商品 X 上获得的消费者剩余为 $NH=1$ 美元。对第 100 单位商品 X，消费者愿意支付的价格为 $WB=1$ 美元。由于这个价格等于他们实际支付的价格，购买第 100 单位所得到的消费者剩余就是零。在没有进口关税的条件下，所有 100 单位的 X 商品均以 $P_X=1$ 美元的价格购买时，该国总的消费者剩余等于 $ARB=250$ 美元（5 美元乘以 100 除以 2）。这就是消费者为 100 单位的 X 所愿意支付的（$ORBW=350$ 美元）和他们实际支付（$OABW=100$ 美元）的差额。

当该国征收百分之百的进口关税后，X 的价格会从 $P_X=1$ 美元增至 $P_X=2$ 美元，对 X 的购买将从 100 单位降到 80 单位。由于关税，消费者为 80 单位 X 支付 $OGHZ=160$ 美元。这导致消费者剩余从 $ARB=250$ 美元（征税前价格为 $P_X=1$ 美元）减少至 $GRH=160$ 美元（征税后价格为 $P_X=2$ 美元），或为 $AGHB=90$ 美元（即图 5.2 左图中阴影部分面积）。国家 2 百分之百的进口关税导致了消费者剩余的减少。

图 5.2 右图表明，由关税带来的租金或生产者剩余的增加表示为阴影部分面积，即 $AGJC=30$ 美元。原因如下：自由贸易时 $P_X=1$ 美元，国内生产者生产 $20X$，获得收入 $OACV=20$ 美元，征收关税后 $P_X=2$ 美元时，他们生产 $40X$，获得收入 $OGJU=80$ 美元，生产者所得的这 60 美元收入的增加（$AGJC+VCJU$）中，$VCJU=30$ 美元（在 $20X$ 和 $40X$ 间 S_X 曲线下的非阴影部分）代表生产者生产成本的增加量，余下的部分（阴影部分 $AGJC=30$ 美元）代表租金或生产者剩余（rent or producer surplus）的增加量。这个增加量被定义为：从长期看，为了引导国内生产者提供由于关税所增加的额外 $20X$ 商品而不必兑现的支出。由于关税而导致的租金或生产者剩余的增加有时也被称为关税的补贴效应。

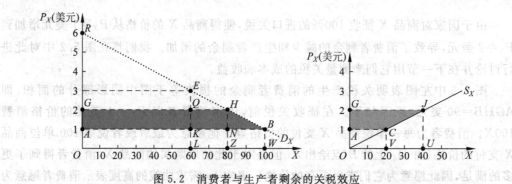

图 5.2 消费者与生产者剩余的关税效应

左图显示当关税使商品 X 的价格从 $P_X=1$ 美元增加到 $P_X=2$ 美元时，消费者剩余从 $ARB=250$ 美元减少到 $GRH=160$ 美元，或者说减少了图中的阴影部分 $AGHB=90$ 美元。右图表明关税使生产者剩余增加，即阴影部分 $AGJC=30$ 美元。

5.5 小国征收关税的成本和收益

现在，消费者和生产者剩余的概念及测量方法可用来衡量关税的成本和收益，如图 5.3 所示，它总结并扩充了图 5.1 和图 5.2 所提供的信息。

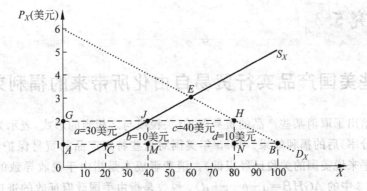

图 5.3 小国征收关税的成本和收益

当对商品 X 征收 100% 的进口关税时，P_X 从 1 美元上升至 2 美元。这使消费者剩余减少了 $AGHB=a+b+c+d=30$ 美元 $+10$ 美元 $+40$ 美元 $+10$ 美元 $=90$ 美元。其中，$MJHN=c=40$ 美元是政府征收的关税收入，$AGJC=a=30$ 美元以增加的租金或生产者剩余的形式再分配给国内 X 商品的生产者，剩下的 20 美元（三角形 $CJM=b=10$ 美元和 $BHN=d=10$ 美元的面积之和）称为经济的保护成本，或称重负损失。

图 5.3 表明，当国家对商品 X 征收 100% 的进口关税时，商品 X 的价格从 $P_X=1$ 美元上升至 $P_X=2$ 美元，消费量从 $AB=100X$ 减小至 $GH=80X$，生产量从 $AC=20X$ 增至 $GJ=40X$，进口从 $CB=80X$ 减少至 $JH=40X$，该国政府征得进口税 $MJHN=40$ 美元（见图 5.1）。另外，消费者剩余减少了 $AGHB=90$ 美元（见图 5.2 的左图），生产者剩余增加了 $AGJC=30$ 美元（见图 5.2 的右图）。

图 5.3 还表明，消费者剩余减少量 $AGHB=a+b+c+d=90$ 美元中，$MJHN=c=40$ 美元作为政府的关税收入，$AGJC=a=30$ 美元以增加了的租金或生产者剩余的形式再分配给国内商品 X 的生产者，而剩余的 20 美元（三角形 $CJM=b=10$ 美元和 $BHN=d=10$ 美元之和）代表了对经济的保护成本或重负损失。

关税保护成本或重负损失（protection cost or deadweight loss of a tariff）中的生产部分（$CJM=b=10$ 美元）会上升，是因为征收关税后，一些国内资源从更有效的出口商品 Y 的生产部门（未在图中画出）转向了低效的进口商品 X 的生产部门。保护成本或净损失中的消费部分（$BHN=d=10$ 美元）也会上升，是因为由于关税，P_X 相对于 P_Y 来说被人为地提高了，同时也扭曲了该国的消费模式。

这样，由于关税，收入被进行了再分配：从国内消费者（支付更高价格者）转移到国内商品生产者（获得更高价格者），从国家丰裕要素部门（生产出口商品部门）转移到稀缺要素部门（生产进口商品部门）。这就导致了低效率，即关税造成的保护成本或重负损失。用消费者剩余减少的量除以由于关税而"节省"的工作岗位的数量（或等价的保护比率），可计算节省的每一国内工作岗位的成本（见案例研究 5.3 和 5.4）。

案例研究 5.3

一些美国产品实行贸易自由化所带来的福利效应

表 5.3 给出了取消某些产品的贸易保护（关税或与之相当的形式，表示为产品世界价格的一个百分率）后的福利效果。1990 年美国对这些特定产品的贸易保护仍然很高（尽管就平均水平来说美国的关税已经很低）。消费者成本是指由于税收导致的消费者剩余的减少（图 5.3 中的 $AGHB=a+b+c+d$）；税收是指由美国政府征收的进口产品税的收入（图 5.3 中的 $MJHN=c$）；生产者所得是指由于税收导致的生产者剩余的增加（图 5.3 中的 $AGJC=a$）；重负损失是指由于税收所带来的生产成本（图 5.3 中的 $CJM+BHN$）。从该表也可看出税收所导致的"保留"每个国内工作岗位的成本。这是通过用税收所保留的国内工作岗位的数量除以由税收所导致的消费者成本（即消费者剩余的减少）得出的。

例如，表 5.3 表明，美国对进口橡胶鞋征收 20% 的关税（表 5.3 倒数第三行）导致美国产生 2.08 亿美元的消费者成本，美国政府得到 1.41 亿美元的税收收入、0.55 亿美元的生产者所得和 0.12 亿美元的重负损失。该表也显示，与免税的情形相比，美国保留橡胶鞋生产的每个工作岗位的成本大约是 122 000 美元（2.08 亿美元除以 1705 个工作岗位）。值得注意的是，对美国来说，即使是那些相对不重要的产品的税收保护也产生了高成本，并且，为保住每个进口竞争产业的工作机会都付出了很高的成本。

表 5.3　1990 年美国对某些产品实行进口关税的经济效果

产品	税率/%	消费者成本/百万美元	税收/百万美元	生产者所得/百万美元	重负损失/百万美元	每一工作岗位的消费者成本/千美元
瓷砖	19.0	139	92	45	2	401
人造珠宝饰物	9.0	103	51	46	5	97
冰冻浓缩橘汁	30.0	281	145	101	35	57
玻璃制品	11.0	266	95	162	9	180
行李箱	16.5	211	169	16	26	934
橡胶鞋	20.0	208	141	55	12	122
女士鞋	10.0	376	295	70	11	102
女式提包	9.0	103	51	46	5	97

资料来源：G. G. Hufbauer and K. A. Elliott, *Measuring the Cost of Protection in the United States* (Washington, D.C.: Institute for International Economics, 1994), pp. 8-13.

案例研究 5.4

欧盟部分产品实行贸易自由化后的福利效应

欧盟对一些特别产品施加了很强的贸易保护（尽管总体平均关税率很低），表5.4显示1990年取消这些贸易保护（关税或与之相当的形式，表示为产品世界价格的一个百分率）后的福利效应。对该表的解释与美国的例子是一样的。唯一的区别是这里收益和成本是以欧元计算的，欧元是欧盟15个成员国中12个国家使用的新货币（这将在本书的金融部分讨论）。由于在写本书时，1欧元大约相当于1.1美元，表5.4中等价的美元值也大约比欧元值高10%。

例如，由表5.4可以看出，欧盟对进口化学纤维（表中第一行）征收22.9%的关税（或与之相当的形式）使得欧盟消费者付出成本5.8亿欧元（大约6.38亿美元），欧盟政府获得关税收入3.62亿欧元（3.98亿美元），生产者收益1.39亿欧元（1.53亿美元），还有7 900万欧元（0.87亿美元）的重负损失。该表还显示，欧盟在生产化学纤维上所节省的每一工作岗位的成本（与自由贸易的情形相比）大约是526 000欧元（5.8亿欧元除以所节省的1 103个工作岗位）。请注意，即使是相对不重要的产品也会给消费者带来高关税保护成本，而保留欧盟进口竞争型产业每一工作岗位所支付的成本也相当高。

表5.4 1990年欧盟保护部分产品的经济效应

产品	关税/%	消费者成本/百万欧元	关税收入/百万欧元	生产者收益/百万欧元	重负损失/百万欧元	每一工作的消费者成本/千欧元
化学纤维	22.9	580	362	139	79	526
录像带	30.2	313	165	82	67	420
集成电路	47.6	2 187	548	139	564	366
复印机	33.7	314	242	5	66	3 483
钢	21.9	1 626	229	397	333	316
轿车	17.1	2 101	979	278	276	569
纺织品	21.4	7 096	1 742	2 678	668	180
布料	31.3	7 103	1 696	1 712	1 079	214

资料来源：P. A. Messerlin, *Measuring the Cost of Protection in Europe* (Washington, D.C.: Institute for International Economics, 2001), pp. 46-47, 54-55.

5.6 大国征收关税的成本和收益

现在我们将分析大国征收进口关税的影响。这里的大国定义为其贸易会影响商品的全球价格的国家。我们将会看到，部分关税将由国内消费者承担（表现为他们为进口商品支付了更高的价格),部分则由外国厂商承担(表现为他们从商品上得到的价格收入更低)。其中的原因是大国进口商品需求的下降(由于关税引起价格增加的结果)是非常明显的,从而使得外国厂商对商品的要价下降。这样,进口关税的影响或者负担一部分由征收关税的大国消费者承担,另一部分则由出口商品的外国厂商承担。这些可从图5.4中看出来。

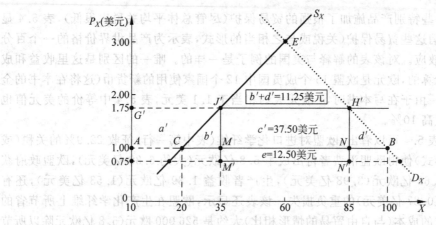

图5.4 关税对大国的成本和收益

当大国对商品 X 征收100%的进口关税时,对于国内消费者 P_X 从1.00美元上涨到了1.75美元,而对于外国厂商价格从1.00美元跌到0.75美元。因为该国的贸易保护成本或重负损失($b'+d'=11.25$ 美元)小于关税的贸易条件效应($e=12.50$ 美元),大国从征收关税中获得了好处。

图5.4与图5.3非常相似,除了纵轴即价格轴有所扩大。自由贸易时商品 X 价格仍然为1.00美元,该国也仍然征收1.00美元的关税。但现在,因为国家规模很大,国内消费者为商品支付的价格只增加到了1.75美元(而非小国情形下的2.00美元),外国厂商得到的也是0.75美元而不是1.00美元。国内消费者支付的1.75美元和外国厂商得到的0.75美元之间的1.00美元差价被征收关税的该国政府所得到。

我们现在能够测度大国征收关税的成本和收益了。由于对于国内消费者而言,进口商品的价格从1.00美元涨到了1.75美元,消费者剩余的减少等于 $AG'H'B=a'+b'+c'+d'$,其中 a' 是生产者剩余的增加,c' 是政府从国内消费者手中征收到的关税收入,$b'+d'$ 是该国的贸易保护成本或重负损失。现在该国的福利损失是 $b'=5.625$ 美元(15乘以0.75美元,再除以2)加上 $d'=5.625$ 美元,一共是11.25美元。注意到因为对于国内消费者价格仅仅增加了0.75美元,关税的贸易保护或重负损失比小国少(在小国,进口商品的价格的上涨额是全部的进口关税额即1.00美元,福利损失为20美元)。

从图5.4中可见,大国政府从由外国厂商(表现为他们从商品上得到的价格收入更低)进口的 $J'H'=50X$ 中的每单位 X 得到了0.25美元,共是 $MM'N'N=e=12.50$ 美元。这就是关税的贸易条件效应。由于政府从外国厂商手中得到的关税收入($e=12.50$ 美元)超过关税的贸易保护或重负损失($b'+d'=11.25$ 美元),作为一个整体,大国征收关税要比不征收关税更好。

与此情况相反,大国也有可能遭受净福利损失。这取决于两种效应中哪种效应更大。通常而言,对于征收关税的国家而言,进口商品的需求和供给曲线越有弹性或越平缓,国内消费者承担的关税负担就越小,外国厂商的负担越大,大国就越有可能从关税中得到净福利增加的好处。

5.7　最优关税和报复关税

我们在前面的小节中看到,大国征收关税后,其贸易量减少,但贸易条件却改善了。单独贸易量的减少将减少该国的福利。另一方面,单独贸易条件的改善又会增加该国的福利。

最优关税(optimum tariff)是这样一种税率,它使得一国贸易条件改善带来的好处减去其贸易量减少的负面影响后的净所得最大化。也就是说,以自由贸易为起点,当一国提高其关税率时,其福利逐渐增加到最大值(最优关税率),然后当关税率超过最优关税率时,其福利又逐渐下降。当关税税率足够高或成为禁止性关税时,该国最终将回到自给自足的生产点。

然而,在一个由两个国家组成的世界里,随着关税的征收,征收关税一国的贸易条件改善,而其贸易伙伴的贸易条件却恶化了。因为它们的贸易条件与征税国是相对的,或者说是其倒数。面临更低的贸易量和恶化的贸易条件,贸易伙伴的福利无疑会下降。结果其贸易伙伴极有可能采取报复行动,也对自己的进口产品征收最优关税。当其贸易条件的改善使其挽回大部分损失后,它的报复性关税无疑又会进一步减少其贸易量。此时第一个国家自己也会采取报复行动,如果这个过程持续下去,最终的结果通常是所有国家损失全部或大部分贸易所得(这一切都通过图示的方法展现在本章附录中)。

注意,甚至当一国征收最优关税,其贸易伙伴并不采取报复行动时,征收关税国家的所得也要小于贸易伙伴所受的损失。这样,对整个世界总体而言,征收关税要比自由贸易的情况糟糕。正是从这个意义上考虑,自由贸易使世界福利最大化。

5.8　关税结构理论

至此,我们讨论的关税都是**名义关税**(nominal tariff)。它是以进口商品的价值或价格为基础计算的。从名义关税可以计算出给予国内产业的有效和实际保护率。有效保护率是指以国内增加值或发生在国内的生产加工值为基础计算的实际关税。通常国家对原料进口免税,或只征收比用进口原料才能生产的最终产品更低的关税。这样做通常是为了鼓励国内生产和增加就业。例如,一国可能对进口羊毛免税却对毛料的进口征税,以刺激国内毛料的生产和增加国内就业。

这种情况下,**有效保护率**(rate of effective protection)(按国内增加值来计算)大于名义关税率(按最终商品市场价格计算)。**国内增加值**(domestic value added)等于最终商品价格减去为生产这种商品投入的进口生产要素的成本。名义关税率对消费者来说很重要

(因为它表明了关税导致的最终商品价格的增加量),而关税有效率对生产者很重要(因为它表明了对与进口商品竞争的国内生产的产品提供保护的程度)。我们将用一个例子来说明名义和有效关税率的区别。

假定80美元的进口羊毛进入国内服装生产领域。同时假定服装的自由贸易价格为100美元,对进口服装征收10%的名义关税。这样国内服装消费者面对的价格将是110美元。其中,80美元是进口羊毛,20美元是国内增加值,10美元是关税。每单位进口服装征收的10美元关税代表了10%的名义关税税率,因为名义关税是根据最终商品价格计算的(即10美元/100美元=10%)。但相应的有效关税率却是50%,因为有效关税率是根据国内服装增加值来计算的(即10美元/20美元=50%)。

消费者关心的只是10美元的关税使他们所购买的服装价格增加了10美元或10%这样一个事实,而生产者认为这10美元关税是国内生产服装20美元增加部分的50%。对他们而言,10美元的关税相当于国内生产价值的50%。它代表着比看上去是10%的名义关税率大得多的保护程度(超出5倍多)。在激励国内服装与进口服装竞争上,有效关税保护率对生产者来说是极为重要的。无论进口要素是免税的,还是只征收比用进口要素生产的最终商品还要低的关税,有效关税保护率都会超过名义关税率。

很明显,名义利率很具有欺骗性,对于与进口商品竞争的国内生产者所提供的实际保护程度,人们甚至不能根据它做出一个粗略的估计。而且,许多工业国家都有一个"瀑布式"的关税结构,对原材料制定非常低或者为零的名义税率,随着加工过程越来越深入,名义税率会越来越高(参见案例研究5.5)。这样的"关税升级"使得用进口要素生产的最终商品的有效保护率比名义利率所显示的要大得多。正如案例研究5.6所显示的,工业化国家中税率最高的商品经常是那些简单的劳动力密集型商品,如纺织品,而发展中国家在这些行业中拥有相对优势,这些对发展中国家的发展都是至关重要的(这些问题将在第8章详细分析)。正如我们在下一章将看到的,有效保护率在贸易谈判中是个关键角色,特别是在发达国家和发展中国家的贸易谈判中。

案例研究 5.5

随着国内产品加工程度加深关税税率不断上升

图5.5表明,1993年乌拉圭回合结束以前,工业化国家在进口原材料上的平均税率约为2.1%,半成品为5.3%,制成品为9.1%。由于贯彻乌拉圭回合的结果,虽然在过去10年里进口品的平均税率在加工的各个阶段都是下降的,但仍存在瀑布式税率结构,即随着国内加工的不同阶段税收上升。因此,国内加工程度越深,有效保护率超出名义关税率的比率越高。

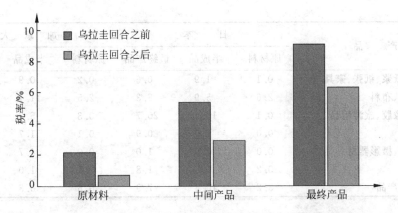

图 5.5 工业化国家在乌拉圭回合前后的瀑布式税率结构

资料来源：W. Martin and L. A. Winters, *The Uruguay Round* (Washington, DC: World Bank, 1995), p. 11.

案例研究 5.6

美国、欧盟、日本和加拿大工业产品的关税结构

表 5.5 给出了乌拉圭回合后美国、欧盟、日本和加拿大进口原材料、半成品和最终产品的关税水平。交通设备、非电子机械、电子机械和其他制成品征收表 5.1 中所列的单一关税（与加工阶段无关），因而不包括在表 5.5 中。从该表可以看出主要发达国家进口的许多工业产品的瀑布式关税结构。随着加工程度的不断加深，进口关税增长最快的是纺织品、布料和皮革、橡胶、旅游用品。这在金属、鱼及鱼产品（日本除外）以及矿产品（加拿大除外）中也很明显。化学品、摄影器材和木材、纸浆、纸张、家具的情形是混合的。其他发达国家的关税结构与此类似。

表 5.5 美国、欧盟、日本和加拿大进口工业产品的瀑布式关税结构（%）

产品	美国			欧盟		
	原材料	半成品	最终产品	原材料	半成品	最终产品
木材、纸浆、纸张、家具	0.0	0.7	0.7	0.0	1.0	0.5
纺织品、布料	2.8	9.1	9.1	2.6	6.6	9.7
皮革、橡胶、旅游用品	0.0	2.3	11.7	0.1	2.4	7.0
金属	0.8	1.1	2.9	0.0	1.2	2.8
化学品、摄影器材	0.0	4.1	2.3	0.0	5.2	3.4
矿产品	0.6	1.3	5.3	0.0	2.4	3.7
鱼及鱼产品	0.7	1.7	4.0	11.2	13.3	14.1

续表

产品	日本			加拿大		
	原材料	半成品	最终产品	原材料	半成品	最终产品
木材、纸浆、纸张、家具	0.1	1.9	0.6	0.2	0.9	1.9
纺织品、布料	2.6	5.9	8.3	2.5	11.1	14.5
皮革、橡胶、旅游用品	0.1	10.4	20.7	0.3	5.7	10.3
金属	0.0	1.0	0.9	0.1	1.7	5.2
化学品、摄影器材	0.0	2.9	1.0	0.0	4.7	3.9
矿产品	0.2	0.5	1.8	2.7	1.0	4.4
鱼及鱼产品	5.2	10.4	7.9	0.6	0.3	4.6

资料来源：WTO，*Market Access*：*Unfinished Business*（Geneva：WTO，2001），pp. 36-39.

本章小结

1. 尽管自由贸易能使世界福利最大化，但大多数国家为使某些特殊集团受益，总要设置一些贸易壁垒。历史上最重要的贸易壁垒形式就是关税，即对进口或出口的商品征税。从价税表示为贸易商品价值的一个百分比，而从量税表示为每单位商品固定的税收额。这两种关税有时结合为一种混合关税。最普通的关税是从价进口关税。最近 50 年来这些关税一般都降低了，工业化国家的制成品进口关税平均仅为 5%。

2. 对一个小国而言，国内可进口商品的价格上涨量即征收的关税数量。征收进口关税导致国内消费减少，国内产出增加，进口减少，带来关税收入以及收入从国内消费者(支付更高商品价格者)转移到国内生产者(接受更高商品价格者)的再分配效应。关税导致的效率降低称为保护成本或重负损失。

3. 当一个大国征收进口关税时，部分关税将由国内消费者承担(表现为他们为进口商品支付了更高的价格)，部分则由外国厂商承担(表现为他们从商品上得到的价格收入更低)。如果由于贸易量下降造成的福利损失少于该国在贸易条件改善方面得到的福利增加，该国作为一个整体可以从关税中获得好处。

4. 最优关税是这样一种关税，它使得由关税所带来的贸易条件改善和贸易量减少这两种效应相抵后净所得最大。当一国征收最优关税时，其贸易伙伴会因为贸易量的减少和贸易条件恶化造成福利下降。由于贸易伙伴有可能采取报复措施，最终所有的国家通常都会因为贸易量的下降受到损失。

5. 衡量真正给国内生产者保护程度的合理方式是有效保护率。它是按国内商品生产增加值为基础计算的税率。当一国对其进口商品征收关税，而对生产这些商品的原料进口征收较低的关税甚至不收关税时，有效保护率要高于相应的名义关税率。生产过程越深化，有效保护率通常比名义保护率越高。

复习题与练习题

1. 假定图 5.1 中的小国对商品 X 征收 150%（而不是 100%）的从价关税。画一个与图 5.1 类似的图并确定：

（1）商品 X 的消费量、生产量、进口量以及关税收入。

（2）关税的消费效应、生产效应、贸易效应和收入效应。

2. 根据上题：

（1）确定在关税征收前后消费者剩余的值。

（2）在征收关税后生产者收入的增加值中（与自由贸易下的收入相比），有多少代表增加的生产成本？多少代表增加的租金或生产者剩余？

（3）关税的保护成本或重负损失的价值是多少？

3. 假定第 1 题和第 2 题中的国家是大国而非小国，其中进口关税的 2/3 落到国内消费者头上，1/3 由国外的生产商承担。确定关税对该国的净福利效应。

4. 假定对于图 5.4 中的国家，一半的关税负担由国内消费者承受，另一半落到国外生产商头上。确定关税对该国的净福利效应。

5. 最优关税是指什么？它与一国的贸易条件和贸易量的变化有什么关系？

6. 当一个国家征收最优关税（或其他进口关税）时，为什么其他国家可能会报复？这种报复的最终结果可能是什么？

7. 在一国征收最优关税，而另一国不对此征收报复关税的情况下，为什么全球福利会下降？

8. 名义关税与最优关税的区别是什么？有效保护率如何测度？

9. 工业化国家的关税结构是怎样的？为什么这种关税结构对发展中国家有很大影响？

10. 假定一国降低原材料和中间产品的进口关税，而最终产品的关税并不下降。这将对该国的有效保护率产生什么影响？

附录　利用提供曲线分析最优关税和报复关税

一国征税关税时，其提供曲线会旋转远离衡量出口量的轴，偏离的量就是进口关税的征收量。原因是，对于任意数量的出口商品，进口商现在愿意进口更多的商品以承担关税的费用。

例如，我们可以从图 5.6 的左半部分（与第 3 章附录中的图 3.6 下图相同）看到，如果国家 1 对进口商品 Y 征收 200% 的从价税，它的提供曲线将从曲线 1 转到提供曲线 $1'$，曲线 $1'$ 与 X 轴的距离相比曲线 1 远 200% 或者为其 3 倍（比较图中的 H 点和 E' 点）。

在征收关税前，提供曲线 1 和提供曲线 2 的交点 E 确定了均衡所在，此时国家 1 会用 $80X$ 交换国家 2 的 $80Y$，贸易条件为 $P_X/P_Y = 1$。征收关税后，提供曲线 $1'$ 和提供曲线 2 的交点 E' 确定了新的均衡，贸易条件为 $P_X/P_Y = 1.5$。征收关税使国家 1 的贸易量降低

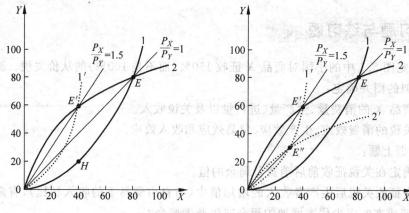

图 5.6　最优关税和报复关税

左图表示,提供曲线 1 和 2 的交点决定了自由贸易均衡点 E,$P_X/P_Y=1$。如果国家 1 的最优关税为 200%,其提供曲线会旋转到提供曲线 $1'$,形成新的均衡点 E'。贸易量虽然下降但是国家 1 的贸易条件从 $P_X/P_Y=1$ 改善到 $P_X/P_Y=1.5$。由于国家 2 有所损失,很可能会采取报复措施,征收进口关税。这会使其提供曲线转到提供曲线 $2'$(见右图),新的均衡点为 E''。现在国家 2 挽回了贸易条件上的损失,但贸易量大幅萎缩,所以两个国家都遭受了福利损失。

但是贸易条件改善。贸易量的下降本身会导致国家 1 的福利下降,而贸易条件的改善又会增加福利。该国最终福利是增加还是下降取决于这两种相反力量的净效应。

最优关税是这样一种关税,它使得由关税带来的贸易条件改善和贸易量减少这两种效应相抵后净所得最大。假定最优关税为 200% 的进口税率。它可以使国家 1 的提供曲线从 1 转到 $1'$。不过,国家 1 从其最优关税中得到的福利所得来自国家 2 的损失。国家 2 的损失既由于其国际贸易量的下降也由于其贸易条件的恶化(从 $P_Y/P_X=1$ 变为 $P_Y/P_X=0.67$,为国家 1 在 E' 点的贸易条件 $P_X/P_Y=1.5$ 的倒数)。

国家 2 为了挽回贸易条件上的损失也很可能会采取报复措施,征收进口关税。这在图中表现为国家 2 的提供曲线 2 顺时针转到曲线 $2'$。此时提供曲线 $2'$ 和国家 1 的提供曲线 $1'$ 相交于 E'' 点,$P_Y/P_X=P_X/P_Y=1$。此时国家 2 的贸易条件和国家 1 征收最优关税之前一样,但是贸易量却从 $80X$ 交换 $80Y$ 大幅萎缩至 $30X$ 交换 $30Y$。因此,两个国家的福利都下降了,征收关税相比自由贸易要糟。这样的分析称为一般均衡分析,因为它能够表明关税对所有国家和所有商品的影响。

参考书目

有关关税理论问题的解决方案,参见:
- D. Salvatore, *Theory and Problems of International Economics*, 4th ed. (New York: McGraw-Hill, 1996), ch. 6.

对关税理论更深入的阐述,可见:
- D. Salvatore, *International Economics*, 10th ed. (Hoboken, N. J.: John Wiley&Sons, 2010), ch. 8.

对关税和商业政策的一般性讨论,可见:
- J. N. Bhagwati, *Protectionism* (Cambridge, Mass.: MIT Press, 1988).

- J. Bhagwati, *Free Trade Today* (Princeton, N. J.: Princeton University Press, 2002).
- D. A. Irwin, *Free Trade Under Fire* (Princeton, NJ: Princeton University Press, 2009).

关于关税结构,参见:
- WTO, *World Trade Report* 2010 (Geneva: WTO, 2010).

关于保护成本的测度,可见:
- G. H. Hufbauer and K. A. Elliott, *Measuring the Cost of Protection in the United States* (Washington, D. C.: Institute for International Economics, 1994).
- Y. Sazanami, S. Urata, and H. Kawai, *Measuring the Cost of Protection in Japan* (Washington, D. C.: Institute for International Economics, 1999).
- P. A. Messerlin, *Measuring the Cost of Protection in the European Union* (Washington, DC: Institute for International Economics, 2001).
- USITC, *The Economic Effects of Significant U. S. Import Restraints* (Washington, DC: August 2009).

网址

有关美国的国际贸易政策,请上网查看美国总统经济国情咨文(点击最近的年份查看最新的国情咨文),以及美国国务院、美国贸易代表处和美国国际贸易委员会的网站,网址分别为:

http://www.gpoaccess.gov/eop
http://www.state.gov
http://www.ustr.gov
http://www.usitc.gov

有关世界各国的贸易政策,请上世界贸易组织(WTO)、欧盟和加拿大外务部的网站查看,网址分别为:

http://www.wto.org
http://mkaccdb.eu.int
http://www.infoexport.gc.ca

第6章

非关税壁垒与保护主义的政治经济学

学习目的

学完本章,你应当能够:

- 了解什么是进口配额和其他非关税壁垒
- 了解倾销和出口补贴的含义
- 解释什么是保护主义的政治经济学
- 了解什么是外包、离岸外包以及对全球化的恐惧
- 了解什么是战略性贸易和产业政策
- 描述战后美国的商业政策历史
- 描述乌拉圭回合并识别当前国际贸易中的问题

重要术语

配额	quota
非关税贸易壁垒	nontariff trade barriers (NTBs)
新保护主义	new protectionism
自愿出口限制	voluntary export restraints (VERs)
技术、管理和其他调控	technical, administrative and other regulations
国际卡特尔	international cartel
倾销	dumping
持续性倾销	persistent dumping
掠夺性倾销	predatory dumping
偶然性倾销	sporadic dumping
触发价格机制	trigger-price mechanism
出口补贴	export subsidies
进出口银行	export-import bank
外国销售公司	Foreign Sales Corporations

反补贴税	countervailing duties(CVDs)
科学的关税	scientific tariff
幼稚产业观点	infant-industry argument
离岸外包	offshoring
战略性贸易政策	strategic trade policy
产业政策	industrial policy
斯穆特—汉利关税法案	Smoot-Hawley Tariff Act
博弈论	game theory
1934年贸易协定法案	Trade Agreements Act of 1934
最惠国原则	most-favored-nation principle
双边贸易	bilateral trade
关贸总协定	General Agreement on Tariff and Trade(GATT)
多边贸易谈判	multilateral trade negotiations
危险点条款	peril-point provisions
豁免条款	escape clause
国家安全条款	national security clause
1962年贸易扩大法	Trade Expansion Act of 1962
贸易调整援助	Trade Adjustment Assistance(TAA)
肯尼迪回合	Kennedy Round
1974年贸易改革法	Trade Reform Act of 1974
东京回合	Tokyo Round
1984年关税和贸易法	Trade and Tariff Act of 1984
1988年贸易和竞争法	Omnibus Trade and Competitiveness act of 1988
乌拉圭回合	Uruguay Round
世界贸易组织	World Trade Organization(WTO)
贸易促进权或"快车道"	trade promotion authority or "fast track"
多哈回合	Doha Round

6.1 引言

 尽管关税是历史上最重要的贸易限制形式,但仍存在许多其他类型的贸易壁垒,如进口配额、自愿出口限制和反倾销行动。战后经过各种谈判,关税水平渐渐降低,非关税贸易壁垒的重要性大大加强了。

 本章我们将分析非关税壁垒的影响和保护主义的政治经济学。6.2节考察进口配额的影响并比较其与进口关税的影响;6.3节研究其他贸易壁垒,如对自愿出口限制和其他手段的讨论;6.4节讨论倾销和出口补贴;6.5节介绍各种关于贸易保护的争论,其中既有显然是谬误的,也有看起来还有些经济意义的;6.6节讨论外包、离岸外包以及对全球化的恐惧；6.7 节研究战略贸易与产业政策；6.8 节回顾美国的商业或贸易政策史；6.9 节总结贸易谈判乌拉圭回合的结果；6.10 节讨论当今世界面临的突出的贸易问题以及无法完成的多哈回合。附录用博弈论分析了战略贸易和产业政策。

6.2 进口配额

配额（quota）是对一国允许进口或出口一种商品的直接数量限制。本节将考察进口配额。出口配额（以自愿出口限制的形式存在）将在下一节讨论。进口配额可以用来保护国内的工农业，也可以用来调节国际收支平衡。进口配额制在第二次世界大战后不久即盛行于西欧国家。此后，它实际上被所有工业国采用以保护它们的农业，被发展中国家采用以刺激制成品的进口替代或保持国际收支平衡。

进口配额的影响可以用图 6.1 表示，这与用于分析进口关税的图 5.1 几乎完全一样。图 6.1 中 D_X 是该国对商品 X 的需求曲线，S_X 是供给曲线。在自由贸易下，X 的世界价格是 $P_X=1$ 美元，该国消费 $100X(AB)$，其中 $20X(AC)$ 由国内生产，剩下 $80X(CB)$ 进口。$40X(JH)$ 的进口配额会将国内价格提至 $P_X=2$ 美元，这与对商品 X 征收 100% 的从价进口关税的效果一样（见图 5.1）。原因是只有当 $P_X=2$ 美元时，需求数量 $80X(GH)$ 才等于国内生产的 $40X(GJ)$ 加上进口配额所允许的 $40X(JH)$。这样，消费减少了 $20X(BN)$，国内生产增加了 $20X(CM)$，这是由进口配额为 $40X(JH)$ 而产生的，相当于征收了 100% 关税产生的效果。如果政府在竞争性市场上将进口许可拍卖给最高出价者，收入效应会是 40 美元（每单位配额×1 美元，共 $40X$ 进口配额），这由图中的 $JHNM$ 区域给出。$40X$ 的进口配额便相当于"隐含的"100% 的进口关税。

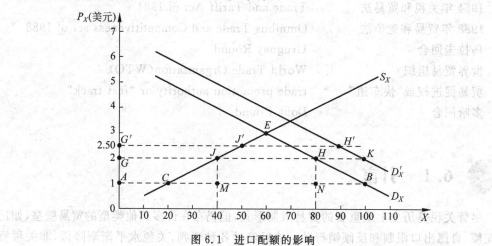

图 6.1 进口配额的影响

D_X 和 S_X 分别代表某国对商品 X 的需求与供给曲线。从自由贸易价格 $P_X=1$ 开始，$40X(JH)$ 的进口配额会导致 $P_X=2$ 美元和 $80X$ 的消费 (GH)，其中 $40X(GJ)$ 由国内生产。如果政府在一个竞争市场上将进口许可拍卖给最高出价者，收入效应是 40 美元 $(JHNM)$，相当于 100% 的进口关税。D_X 将上移到 D'_X，进口配额 $40X(J'H')$，消费会从 $80X$ 上升到 $90X(G'H')$，其中 $50X(G'J')$ 由国内生产。

当 D_X 向上移动到 D'_X，给定的进口配额 $40X(JH)$ 将会导致国内 X 的价格上升到 $P_X=2.50$ 美元，国内生产增加到 $50X(G'J')$，国内消费从 $80X$ 上升到 $90X(G'H')$。另一方面，如果征收 100% 的进口关税（曲线从 D_X 上移到 D'_X），X 价格保持 $P_X=2$ 美元不变，国内生产 $20X(GJ)$，但国内消费会上升至 $100X(GK)$，进口量为 $60X(JK)$。

图 6.1 中的 D_X 向上移动到 D'_X，表明了进口配额与等效（隐含）的进口关税的一个重要的不同之处。即对于给定的进口配额，当需求增加时，会比等效的进口关税导致更高的国内价格和更多的国内生产量；而对于给定的进口关税，当需求增加时，对国内价格和国内生产量没有影响，但会比等效的进口配额导致更高的消费量和进口量（见图 6.1）。

进口配额与进口关税之间的第二个重要区别是配额制涉及进口许可的发放。如果政府不是在一个竞争性市场上拍卖这些许可，得到这些许可的公司便可攫取垄断利润。在这种情况下，政府必须决定发放给此种商品的潜在进口者的基准。这些决定可能出于官员的随意判断，而不是出于对效率的考虑。既然进口许可能带来垄断利润，潜在的进口者便可能花费大量精力来游说甚至贿赂政府官员以获得许可（即产生所谓的寻租行为）。

最后，进口配额可以将进口限定到一个确定的水平，而进口关税的贸易效果则不确定。原因是 D_X 和 S_X 的弹性或形状常常难以确定，从而很难估计可将进口限定在要求水平上的进口关税。再者，外国出口者可以通过提高效率或接受低利润来全部或部分消化吸收关税。结果是进口的实际减少额比预期的少。而有进口配额限制时，进口者便不能这样做，因为允许进口到该国的数量由配额明确限定。由于这个原因，以及进口配额更加"可见"，国内生产者喜欢进口配额制更甚于进口关税。然而，既然进口配额比等效的进口关税更具限制性，全社会应抵制配额制的蔓延。正如我们在 6.8 节中要看到的，乌拉圭回合的成果之一就是将进口配额和其他非关税壁垒改变为等价的关税（这一过程被称为"关税化"）。

6.3 其他非关税壁垒

除进口关税和配额之外，贸易壁垒还包括自愿出口限制和技术的、行政的及其他限制手段。贸易限制也由于国际卡特尔、倾销和出口补贴的存在而产生。近 20 年来，这些**非关税贸易壁垒**（nontariff trade barriers，NTBS）或**新保护主义**（new protectionism）在阻塞国际贸易流动方面已比关税更加重要，并成了世界贸易体系的主要威胁。本节我们将考察自愿出口限制，技术的、行政的和其他限制手段，以及国际卡特尔，而倾销和出口补贴的讨论留在下一节。

自愿出口限制（voluntary export restraints，VERS）指这样一种情况，即当一国出口威胁到进口国整个国内经济时，进口国以全面贸易限制相威胁，引导出口国"自愿"地减少某种商品的出口。自愿出口限制是 20 世纪 50 年代产生的，当时美国、欧共体和其他一些工业化国家为了限制从日本、韩国和其他国家进口纺织品、钢铁、电子产品、汽车和其他产品而协商议定的。限制进口的这些行业均是过去 40 年在发达国家就业急剧下降的成熟行业。这些自愿出口限制使得美国和其他一些工业化国家可以利用它来维护自己支持自由贸易原则的颜面。乌拉圭回合（在 6.9 节讨论）要求取消所有自愿出口限制并禁止产生新的自愿出口限制。

自愿出口限制成功实行时，它们具有所有与等效的进口配额一样的经济效应，只不过它们是由出口国执行，因而收入效应或垄断利润由出口者或其政府获得。1981年达成的日本对美国出口汽车的"自愿"出口限制便是其中一例（见案例研究6.1）。

案例研究 6.1

日本汽车业对美国和欧洲的自愿出口限制

1977—1981年，美国的汽车生产大约下降了1/3，进口份额从18%上升到29%，造成近300 000名美国汽车工人失业。1980年三大美国汽车公司（通用汽车、福特和克莱斯勒）共损失40亿美元。结果美国与日本签署协议限制日本的汽车出口到美国，1981—1983年每年出口168万辆，1984年和1985年为每年185万辆。由于害怕美国采取更加严厉的进口限制，日本同意了这个限制汽车出口的协议。

美国的汽车产业利用1981—1985年这段时间缩减开支，改善汽车的质量，但成本的降低并未使消费者受益，底特律的赢利在1983年、1984年和1985年分别达到60亿、100亿和80亿美元，而日本通过出口高价汽车获得了更多利润。大输家自然是美国公众，1984年他们不得不对国内制造的汽车多支付660美元，对日本车多支付1 300美元。据估计，1981—1984年协议为美国消费者带来的总成本是157亿美元，44 000个美国汽车工人保住了饭碗，其代价是每人超过10万美元的成本。

自1985年起，美国不再提修改自愿出口限制协议的要求，但日本为了避免与美国发生更多的贸易摩擦，单方面限制了汽车出口（1986—1991年为230万辆，此后为165万辆）。自20世纪80年代后期起，日本以所谓的移植工厂之名在美国大规模投资汽车业，1996年日本在美国生产了200多万辆汽车，市场占有率达23%。到2008年，日本汽车厂商在美国的市场占有率达到35%（介于国内产品占有率和进口产品占有率之间）。在美国之后，加拿大和德国也与日本签署了出口限制协议（法国和意大利已经有了非常严格的配额）。1999年年底，1991年签署的将日本在欧盟汽车市场份额定为16%的协议走到了尽头，当时日本汽车在欧洲的市场占有率为11.4%（既包括欧洲进口的汽车又包括在欧洲生产的日本车）。这一份额在2008年达到13%，并且还在持续上涨。的确，国外汽车公司在美国销售的汽车（包括进口的和在美国生产的）已经超过底特律三大汽车厂商的销售量。2009年，通用汽车申请破产保护，而后凭借580亿美元的美国政府贷款才不致破产。克莱斯勒公司也依靠政府贷款渡过难关，并被意大利的菲亚特公司收购。

资料来源：U. S. International Trade Commission, *A Review of Recent Developments in the U. S. Automobile Industry Including an Assessment of the Japanese Voluntary Restraint Agreements* (Washington, DC: February 1985); "Japanese Cars Set Europe Sales Record," *The Japan Times*, (January 16, 2005), p. 1; "America's Other Auto Industry," *The Wall Street Journal*, (December 1, 2008), p. A22; and "The Medicine Starts to Work," *The Economist*, (May 22, 2010), p. 69.

由于出口国只是勉强同意控制其出口,所以自愿出口限制在限制进口方面不如进口配额制有效。外国出口者倾向于把配额全用于高质量、高价格的产品。更进一步,由于这些规定只针对主要供应国,所以为其他国家取代部分主要供应国的出口打开了方便之门。

国际贸易还受到大量**技术**、**管理和其他调控**(technical, administrative and other regulations)的阻碍。这包括针对汽车和电子设备的安全法规,针对卫生产品和进口食物包装的健康法规,显示产地和内容的标签要求。这种法规许多是出于法律目的,而另一些只是限制进口的伪装(诸如法国禁止苏格兰威士忌的广告,英国限制在电视上放映外国电影)。其他贸易限制来自要求政府从国内供应商购货的法律(所谓的政府采购政策)。例如,根据1933年通用的"购买美国货法案",美国政府代理人给国内供应商最多有提高价格12%的好处(国防合同提高50%)。作为自由贸易谈判东京回合的一部分,这将在6.8节讨论,美国和其他国家达成一项政府"采购"法规以使这些行为和规则对外开放并给外国供应商一个平等的机会。

近年来"边境税"引起了更多的关注。"边境税"就是对一种商品的出口者减免国内间接税而对一种商品的进口者征收国内间接税(除了关税以外)。在美国间接税的例子是国内货物税和销售税,在欧洲是增值税。由于美国大部分政府收入是从直接税(如所得税)获得的,而欧洲大部分是从间接税(如增值税)获得的,所以美国出口者比欧洲出口者得到的减免税少得多(甚至没有),从而处于竞争劣势。国际商品协定和多重汇率也都会限制贸易,然而,由于前者与发展中国家密切相关而后者与国际金融有关,所以它们将分别在第8章和第14章讨论。

另一种非关税贸易壁垒形式是国际卡特尔。**国际卡特尔**(international cartel)是一个由不同国家的某种商品供应商组成的组织(或由一些政府组成),他们达成协议限制某种商品的产量和出口以使组织的总利润最大化或有所增加。尽管国内卡特尔在美国是违法的,在欧洲也是受限制的,但国际卡特尔的能量却不能小视,因为它们不受任何国家法律的约束。

目前最为知名的国际卡特尔是石油输出国组织(OPEC),它通过限制产量和出口,在1973年和1974年间成功地使石油价格上涨4倍。另一个例子是国际航空运输组织,它是由主要的国际航空公司组成的卡特尔,2007年之前每年开会决定航空运费和政策。对于没有相近替代品的某种基本商品而言,如果国际上只有很少的供应商,则国际卡特尔很容易取得成功。石油输出国组织在20世纪70年代很好地符合了这些要求。然而,如果存在很多国际供应商,则很难把它们组织成为一个有效的卡特尔。同样,当某种商品有了很好的替代品时,国际卡特尔想限制产量和出口以提高价格和利润的企图只会使购买者转而购买替代商品。这就解释了在除石油和锡之外的矿产以及除了糖、咖啡、可可和橡胶之外的农业组织卡特尔总是失败或无效的原因。由于卡特尔成员间的欺骗行为,以及存在使有些供应商置身其外或脱离卡特尔的激励,卡特尔常常会产生分裂。

6.4 倾销和出口补贴

贸易壁垒也可能来自倾销和出口补贴。**倾销**（dumping）是指以低于成本或低于国内价格的价格出口一种商品。倾销可分为持续性的、掠夺性的和零星的三种。**持续性倾销**（persistent dumping），或国际价格歧视，是指国内垄断者持续在国内市场以高价出售商品（在一定程度上可通过运输成本和贸易壁垒与外国竞争加以隔离），而在国际市场上以低价出售（必须面对外国生产者的竞争）。持续倾销的激励来自它可以给国内生产者带来很高的利润。

掠夺性倾销（predatory dumping）是指暂时性的以低于成本或低于国内价格的价格在国外销售一种商品以将国外生产者赶出市场，然后提高价格使利润最大化的行为。**偶然性倾销**（sporadic dumping）是偶尔以低于成本或低于国内价格的价格在国外销售某种商品，其目的是避免降低国内价格而卖掉预期会暂时剩余的商品。

为保护本国工业免遭来自国外的不公平竞争，用于抵制掠夺性倾销的贸易限制被认为是正当的。这些限制通常采用反倾销税的形式来抵消价格差异。不过因为很难确定倾销的类型，国内的生产者总是会要求保护以避免受到任何形式的倾销。因此，他们反对进口，从而增加他们自己的产量和利润（租金）。

过去40年，日本被指控向美国倾销钢铁和电视机，向欧洲各国倾销汽车、钢铁和其他产品。许多工业化国家和欧盟国家则持续倾销来自农业支持计划的农产品。当倾销被证实时，触犯的国家或公司通常选择提高价格，而不愿承担反倾销税。1980年，只有8个国家有反倾销法，到2010年年底，超过100个国家（包括许多发展中国家）制定了这一法律。

1978年，美国联邦政府引入**触发价格机制**（trigger-price mechanism）。根据这项机制，进口到美国的钢铁如果其价格低于国外生产者最低成本（韩国在20世纪80年代后期的情况），则将立刻受到反倾销调查。如果倾销被证实，美国政府会立刻对国内钢铁工业免税，以使国内钢铁的价格等于国外最低成本国家的价格。自1992年对钢铁出口的自愿出口限制期满以来，美国钢铁生产者已呈交了几百份针对外国钢铁生产者的反倾销要求，引起了激烈的争吵。

1985年，美国生产者针对日本计算机芯片（计算机的大脑，最现代化的产品）出口呈递反倾销申请。据1986年达成的协议，日本停止向美国和世界其他国家或地区倾销芯片。然而，美国于1987年针对继之而来的倾销就日本对美国价值3亿美元的出口额征收了100%的关税。1991年这个关税才被取消，当时日本与美国重新谈判半导体协议，据此，日本同意帮助外国（美国）提高其在日本市场上的份额，从1986年的8%到1992年的20%。然而，美国芯片生产者于1994年仍未能在日本市场上占到20%的份额，双方的争议仍旧存在。1996年达成了新的协议，但美国和日本计算机芯片产业只能在没有市场份额要求的前提下监督对方的市场。

2010年，出现一批国际贸易诉讼案，国家贸易组织也对一些案子进行了裁决。僵持了多年的（从1993年开始）美国诉欧盟限制从中美洲和加勒比海（美属殖民地）进口香蕉案在2010年获得和解，和解方案有利于美方。与此同时，世界贸易组织维持了美国在

2008年为保护本国生产者对中国产钢管、轮胎及其他产品施加的关税。世界贸易组织也裁决欧盟对美国、日本和中国台湾生产的广泛使用的电子产品施加的关税违反了国际贸易协定。空中客车和波音公司被诉在过去几十年非法补贴新飞机开发的案子也有了裁决结果,双方均获得惩罚,但空中客车违法程度更深,因此惩罚更重。也是在2010年,美国针对中国补贴风能设备生产提起诉讼案。

平均而言,大约一半的反倾销调查不了了之,其他的最终会征税或者是出口商被迫提高出口商品的价格。实施的反倾销措施从1997年年底的880件上升到2011年的超过1 500件。案例研究6.2给出了2009年和2010年20国集团(G20)成员国实施的反倾销措施。

案例研究 6.2

20国集团(G20)成员国实施的反倾销措施

表6.1给出了2009和2010年1～9月20国集团成员国(最重要的发达国家和发展中国家即欧盟)实施的反倾销措施的数量。从该表可以看出各成员国采取的反倾销措施的总数从2009年(金融危机最严重的时候)的119项下降到2010年的96项(2008年这一数字是105)。2010年,印度采取的措施最多(32项),紧随其后的是巴西(24项)和欧盟(与其成员国相区别的一个实体,13项)。未在表中出现的20国集团其他成员国(法国、德国、日本、英国和沙特阿拉伯)在2009年和2010年没有采取过反倾销措施。大部分反倾销措施所针对的产品包括金属产品、化工产品、塑料制品、纺织品和机器。

表6.1 2009年和2010年20国集团成员国实施的反倾销措施

20国集团成员	2009年1～9月	2010年1～9月	20国集团成员	2009年1～9月	2010年1～9月
印度	23	32	加拿大	5	2
巴西	4	24	美国	12	2
欧盟	10	13	墨西哥	2	1
阿根廷	23	7	土耳其	6	1
澳大利亚	5	7	印度尼西亚	6	0
中国	15	4	俄罗斯	6	0
韩国	0	3	南非	2	0
			总计	119	96

资料来源:World Trade Organization(WTO), *Report on G20 Trade Measures*,(Geneva:WTO, 2010),Table 5.

出口补贴(export subsidies)是对本国出口者或潜在出口者给予直接支付(或减免税收或补贴贷款)或给外国购买者以低息贷款,以此来刺激本国出口。因而,出口补贴可以看做倾销的一种形式。尽管根据国际协定出口补贴不合法,但许多国家仍以隐蔽的或不很隐蔽的形式提供这种补贴。

例如,所有主要的发达国家都给外国购买者以低息贷款,使其具有购买能力,这种贷款是通过政府的代理机构如美国的**进出口银行**(export-import bank)进行的。这些低息信贷占美国出口额的 2%,但在日本、法国和德国,这一比率要高很多。实际上,这是美国对其他发达国家抱怨最多的一个问题。补贴的数量可以通过本应支付商业贷款的利息和实际支付的补贴利率间的利差来测度。

另一个例子是美国税收法令中的美国**国外销售公司**(Foreign Sales Corporations)条款。自 1971 年来该条款已被大约 3 600 家美国公司(包括波音、微软和卡特皮勒)采用,它们设立海外附属公司,以享受来自美国出口收入的部分免税。该条款每年为美国公司节约了大约 40 亿~50 亿美元税款。1999 年,世界贸易组织裁定这种减税是一种出口补贴,在世贸规则下是违法的,要求美国取消这些条款。美国提出上诉,但被驳回,并在 2004 年终止这一税收补贴以避免 40 亿美元的贸易惩罚。

令人尤为头疼的是欧盟为保证农民的收入,根据共同农业政策(CAP)向农民提供的高额的农产品支持价格。这些高额农业补贴导致巨量农业剩余和补贴出口,它抢走了美国和其他国家的市场,这一政策应当对美国和欧盟之间最尖锐的贸易冲突负责(见案例研究 6.3)。

案例研究 6.3

经济合作与发展组织(OECD)国家的农业补贴

表 6.2 给出了 OECD 国家在 2005 年和 2009 年对农业提供的金融支持,以 10 亿美元和生产者补贴评估(即农产品产出价值百分比)的形式表示。从表中可看出 2009 年,欧盟对农业的补贴花费最多(1 208 亿美元),其次是日本(465 亿美元),再次是美国(306 亿美元)。仅比 2005 年少了一点儿。欧盟的生产者补贴评估(PSE)是美国的 2.4 倍,而日本是美国的 4.8 倍。挪威、瑞士和韩国的 PSE 最高。农业补贴要对今天世界上的一些尖锐的贸易冲突负责,也要对乌拉圭回合贸易谈判长期拖延和多哈回合谈判破裂负责(见 6.9 节和 6.10 节)。

表 6.2 2005 年和 2009 年 OECD 国家的农业补贴及生产者津贴   10 亿美元

国家/地区	10 亿美元		补贴占农业产出的百分比/%	
	2005 年	2009 年	2005 年	2009 年
美国	41.0	30.6	15	10
欧盟	130.8	120.8	32	24
日本	44.6	46.5	54	48
加拿大	6.5	7.8	22	20

续表

国家/地区	10亿美元		补贴占农业产出的百分比/%	
	2005年	2009年	2005年	2009年
澳大利亚	1.4	0.9	4	3
挪威	3.1	3.7	67	66
瑞士	5.6	6.2	68	63
墨西哥	5.0	5.8	13	13
韩国	23.5	17.5	62	52
土耳其	12.6	22.6	25	37
总计	272.1	252.5	28	22

资料来源：OECD, *Agricultural Policies in OECD Countries: Monitoring and Evaluation* (Paris: OECD, 2010), Table 3.1.

同样严重的冲突起因于欧盟对飞机(空中客车)产业的补贴及日本通产省对计算机和其他高科技产业方面的帮助。**反补贴税**(countervailing duties, CVDs)通常对进口商品征收，以抵消外国政府对其出口产品的补贴。案例研究6.4考察了美国、欧盟、日本、加拿大非关税贸易壁垒对进口影响的程度。

案例研究 6.4

非关税壁垒的普遍性

表6.3给出了1996年在美国、欧盟、日本和加拿大实行的所有形式非关税壁垒(自愿的出口限制、反倾销措施、技术与其他方面的管制、反补贴税)的普遍程度。非关税贸易壁垒的普遍程度是以它对税收影响的百分率来衡量的。例如，美国2.8%的食品、饮料和烟草贸易在1996年受到了某种程度的非关税贸易壁垒的影响，而欧盟的这个数字是17.2%，日本与加拿大的数字分别为5.9%和0.4%。从表中可看出，到目前为止，所有国家中最受保护的部门是纺织业和服装业。总的来说，所有制造业产品的非关税贸易壁垒的贸易加权百分比在美国是17.9%，欧盟是13.4%，日本是10.3%，加拿大是7.8%。由于乌干达回合中的条款的实施，今天这些平均数值将会低一些。而且发达小国使用非关税贸易壁垒要比发达大国少得多，但发展中国家使用得较多。

表6.3 发达国家在1996年非关税贸易壁垒的普遍程度　　　　%

产品	关税影响百分比			
	美国	欧盟	日本	加拿大
食品、饮料和烟草	2.8	17.2	5.9	0.4
纺织品、服装	67.5	75.2	31.9	42.9

续表

产品	关税影响百分比			
	美国	欧盟	日本	加拿大
木材、木制品	0.6	0.0	0.0	3.2
纸张、纸制品	1.1	0.7	0.0	0.4
化工、石油产品	3.3	2.9	0.9	0.6
非金属矿产品	3.6	0.0	0.0	0.0
基础性金属产品	30.4	0.6	5.1	1.7
组装的金属产品	5.9	0.0	0.0	2.2
其他制造业	1.7	0.0	0.0	0.9
制造业平均	17.9	13.4	10.3	7.8

资料来源：WTO, *Market Access: Unfinished Business* (Geneva: WTO, 2010), p. 21; M. Mitsuyo and A. Obashi, "The Pervasiveness of Non-Tariff Measures in Asean," from http://www.unescap.org/tid/publication/tipub2587_chap2.pdf(2009); and WTO, *Annual Report* (Geneva: WTO, 2010).

6.5 保护主义的政治经济学

本节将分析关于保护主义的不同论点,从显然谬误的提法到在一定限定条件下证明能站住脚的观点均包括在内。

一个错误观点认为需要贸易限制来保护国内劳动力不受国外廉价劳动力的冲击。这种观点的错误在于即使国内工资比国外高,如果国内劳动力的生产力远高于国外,国内劳动力成本也可以降下来。即便不是这样,拥有昂贵劳动力的国家也可以专门生产并出口资本和技术密集型产品(参见2.4节)。

另一个关于保护主义的错误观点是**科学的关税**(scientific tariff)。这种观点认为应征收使进口商品的价格等于国内价格的关税,从而允许国内生产者对付国外竞争。然而,这会消除采用这种"科学的"关税的商品的国际间价格差和贸易。

两个有问题的观点是需要通过保护来(1)减少国内失业;(2)消除国际收支赤字(即一国在海外的支出超过其海外收入)。通过引导国内产品取代进口,保护措施会减少国内失业和收支赤字。然而,这是"以邻为壑"的观点,因为它们是以其他国家的损失为基础的,很可能导致其他国家以牙还牙,最终两败俱伤。国内的失业和国际收支赤字可以用适当的货币、财政和贸易政策(这些将在第14章讨论)而不是贸易限制来弥补。

一种相对合理的关于保护的观点是**幼稚产业观点**(infant-industry argument)。它认为一个国家应当保护其具有潜在比较优势的产业,以促进其发展。对幼稚工业进行暂时的贸易保护,直至它能对付外国竞争,具有经济规模并形成长期的竞争优势为止,那时就可以取消保护了。然而,这一观点成立的前提是,此项工业成熟后的回报率必须足够高,足以抵消在其"幼稚期间"国内消费者为该产品支付的高价格。

要使保护幼稚产业的观点合理,有几条重要的限制条件。第一,这种观点在发展中国家(资本市场还不能正常发挥功能)比在工业化国家更适用。第二,很难确定哪项产业或潜在的产业符合这些要求,经验表明,一旦给予保护就很难取消。第三,也是最重要的,相比贸易保护(以进口关税的形式)所能做的,采用对幼稚产业给予等价的生产补贴能做得更好。原因在于,单纯的国内价格扭曲应当用单纯的国内政策(比如对幼稚工业直接的生产补贴)来解决,而不是采用扭曲相对价格和国内消费的贸易政策。与进口关税相比,生产补贴是更直接的帮助形式,也更容易取消。一个实际操作困难是补贴需要收入,而关税产生收入。

同样的普遍原则也适用于其他类型的国内扭曲。例如,如果某一产业出现了外部经济(即让整个社会受益,如经过培训的员工到其他部门工作),该产业就会投资不足(因为它没有从其投资中得到全部的好处)。一种促进该产业发展并协调所产生的对社会更大的外部经济的办法是限制进口,但它会提高国内消费者购买该产品的价格。因此,一种更好的政策是对该产业给予直接的补贴。类似地,一项直接税收可以比关税更好地限制会导致外部不经济(如污染)的行为(如汽车旅行),因为这种税收没有扭曲相对价格和消费。

一般主张对国防至关重要的国内产业也应通过贸易限制加以保护。但即便是国防工业,一般地说,直接的生产补贴也比关税保护好。关于保护,最接近真正正确的经济观点是"最佳关税",这在 5.7 节中讨论过。也就是说,如果一个国家大到可以影响它的贸易条件的话,它就可以运用最佳关税来开发市场潜力并改进贸易条件和福利。然而正如我们已经知道的,这是一个"以邻为壑"的政策,其他国家也可能以牙还牙,最终将导致两败俱伤。

显然,提高商品价格,贸易保护会使生产者受益而使消费者受损(通常也损害了整个国家)。然而,既然生产者人数很少并坚持从保护中大量获利,他们就有很强烈的动机游说政府采取保护手段。另一方面,既然损失被众多的消费者分担了,每个消费者因为贸易保护所受的损失很少,不可能有效地组织起来抵制保护手段。这样,就形成一个喜欢保护主义的倾向。例如,对糖的进口实行配额,使美国每年每人在糖上的花费只增加了 6 美元,但在美国 3 亿人口的基础上,限额对美国数千家糖厂来说,则产生了 17 亿美元的租金。

发达国家更倾向于保护劳动密集型产业,以帮助其雇佣无技术、低工资的那些如果失去当前工作很难再找到工作的工人。人们已发现的一些经验证据支持"压力集团"和"利益集团"理论,这个理论假定高度组织的产业(如汽车产业)比低度组织的产业得到了更多的贸易保护。一种产业如果只由几家公司组成,便容易组织起来。另外,生产消费品的产业一般能比生产作为其他产业原料的中间产品的产业得到更多的保护,因为后者会运用反补贴权力阻碍保护,这会提高其原料的价格并导致更高的消费者价格。

6.6 外包、离岸外包及对全球化的恐惧

在第 4.6 节我们将**外包**(outsourcing)定义为在全球化经济环境下企业为了保持低成本,不再在本国自己生产零部件,而是选择在海外采购。这与**离岸外包**(offshoring)不同,

后者指的是企业在海外建厂(对外直接投资)生产组装其产品所需要的零部件。在案例研究 1-1 中,我们看到戴尔公司通过外包获得生产其个人计算机的大部分零部件。而 IBM 公司用于生产 Thinkpad 笔记本电脑(在卖给中国的联想集团之前)的零部件中,有差不多 1/3 是在美国生产,还有 1/3 是通过离岸外包的形式获得,也就是由 IBM 设在海外的工厂生产,剩余的 1/3 则是外包给外国生产商。

企业进行外包/离岸外包是为了保持自身的国际竞争力。也就是说,在当今全球化的世界中,企业必然会去生产成本最低或者/和生产质量最好的地方购买或生产其产品所需的零部件。不这样做,企业就会在国际市场上输给更有效率的本国或外国竞争者,最终会连本国市场也失去。当然,本国政府可以以关税、配额或者补贴的方式为企业提供贸易保护,以避免外包或离岸外包并将工作机会保留在国内,但这是世界贸易组织规则所不允许的。正如我们所看到的,国家通常会尽力保护本国的产业和就业,而这正是严重贸易争端的来源。

而且,贸易保护会使得面向本国消费者的商品价格上升,并会降低那些用受保护产业的产出作为原材料进行生产的其他生产商的国际竞争力。例如,如果巴西用贸易保护的方式促进计算机产业的发展,那么比起美国或日本产的计算机,这些国内的计算机厂商生产的计算机不仅价格昂贵,而且效率低下,巴西消费者不得不支付更高的价格,得到的却是更低效的产品。如果巴西的钢铁产业将这些计算机用于钢铁生产,那么相比于外国的钢铁厂商,它们就会丧失国际竞争力。当然,巴西可能会辩称其贸易保护是发展计算机产业的战略性政策,因为对其未来发展而言这是必要的。而且预期当其计算机产业在国际上具有竞争力时,它的贸易保护政策就会解除(这将在下一节讨论)。

然而,事实是外包和离岸外包(尽管对企业降低成本和保持国际竞争力是必要的)确实导致工作机会丧失,并引起人们对未来会丧失更多就业机会的担忧。但是,在过去十几年或二十几年间美国和其他发达国家去工业化和制造业就业机会的丧失大部分是源于技术变革,而非进口。技术变革提高了劳动生产力,减少了生产过程中对劳动力的使用。然而,越来越多的经济学家,尽管仍然相信对全球而言自由贸易是最优的政策,却在日益关注通信和运输的变革,他们认为这很可能会导致更多的高技术和高工资的就业流向国外,不仅是制造业中的,还包括更大范围的服务业中的就业机会(而这些机会至今仍被认为是安全的)。

现在一种观点正在形成,即国际贸易和开放(全球化)的收益以前主要由发达国家获取,现在似乎主要流向了一些新兴市场经济国家,例如中国和印度。相应的,国际经济体系需要调整或改革以防发达国家大量高技术工种流失,这样也可以对抗日益强烈的保护主义诉求。尽管对全球化还有很多其他的顾虑和恐慌(见 1.2 节),但这才是对当今世界经济全球化最严重的担忧和不满,而且对就业机会流失的担忧可能会导致最具破坏性的反抗,尤其是在经济危机时期(参见案例研究 6-5)。

案例研究 6.5

在全球金融危机时期贸易保护主义抬头

2009 年是全球金融危机最严重的一年,全球产出下降 2.5%,贸易总额下降 12%(参见图 1.2)。各国试图保护本国的生产和就业,由此贸易保护主义抬头,尽管在 2008 年 12 月 20 国集团峰会上各国领导者许诺避免使用保护主义措施。表 6.4 表明,中国成为大部分其他国家(56 个国家)贸易保护措施的目标国,紧随其后的是美国、日本、德国、法国、英国和意大利。该表也显示,受贸易保护措施影响最大的产品是碱性金属(有 65 项措施),之后是基础化学品、专用机器、运输设备、金属制品、农业产品和纺织产品。

表 6.4 2008 年 9 月~2009 年 9 月,受贸易保护主义措施影响最大的国家和产品

目标国家	实施贸易保护主义措施的国家数量	产品类别	贸易保护主义措施的数量
中国	56	碱性金属	65
美国	49	基础化学品	54
日本	46	专用机器	52
德国	30	运输设备	50
法国	29	金属制品	49
英国	29	农业产品	40
意大利	25	纺织产品	40

资料来源:S. J. Evenett, ed., *Broken Promises: A G20 Summit Report by Global Trade Alert* (London: Center for Economic Policy Research, 2009).

6.7 战略贸易与产业政策

战略贸易政策(strategic trade policy)是近期提出的一个支持积极贸易政策和保护主义的观点。根据这种观点,一个国家可以(通过暂时的贸易保护、补贴、税收优惠和政府与产业部门的合作计划)在诸如半导体、计算机、远程通信和其他被认为对该国至关重要的领域创造出比较优势。这些高科技产业有很高风险,要求大规模生产以形成规模经济,当其成功时便可带来外部经济。战略性的贸易政策认为,通过鼓励这样的产业,国家可以从中得到很大的外部经济,从而加强未来增长的前景。该观点与发展中国家的幼稚工业的观点很相似,只不过它是为发达国家提出的,帮助其在重要的高科技产业中获得比较优势。

战略性的贸易和**产业政策**(industrial policy)的例证可在 20 世纪 70 年代和 80 年代日本的半导体工业、70 年代欧洲空中客车的开发中找到。日本的半导体工业通常被用作成功的案例,编入战略性贸易和产业政策的教科书。20 世纪 70 年代,半导体市场(如电

脑芯片)由美国控制。自20世纪70年代中期开始,日本强有力的通产省瞄准了这项产业的发展,它提供研究与开发资金,为这项产业的投资提供税收优惠,促成政府与工业部门的合作,还注意保护国内市场不受国外(特别是美国)的竞争冲击。

20世纪80年代中期日本成功从美国手中夺得半导体市场的控制权应归功于这些政策。然而,大部分经济学家对此保持怀疑,他们认为日本在此领域的惊人表现首先应归功于其他因素,比如对科学和数学的重点教育、更高的投资率、用长远目光看待投资而不是像美国那样重视短期利润。在欧洲,协和飞机是一大技术成果,但却是一次商业灾难,而空中客车企业如果没有持续而大量的政府补贴便难以生存。

战略性的产业和贸易政策在实行上还有重重的困难。第一,很难选择赢家(也就是选择将来能提供大量外部经济的产业)并设计合适的政策来成功地培育它们。第二,由于大部分发达国家同时实行战略性的贸易政策,他们努力的效果会相互抵消,从而各国的潜在收益会很小。第三,当一个国家采用战略性贸易政策取得实际的成功时,这是以其他国家的损失为代价的(即是"以邻为壑"的),这样其他国家很可能会报复。面对所有这些实际困难,即便是战略性贸易政策的支持者也不得不承认"自由贸易仍然是最好的政策"。也就是说,自由贸易在理论上可能是次优的,但在实践中仍是最优的。本章附录将运用**博弈论**(game theory)研究战略性贸易政策。

在美国国内普遍反对实施扶持目标产业和战略贸易政策的同时,美国也采取措施报复那些采用战略贸易政策并损害美国经济利益的国家。一个例子是前面讨论过的1991年美日半导体协议。20世纪90年代中期,美国和日本在一个更广泛的范围内(就所谓的结构性初始障碍)进行谈判,除了其他一些目标外,主要目标是要求对美国公司更广泛地开放整个日本的分销系统。在整个90年代,美国也要求迅速减少由法国、德国、英国和西班牙政府给空中客车工业的补贴以及由欧盟给予的农业补贴。而在新世纪开始时美国还要求减少对空中客车开发新的超大型客机的补贴。再者,美国还要求其他国家如巴西、中国和印度不要专门针对美国的出口做过度的限制,并保护其知识产权(如专利材料),使之不被无授权和无补偿地使用。

6.8 美国的商业政策史

本节将研究美国的商业政策史。我们的考察自《1934年贸易协定法》开始,然后讨论关税与贸易总协定(GATT)的重要性。接下来考察《1962年扩大贸易法》和贸易谈判的肯尼迪回合的结果。之后讨论《1974年贸易改革法》和贸易谈判的东京回合的结果。最后,研究1984年和1988年的贸易法。

《1934年贸易协定法》 20世纪30年代早期,整个世界贸易和美国的出口迅速下降,这是因为:(1)由大危机引起的世界范围的经济活动的大幅度减少;(2)1930年美国国会通过了《斯穆特—汉利关税法》,据此,美国的平均进口关税于1932年达到历史最高的59%。税法的目的是刺激国内就业,但它引起了其他国家的报复,结果造成了世界贸易的崩溃(美国1932年进口量仅为1929年的31%,出口下降得更多)。

为了扭转世界贸易锐减的趋势,美国国会在罗斯福新政府的倡导下通过了《1934年贸易协定法》，授权总统与其他国家谈判，互相减少根据《斯穆特—汉利关税法》设置的关税的50%。关税削减是以**最惠国原则**（most-favored-nation principle）为基础的，这使美国的所有贸易伙伴都可以分享美国与任何一个贸易伙伴达成的关税互减的好处。美国也可以从贸易最惠伙伴国与其他任何一国签署的双边减税协议中获益。然而，这种**双边贸易**（bilateral trade）的方式面临严重的缺点，因为大部分减税只针对在双边贸易中具有重要地位的商品。

关税与贸易总协定（GATT） 关税与贸易总协定（GATT）是一个国际性组织，成立于1947年，总部设在日内瓦（瑞士）。成立该组织的目的是通过**多边贸易谈判**（multilateral trade negotiations）促进自由贸易。关贸总协定遵循三个基本原则：（1）非歧视原则，即无条件接受以上提及的最惠国原则；（2）消除非关税贸易壁垒（如配额），关于农产品的及因一国国际收支平衡困难造成的非关税贸易壁垒除外；（3）在关贸总协定框架内协商解决国家间的贸易纠纷。到1993年，关贸总协定的签约国已有超过123个国家（包括美国和所有主要国家，除了原苏联各国和中国），超过90%的国际贸易是根据关贸总协定的规则进行的。

在关贸总协定的主导下最初关税的成功降低因为20世纪50年代美国国会采取的保护主义措施而遭到阻碍。这些措施包括：（1）**危险点条款**（peril-point provisions）。该条款具有防止总统签署任何会导致对一种国内产业造成严重破坏的关税减让协议的作用。（2）**豁免条款**（escape clause）。它允许任何受到进口损害的国内产业向国际贸易调查委员会（1975年前为美国关税调查委员会）申述，该委员会将建议总统废除已谈成的关税减让协议。一种产业日益增长的进口份额足以"证明"它已造成损害。（3）**国家安全条款**（national security clause）。当有关的关税减让协议（即使已谈成）会伤害对国防至关重要的产业时，该条款要求中止这一协议。

《1962年扩大贸易法》与肯尼迪回合 《1962年扩大贸易法》取代了贸易协定法中从一种产品到另一种产品的谈判方式，授权总统可进行跨国界的关税减让谈判，最多可达成在1962年水平上再减让50%关税的协议，并且对那些由于关税减让而受损害的工人（通过再培训和帮助迁徙的形式）和企业（以减免税收、低息贷款和技术援助等形式的帮助）提供了**贸易调整援助**（trade adjustment assistance，TAA）。根据这一法案的授权，1967年美国发起了更广泛的多边贸易谈判即**肯尼迪回合**（Kennedy Round）。最终使发达国家对工业品征收的平均关税率低于10%。

《1974年贸易改革法》与东京回合 《1974年贸易改革法》授权总统：（1）通过谈判可减让关税最多达60%，并有权取消现行5%或更低的关税；（2）谈判减让非关税贸易壁垒。这项法案还放宽了获得调整援助的标准。根据法案的授权，美国参加了著名的**东京回合**（Tokyo Round）的多边关税谈判。该谈判于1979年结束，最终造成的关税减让（从1980年开始，分8年分阶段减让关税）美国平均为31%，欧盟平均为27%，日本平均为28%。

《1984年贸易和关税法》 它包括三个主要条款：（1）授权总统谈判并签约以保护知识产权，并降低服务业、高技术产品和直接投资的贸易壁垒；（2）扩展了普惠制，发展中国家可以经该途径向美国出口（参见8.6节）；（3）授权参与1986年开始的乌拉圭回合贸易谈判（参见6.9节）。

《1988年贸易与竞争法》 它要求美国特别贸易代表(USTR)制订一个严格的计划与那些严重限制美国进口的国家进行消除这些贸易壁垒的谈判,如果谈判失败则要进行报复。

图6.2总结了美国1900—2010年应征税的进口品的平均关税率的变化历史。其他主要发达国家的关税情况呈现了相似的下降,并且现在也可与美国的税率相比(参见表5.1)。

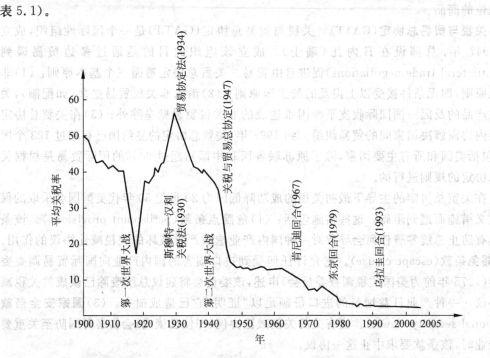

图6.2 1900—2010年美国应税进口品的平均关税率

美国应税进口品的平均关税率在1930年《斯穆特—汉利关税法》通过后,于1932年达到最高的59%,在2010年下降到低于5%。

资料来源:Historical Abstract of the United States(Washington DC:U. S. Government Printing Office,1972);and Statistical Abstract of the United States(Washington. D. C.:U.S. Government Printing Office,2010) for years since 1971.

 ## 6.9 乌拉圭回合

1993年12月,**乌拉圭回合**(Uruguay Round),历史上第8次也是最雄心勃勃的由123个国家参加的多边贸易谈判经过7年曲折的谈判终于结束了。由于美国与欧共体尤其是与法国之间关于减少农业补贴方面的分歧,谈判的结束推迟了3年。乌拉圭回合的目的是建立规则以阻止新保护主义的激增并扭转这一趋势;将服务、农业和外国投资引入谈判;谈判制定国际规则以保护知识产权;通过更及时的决策和遵循关贸总协定的规则以改进调解争议的机制。乌拉圭回合的协议1994年4月15日由美国和多数参加国签字,于1995年7月1日生效。协议的主要条款如下。

1. 关税。对工业品的关税从平均 4.7% 减让到 3%；零关税货物的比例从 20%～22% 增加到 40%～45%；取消了医药、建筑设备、医用设备、纸制品和钢铁的关税。

2. 配额。有关国家将在 10 年内以较少限制的关税代替对农业进口和纺织品及服装（根据多种纤维协议）进口的配额；发展中国家的农产品关税减少 24%，发达国家减少 36%；纺织品的关税减让 25%。

3. 反倾销。协议提供了更有力、更迅速的行动，以解决由于运用反倾销法引起的争端，但协议并不禁止它们的运用。

4. 补贴。农业出口补贴的数量将在 6 年内减让 21%；政府对产业研究的补贴限制在应用型科学研究费用的 50% 以内。

5. 国家安全。国家可以暂时地提高关税或使用其他限制来阻止严重损害国内产业的进口狂潮，但禁止国家制定健康与安全标准，除非基于科学证据，不许限制贸易。例如，一国只有通过显示用荷尔蒙刺激生长的办法生产的牛肉对人类消费不安全，才能禁止用这种方式生产的牛肉的进口。

6. 知识产权。协议为专利、商标和版权提供了 20 年的保护期，但它允许发展中国家的药品专利有 10 年的分阶段保护期。

7. 服务。美国未能为其银行和保险公司打开通向日本、韩国和许多发展中国家的有效进入途径，未能使法国和欧共体放松在欧洲放映美国电影和电视节目的限制。

8. 其他产业条款。美国和欧共体同意就进一步限制政府对民营飞机制造业的补贴、开放长途电话市场和限制欧洲补贴钢铁厂商做深入的讨论。美国也表示乐于就进一步开放日本电脑芯片市场进行谈判。

9. 与贸易相联系的投资手段。协议要求外国投资者（如汽车制造厂商）逐步购买当地原料或增加出口，其数量应与进口数量相当。

10. 世界贸易组织。协议还号召以位于日内瓦的世界贸易组织（WTO）取代关贸总协定的秘书处，并授权它除工业品贸易外还负责农产品和服务方面的贸易。贸易争端由 2/3 多数的投票或 3/4 多数的投票来处理，而不是根据关贸总协定的一致通过原则（这意味着有错的国家可以阻挠反对它的行动）。

尽管已完成历史使命的乌拉圭回合取得巨大成就，但其只实现了部分目标，还有很多贸易问题仍未解决（见下一节）。据估计，到 2005 年乌拉圭回合结束时，乌拉圭回合协议的执行使得全球收入增加了 730 亿美元，发达国家从中受益 583 亿美元，而另外的 193 亿美元则是归于发展中国家。然而，乌拉圭回合谈判的崩裂却给人们心理带来了毁灭性的影响，导致贸易限制和破坏性贸易战肆意激增。

1996 年和 1997 年，达成了关于放开通信、金融和信息技术贸易的多边协议（这些协议在乌拉圭回合中未能达成）。随着时间的推移，这些协议将比整个乌拉圭回合条款在贸易额上提供更大的收益。1999 年，欧盟和墨西哥达成了一项自由贸易协议（2000 年 7 月生效），规定 2007 年以前取消所有双边贸易关税。2001 年 12 月，中国被接纳为世界贸易组织第 144 个成员。到 2011 年年初，成员数已增加到 153 个。

2002 年 8 月，美国国会批准了总统的**贸易促进权**（trade promotion authority），即原先的**"快车道"**（fast track），它规定大范围的贸易协议谈判不必再通过修正案，只需最后经国会投票决定批准还是拒绝。这一法规的目的是向外国政府保证,国会对它们和美国政府谈判的任何协议将迅速做出反应。该法规还要求总统在谈判中考虑环境保护、劳工权利和反倾销法,每年向失业工人提供12亿美元的健康保险和其他福利,农民和农场主也包括在内。但是,"快车道"在2007年到期后并未恢复。

案例研究6.6总结了自1947年以来在关贸总协定主导下进行的8个回合的多边贸易谈判,以及世贸组织发起的于2001年11月在卡塔尔海湾洲首府多哈开始的全新的(第9个)多哈回合谈判。但是到2006年7月这些谈判差不多均宣告失败,而且直到2011年年初,所有试图重启谈判的努力也均以失败告终。

案例研究6.6

贸易谈判的多边回合

表6.5总结了贸易谈判回合的年份、地点、名称、参加的国家数、所涉及议题以及所达成削减关税的百分比。从表中可以看出关贸总协定下最重要的回合发生在1947年、1964—1967年(肯尼迪回合)、1973—1979年(东京回合)和1986—1993年(乌拉圭回合)。世贸组织发起的多哈回合(2001—)是最大、最艰难的一轮,但是到2011年年初,多哈回合仍未结束。

表6.5 1947—1993年关贸总协定贸易回合及2001—2011年世贸组织回合

年份	地点/名称	参加国数	涉及议题	关税削减百分比
1947	日内瓦	23	关税	21
1949	安纳西	13	关税	2
1951	托基	38	关税	3
1956	日内瓦	26	关税	4
1960—1961	日内瓦(狄龙回合)	26	关税	2
1964—1967	日内瓦(肯尼迪回合)	62	关税和反倾销措施	35
1973—1979	日内瓦(东京回合)	99	关税、非关税措施、多边协议	33
1986—1993	日内瓦(乌拉圭回合)	125	关税、非关税措施、农业、服务业、纺织品知识产权、争端解决、创建世贸组织	34
2001—	多哈(多哈回合)	153	全球农业、工业产品和服务贸易自由化	待定

资料来源:WTO, Annual Report 2010 (Geneva: WTO, 2010).

6.10 突出的贸易问题与多哈回合

尽管乌拉圭回合的成功带来了巨大的利益，但许多严重的贸易问题依然存在。一个问题就是各国在最近的全球深度金融和经济危机中都努力保护本国的生产和就业（参见案例研究6-5）。美国已对中国就其补贴风能设备生产和侵犯知识产权提起诉讼案，而中国则对美国的家禽出口征收惩罚性关税。巴西广泛提高了对美国产品的关税，燃起与美国关于棉织品补贴的潜在贸易战。在美国国会拒绝墨西哥卡车在美国作业后，墨西哥对24亿美元的美国出口产品征收了报复性关税，尽管北美自由贸易协定对此进行了裁决，但双方仍在僵持。由于害怕成为工业废墟，欧洲增强了对一些工业的保护。俄罗斯提高了对进口二手车的关税，印度禁止进口中国的玩具，而阿根廷则收紧了对汽车零配件进口、纺织品和皮革制品的许可要求。美国和欧洲的一些国家开始对处于困境中的汽车制造商和经销商提供补贴。

第二个问题是农产品的补贴和关税仍然非常高；反倾销措施和对国家安全的保护仍可能发生并常常被滥用，因此仍然存在爆发潜在的激烈贸易争端的可能。

第三个贸易问题是存在世界分裂成三大贸易板块的趋势：欧盟、北美自由贸易区和（尚未明确定义的）亚洲板块（将在下一章详细讨论）。虽然这些贸易板块的形成可能是通向自由贸易的一步，但它们也可能导致更多的双边交易、保护主义和板块间的贸易冲突，成为通向自由贸易道路的绊脚石。

第四个问题是一些发达国家，如美国和法国，呼吁建立劳工和环境标准。这些标准是为了保障发达国家和发展中国家有"相同的工作条件"，以免后者的"社会倾销"（即发展中国家通过否认工人的基本权利、恰当的工资和工作条件来进行不正当竞争）。但建立劳工和环境标准的运动很容易被贸易保护力量所主导。环境标准的情形也是这样（见4.10节）。此外还需要比乌拉圭回合更充分地处理与贸易相关的竞争政策（如补贴和管制）以及与贸易相关的投资措施（TRIMs）。

1999年12月在西雅图召开的世贸组织贸易会议上人们试图策划举办一个"千年回合"的贸易谈判。但是该策划没有成功，因为：(1)发展中国家坚决反对将劳工和环境标准列入新的回合的议程；(2)欧盟和日本反对美国将农产品贸易的完全自由化列入议程的意向；(3)美国反对讨论欧盟所希望的竞争和投资政策。所有这些最终面对的是反全球化运动组织发起的大规模游行（见1.2节）。

2001年11月，在卡塔尔的多哈最终成功开始了多哈回合。多哈回合的议程包括：(1)农产品、工业产品和服务的生产与贸易的进一步自由化；(2)将进一步加强反倾销措施的规定，以及投资和竞争的政策。从一开始，发展中国家就不愿意做出让步，因为它们觉得乌拉圭回合对它们承诺的许多条件都没有兑现。发展中国家坚持要让多哈回合成为真正的"发展回合"。多哈回合原本预计在2004年年底结束，但是由于未能在发达国家和发展中国家之间以及发达国家之间的农业补贴上达成一致意见，2006年7月，经过5年时间的谈判，多哈回合几乎以失败告终。直到2011年年初，所有试图结束多哈回合的努力也均告失败。

本章小结

1. 配额是对进口或出口的直接数量限制。一项进口配额与(相当的)进口关税具有相同的消费和生产效应。如果政府在一个竞争性市场上将进口许可拍卖给最高的出价者,其收入效应也是相同的。需求和供给曲线的平移在存在进口配额时会引起国内价格的调节,在存在关税时会引起进口数量的调节。如果进口许可不是被拍卖,就会导致垄断利润和可能的腐败。进口配额通常比等价的进口关税更具限制性。

2. 自愿出口限制是指进口国以更严厉的全面贸易限制相威胁,迫使另一国"自愿"地控制其商品出口。当成功实施这一限制时,其经济影响与等价的进口配额相同,只是现在由外国供应者获得其收入效应所带来的收益。现在不再允许实施自愿出口限制了。

3. 贸易壁垒也可能来自倾销和出口补贴。倾销是指以低于成本或低于国内价格的价格出口一种商品。倾销可分为持续性的、掠夺性的和零星的三种。反补贴税是指为抵消外国政府的补贴而对进口商收取的税收。

4. 需要关税来保护国内劳动不受国外廉价劳动冲击的观点和"科学关税"的观点显然是荒谬的。两种有争议的以邻为壑的观点是:需要保护来减少国内失业和弥补国家收支平衡的赤字。与之相比较为正确的关于保护的观点是幼稚工业的观点。然而,在解决单纯的国内扭曲方面,贸易保护所能做的,直接的补贴和税收能做得更好。这也适用于对国防很重要的产业。关于保护最接近正确的经济观点是最优关税(然而会招致报复)和战略性贸易政策(很难实行)的观点。美国的贸易保护通常给予低工资的工人和组织良好的生产消费品的大型产业。

5. 外包和离岸外包正在带来对全球化的恐惧。外包是指企业从海外购买零部件,而离岸外包则指企业在海外建厂,并从这些工厂购买零部件。企业进行外包和离岸外包是为了保持国际竞争力,却引起了对全球化的恐惧以及大量美国高技能就业机会转移到海外。

6. 战略性贸易与产业政策是另一个有争议的限制性贸易保护措施。它认为通过鼓励高技术产业,一国可以获得大量的外部经济,从而实现未来的经济增长。但战略性贸易与产业政策面临很大困难,这是由于它会产生报复且很难确定哪些部门应是能产生大量外部经济的部门。因此,最终自由贸易仍然是最佳政策。

7. 1930年的《斯穆特—汉利关税法》导致1932年全年美国进口平均关税高达59%,招致了外国的报复。《1934年贸易协定法》授权总统可在最惠国原则下谈判互相减让关税,减让幅度最高可达50%。它的主要缺陷是只有双边谈判的途径。关贸总协定有利于自由贸易,因为它倡导非歧视、协商和取消非关税贸易壁垒,农业方面的非关税贸易壁垒及在一国国际收支平衡发生困难时可以例外。根据《1962年贸易扩大法》的授权,在1967年结束的肯尼迪回合中,美国平均减让工业品关税的幅度为35%,《1962年贸易扩大法》还用调整援助取代了不伤害主义。根据《1974年贸易改革法》的授权,在1979年结束的东京回合中,美国平均减让关税31%,并接受了关于限制非关税贸易壁垒的措施。《1988年贸易法案》加强了美国对严重限制美国出口的国家的报复程序。

8. 乌拉圭回合的贸易谈判于 1993 年 12 月结束。它要求将工业品的平均关税从 4.7%减让到 3%,以关税代替配额,收紧反倾销和安全保护。协议还要求削减农业出口补贴和工业补贴,保护知识产权。1996 年和 1997 年,达成了开放电信、金融业和信息技术的贸易协议。2000 年 7 月,欧盟—墨西哥自由贸易协议开始生效;2001 年 12 月,中国被接纳为世贸组织第 144 位成员;2002 年 8 月,国会批准了总统的贸易谈判权或快车道;美国 2002 年与智利,2003 年与新加坡达成自由贸易协定。

9. 当前世界各国面临的主要贸易问题是:(1)美国、欧盟和日本之间存在严重的贸易争端;(2)贸易保护仍然很严重,特别表现在对发展中国家至关重要的农业和纺织品上,反倾销与安全保护的措施被滥用;(3)世界正在分裂成几大主要的贸易板块,激烈的反全球化运动已经兴起。所有这些问题都在 2001 年 11 月开始启动的多哈回合上进行了讨论,但至今仍未有结论。

复习题与练习题

1. (1) 什么是进口配额的影响?
(2) 它们与等价的进口关税有何异同?

2. 在图 6.1 中的自由贸易条件下,起始情况为 D_X 和 S_X 及 $P_X=1$ 美元,如果 D_X 下移到 D_X'' 使得 D_X'' 平行于 D_X,并在 $P_X=2.50$ 美元处与 S_X 相交,试分析 20X 的进口配额的影响。

3. 在图 6.1 中的自由贸易条件下,起始情况为 D_X 和 S_X 及 $P_X=1$ 美元,试分析谈判达成的 20X 的出口配额的影响。出口配额与等价的进口关税或配额有何异同?

4. (1) 什么是国际卡特尔?它们是如何限制贸易的?
(2) 20 世纪 70 年代最成功的国际卡特尔是哪一个?为什么 80 年代其影响力迅速下降?

5. (1) 倾销意味着什么?
(2) 倾销有哪些类型?
(3) 为什么倾销通常会导致贸易限制?

6. (1) 什么是保护幼稚工业的观点?
(2) 为什么这一观点的成立必须是有限制的?

7. (1) 外包与离岸外包有什么区别?
(2) 什么是"对全球化的恐惧"?这是合理的吗?

8. (1) 战略性贸易和产业政策意味着什么?
(2) 当前其适用性如何?

9. (1) 乌拉圭回合的主要条款是什么?
(2) 它取得的主要成就是什么?

10. (1) 今天世界面临的突出的贸易问题是什么?
(2) 我们为什么需要多哈回合?

附录　用博弈论分析战略性的贸易与产业政策

本附录将运用博弈论来研究战略性的贸易与产业政策。让我们用一个例子来说明。假定波音和空中客车都要决定是否生产一种新型飞机,还假定由于开发新飞机的成本巨大,单个的生产者必须占领整个世界市场才能赚得利润,假设利润额为1亿美元。如果两家均生产飞机,则各损失1000万美元。这一情况参见表6.6中的第一行第一列(左上角)。如果只有波音生产,波音赚取1亿美元利润,空中客车则没有利润(表中第一行第二列,右上角)。反过来,如果波音不生产而空中客车生产,波音没有利润而空中客车赚1亿美元利润(表中第二行第一列,左下角)。最后,如果两家公司均不生产,则都不赚钱(表中第二行第二列,右下角)。

假定由于某种原因波音首先进入市场赚取了1亿美元利润,空中客车由于不能赚得利润而被排除在市场之外,这种情况在表中第一行第二列(右上角)显示。如果空中客车进入市场则两家公司均遭受损失(见表中第一行第一列,左上角),现在假定欧洲各国政府每年给空中客车1500万美元的补贴,这样,由于1500万美元的补贴使1000万美元的亏损变为500万美元的利润,虽然波音公司已经生产,空中客车仍会生产这种飞机。然而,如果波音没有相应得到补贴,波音将从赚取1亿美元(空中客车不在市场中)转而变成损失1000万美元。(我们仍在第一行第一列,表中左上角,但空中客车一条从没有补贴的－10变为有补贴的＋5。)由于波音没有得到补贴,它会停止生产飞机,最终将整个市场留给空中客车,后者不用任何进一步的补贴就可赚取1亿美元的利润(表中第二行第一列,左下角)。

美国政府当然也会报复性地给波音补贴以保证波音继续生产飞机。然而,除了国家安全的原因,美国政府不像欧洲各国政府那样愿意给公司补贴。尽管实际情况比这复杂得多,我们还是可以看出一国可以如何通过运用战略性的产业与贸易政策来克服市场劣势,在高技术领域获得战略性的比较优势。实际上,2000年空中客车决定在2006年前以超过100亿美元的开发成本研制能够装载550名乘客的A380超大型喷气客机,从而直接与波音747竞争(波音747自1969年起投入使用,能够装载475名乘客)。2008年,A380在成本大幅提高并拖延了2年之后投入使用。波音则给以回击,于2011年(也是在成本大幅提高并拖延了两年之后)引进了波音787,波音787能够以近似声音的速度将250～300名乘客不停歇地运送到地球任何一个地方。

这种分析的不足之处是通常很难实际预测政府的产业与贸易政策的结果(也就是获得类似表6.4中的数据)。表中即使有一个微小的变化也会彻底改变结果。例如,假定空中客车和波音均生产飞机,空中客车遭受了1000万美元的损失(和以前一样),但波音由于效率更高,现在赚取了1000万美元的利润(无任何补贴)。这时,即使空中客车有补贴来生产飞机,波音公司也会留在市场上,因为它没有补贴也能赚取利润。为了继续生产飞机,空中客车就会年复一年地需要补贴。在这种情况下,给空中客车补贴就未必是个好主意了。因而,极难正确地进行这种分析。我们需要正确地预测不同战略的精确结果,而这是很难做到的。这就是为什么大部分经济学家会说自由贸易仍是最好的政策。

第 6 章　非关税壁垒与保护主义的政治经济学

表 6.6　两家公司竞争与战略性产业政策

		空中客车	
		生产	不生产
波音	生产	−10,−10	100,0
	不生产	0,100	0,0

参考书目

对关税理论更深入的阐述，请参见：
- D. Salvatore, *International Economics*, 10th ed. (Hoboken, N. J.：Wiley, 2010), ch. 9.

对新贸易保护主义的一般性讨论，可见：
- D. Salvatore, ed., *Protectionism and World Welfare* (New York：Cambridge University Press, 1993).
- P. R. Krugman, "Is Free Trade Passe?" *Journal of Economic Perspectives*, Fall 1987, pp. 131-144.
- C. Fred Bergsten, "Fifty Years of Trade Policy：The Policy Lessons," *The World Economy*, January 2001, pp. 1-14.
- J. Bhagwati, *Free Trade Today* (Princeton, N. J.：Princeton University Press, 2002).
- J. Stiglitz, *Globalization and Its Discontents* (New York：Oxford University Press, 2004)
- J. Bhagwati, *In Defense of Globalization* (New York：Oxford University Press, 2004).
- I. M. Destler, *American Trade Policies*, 4th ed. (Washington, DC：Institute for International Economics, 2005).
- T. Friedman, *The World Is Flat：Further Updated and Expanded* (New York：Farrar, Straus, Giroux, 2007).
- D. Salvatore, ed., Is it Time to Change Trade Policies? Special Issue of the Journal of Policy Modeling with contributions by J. Bhagwati, R. Baldwin, A. Deardorf and R. Stern, R. Gomory and W. Baumol, A. Panagariya, S. Edwards, J. Dean, and D. Salvatore, (July/ August 2009).
- World Trade Organization, *World Trade Report* 2010 (Geneva：WTO, 2010).

关于多边贸易谈判的乌拉圭回合和多哈回合，参见：
- W. McKibbin and D. Salvatore, "The Global Economic Consequences of the Uruguay Round," *Open Economies Review*, April 1995, pp. 111-129.
- A. McGuirk, "The Doha Development Agenda," *Finance and Development*, September 2002, pp. 4-7.
- WTO, *Doha Development Agenda：Negotiations Implementation and Development*, (Geneva：WTO, 2010) at Http：//www. wto. org/english/tratop_e/dda_e/dda_e. htm

网址

有关美国的国际贸易政策请访问总统经济报告的网站（点击最近的年份获得最新的报告），以及美国国会、美国贸易代表和美国国际贸易委员会的网站，网址分别为：

http：//www. gpoaccess. gov/eop
http：//www. state. gov
http：//www. ustr. gov
http：//www. usitc. gov

有关世界各地的国际贸易政策，见 WTO、欧盟\加拿大国外事务部的网站，网址分别为：

http://www.wto.org
http://mkaccdb.eu.int
http://www.infoexport.gc.ca

有关快车道的讨论,可见：

http://www.citizen.org/trade/fasttrack/index.cfm
http://www.iie.com/publications/newsrelease.newsrelease.cfm?id=33
http://www.globalexchange.org/campaigns/ftaa/fasttrack/why.html
http://www.cine.org/nle/crsreport/03Apr/IB10084.pdf

关于加拿大国际贸易审理委员会对倾销诉讼案的审理情况,见：

http://www.citt.gc.ca

关于进出口银行的信息,见：

http://www.exim.gov

有关美国、日本、韩国政府支持研究与发展的情况见美国国家自然科学基金、日本管理与协调事务统计中心以及世行与韩国有关的网站,网址分别为：

http://www.nsf.gov/statistics/fedfunds
http://www.sematech.org
http://www.stat.go.jp/english/index.htm
http://www.worldbank.org/research/journals/wbro/obsfeb00/art3.htm

声势浩大的反全球化的观点,见：

http://www.nologo.org

第3部分
国际贸易和投资

第3部分（第7章至第9章）讨论国际贸易和投资。第7章讨论经济一体化，例如自由贸易区和关税同盟。第8章讨论国际贸易和经济发展之间的关系。第9章讨论国际资源（资本和人员）流动及跨国公司。

国际经济学基础（第3版）
Introduction to International Economics

第3部分

国际贸易和投资

第 7 章

经济一体化

学习目的

学完本章,你应当能够:
- 区分不同形式的经济一体化
- 理解贸易创造和贸易转移的含义
- 描述经济一体化的动态收益
- 了解什么是欧盟
- 描述欧洲自由贸易联盟和南美洲共同市场
- 解释什么是 NAFTA
- 描述发展中国家的经济一体化尝试
- 描述中东欧地区的经济一体化

重要术语

特惠贸易协定	preferential trade arrangements
自由贸易区	free trade area
关税同盟	customs union
共同市场	common market
经济联盟	economic union
免税区或自由经济区	duty-free zones or free economic zones
贸易创造	trade creation
贸易转移	trade diversion
关税工厂	tariff factories
欧盟	European Union(EU)
可变进口税额	variable import levies
欧洲自由贸易联盟	European Free Trade Association(EFTA)
贸易偏差	trade deflection

欧洲经济区	European Economic Area(EEA)
北美自由贸易协定	North American Free Agreement(NAFTA)
南部共同市场	Southern Common Market (Mercosur)
经济互助委员会	Council of Mutual Economic Assistance(CMEA or COMECON)
国家贸易公司	State trading companies
中央计划经济	centrally planned economies
双边协议	bilateral agreements
大量采购	bulk purchasing
中东欧国家	Central and Eastern European Countries (CEEC)
新独立国家	Newly Independent States (NIS)
独联体	Commonwealth of Independent States(CIS)
中欧自由贸易联盟	Central European Free Trade Association (CEFTA)
波罗的海自由贸易区	Baltic Free Trade Area (BFTA)

7.1 引言

本章我们将一般性地介绍经济一体化，着重论述关税同盟。经济一体化理论指的是加入同盟的国家有区别地减少或消除贸易壁垒的商业政策。

7.2 节讨论经济一体化的各种组织形式；7.3 节讨论关税同盟的静态福利效应；7.4 节讨论关税同盟的动态效应；7.5 节介绍欧盟；7.6 节介绍欧洲自由贸易联盟；7.7 节介绍北美自由贸易协定；7.8 节介绍发展中国家的经济一体化尝试；7.9 节介绍中东欧和苏联之间的经济一体化。

7.2 经济一体化的各种形式

经济一体化的程度从特惠贸易协定到自由贸易区、关税同盟、共同市场，一直到经济同盟，一体化程度逐渐提高。

特惠贸易协定(preferential trade arrangements)是参加协定的成员国之间在进行贸易时互相提供比与非成员国进行贸易时更低的贸易壁垒。这是经济一体化最松散的形式。特惠贸易协定最好的例子是由英联邦及成员国以及一些大英帝国以前的成员国建立于 1932 年的英联邦优惠计划。

在**自由贸易区**(free trade area)这种经济一体化形式中，各成员国之间消除了所有的贸易壁垒，但是每个成员国对非成员国保留了壁垒。最典型的例子是英国、奥地利、丹麦、挪威、葡萄牙、瑞典、瑞士于 1960 年形成的欧洲自由贸易联盟(EFTA)，1993 年美国、加拿大、墨西哥之间达成的北美自由贸易协定(NAFTA)，以及 1991 年由阿根廷、巴西、巴拉圭和乌拉圭组建的南美洲共同市场(Mercosur)。

关税同盟(customs union)允许进行贸易的各成员国之间就像在自由贸易区内一样没有关税或其他壁垒。另外，它还对非成员国的贸易政策起协调作用(如设定共同税率)。最著名的例子是欧盟，或称欧洲共同市场，它是1957年由联邦德国、法国、意大利、比利时、荷兰和卢森堡组成的。

共同市场(common market)比关税同盟更进一步，它也允许参加国之间资本和劳动力自由流动。欧盟于1993年年初实现了共同市场。

经济联盟(economic union)比共同市场又进一步，它协调甚至统一成员国之间的货币和财政政策。这是经济一体化的最高级形式。例子之一就是由比利时、荷兰、卢森堡在第二次世界大战后形成的荷比卢经济联盟(现为欧盟的一部分)。一个完整的经济和货币联盟的例子就是美国。

近来出现的**免税区**(duty-free zones)或**自由经济区**(free economic zone)可以使用与分析关税同盟时用到的相同概念进行分析。这些区域通过允许原材料和中间产品免税的形式来吸引国外投资。

本章讨论的问题一般来说是指关税同盟，其中大部分也涉及地区经济组织的其他形式。

7.3　关税同盟中的贸易创造和贸易转移

关税同盟的形成对于其中的各个国家会同时产生静态和动态的影响。本节将讨论其中的静态效应，而将动态效应的讨论留到7.4节。构建关税同盟引致的静态福利效应可以通过其带来的贸易创造和贸易转移程度来衡量，如图7.1所示。

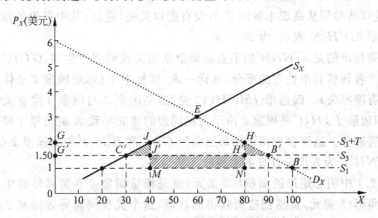

图7.1　关税同盟中的贸易创造和贸易转移

D_X和S_X分别表示国家2对X商品的国内需求曲线和供给曲线。S_1和S_3分别表示国家1和国家3在自由贸易条件下的(水平)具有完全弹性的供给曲线。以非歧视性的100%的关税，国家2按$P_X=2$美元的价格从国家1进口$40X(JH)$。如果国家2与国家3建立关税同盟，则国家2将在$P_X=1.50$美元下从国家3进口$60X(C'B')$。国家2从纯粹的贸易创造中获得的福利是5美元(由两个阴影三角形区域的和表示)。贸易转移带来的福利损失为20美元(由图中涂阴影的长方形表示)。因此，这一关税同盟给国家2造成了15美元的净福利损失。

图 7.1 中，D_X 和 S_X 分别代表国家 2 对 X 商品的国内需求曲线和供给曲线。S_1 和 S_3 分别代表国家 1 和国家 3 在自由贸易条件下的(水平的)具有完全弹性的供给曲线。以非歧视性的 100% 的关税，国家 2 从国家 1 按 $P_X = 2$ 美元的价格进口 X 商品，沿 $S_1 + T$ 线购买(而不是通过本国生产或者是从国家 3 进口，包含关税的价格是 $P_X = 3$)。在价格 $P_X = 2$ 美元下，国家 2 消费 80X(GH)，其中 40X 由国内生产(GJ)，另外 40X 从国家 1 进口(JH)，国家 2 获得 40 美元的税收收入(JMNH)(与图 5.3 中的一样)。

如果国家 2 现在仅与国家 3 建立关税同盟(也就是说，仅取消从国家 3 的进口关税)，国家 2 发现可从国家 3 以 $P_X = 1.50$ 美元(没有关税)的价格进口 X，比从国家 1 进口(有关税)更为便宜。在 $P_X = 1.50$ 美元的价格下，国家 2 消费 90X($G'B'$)，其中国内生产 30X($G'C'$)，另外 60X($C'B'$)从国家 3 进口。在这种情况下，国家 2 未获得税收收入。通过建立关税同盟造成的贸易量从 $GH = 80X$ 增加到 $G'B' = 90X$ 称为贸易创造，这增加了国家 1 的整体福利。

然而，进口到国家 2 的 X 商品，现在已经从生产效率较高的国家 1(生产商品 X 的单位成本是 1 美元)转移到了生产效率较低的国家 3(生产商品 X 的单位成本是 1.5 美元)，这是因为国家 1 收取了歧视性进口关税(国家 1 不在同盟国之内)，这就叫做贸易转移。贸易转移，就其本身而言，是减少福利的，因为它把生产从效率较高的非盟国转移到效率较低的盟国。

由于建立关税同盟通常会同时引起贸易创造和贸易转移，建立或参与关税同盟的国家因为这两种作用的力量不同，有可能增加也有可能减少自身的福利。在图 7.1 中，国家 2 从纯粹的贸易创造中得到的福利就是阴影部分的两个三角形区域 $C'JJ'$ 和 $B'HH'$ 之和，为 5 美元。但国家 2 因为贸易转移，将最初的 40X(JH)从生产成本较低的国家 1(有进口关税)进口转移到从高成本的国家 3(没有进口关税)进口，其中损失的福利可以由阴影部分的矩形 $MJ'H'N$ 表示，为 20 美元。

特别需要指出的是，$G'GHB'$ 的消费者剩余是由关税同盟产生的，$G'GJC'$ 代表国家 2 的剩余由生产者转移到消费者的部分，这样一来，就扯平了(即对国家 2 总体来说既没有净所得也没有净损失)。四边形 JMNH(40 美元)是国家 2 与国家 3 建立关税同盟前的关税收入，四边形 $J'JHH'$ 是国家 2 由于关税同盟的建立导致 X 的价格下降从而转移到消费者的所得部分。这样仅仅留下阴影三角形 $C'JJ'$ 和 $B'HH'$ 作为国家 2 的净所得，阴影四边形 $MNH'J'$ 为其仍未计算的关税收入的损失。

由于图 7.1 中阴影矩形的面积(20 美元)就是衡量国家 2 在贸易转移中损失的数额超过阴影三角形(5 美元)贸易创造所获得的数额，这个关税同盟导致国家 2 的净损失是 15 美元。未参加关税同盟的国家的福利也因此下降了，因为它们的经济资源的利用效率相比贸易转移前降低了。如果图 7.1 中两个阴影三角形的面积之和超过阴影矩形的面积，那么国家 2 的福利最终将会增加。曲线 S_3 越靠近曲线 S_1(也就是说，与同盟外的国家 1 相比，同盟内的国家 3 的相对效率上的差距越小)这种情形就越容易发生。图示对此的说明留在本章末尾作为问题出现。

假如国家 2 和国家 1 而不是国家 3 组成了关税同盟，那么将只有贸易创造而不会有贸易转移的现象发生(这等价于自由贸易)，三国也都因此获益。国家 2 和国家 1 将从生产的专业化以及因为比较优势带来的国际贸易的增加得到好处。国家 3 也会因为关税同盟中收入的增加产生的进口需求增加的溢出效应而获益。问题由此而生,为什么国家 2 要和国家 3 而不是国家 1 组成关税同盟? 答案是关税同盟的建立并不只取决于经济因素,还有很多政治考虑和地理方面的因素。

曾有过几次测度(沿着以上论述的思路)关税同盟形成的静态福利效应的尝试,其结果无一不是只有惊人小的静态福利所得。对于欧盟,这些所得仅大约等价于 GDP 的 1‰~2‰。然而,其中还存在其他一些建立关税同盟的静态福利效应。包括因为削减关税部门、边防军等节省的费用,同盟国因为形成关税同盟而增加的国际谈判的力量。欧盟就属于这种情况。

7.4 关税同盟的动态效益

除了前面讨论的静态福利效应以外,组成关税同盟还有可能得到一些重要的动态效益。这是由于竞争的加强、经济的规模化、投资的增加以及经济资源的有效利用而产生的,我们将在下面依次介绍。

最大的动态效益是可能出现的竞争的加剧,也就是说,在没有关税同盟的条件下,生产者(特别是那些垄断者和寡头垄断者)在贸易壁垒保护下很可能变得懒惰和自满。但是当关税同盟建立且同盟国之间的贸易壁垒消除后,各国的生产者必须提高效率以对付同盟国内其他生产者的竞争、合并,以免出局。水平渐高的竞争也可能刺激新技术的发展和利用。所有这些努力都将减少生产成本从而有利于消费者的福利。当然,关税同盟必须注意(靠通过并强制施行反垄断法),更大、效率更高的企业不会限制竞争。

建立关税同盟可能产生的第二个利益是由于市场扩大带来的规模经济。然而必须指出,甚至不属于任何一个关税同盟的小国也能通过向世界其他国家出口商品而克服国内市场的狭小以取得规模经济的产量。例如,像比利时和荷兰这样相对很小的国家,在加入欧盟之前许多主要工业部门的工厂规模已经可以与美国的规模相比,已经能通过为国内市场生产及提供出口而享有规模经济的好处。然而,在成立欧盟之后,对成员国的每个工厂来说,由于能够做到减少各工厂范围内所制造产品的差别和提高生产的运转,因而取得了巨大的经济效益(参见 4.7 节)。

另一个可能获得的利益是利用市场扩大的优势来刺激投资和应付越来越激烈的竞争。进一步说,关税同盟的建立有可能刺激非成员国在关税同盟的成员国内建立生产设施,以避免强加在非同盟国产品上的(歧视性)贸易壁垒。这就是所谓的**关税工厂**(tariff factories)。美国公司于 1955 年后第一次,1986 年第二次在欧洲的巨额投资,就是因为不愿被这种迅速增长的市场排除在外。最后,就关税同盟内部来说,其本身也是一个共同市场,在其范围内的劳动力和资本的自由流动,可以使经济资源得到更好的利用。

关税同盟建立所产生的这些动态效益被认为比前面研究的静态效益大得多,而且非常重要。事实上,英国主要是因为这些动态效益才在 1973 年加入欧盟。近年来的实证研究表明,这些动态效益比静态效益大 5~6 倍。

7.5 欧盟

欧盟(European Union, EU)，曾被称为欧洲共同市场，是由联邦德国、法国、意大利、比利时、荷兰、卢森堡于1957年3月签订《罗马条约》，1958年1月1日正式成立的。它以这六国1957年的平均关税确立了共同的对外关税，1968年工业品在成员国之间实行自由贸易并达成农产品的统一价格；1970年减少了对劳动力和资本自由流动的限制。英国、丹麦、爱尔兰1973年加入后，成员国增加到15个，希腊1981年加入，西班牙和葡萄牙1986年加入。奥地利、芬兰和瑞典1995年加入。1993年1月1日欧盟取消了所有成员国之间产品、服务和资源(包括劳动力)自由流动的限制，成为一个单一的统一市场。发展壮大后的欧盟代表世界上最大的贸易集团(参见案例研究7.1)。据估计，欧盟内部的贸易比不实行一体化时增加了一倍。半数以上的贸易扩张是产业内贸易(参见4.7节)。

案例研究 7.1

欧盟、北美自由贸易区和日本的经济状况

表7.1给出了欧盟、北美自由贸易区及其成员国、日本2009年的经济状况。从表中可看出，与北美自由贸易区相比，欧盟15国(EU-15)①的人口相当于它的88%，国民收入相当于它的95%。相对应的，欧盟全部27个成员国(EU-27)的这两项数据则分别是111%和103%。EU-27总的商品出口额和EU-27出口到世界其他国家的商品额分别是北美自由贸易区总出口额的286%和95%。而EU-27总的商品进口额和EU-27从世界其他国家的进口额则分别是北美自由贸易区的217%和77%。日本的人口是EU-27的26%，国民收入是它的28%，出口与进口分别是EU-27与世界其他国家之间出口额和进口额的38%和33%。而相对于北美自由贸易区，日本的人口是它的29%，国民收入是它的32%，出口和进口分别是它的39%和33%。

表7.1 欧盟、北美自由贸易区和日本(人，美元)国家

国家	人口/百万	国内总收入/10亿美元	出口/10亿美元	进口/10亿美元
EU-15*	395.2	15 875.9	4 080.0	4 101.0
其中：				
德国	81.9	3 476.1	1 126.4	938.3
法国	62.6	2 750.9	484.7	559.8
英国	61.8	2 558.1	352.5	481.7

---

① 指欧盟在2004年之前的15个成员国——译者注

续表

国家	人口/百万	国内总收入/10亿美元	出口/10亿美元	进口/10亿美元
意大利	60.2	2 114.5	405.8	412.7
西班牙	46.0	1 476.2	218.5	287.6
新加入国家	103.3	1 242.5	507.6	631.7
其中：波兰	38.1	467.5	134.5	146.6
EU-27 总计	498.5	17 118.4	4 587.6	4 732.7
EU-27 与世界其他国家之间	—	—	1 528.3	1 673.3
加拿大	33.7	1 416.4	316.7	329.9
墨西哥	107.4	962.1	229.6	241.5
美国	307.0	14 253.5	1 056.0	1 605.3
北美自由贸易区总和	448.1	16 632.0	1 602.3	2 176.7
日本	127.6	4 857.2	580.7	552.0

* EU-15 包括：奥地利、比利时、丹麦、芬兰、法国、德国、希腊、爱尔兰、意大利、卢森堡、荷兰、葡萄牙、西班牙、瑞典和英国。新加入的国家(12 国)包括：保加利亚、塞浦路斯、捷克、爱沙尼亚、匈牙利、拉脱维亚、立陶宛、马耳他、波兰、罗马尼亚、斯洛伐克和斯洛文尼亚。

资料来源：World Bank, *World Development Report* 2011(Washington, DC: World Bank, 2011) and World Trade Organization(WTO), *International Trade Statistics*(Geneva: WTO, 2010)。

欧盟的建立有效地扩大了与非成员国的工业品贸易。这是因为：(1)欧盟的迅速成长增加了从联盟外国家进口工业产品的需要；(2)肯尼迪与东京回合(由美国因害怕贸易转移而发起)将进口工业品的平均关税降到了一个很低的水平。另外，欧盟的建立引起农产品的贸易转移，特别是温带农作物，如从美国进口的谷物。

共同农业政策(CAP)的发展对欧盟来说尤其麻烦，相对高昂的农产品价格的制定，其结果是维护了欧盟农民，特别是法国农民的福利而牺牲了消费者的福利。欧盟征收的关税(所谓的可变进口税额)使得进口的农产品价格总是等于欧盟制定的高价。支持农业的高价格也导致欧盟内部的巨量农业剩余、高额贮藏成本和削减出口(见 6.4 节关于出口的减少和案例研究 6.3)。这项农业政策是造成欧盟同美国在乌拉圭回合中最尖锐的贸易争端的主要因素之一(参见 6.10 节)。

在 1975 年洛美会议上，欧盟取消了从非洲、加勒比海、太平洋地区的 46 个前殖民地发展中国家进口的大部分贸易壁垒。条约每 5 年重新修订一次(1980 年、1985 年、1990 年和 1995 年)，并把相关国家增加到 71 个。早在 1971 年，欧盟就对从发展中国家进口的制成品和半制成品给予普遍关税特惠，但是纺织品、钢铁、家用电器、鞋和其他许多对发展中国家来说意义重大的产品被排除在外。在 1979 年的东京回合中特惠扩展到热带产品贸易，然而，这些特惠并没有完全取消前殖民者的贸易壁垒，因贸易转移一事又引起一场更为激烈的争论。作为 1994 年结束的乌拉圭回合的成果，对发展中国家出口的配额限制和关税在逐渐减少(参见 6.9 节)。2000 年 2 月，洛美四次会议修订的条约到期，并被 2000 年 6 月在贝宁的科托努签署的科托努协议取代，新协议的基本目标与洛美会议相同。欧盟在 2008 年用基于互惠的新伙伴关系协定取代科托努协定。新协定涉及 79 个国家，被分成6个地区。

如前所述，因欧盟建立而产生的静态福利效应估计为国内生产总值的1‰～2‰，而动态效应则大得多（参见案例研究7.2）。最大的收获可能在政治方面，比如曾经是敌人的德国和法国，如今却结合成了统一的经济实体。对欧盟来说，通向全面经济联盟之路铺满荆棘，因为一大群完全分离的国家必须达成一致性决议。美国在欧盟问题上有两种意向，既支持联盟但又害怕丢失影响。1986年，欧盟用单一欧洲法令修改罗马协定，取消了成员国之间所有产品、服务和资源自由流动的障碍。这最终在1992年的欧盟计划中获得成功，使得1993年年初欧盟能够成为一个统一市场。这也使国外直接投资大量涌入，因为投资者害怕反对外部世界的保护主义重新抬头。

案例研究 7.2

统一欧盟市场所带来的收益

1993年年初，联盟成员国内部取消了对产品、劳务、资本和劳动力自由流动的一切限制，欧盟变成一个统一的、一体化的市场。随着时间的推移，欧盟希望由此产生显著的高效率和其他效益。表7.2说明欧盟国内生产总值因取消非税贸易壁垒增加了0.2%，因取消生产壁垒增加了2.2%，因规模经济增加了1.65%，因竞争的增强增加了1.25%，总的（一次性的）增加值相当于1988年欧盟国内生产总值的5.3%，约为2650亿美元。此外，有望使通货膨胀率降低6.1个百分点，增加180万个就业机会从而使平均失业率下降1.5个百分点。因预期对外部世界保护主义的加强，欧盟92计划还大量吸引了来自美国和日本的直接投资。2003年，欧盟92计划带来的收益约占欧盟国内生产总值的2%。

表7.2 统一欧盟市场所带来的收益

收益来源	占1988年欧盟GDP的百分比/%
取消非关税贸易壁垒	0.20
取消产品壁垒	2.20
规模经济	1.65
竞争的加剧	1.25
总收益	5.30

资料来源：P. Cecchini, *The European Challenge*：1992（Aldershot, England：Wildwood House, 1988）.

在欧盟的运行中，其他重要内容还有：(1)成员国采用统一的增值税制，在这种税制下，税金按产品在生产各个阶段的增加值征收并转嫁给消费者；(2)委员会（欧盟的行政执行部门,设在布鲁塞尔)负责制定法律,以条约形式监督执行,实施统一政策如反托拉斯政策;(3)部长理事会(其成员代表本国政府)仅在受委员会委托时作最后决议,还有一个欧洲议会(由626名成员组成,每5年由成员国直接选举产生,但目前并无很大立法权力)和法院(以权力保证委员会和理事会决议符合宪法);(4)已起草包括协调货币和财政政策在内的全面货币联盟计划,以及最终实现全面政治联盟的计划(参见16.4节)。

2004年5月,10个国家,其中多为前共产主义国家和中东欧国家,成为欧盟的新成员,它们是:波兰、匈牙利、捷克、斯洛伐克、斯洛文尼亚、爱沙尼亚、立陶宛、拉脱维亚、马耳他和塞浦路斯。保加利亚和罗马尼亚在2007年加入,而其他国家,如土耳其正在协商中。在12个新成员国加入后,欧盟(EU-27)的总人口接近4.5亿,超过北美自由贸易区的4.48亿,国民总收入也略高于北美自由贸易区(参见表7.1)。

7.6 欧洲自由贸易联盟

1960年,欧共体的"外围7国"建立了称为**欧洲自由贸易联盟**(European Free Trade Association,EFTA)的贸易区,这7国是:英国、奥地利、丹麦、挪威、葡萄牙、瑞典、瑞士。1961年芬兰成为非正式成员。欧洲自由贸易联盟于1967年实现了工业品的自由贸易,但是在农产品贸易方面仅制定了有限的几条减少壁垒的特别条款。

各国维护本国的贸易壁垒以对付非成员国的做法会导致**贸易偏差**(trade deflection)的产生。这是指进口品进入低税的成员国以避免其他成员国的较高税收。为对付贸易偏差需要检查所有进口品的最初来源国以及最后到达国。当然,这种问题在关税同盟内部不会出现,因为成员国实行共同的对外关税,这种问题在特惠贸易安排中也不严重,因成员国中只安排了少量的税收优惠。

1970年冰岛同意加入欧洲自由贸易联盟,1986年芬兰成为成员国,1991年,瑞士的一个关税区列支敦士登也加入了。但在1973年,英国和丹麦退出欧洲自由贸易联盟,与爱尔兰一起加入了欧盟。1986年葡萄牙也加入其中。这样,在1991年欧洲自由贸易联盟有7个成员国(奥地利、芬兰、冰岛、列支敦士登、挪威、瑞典和瑞士),总部设在日内瓦。

1994年1月1日,欧洲自由贸易联盟加入欧盟形成了**欧洲经济区**(European Economic Area,EEA),这样的一个关税联盟最终将允许大部分产品、劳务、资本和人员在17个成员国之间自由流动(瑞士和列支敦士登1992年12月否决了条约,并且列支敦士登不能脱离瑞士单独加入该组织),联盟内共有3.85亿人口。奥地利、芬兰和瑞典也在1995年成为欧盟成员国。这样,欧洲自由贸易区就仅有四个成员国,即瑞士、挪威、冰岛和列支敦士登。

7.7 美国自由贸易协议和北美自由贸易协定

1985年9月,美国同以色列谈判签订了自由贸易协议,这是美国的第一个双边贸易协定。协议规定两国在商品贸易中削减税收和非税贸易壁垒。服务贸易也是双边的,而且通过了一些保护知识产权的条款。

虽然美国和加拿大早在1965年就有了汽车的自由贸易协议，但涉及广泛经济领域的自由贸易协议已含糊地讨论了一个多世纪。1988年，这样一个自由贸易协定最终谈判成功。1989年1月条约生效时，加拿大已成为美国最大的贸易伙伴，每年两国间的贸易达1 500亿美元（75％免税）。条约呼吁在1998年消除大部分保留的税收及非税贸易壁垒。由于条约的签订，加拿大的经济增长速度加快了5％，美国加快了1％，在两国的边境附近，还创造了成千上万个新的就业机会。

美—加条约还首次建立了一整套服务贸易的管理协定。规定每一国家对另一国家的服务部门应与对待本国的服务部门相同，同时减少会计、律师、工程师、其他专业人员过境的繁文缛节。条约还规定，终止所有现存的两国之间能源运输的限制，减少各自在对方国市场投资的限制。

1993年9月，美国、加拿大、墨西哥签署了**北美自由贸易协定**（North American Free Agreement，NAFTA），于1994年1月1日起正式生效。这将最终导致在整个北美地区产品和劳务的自由贸易。北美自由贸易协定将逐步终止许多贸易壁垒，例如进口限额，并减少三国间跨国投资的限制。1993年墨西哥从美国的进口达410亿美元，出口400亿美元，成为继加拿大、日本之后美国的第三大贸易伙伴。北美自由贸易协定的主要作用就体现在美国与墨西哥之间的贸易上（加拿大加入北美自由贸易协定只是为了确保自己的利益受到保护）。

通过增强产品和资源市场的竞争与降低大量美国消费者商品的价格这两条途径，北美自由贸易协定的实施使美国受益。事实上，1994—2008年，美国和墨西哥的双边贸易几乎翻倍。因为美国的经济规模比墨西哥大15倍，美国从北美自由贸易协定获得的福利占其GDP的份额要比墨西哥小得多。而且，美国的工资比墨西哥高6倍多，北美自由贸易协定预期将使美国非技术性工作岗位减少，技术工作岗位增加，综合来看则是就业机会净增加。2002年的一个研究估计，由于北美自由贸易区的形成，美国就业的净增加为90 000～160 000。最近的一项研究则表明，美国在就业上获得的净收益要小得多，甚至会造成就业机会的净损失。在美国，低工资的地区会受损失（如阿拉巴马和阿肯色），而高工资地区将受益。但是通过一项为期15年、30亿美元的旨在帮助被替代工人的阶段性计划，美国低收入地区工人的损失将被缩减到最低。

与墨西哥进行自由贸易可使美国工业从墨西哥进口劳动密集型部件，然后在本国进行其他操作，而不致使所有低工资的州的工作岗位都丧失。实际上，近期墨西哥的获利工作岗位可能不是来自美国，而是来自其他国家，例如马来西亚，那里的工资水平与墨西哥大体相当。作为国会批准北美自由贸易协定的条件，美国也与墨西哥签订了一系列管理工作场所及环境标准的补充协议（用来预防到墨西哥工作的美国公司利用墨西哥松散得多的劳动力和环境管制之便），同时，实施保护条例以抵制可能对美国某些产业造成威胁的进口波动。

北美自由贸易协定的实施，也使墨西哥由于不断进入美国的巨大市场带来的更多的出口增长，以及不断增加的外国资本流入而受益。墨西哥的农业遭受了工作岗位和收入的净损失,但在工业上的净增加足以弥补这些损失。随着时间的推移,人们预计在工业中增加的就业机会和提高的工资将减少墨西哥人移民到美国的压力。但是由于墨西哥薄弱的经济制度基础和不充分的经济结构改革,墨西哥从北美自由贸易协议中获益的能力是有限的。

1993年美国还启动了美洲初创计划(EAI),最终导致了1998年美洲自由贸易区的形成,其最终目标是建立南北美34个国家的自由贸易区。不过,谈判中存在种种困难,短期内难以成功。2001年以来,美国与澳大利亚、巴林、智利、以色列、约旦、摩洛哥、阿曼、秘鲁、新加坡和韩国签署了自由贸易协定,并与哥斯达黎加、萨尔瓦多、危地马拉、洪都拉斯、尼加拉瓜和多米尼加共和国签订了中美洲自由贸易协定(CAFTA)。截至2011年年初,美国同哥伦比亚和巴拿马之间的自由贸易协定还未正式签署。

欧盟和其他国家也在积极签署自由贸易协定,到2011年,已有300多个自由贸易协定,而1990年时只有50个。现在,全球大部分国家都处在多边自由协定中。双边和地区自由贸易协定的"意大利面条碗"式增长也被一些经济学家,如贾格迪什·巴格沃蒂(Jagdish Bhagwati)视为形成更自由的多边贸易体系的阻碍。

7.8 发展中国家经济一体化的尝试

欧盟的成功,激励了许多发展中国家也采取一体化的方式来提高经济的发展速度。然而其中的大多数尝试仅获得了有限的成功或遭到失败。例子有:

1. 中美洲统一市场(CACM),由哥斯达黎加、萨尔瓦多、危地马拉、洪都拉斯和尼加拉瓜共建于1960年。该组织于1969年解散,1990年重新恢复。

2. 拉美自由贸易协定(LAFTA),由墨西哥和大多数南美洲国家于1960年建立,包括一个分支机构(安第斯国家共同体,1969年由玻利维亚、厄瓜多尔、智利、哥伦比亚、秘鲁和委内瑞拉建成),该组织希望加速一体化过程并建立共同市场,1980年拉美自由贸易协定由拉美一体化协定(LAIA)所取代。

3. 南部共同市场(Southern Common Market,MERCOSUR),由阿根廷、巴西、巴拉圭和乌拉圭在1991年建立并在1995年形成统一市场。1996年玻利维亚与智利,2003年秘鲁,2004年哥伦比亚、厄瓜多尔和委内瑞拉作为非正式成员加入。2010年12月,委内瑞拉成为正式成员。

4. 美洲自由贸易区(FTAA),成立于1998年,目标是2005年时在南北美洲的34个国家内实现自由贸易。

5. 加勒比海自由贸易协定(CARIFTA),成立于1968年,1973年形成共同大市场(CARICOM)。成员国有安提瓜岛和巴布达岛、巴哈马、伯利兹、多米尼加、格林纳达、圭亚那、牙买加、蒙特塞拉特岛、圣基茨和尼维斯、圣卢西亚、圣文森特和格林纳丁斯群岛、苏里南、特立尼达岛和多巴哥岛。

6. 东非经济共同体,1967年由肯尼亚、坦桑尼亚、乌干达建立,2010年布隆迪和卢旺达加入。

7. 西非经济与货币共同体(UEMOA-WAEMU),包括贝宁、布基纳法索、科特迪瓦、几内亚比绍、马里、尼日尔、塞内加尔和多哥。

8. 南部非洲发展共同体,有15个成员国,包括安哥拉、博兹瓦纳、刚果民主共和国、莱索托王国、马拉维、马达加斯加、毛里求斯、莫桑比克、纳米比亚、塞舌尔、南非、斯威士兰、坦桑尼亚、赞比亚、津巴布韦。

9. 东南亚国家联盟(ASEAN),包括文莱、柬埔寨、印尼、老挝、马来西亚、缅甸、菲律宾、新加坡、泰国和越南。虽然它主要是一个政治组织,但在1977年决定朝着共同市场的方向努力。2010年年初,中国加入东南亚国家联盟,形成亚洲自由贸易区(AFTA)。

这些关税同盟在很大程度上造成贸易转移,鼓励产业发展。也许各组发展中国家经济一体化最大的障碍是各成员间利益分配不平均。利益往往主要归于一组中最发达的国家,这导致落后的国家退出,经济一体化的努力随之失败。克服这个困难的一个办法是通过产业计划提供投资帮助(即向每个成员国分配若干产业)。虽然这个策略曾经在中美洲共同市场进行过试验,但最终还是以失败告终,该联盟于1969年解体(尽管如前所述,1990年又得以恢复)。

另一个困难是许多发展中国家不愿意将它们刚刚获得的领导权让出一部分给一个超国家的共同体组织,而这一点正是成功的经济一体化所需要的。其他困难还有:在成员国中缺乏良好的运输和通信条件,相距遥远使各成员国之间缺少交流;各国经济中基本的互补性和农产品在共同的世界市场上的出口竞争。由于这些原因,发展中国家的经济一体化在大多数情况下还不能说是成功的。一个成功的例子是南方共同市场(参见案例研究7.3)。

从2003年开始,南方共同市场在巴西的领导下,开始寻求与安第斯国家共同体以及其他南美国家达成自由贸易协定,以增加各自与美国在建立美洲自由贸易区时的谈判力量。案例研究7.4给出了随经济一体化而改变了的贸易形式。

案例研究7.3

南方共同市场(Mercosur)的经济概况

表7.3提供了南方共同市场的经济概况,该组织于1991年由阿根廷、巴西、巴拉圭和乌拉圭共同创立。智利和玻利维亚于1996年,秘鲁在2003年,哥伦比亚、厄瓜多尔和委内瑞拉在2004年成为准成员国。委内瑞拉在2010年成为正式成员。表中显示,2009年南方共同市场的人口为2.436亿,国民总收入为19 057亿美元,出口总额为2 173亿美元,进口总额为1 863亿美元。南方共同市场(现在是世界上继北美自由贸易区和欧盟之后的第三大市场)于1995年年初成为关税同盟,共同外部平均关税为14%,内部贸易的95%为自由贸易。南方共同市场计划最终成为资源也可以自由流动的共同市场。

表7.3 南方共同市场

国家/地区	人口/百万	国民总收入/10亿美元	出口/10亿美元	进口/10亿美元
阿根廷	40.3	304.1	55.7	38.8
巴西	193.7	1 557.1	153.0	133.7
巴拉圭	6.3	14.3	3.2	6.9
乌拉圭	3.3	30.2	5.4	6.9
南方共同市场	243.6	1 905.7	217.3	186.3
美国	307.0	14 253.5	1 056.0	1 605.3
北美自由贸易区	448.1	16 632.0	1 602.3	2 176.7
EU-27	498.5	17 118.4	4 587.6	4 732.7
EU-27 与世界其他国家之间	—	—	1 528.3	1 673.3
日本	127.6	4 857.2	580.7	552.0

资料来源：World Bank, *World Development Report* 2011 (Washinton, DC: World Bank, 2011) and WTO, *International Trade Statistics* (Geneva: WTO, 2010).

案例研究 7.4

经济一体化下的贸易模式变化

表7.4 给出了1990年、1995年、2000年、2005年和2009年欧盟、北美自由贸易区和南方共同市场的出口总额、联盟内部出口额以及联盟内部出口额占出口总额的百分比。该表显示欧盟的内部贸易额所占比例最大，南方共同市场最小。然而，南方共同市场在1990—1995年（即1991年成立后的4年），北美自由贸易区在1995—2000年（在其1994年成立之后）联盟内贸易增长较快。由于2001—2002年阿根廷和巴西发生经济危机，南方共同市场的内部贸易额占贸易总额的比例从2000年的20.1%下降到2005年的12.9%和2009年的15.2%。不过到2003年，南方共同市场的内部贸易恢复了增长。

表7.4 1990年、1995年、2000年、2005年和2009年欧盟、北美自由贸易区和南方共同市场出口总额及联盟内部出口额

年份	欧盟出口额/10亿美元		欧盟内部出口额占总额的比例/%
	总额	欧盟内部	
1990(EU-15)	1 482.4	979.7	66.1
1995(EU-15)	1 936.8	1 295.3	66.9
2000(EU-15)	2 251.0	1 392.3	61.9
2005(EU-27)	4 065.9	2 755.6	67.8
2009(EU-27)	4 587.6	3 059.3	66.7

续表

年份	北美自由贸易区出口额/10亿美元		NAFTA 内部出口额占总额的比例/%
	总额	NAFTA 内部	
1990	561.9	239.6	42.8
1995	856.5	394.3	46.0
2000	1 224.9	681.6	55.6
2005	1 478.6	824.6	55.8
2009	1 602.3	768.0	47.9

年份	南方共同市场出口额/10亿美元		南方共同市场内部出口额占总额的比例/%
	总额	南方共同市场内部	
1990	46.4	4.1	8.9
1995	70.5	14.5	20.5
2000	84.6	17.7	20.1
2005	163.8	21.1	12.9
2009	217.3	33.0	15.2

资料来源：WTO, *International Trade Statistics*(Geneva：WTO, 2010).

7.9 中东欧与苏联地区的经济一体化

1949年，苏联和东欧共产主义集团的国家(保加利亚、捷克斯洛伐克、民主德国、匈牙利、波兰、罗马尼亚)及蒙古(古巴、朝鲜、越南后来加入)共同成立了经济互助委员会(Council of Mutual Economic Assistance, CMEA 或 COMECON)。该组织成立的目的是将以前对西方国家的贸易转移出来以实现共产主义国家内部更大程度上的自给自足。在这种安排下，大多数成员国用工业品和农产品交换苏联的石油和天然气。

在经互会成员国中，国家通过若干个**国家贸易公司**(state trading companies)来决定和控制所有的国际间交易，每个公司掌握某些类型的产品。在这种体制下，进口物品的种类和数量完全由各国根据国家计划需要超出仅依靠国内生产所不能满足的水平所决定(如消除"物质平衡"中的缺口)。然后由国家决定出口哪种产品以换取所需要的进口品。在这种贸易中，政治因素至少与经济因素同样重要，比较优势和商品相对价格则没有任何直接的作用。实际上，这些**中央计划经济**(centrally planned economies)(即此种经济中价格不是由市场力量决定而是由政府直接决定)一般都强调自给自足，并倾向于把国际贸易看做一种弥补物质平衡缺口、获得本国或经互会无法提供的产品与劳务(如高技术产品)的不得不采纳的手段。

经互会成员国之间的贸易一般是以双边协议和大量采购为基础的。**双边协议**(bilateral agreements)通常包括易货贸易和反向贸易，这里指一物与另一物直接进行交换，或者至少尽力去平衡本国的贸易。理由是：任何"可兑换"卢布(经互会贸易账户的货币单位)的剩余，不能花费在从任何国家进口产品和劳务上，除非这个国家是积累卢布的来源。例如，如果波兰对苏联的出口多于进口，它只能用盈余的卢布购买苏联的产品。大量采购(bulk purchasing)是一种协议,指一国的贸易公司从另一国贸易公司购买一年或几年的特定量的某种商品。

1989年年底以来,整个东欧和苏联共产主义政权瓦解,德国统一,南斯拉夫分裂,苏联解体。这些重大的政治变化至少一部分与中央计划经济的失败有关。所有12个中东欧国家(Central and Eastern European Countries, CEEC)以及15个原苏联的新独立国家(Newly Independent States, NIS)现在正奋力在市场的轨道上重建经济和国际贸易。在几十年的中央计划经济和产品严重缺乏情况下,这是个十分艰巨的任务。建立市场经济需要满足以下几方面的要求:(1)摆脱政府控制,实行自由的价格和工资制度(这样市场的供求力量可自由配置资源);(2)生产性资源由政府手中转移到私人业主手中(即经济私有化);(3)实行竞争和国际贸易自由化的开放经济(即以市场原则为基础的贸易取代国家贸易);(4)建立发挥市场经济功能所必需的法律和执行机构(如财产权、西方式银行体制、资本市场、成本会计、商业法等)。

在大多数国家,伴随着传统的中央计划经济的垮台,存在严重的经济混乱:不断升高的失业、飞涨的通货膨胀、巨额的财政赤字、难以为继的国际债务和濒临崩溃的贸易关系。到目前为止,波兰、匈牙利和捷克共和国(1992年捷克斯洛伐克分裂为捷克和斯洛伐克共和国)、斯洛文尼亚(1991年由前南斯拉夫分裂出来)和爱沙尼亚(波罗的海国家,原属于苏联共和国)是在经济重组中进步最快、增长最迅速的国家。其他中东欧国家则有些落后,而大多数新独立国家(包括俄罗斯)仅走了约一半的进程。最为困难的是大工业的私有化以及民主社会与市场经济机制的建立。

1989年以后,中东欧国家和新独立国家的贸易方向发生转折。1980年,中东欧国家和新独立国家出口中51%是出口到其他中东欧国家和新独立的国家,28%出口到其他工业国,21%出口到发展中国家。到2008年,这些数据分别变成了20%、63%和7%。大多数中东欧国家在与西方扩大贸易时曾经历过严重的困难,大多数新独立国家则正在经历这一困难,这是由于这些国家的产品质量低下以及工业化国家的贸易保护主义所造成的。为了成功实现经济重组,中东欧国家和新独立国家需要来自发达国家的大量外援,以及巨额国外直接投资(FDI)和引进国外先进技术,以便将产品打入发达国家市场。

1991年年底,苏联正式解体,在俄罗斯领导下,大多数原苏联加盟共和国(现在被称为新独立国或NIS)组成**独联体**(Commonwealth of Independent States, CIS)。1991年11月21日,欧盟与波兰、匈牙利和捷克斯洛伐克签署协议,允许这些国家与欧盟在除钢铁、纺织品和农产品这些重要产品之外实行自由贸易。1996年,共有10个中东欧国家加入协议,1992年,波兰、匈牙利、捷克共和国和斯洛伐克组成**中欧自由贸易协议**(Central European Free Trade Association, CEFTA),波罗的海国家爱沙尼亚、拉脱维亚和立陶宛组成波罗的海自由贸易区,为加入欧盟做准备。

1998年3月,捷克共和国、爱沙尼亚、匈牙利、波兰和斯洛伐克开始了加入欧盟的谈判,2000年2月,保加利亚、拉脱维亚、立陶宛、多米尼加和斯洛伐克共和国也加入谈判。2004年,10个中东欧国家(波兰、匈牙利、捷克、斯洛伐克、爱沙尼亚、立陶宛、拉脱维亚、马耳他和塞浦路斯)成为欧盟成员国,保加利亚和罗马尼亚也于2008年加入欧盟。阿尔巴尼亚、前南斯拉夫国家(波斯尼亚和黑塞哥维那、克罗地亚、塞尔维亚和黑山、马其顿,只有斯洛文尼亚除外),以及土耳其也已开启加入欧盟的谈判。原苏联加盟共和国(俄罗斯、亚美尼亚、阿塞拜疆、白俄罗斯、格鲁吉亚、哈萨克斯坦、吉尔吉斯斯坦、摩尔多瓦、塔吉克斯坦、土库曼斯坦、乌克兰、乌兹别克斯坦,除波罗的海的爱沙尼亚、拉脱维亚和立陶宛之外)在重组过程中则更为落后,不可能加入欧盟。

本章小结

1. 经济一体化是指在加入一体化的成员国之间减少歧视和消除贸易壁垒的商业政策。经济一体化的程度从特惠贸易协定到自由贸易区、关税同盟、共同市场,一直到经济同盟,一体化程度逐渐提高。

2. 在一个特惠贸易协定中(如英联邦特惠制),贸易壁垒只在特定的参加国中减少。自由贸易区(如欧洲自由贸易联盟和北美自由贸易区)在成员国之间消除所有贸易壁垒,但每个成员国与非成员国之间保留自己的壁垒。关税同盟(如欧盟)则更进了一步,对同盟外的贸易也采用共同的商业政策。统一市场(如1993年以来的欧盟),允许劳动力和资本在成员之间自由流动,这就又向前进了一步。而经济联盟做到可以协调(如荷比卢经济联盟),甚至可以统一(如美国)各成员的货币和财政政策。

3. 关税同盟静态的、局部的均衡效应根据贸易创造和贸易转移来衡量。当一个成员国国内产品被另一个成员国低成本的进口产品替代时就产生了贸易创造。这可以增加关税同盟国的福利。当从同盟外某国进口的低成本产品被同盟内某国的高成本产品所替代时,关税同盟也可能造成贸易转移。贸易转移减少了福利,因为它使生产从具有比较优势的地区转移出去。贸易转移关税同盟既导致贸易创造又产生贸易转移,因而它有可能增加也有可能减少福利,其最终结果取决于两种相反力量的强度。

4. 除了静态的效益外,形成关税同盟的国家会出现竞争加剧、经济规模扩大、投资得到刺激、经济资源得到更好的利用,因而会获得显著的动态效益。

5. 欧盟成立于1958年,由联邦德国、法国、意大利、比利时、荷兰、卢森堡组成。1973年英国、丹麦、爱尔兰加入,1981年希腊,1986年西班牙和葡萄牙加入。1995年奥地利、芬兰和瑞典加入。2004年年初,波兰、匈牙利、捷克共和国、斯洛伐克、斯洛文尼亚、爱沙尼亚、立陶宛、拉脱维亚、马耳他和塞浦路斯10个国家成为欧盟的新成员。保加利亚和罗马尼亚在2007年加入,但是土耳其的加入还没有时间表。在创始国中,1968年工业品实现自由贸易,并实行共同的农业政策。完全的统一市场在1993年年初实现。欧盟的成立导致工业品贸易扩大但农产品贸易发生转移。共同农业政策的发展是非常困难的。欧盟建立的静态效益大约占GDP的1%~2%,动态效益则更大一些。

6. 自由贸易区的典型之一是欧洲自由贸易联盟,它于1960年建立,1993年夏加入欧盟。欧洲自由贸易联盟的现有成员只有瑞士、挪威、冰岛和列支敦士登。

7. 在过去的20年间,美国与很多国家签署了贸易协定,并于1993年与加拿大和墨西哥成立北美自由贸易区。

8. 发展中国家的经济一体化的多次尝试或者收益甚微或者遭到失败,但南部共同市场看来颇为成功。南部共同市场的成员包括阿根廷、巴西、巴拉圭和乌拉圭,智利、玻利维亚、哥伦比亚、厄瓜多尔和秘鲁为准成员国。委内瑞拉在2010年12月成为正式成员国。

9. 过去 10 年中世界面临的最大挑战是中东欧和苏联的共产主义国家的市场化经济改造及融入世界经济的一体化过程。直到今天这个过程还没有完成。大多数中东欧国家计划于 2004 年加入欧盟。

复习题与练习题

1. 假定闭关自守状态下 X 商品的价格，在国家 1 是 10 美元，在国家 2 是 8 美元，在国家 3 是 6 美元，并且国家 1 是小国，不能通过贸易影响国家 2 和国家 3 的价格。如果国家 1 对从国家 2 和国家 3 进口的 X 商品最初征收非歧视性的 100％的从价税，那么，国家 1 会在国内生产 X 商品还是从国家 2 或国家 3 进口 X 商品？

2. 以练习题 1 为基础：
(1) 如果国家 1 与国家 2 结成关税同盟，国家 1 会在国内生产 X 还是从国家 2 或国家 3 进口？
(2) 国家 1 与国家 2 建立的关税同盟会引起贸易转移吗？为什么？

3. 假定三国的 X 商品价格与在闭关锁国的练习题 1 情况下是相同的，并且国家 1 是小国，不能通过贸易影响国家 2 和国家 3 的价格。如果国家 1 最初对从国家 2 和国家 3 进口的 X 商品征收 50％（而不是 100％）无差别从价税，国家 1 是在国内生产 X 商品还是从国家 2 或国家 3 进口？

4. 以练习题 3 为基础：
(1) 如果国家 1 后来与国家 2 结成关税同盟，国家 1 会在国内生产 X 商品还是从国家 2 或国家 3 进口？
(2) 国家 1 与国家 2 建立的关税同盟会引起贸易转移吗？为什么？

5. (1) 画图说明关税同盟可以同时造成贸易创造和贸易转移，但是对同盟国有净福利的增加。
(2) 用刚才画的图测度一国加入此关税同盟的福利效应。

6. 决定贸易转移关税同盟成员国的福利是净增加还是净减少的因素是什么？

7. 建立关税同盟的国家得到的动态效益是什么？

8. 画图表示如果国家 1 仅与国家 2 结成关税同盟，但国家 3 的含税价格低于国家 2 的自由贸易价格，将会发生什么样的情况。

9. 解释为什么 1988 年的美—加自由贸易协定在美国引起的争议要比包括墨西哥在内的北美自由贸易区引起的争议小得多。

10. 请说明从欧盟开始于 1993 年年初的单一的统一市场运动中，美国所支付的可能的成本与得到的可能的收益。

参考书目

关于区域贸易协定理论，可参见：
- A. Panagariya, "Preferential Trade Liberalization: The Traditional Theory and New Development,"

Journal of Economic Literature (June 2000), pp. 287-331.
- J. Bhagwati, *Termites in the Trading System* (New York: Oxford University Press, 2008).

对欧盟(前欧共体)福利效应的详细分析和估计,见:
- P. Messerlin, *Measuring the Cost of Protection in the European Union* (Washington, DC: Institute for International Economics, 2001).

关于北美自由贸易协定的影响,见:
- L. Klein and D. Salvatore, "Welfare Effects of the North American Free Trade Agreement," *Journal of Policy Modeling* (April 1995), pp. 163-176.
- D. Salvatore, "Measuring the Econimic Effects on Mexico," *CESIfo Forum* (December 2010), pp. 31-37.

关于 Mercosur,南美共同市场,参见:
- Inter-American Development Bank, *Integration and Trade in the Americas*, (Washington, DC: Inter-American Development Bank, 2011).

关于发展中国家间的关税同盟,见:
- World Bank, *Global Economic Prospects* (Washington, DC: World Bank, May 2011).

关于东欧和苏联的经济改革和贸易,参见:
- L. Orlowsky and D. Salvatore, eds., *Trade and Payments in Central and Eastern Europe's Transforming Economies* (Westport, CT.: Greenwood Press, 1997).
- D. Salvatore, "The EU's Eastern Enlargement," *Empirica* (July 2001), pp. 1-21.
- EBRD, *Transition Report* (London: EBRD, 2011).

网址

有关欧盟的信息,可见:
http://mkaccdb.eu.int

关于北美自由贸易区对美国、加拿大、墨西哥和其他国家的影响,见:
http://lanic.utexas.edu/la/mexico/nafta
http://www.citizen.org/trade/nafta/index.cfm

关于南部共同市场的资料,可见:
http://www.cfr.org/publication/12762/mercosur.html

关于美洲自由贸易区的信息,可见:
http://www.alca-ftaa.org/alca_e.asp

亚太经合组织是一个由21个国家建立的旨在促进自由贸易和经济合作的地区性组织,可见:
http://www.apec.org

有10个成员国家的南亚国家联盟的资料,可见:
http://www.aseansec.org/18619.htm

有关前社会主义国家国际贸易、经济重组与地区贸易协定的信息,可见:
http://www.ebrd.com/pages/homepage.shtml

第 8 章

国际贸易与经济发展

学习目的

学完本章,你应当能够:
- 描述增长和发展是如何随时间变化的
- 理解贸易理论和经济发展之间的关系
- 识别国际贸易对经济发展的贡献
- 理解贸易条件和发展之间的关系
- 解释出口收入的不稳定如何影响发展
- 比较发展中进口替代和出口导向的影响
- 描述目前发展中国家面临的贸易问题

重要术语

平衡增长	balanced growth
增长动力	engine of growth
新殖民地区	regions of recent settlement
剩余出口	vent for surplus
内生增长理论	endogenous growth theory
亚洲高增长经济体	High-Performance Asian Economies, HPAEs
商品,或纯物物交换的贸易条件	commodity, net barter, terms of trade
贸易收入条件	income terms of trade
贫困化增长	immiserizing growth
出口波动	export instability
国际商品协定	international commodity agreements
市场委员会	marketing boards
缓冲库存储备	buffer stocks
出口管制	export controls

购货合约	purchase contracts
进口替代工业化	import-substitution industrialization, ISI
出口导向工业化	export-oriented industrialization
金砖国家	BRICs(Brazil, Russia, India, and China)
外债	foreign debt
新兴工业化经济体	newly industrialized economies(NIEs)
出口悲观论	export pressimism
国际经济新秩序	New International Economic Order(NIEO)
联合国贸易发展大会	United Nations Conferences on Trade and Development(UNCTAD)

8.1 引言

除北美、西欧、日本、澳大利亚和新西兰等以外,世界上大多数国家被划分为不发达国家,或者从积极一点的意义上说,称为发展中国家。相对于发达国家(或者更发达国家)来说,发展中国家的一般特点是:低(有些极端地低)人均真实国民收入、在农业及其他初级产品生产部门(如采矿业)中的劳动力比例高、低预期寿命、高文盲率、高人口出生率、低人均国民收入增长率。不过实际上在发达国家和发展中国家之间并不存在明显的分界线,而是在非常富裕和非常贫穷的国家之间存在一系列收入水平依次拉开的国家。

在过去,发达国家与发展中国家的经济关系表现为,发展中国家主要向发达国家出口食物和原材料,以交换后者的工业制成品。这仍然是最贫穷的发展中国家的贸易模式,但对那些较先进的发展中国家来说,情况已有了变化。1980年,制成品只占发展中国家出口的25%,但到2003年,这一比率已超过80%。

虽然发展中国家的经济发展水平和速度基本上取决于自身的国内条件,但当今大多数经济学家仍然认为,国际贸易对于发展进程有着重要意义。当然情况也并不总是这样,直到20世纪80年代,一些影响较小的经济学家坚信国际贸易和现今的国际经济制度,由于造成了发展中国家长期贸易条件的衰退和出口收入的起伏不定,因而实际上是阻碍而不是促进了经济的发展。这些经济学家认为,建立在比较优势基础上的标准的国际贸易理论,根本就与发展中国家及其发展进程毫无关系。因此,他们主张通过进口替代(即在国内生产以前需要进口的商品)来实现工业化和逐步减少对国际贸易的依赖,他们同时倡议改革现有的国际经济制度以使其更加符合发展中国家的需要。

本章将讨论以上所有问题。8.2节说明一国要素禀赋的变化对该国生产可能性曲线和增长的影响;8.3节考察国际贸易理论在经济发展中的相关性;8.4节讨论国际贸易对经济发展的贡献;8.5节讨论贸易条件及其对经济发展的影响;8.6节讨论贫穷化的增长;8.7节考察出口波动和经济增长间的关系;8.8节论述出口及进口替代的发展策略;8.9节讨论发展中国家的贸易自由化趋势;8.10节考察当今发展中国家面临的主要问题。

8.2　随着时间推移的增长和发展

随着时间的推移，因为劳动力(L)规模的增加以及包括人力资本(K)和技术进步(T)在内的资本(投资)的积累，各个国家会逐步发展。一国劳动和资本禀赋的增加和/或技术进步会引起该国生产可能性曲线向外移动。移动的形状和幅度则取决于L,K和T的增长比率。

我们考察在技术条件保持恒定、规模效益不变的条件下一个生产两种商品(商品X为劳动密集型,商品Y为资本密集型)的国家的增长。如果K和L二者增长比率相同,生产可能性曲线将按两要素的增长比率同时向两个方向外移。结果,新旧两条曲线(要素增长前后)各点的斜率相等。两条线的相同点被源于原点的射线相割。这就是**平衡增长**(balanced growth)的情况。

如果仅是劳动力L增加,由于劳动投入于两种商品的生产过程,X和Y两种商品量均会增加。但是,商品X(劳动密集型商品)的增加将快于商品Y(资本密集型商品)的增加。在仅有资本要素增长时情况则恰好相反。如果劳动和资本以不同比率增长,外移的生产可能性曲线也可类似地确定。对于技术进步的结果也是一样的。图 8.1 表明了不同类型要素增加时国家的发展。

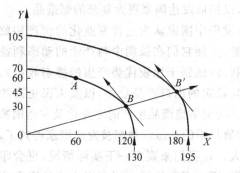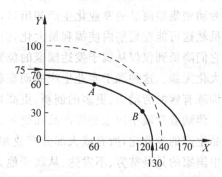

图 8.1　劳动和资本随时间的增长

左图表示在规模报酬不变和技术不变的条件下,劳动(L)和资本(K)均增长 50% 的均衡增长情况。两条生产可能性曲线具有相同的形状和斜率(P_X/P_Y),对任何一条从原点发出的射线均是如此。右图表示仅 L 增长 50% 或仅 K 增长 50% 的情形。只有 L 增长 50% 时,商品 X(劳动密集型产品)产量的增长率高于商品 Y 的增长率(但低于 50%)。同样地,当只有 K 增长 50% 时,商品 Y 产量的增长率高于商品 X,但低于 50%(见用虚线表示的生产可能性曲线)。

图 8.1 中的左图说明假定国家 1(参见图 3.1)的劳动与资本两要素都增加 50% 的平衡增长情况。在规模效益不变的条件下,每种商品的最大化产量也增加 50%,从 $130X$ 和 $70Y$ 增加到 $195X$ 和 $105Y$。注意到扩张后的生产可能性曲线与之前的曲线形状相同,增长前后的生产可能性曲线的斜率相等。或者说 P_X/P_Y 在 B 点和 B' 点相等,被来自原点的射线相切。

图 8.1 中的右图重复了国家 1 增长前的生产可能性曲线(截距分别为 $130X$ 和 $70Y$),并显示了另两条生产可能性曲线,分别是仅劳动增加 50%(实线)和仅资本增加 50%(虚

线)。当只有劳动增加时,曲线更多地向测度劳动密集型商品的 X 轴方向扩展。当只有资本增加时,曲线更多地向测度资本密集型商品的 Y 轴方向移动。注意,当只有劳动增加 50% 时,X 的最大化产量并没有增加 50%(只从 $130X$ 增加到 $170X$)。要使 X 增加 50%,必须让劳动与资本两要素都增加 50%。同样,当仅资本增加 50% 时,Y 的最大化产量也增加不到 50%(从 $70Y$ 增加到 $100Y$)。

当劳动与资本以相同比率增长时,如果规模报酬不变,两种商品的生产技术也不变,那么生产效率进而劳动与资本的回报率在增长前后都不变。如果依从率(即依赖于总人口的比率)也不变,则一国的人均真实收入和生活水平也保持不变。如果只有劳动增长(或劳动比资本增长快),则资本/劳动比率及劳动的生产效率、劳动的回报率、人均真实收入都将下降。反过来,如果仅仅资本增长(或资本比劳动增长快),资本/劳动的比率、劳动的生产效率、回报率及平均收入都将上升。不同技术进步的类型下也会有同样的影响。

8.3 贸易理论与经济发展

按照传统的贸易理论,如果各国专门生产自己具有比较优势的商品,世界的总产出将会增加,通过贸易可使各国均受益。按照目前的要素禀赋和技术在发达国家与发展中国家的分布,根据比较优势理论,发展中国家就应当继续进行原料、燃料、矿产品、食品及简单的劳动密集型商品的专业化生产和出口,以换取发达国家更为复杂的制造品。

虽然这可能在短期内使福利最大化,但发展中国家认为这种专业化的生产和贸易方式把它们降低到仅仅从属于发达国家的位置,并使它们在长期中与产业的动态利益和福利最大化无缘。这种源于实业生产的动态利益(区别于比较优势产生的静态收益),是指更加训练有素的劳动力、更多的创新、更高且稳定的出口产品价格,以及人民更高的收入水平。伴随着发展中国家初级产品和简单劳动密集型商品生产的专业化及发达国家复杂制造品生产的专业化,所有或大部分产业和贸易中的动态利益都被发达国家得到了,留给发展中国家的只是贫穷、不发达、从属于他人。让我们来观察一下实际情况,更会印证这种信念:所有发达国家都主要是工业化国家,而大多数发展中国家则主要从事农业或采矿业,或简单产品的制造。

传统贸易理论因此受到攻击,因为它是静态的,而且与发展进程无关。按照这种观点,传统贸易理论只注重调整现存的条件,而发展则要求必须改变现存的条件。简而言之,人们相信传统贸易理论只可能在某一时期的某一点上或者短时期内使福利最大化,但不能保证长期内或总是如此。

这些确实是严重的指责,如果是真的,确实会使传统贸易理论与经济发展脱钩。然而,如 8.2 节所说明的,传统贸易理论可以引入要素供给、技术的长期变化从而加以拓展。这就意味着一国发展模式的制定不是一劳永逸的事情,而必须随时间和条件的变化而改变。例如,随着一个发展中国家的资本积累和技术进步,其比较优势会从初级产品和简单的制造品转向更复杂的制造品和服务。在某种程度上,巴西、韩国、墨西哥和其他一些发展中国家已经发生了这种转变。因此,传统的贸易理论对于发展中国家和发展进程仍然是很有意义的。

不过必须指出的是，今天的国际贸易不可能再是"增长的引擎"，或是成为推动经济发展的最重要的力量，虽然它曾经是19世纪新殖民地区（美国、加拿大、澳大利亚、新西兰、阿根廷、乌拉圭和南非）的增长引擎。原因是与19世纪相比，今天人们对食品、原材料和简单制造品的需求增长已经放慢了很多，而且今天的很多发展中国家与一个世纪之前的新殖民地区国家相比没有很多的人均自然资源（石油输出国家除外）。然而，国际贸易仍是发展的一个必要条件。没有人强迫中国开放国门，但是如果没有这样的开放，中国不可能得到资金和技术，也得不到这样一个使其在过去10年飞速发展的市场。

8.4 贸易对发展的贡献

即使在国际贸易一般不能称为"经济增长引擎"的今天，它也能从多方面（除比较优势的静态所得以外）对发展中国家的经济增长做出贡献。其中包括：

1. 贸易可以充分利用未开发的国内资源。也就是说，通过贸易，发展中国家能够把由于不充分的国内需求造成的未被利用的资源转到贸易上，这样，本来在生产可能性曲线之内的低效率的生产点就可以外移到生产可能性曲线之上。对于这样做的国家来说，贸易代表一个**剩余出口**（vent for surplus），或者说是一个农产品和潜在生产资料的出路。这是发生在许多发展中国家的真实情况，特别是东南亚和西非地区的国家。

2. 通过市场规模的扩大，贸易可以促进劳动分工和规模经济。这在较小规模的经济体比如中国台湾、中国香港、新加坡的轻工业生产过程中尤为重要，而且确实发生了。

3. 国际贸易是新观念、新技术、新管理和其他技能的传播媒介。

4. 贸易也刺激和便利了国际资本由发达国家向发展中国家的流动，在国外直接投资的情况下，外国公司保留对投资的控制，因而，具有操作资本技能的个人经验很可能连同外国资本一同进入发展中国家（国外直接投资问题将在第9章详细介绍）。

5. 在巴西、印度等几个大的发展中国家，新工业产品的进口已经刺激了国内需求并带动国内这类产品的有效生产。

6. 国际贸易是反垄断的有效武器，因为它刺激国内生产者提高效率以迎接竞争。这一点对于保持用于其他产品制造的中间品和半成品的低成本与低价格特别重要。

认为国际贸易有害，对它持批评态度的论述也可以列出同样多的理由。但是发展中国家如果从贸易活动中得不到收益或有损失，可以拒绝进行贸易，因而我们假设，进行贸易必有所得。实际情况是，当大多数贸易所得发生在发达国家时，就会有许多人感到不满、不公，要求改变现状。但这并不意味着贸易有害。当然人们总是能找到国际贸易阻碍经济发展的例子。然而在多数情况下，国际贸易能为经济发展提供非常宝贵的帮助。这已被许多实证研究所证实。

最近**内生性增长理论**（endogenous growth theory）的发展，为国际贸易和经济增长与发展的关系提供了更加令人信服、更严格的理论基础。特别是，这个理论假设，减少贸易壁垒可以使发展中国家在开放程度比较低时以更快的速度吸收发达国家的先进技术，并增加从研发（R&D）中得到的利益，从而将在长期取得加快经济增长和发展的效应（参见案例研究8.1）。

案例研究 8.1

东亚贸易与经济增长的奇迹

表 8.1 给出了**亚洲高增长经济体**(High-Performance Asian Economies, HPAEs)的国家和地区的贸易与实际国内生产总值的平均增长率。这些国家和地区包括中国香港、韩国、新加坡、中国台湾(即 20 世纪 60 年代开始迅速发展的"亚洲四小龙")、马来西亚、印度尼西亚、泰国和中国内地。特别值得一提的是中国内地,中国内地经济沿着这些国家和地区 20 世纪七八十年代的道路高速增长。由于中国内地的发展引人注目,它被单独归为一类。中国台湾的数据未能得到。

表 8.1 亚洲经济高增长的国家与地区 1980—1995 年实际国内生产总值和贸易的平均增长率/%

国家或地区	实际国内生产总值的增长率		出口增长率	
	1980—1990 年	1990—1995 年	1980—1990 年	1990—1995 年
韩国	9.4	7.2	12.0	13.4
中国香港	6.9	5.6	14.4	13.5
新加坡	6.4	8.7	10.0	13.3
泰国	7.6	8.4	14.0	14.2
印度尼西亚	6.1	7.6	5.3	21.3
马来西亚	5.2	8.7	10.9	14.4
平均	6.9	7.7	11.1	15.0
中国内地	10.2	12.8	11.5	15.6
发展中国家	2.8	2.1	7.3	5.2
工业国家	3.2	2.0	5.2	6.4

该表显示亚洲经济高增长的国家与地区的实际国内生产总值的平均增长率 1980—1990 年为 6.9%,1990—1995 年为 7.7%。中国的增长更快,分别为 10.2% 和 12.8%。以这样的速度,实际国内生产总值在经济高增长国家和地区将每 10 年增长 1 倍,而中国则每 6～7 年增长 1 倍。

表 8.1 则显示出口增长率甚至比国内生产总值增长率还高,二者的增长显然是相互促进的。带来这些国家与地区不同寻常的增长的其他因素还包括极高的储蓄和投资、教育和培训的显著进步、对新技术的快速采纳以及从农耕经济向工业经济的转型。当然,这一贸易与经济增长的"东亚奇迹"是在与所有发展中国家和工业化国家实际国内生产总值及出口低得多的平均增长率比较(见表 8.1)后才得出的结论。

然而,1997 年 7 月,泰国突然陷入严重的经济危机,并迅速波及其他经济高增长的国家与地区(中国除外,因为它仍然对经济保持很强的控制)。发生危机的原因是在国际资本市场以美元和日元过度借入短期资金,并将这些资金的很大一部分用于房地产投机和其他非生产性投资。当当地银行和公司不能还清贷款时,国外银行便拒绝发放新的贷款。

当地银行随之停止向当地企业贷款,导致许多企业破产,从而整个国家或地区陷入严重的衰退。

在危机的高峰期1997—1998年,韩国、中国香港、泰国和马来西亚的实际国内生产总值下降了5%以上,印度尼西亚的情况更糟,下降了近15%。1998—1999年,危机最困难的时期过去了,增长又重新恢复,但比危机前的速度要慢(中国除外)。如今(2011年),亚洲再次成为全球最具经济活力的地区,占到全球经济增长的将近一半。

资料来源:World Bank, *World Bank Development Report*, 1997—2008.

 ## 8.5 贸易条件与经济发展

在3.8节,我们定义了一国的贸易条件为出口商品价格相对进口商品价格的比率。在存在许多商品的世界中,我们可以定义**商品**(commodity)或**纯物物交换**(net barter)的**贸易条件**(terms of trade)(N),它等于国家出口价格指数(P_X)与进口价格指数(P_M)的比乘以100(用来表示贸易条件的百分比)。即

$$N = (P_X/P_M) \times 100 \tag{8-1}$$

例如,如果我们把1980年作为基年($N=100$),然后发现在2010年年底国家的P_X降低了5%(为95),而P_M增加了10%(为110),则该国的贸易商品条件下降为:

$$N = (95/110)100 = 86.36$$

这意味着1980—2010年该国的出口价格相对于进口价格降低了14个百分点。也有其他类型的贸易条件,如贸易的收入条件。一国的**贸易收入条件**(income terms of trade)(I),定义为

$$I = (P_X/P_M)Q_X \tag{8-2}$$

Q_X是出口量指数。因而贸易收入条件是指一国以出口为基础的进口能力。承前例,如果Q_X从1980年的100上升为2010年的120,则该国的贸易收入条件上升为:

$$I = 95/110 \times 120 = 0.8636 \times 120 = 103.63$$

这意味着1980—2010年,该国的进口能力(以出口收入为基础)上升了3.63%(尽管P_X/P_M下降了)。

由于发展中国家的发展在很大程度上依赖资本品的进口,因而这项指标的变化对它们来说非常重要。如果一国的N和I同时增加,贸易对该国是有利的。如果一国的N和I同时下降,贸易对该国是有害的。假使N下降而I增加,则该国从能够进口更多的意义上讲是有所改善的。

根据经济学家普雷维什和辛格的研究,发展中国家1870—1938年的商品贸易条件是恶化的。他们给出的原因是发达国家生产率的提高全部或大部分转化为工人更高的工资收入(劳动力是相对短缺的,而且工会力量强大),而发展中国家却将生产率的提高全部或大部分转化为更低的价格。这样一来,问题就清楚了,发达国家从两个世界都获得了最多

的好处：自身生产率的提高为工人带来高收入，同时，发展中国家随生产率提高而带来的低价格使发达国家在支付从发展中国家进口的农产品方面占尽好处。

尽管普雷维什和辛格的结论和理由受到了其他经济学家的强烈批评，2002年卡辛（Cashin）和麦克德莫特（McDermott）的一项研究显示，1962—1999年初级商品（原材料、食品和矿产品）的实际价格每年大约下降1%。他们还发现有证据表明从20世纪初开始价格波动的幅度在上升，而从20世纪70年代起价格的波动变得更频繁了。这些结论已由 D. I. Harvey et al(2010)证实。因此，重要的是发展中国家出口的商品类型。比如，主要出口原材料的发展中国家会发现其贸易条件只是稍好了一点，而主要出口能源产品的发展中国家则发现其贸易条件好了很多(参见案例研究8.2)。而且，大多数研究表明，无论商品贸易条件如何变化，发展中国家总体的贸易收入条件是实实在在地改善了。其原因在于出口量有了巨大增长。

案例研究 8.2

随着时间推移商品价格的变化

表8.2给出了1990—2009年部分年度的商品价格指数变化，假设2000年的价格为100。该表显示所有主要商品价格指数从1990年的73.0增至2009年的188.0，增长了88%。其中，非燃料商品价格增长了36.6%，能源价格增长86.9%。在非燃料商品中，增长最少的是原材料，增长最多的是饮料，食品和金属居中。从2005年开始，食品和饮料的价格迅速上升。数据表明，主要出口商的贸易条件在很大程度上取决于它们所出口的商品（见表3.4中发展中国家整体、亚洲、非洲、欧洲、中东和西半球发展中国家贸易条件的变化）。

表8.2 1990—2009年部分年度商品价格变化（2000年＝100）

商　品	1990年	1995年	2000年	2005年	2007年	2009年	1990—2009年变化/%
所有主要商品	73.0	86.1	100.0	168.4	213.6	188.0	88.1
非燃料商品	106.6	125.8	100.0	135.1	176.6	154.3	36.6
食品	111.2	126.6	100.0	124.1	155.1	163.2	37.9
饮料	102.1	154.2	100.0	127.8	162.9	204.0	66.6
原材料	94.3	123.7	100.0	107.6	115.8	95.4	1.2
金属	122.0	122.1	100.0	169.3	292.3	192.0	44.6
能源	85.5	64.0	100.0	186.9	245.3	216.9	86.9

资料来源：International Monetary Funcl (IMF) *International Financial Statistics* (Washington, DC: various issues).

8.6 贫困化的增长

如果一国的增长导致越来越多的出口,同时贸易条件却恶化很多,该国的福利就有可能下降。这种情况被贸易经济学家杰格迪什(Jagdish Bhagwati)称为**贫困化增长**(immisering growth),他最早讨论了这种可能性。我们将通过图8.2说明贫困化增长。

图8.2表明,如果国家1增加50%的劳动供给,则与图8.1的右图一样,其生产可能性曲线在测度 X(劳动密集型商品)的横轴上的外移要比测度 Y(资本密集型商品)的纵轴上的外移更多。图8.2表明国家1出口 X 数量的增加导致了贸易条件从 $P_X/P_Y=P_B=1$(与图3.4一样)到 $P_X/P_Y=P_{B*}=1/2$,消费点从无差异曲线Ⅲ上的 E 点下降到无差异曲线Ⅱ上的 E^* 点。对该国而言,越增长反而越贫困(也就是说,增长之后国家1反而变得更穷了)。

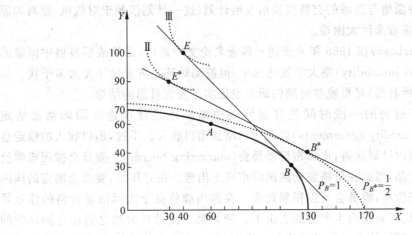

图8.2 贫困化增长

图8.2表明,当国家1增加50%的劳动供给,则与图8.1一样,其生产可能性曲线在测度 X(劳动密集型商品)的横轴上的外移比例要比测度 Y(资本密集型商品)的纵轴上的外移更多,分别为中性技术进步发生前后的情况。图8.2表明国家1出口 X 数量的增加导致贸易条件从 $P_X/P_Y=P_B=1$(与图3.4一样)到 $P_X/P_Y=P_{B*}=\frac{1}{2}$,消费点从无差异曲线Ⅲ上的 E 点下降到无差异曲线Ⅱ上的 E^* 点。对该国而言,越增长反而越贫困(也就是说,增长之后国家1反而变得更穷了)。

尽管存在可能性,贫穷化的增长在现实世界却很少发生。就像我们在前一节所看到的,只要有足够多的贸易量的增长,即使一个国家的商品贸易条件有所恶化,其福利还是会有所增加的。

8.7 出口波动与经济发展

除了长期贸易条件的恶化,发展中国家还可能面临出口价格和收入的短期波动,这会严重阻碍它们的经济发展。发展中国家经常经历的出口品价格和收入的短期大幅度波动,人们认为,这主要是由于它们的出口需求和供给缺乏弹性且不稳定造成的。

发展中国家的许多初级产品的出口需求缺乏价格弹性的原因是发达国家中的家庭仅花费收入中很少一部分用于购买咖啡、茶、可可、糖等商品。因此,当这些商品的价格变动时,各家庭很少改变这些商品的需求量。结果就导致缺乏价格弹性的需求。同样,许多矿产品的需求缺乏价格弹性,是由于极少有这些矿产品的替代品。同时,发展中国家初级出口品需求的不稳定是发达国家商业周期的波动造成的。

再来分析供给,我们发现发展中国家初级出口品的供给是缺乏价格弹性的(即价格发生变动后供给量并没有很明显地随之变动)。这是因为大多数发展中国家的资源使用方式是受严格限制,不灵活的,特别是林业资源需要很长的养护周期。而气候条件、病虫害等原因则造成了供给曲线的不稳定。

由于出口价格的大幅度波动,发展中国家的出口收入也极不稳定。当出口收入增加时,出口商会增加消费、投资和银行存款,但出口收入下降又导致消费、投资和银行存款同比例的缩减。这种激增与速减的交替变换给发展计划(这一计划依赖于对机械、燃料和原材料的进口)的实施带来巨大困难。

麦克贝恩(Macbean)在1966年发表的一篇著名论文中指出,虽然战后发展中国家的**出口波动性**(export instability)略大于发达国家,但波动对其经济发展并无太多干扰。其后大多数(但并非所有的)对更晚些时期的研究也证实了麦克贝恩的结论。

尽管如此,在过去的一段时间里许多发展中国家还是要求建立**国际商品协定**(international commodity agreements)以稳定和增加出口收入。不过,出口收入的稳定也可以通过纯粹的国内计划获得,比如**市场委员会**(marketing boards)。委员会按固定牌价购入国内生产的产品,然后在价格波动的国际市场上出售。在好年景,委员会制定的国内牌价低于世界市场价格,委员会可以积累资金。在国内牌价高于国际市场价格的坏年景时,这些积累就会用到对国内生产者的支出上。例如第二次世界大战之后建立的加纳的可可市场委员会和缅甸的大米市场委员会。然而,由于腐败及准确预测和确定价格的巨大困难,只有极少数市场委员会取得了某种程度的成功。

发展中国家更感兴趣的还是国际商品协定,因为与建立市场委员会相比,前者还有可能增加出口价格和收入。国际商品协定有三种基本类型:缓冲库存储备、出口管制和购货合约。**缓冲库存储备**(buffer stocks)包括当商品价格低于协定的低限时购买商品(加入贮藏),当高于协定的高限时销售贮藏的商品,例如国际锡协定、国际可可协定和国际天然橡胶协定。不过大多数协定在成功运行几年之后,都已经崩溃。

出口管制(export controls)的目的是以规范各国出口商品量的措施来稳定出口商品价格。国际糖业协定和国际咖啡协定都是基于出口管制的。然而,这些协定运作的都不是很好,有的甚至已经崩溃。目前运作得非常好的出口管制组织是石油输出国组织(OPEC)。

购货合约(purchase contracts)是长期的多边协定,它约定进口国购买特定量商品的价格低限以及出口国销售特定量商品的价格高限。此类协定的实例之一是1949年鉴署的国际小麦协定,但从20世纪70年代早期开始该协定就不再运作了。

总体而言,除了国际咖啡协定在某些年取得成功之外,其余的协定均或遭失败或收效甚微。原因之一是协定运作需要支付高额开支和缺乏发达国家的支持,而建立和运行这些协定的大部分负担本应由发达国家来承担。绝大多数情况下,如果是出于真正的发展目的,运作国际商品协定所需的资源才很可能会得到更有效的使用。由于自2005年以来大部分商品价格均迅速上升,各个协定对稳定和增加出口收益的讨论也就基本停止了。

8.8 进口替代与出口导向

20世纪50—70年代,大多数发展中国家经过深思熟虑后认为,必须实现工业化,而不能如传统贸易理论所说继续走专业化生产初级产品(粮食、原材料、矿产品)以供出口的道路。工业化的实现要依赖于:(1)更快的技术进步;(2)创造高薪工作岗位,从大多数发展中国家面临的严重失业和未充分就业的困境中解脱出来;(3)使关联生产过程前后的乘数作用得到更大的发挥;(4)改善贸易条件,稳定出口价格和收入;(5)解决发展中国家对制造品需求的增长快于国家出口收入增长的问题,从由此造成的收支不平衡的困境中解脱出来。所有富裕国家均是工业化国家,而大多数贫穷国家则主要是农业国,从这一事实出发,发展中国家实现工业化的愿望是合乎情理的。

确定了工业化的目标后,发展中国家必须在通过进口替代和出口导向来实现工业化这两条道路之间做出抉择。两种政策都各有优缺点。**进口替代工业化**(import-substitution industrialization, ISI)有三种主要优势:(1)工业产品市场已经存在,这已被进口商品所证明,从而降低了建立工业取代进口的风险;(2)对发展中国家来说,保护国内市场以抵制外国竞争,比迫使发达国家降低贸易壁垒,允许它们出口制造品更容易;(3)国外公司被引导建立了所谓的"关税工厂"以对付发展中国家的关税壁垒。

这种策略的缺点是:(1)国内工业习惯于无国外竞争的环境从而缺乏提高效率的动力;(2)由于许多发展中国家国内市场狭小不能利用规模经济的优势,致使进口替代导致工业的低效率;(3)在初级制造品被国内生产取代以后,因为更多的资本密集和技术先进的进口必须由国内替代生产,进口替代变得越来越困难且成本高昂(由于保护程度更高、效率更低的缘故)。

出口导向工业化(export-oriented industrialization)策略也有优缺点。其优势在于:(1)它克服了国内市场狭小的缺陷,允许发展中国家利用规模经济的优势,这对于许多既贫穷又弱小的发展中国家尤为重要;(2)为出口而进行的工业品生产,需要并刺激了整个经济的高效率,这在一种工业的产出是另一种国内工业的投入时尤为重要;(3)随国内市场的成长,出口制成品的扩张是无限的(而进口替代下则是受限制的)。

然而,这种策略也有两个严重缺陷:(1)由于来自发达国家已建成的高效率工业的竞争,发展中国家建立出口工业可能非常困难;(2)发达国家经常采取有效的保护措施以保护自己的劳动密集型产业,而这些产业正是发展中国家已经或可以很快取得比较优势的产业。

20世纪50—70年代,许多发展中国家特别是一些大国,非常热衷于选择进口替代策略来实现工业化,它们通过有效关税来保护自己的新生工业或刺激它的诞生。产品加工程度越深入,有效关税率就越高。开始时使用这一政策是为了鼓励相对简单的外国零部件组装,希望随后有更多的这种产品和中间产品在国内生产(后向联系)。国内工业的强保护性措施也刺激了发展中国家关税工厂的建立。

通过进口替代实现工业化通常只取得了有限的成功或遭遇失败。这种做法通常会导致：(1)国内工业生产的极低效率和国内消费品的极高价格；(2)过量的资本消耗但只能吸收极少的劳动；(3)忽视农业和其他初级产品部门，引起传统出口部门收入下降，一些国家（如巴西）甚至被迫进口以前出口的食品。

综合的结论是，实施进口替代策略的国家（如印度、巴基斯坦、阿根廷）与那些早在20世纪50年代就实行出口导向的国家与地区（如中国香港、韩国、新加坡）相比状况更糟（参见案例研究8.3），经济增长率也低得多。但也必须指出，进口替代可能会在发展阶段的早期给发展中国家带来一定好处（特别是大国），而在以后的发展过程中出口导向策略才成为绝对必需的手段。这样看来，发展中国家可视自己的发展程度轮流使用两种策略而获益，特别是较大的发展中国家可以做到这一点。韩国实际就是这样做的。

案例研究 8.3

富裕国家、全球化国家和非全球化国家的国内生产总值增长

表8.3显示，过去20年间全球化的发展中国家比富裕国家和非全球化的发展中国家经济增长快得多，但20世纪六七十年代发展则比较缓慢。全球化国家是指那些贸易增长占国内生产总值的份额有很大增长，平均关税削减幅度很大的发展中国家。增长是按照实际国内生产总值增长的加权平均计算的。

%

表8.3　20世纪60年代至21世纪初富裕国家、全球化国家和非全球化国家实际GDP的平均增长率

项　目	60年代	70年代	80年代	90年代	21世纪初
富裕国家	4.7	3.1	2.3	2.2	1.6
全球化国家	1.4	2.9	3.5	5.0	5.0
非全球化国家	2.4	3.3	0.8	1.4	2.3

资料来源：D. Dollar and A. Kraay, "Trade, Growth and Poverty," *World Bank Research Paper* (March 2001), and World Bank, *World Development Report* (2011).

8.9　贸易自由化与发展中国家的增长

20世纪80年代开始，许多以前实行进口替代工业化政策的国家转向贸易自由化并实行外向型策略。始于1982年的债务危机（参见8.10节）和实行外向型策略国家的成功

刺激了这一改革。一般情况下,改革内容包括平均税率和进口限额的大幅降低以及计算上的简化。这些措施带来开放程度的极大提高,并使制成品占整个出口的比率有极大的增长(参见案例研究 8.4),从而带来更高的经济增长率。

案例研究 8.4

部分发展中国家制成品出口占全部出口的比重

表 8.4 给出了非洲、亚洲和拉美部分发展中国家 1983 年和 2008 年制成品出口在其全部商品出口中所占的比率。表中的数据表明,所有国家的出口结构在考察期内有巨大的变化,制成品的比重有很大的增长。特别是埃及(是原来的 3 倍多)、肯尼亚、南非、马来西亚、泰国和墨西哥(是原来的 2 倍多)。因此,模式化地说发展中国家主要出口原材料、食品,进口制成品显然是不正确的。甚至发展中国家出口的大部分制成品是简单的、劳动密集型产品的结论仍然是不对的,特别是对于表中所列的大部分发展中国家。

表 8.4 1983 年和 2008 年部分发展中国家制成品出口占其全部商品出口的比率　%

非洲	1983 年	2008 年	亚洲	1983 年	2008 年	拉丁美洲	1983 年	2008 年
埃及	12	37	印度	52	63	阿根廷	16	31
肯尼亚	15	37	马来西亚	25	54	巴西	39	45
南非	18	52	巴基斯坦	63	73	智利	7	12
突尼斯	44	72	泰国	31	74	墨西哥	37	74

资料来源:World Bank,*World Development Report*,2011.

世界银行在极力推动一项通过技术援助和贷款促进贸易自由化的计划。自 1980 年开始,世界银行开始借款推动有关国家的经济结构调整,到 1995 年,世界银行已向 60 多个国家贷出超过 200 亿美元的资金,以贯彻经济结构或部门改革。撒哈拉沙漠以南的非洲国家得到了最大数额的贷款,但从那以后,它们得到的贷款数额逐渐变少,更多的贷款给了其他发展中国家。许多实行经济自由化的发展中国家加入了世界贸易组织,这些既反映它们已进行了改革,也鼓励它们做出进一步的改革。这些改革都极可能使这些发展中国家在下一个 10 年中继续提高生产力,保持经济持续增长。事实上,发展中国家中也已出现以及正在出现新的经济大国,如所谓的**金砖国家**(巴西、俄罗斯、印度和中国),它们对传统大国(美国、欧盟和日本)正在形成日益强烈的竞争(见案例研究 8-5)。

案例研究 8.5

新的经济大国

在当今世界经济中,发展中国家中正在形成新的经济大国。这就是金砖国家(巴西、俄罗斯、印度和中国)。中国已经是一个经济大国,印度正在追赶,而巴西和俄罗斯紧随其后。表 8.5 给出了新兴经济大国相对于传统经济大国(美国、欧盟和日本)的关于规模和经济重要性的数据。衡量一个经济体的经济规模的最优指标是基于购买力平价的国民总收入,它考虑到了不同国家货币购买力之间的区别。

表 8.5 新兴经济大国与传统经济大国 2008 年的经济数据

经济体	人口/百万	领土面积/平方公里	国民总收入*/10 亿美元	人均国民收入/美元	2000—2008 年平均增长率/%
中国	1 325	9 598	7 961	6 010	10.4
俄罗斯	142	17 098	2 192	15 440	6.7
印度	1 140	3 287	3 339	2 930	7.9
巴西	192	8 515	1 933	10 070	3.6
美国	304	9 632	14 724	48 430	2.4
欧盟(EU-27)	492	4 308	15 142	28 368	1.8
日本	128	378	4 494	35 190	1.6

* 购买力平价(PPP)

资料来源:World Bank, *World Development Indicators*, 2010.

表中数据表明,从人口上来说,中国和印度是超级大国,而俄罗斯是领土大国。从国民总收入(基于购买力平价)来看,欧盟 27 个成员国(EU-27)和美国是最大的,其次是中国、日本和印度,俄罗斯和巴西最小。而按照人均国民收入(基于购买力平价的人均国民总收入,这是各国衡量生活水平的指标),美国显然是排第一,之后是日本和欧盟 27 国。俄罗斯、巴西、中国和印度的人均国民收入则低得多,尤其是印度。然而,除了巴西,这些新兴大国(尤其是中国和印度)发展速度比传统大国快得多,而且如果以现在的增长速度持续增长,预计在三四十年后将超越美国和欧盟。但是以人均收入计,要超越美欧则需要更加漫长的时间。

比起经济规模和增长速度,更重要的是这些新兴大国正在对传统强国形成日益强烈的竞争,这种竞争不论是在全球市场还是它们的国内市场都广泛存在,并日益延伸到更加精细化的产品(尤其是中国)和服务(尤其是印度)上。

8.10 发展中国家目前的问题与需要

发展中国家当前所面临的最严重的问题是:(1)许多国家,尤其是撒哈拉沙漠以南的非洲国家普遍存在的极度贫困问题;(2)部分最贫穷的发展中国家无法承受的外债问题;(3)发达国家针对发展中国家的出口实行的贸易保护主义问题。我们将扼要地讨论这几个问题。

8.10.1 发展中国家的贫困问题

表8.6给出了世界上各个地区2006年的人口、人均国民收入及2000—2008年实际人均国民收入的增长,以及1990年和2008年的新生儿死亡率与人均寿命。该表说明所有发展中国家2008年的平均人均国民收入为5 503美元,而同期高收入发达国家的平均人均国民收入则为37 665美元,但是2000—2008年发展中国家(尤其是东亚和太平洋地区)人均国民收入的平均增长率比发达国家高得多。甚至撒哈拉沙漠以南的非洲国家在连续20年的负增长后也于2000—2008年实现了相当大的增长。从表中也可看出发展中国家的新生儿死亡率明显高于发达国家,而人均寿命却明显低于发达国家,但从世界范围来看,这两个指标都有了较大进步。

表8.6 人口、经济与健康状况(1990—2008年)

国家/地区	2008年人口/百万	人均国民收入		新生儿死亡率(每千名新生儿)		人均寿命/年	
		美元*2008年	2000—2008年年均增长率/%	1990	2008	1990	2008
中低收入国家	5 629	5 503	5.1	69	50	63	67
撒哈拉沙漠以南的非洲国家	819	1 949	2.7	109	86	50	52
东亚和太平洋地区	1 930	5 421	8.3	42	23	67	72
中国	1 325	6 010	9.6	37	18	67	73
南亚	1 545	2 695	5.7	89	58	58	64
印度	1 140	2 930	6.5	83	52	58	64
欧洲和中亚	443	11 953	6.1	41	19	69	70
中东和北非	325	7 343	3.9	58	29	64	71
拉丁美洲和加勒比地区	566	10 312	2.7	42	20	68	73
高收入国家	1 069	37 665	1.6	10	6	76	80
全球	6 697	10 415	2.0	64	46	65	69

* 购买力平价(PPP)

资料来源:World Bank, *World Development Indicators*, 2010.

尽管伴随着过去二十几年的快速全球化,全球的贫困人口(世界银行将其定义为每天生活成本低于1美元的人口)减少了一半,但是当今世界仍有超过10亿的贫困人口,而且每天都有超过20 000个儿童死于饥饿。近期世界食品价格的急速上升正在侵蚀过去在减少世界贫困方面获得的成就,这对于世界贫困人口来说是一个悲剧。

8.10.2 发展中国家的外债问题

20世纪70年代和80年代早期,发展中国家的**外债**(foreign debt)总额累计已超过1万亿美元,到了很难偿付的困境(既需要偿付本金又需支付利息)。当1982年8月墨西哥无力支付债务(支付利息)时,世界也被拖入了一场外债危机之中。作为重新谈判债务的一部分,国际货币基金组织要求发展中国家实施紧缩措施,进一步减少进口,降低通货膨胀,减少工资上涨和国内项目。至1994年中等收入的发展中国家的外债问题或多或少地得到了解决(到了可以管理的地步),但负债最重的最贫穷发展中国家(多数为撒哈拉沙漠以南的非洲国家)的债务问题仍未解决。1999年6月,7个主要工业化国家(G7)同意勾销世界上负债最重国家欠其政府的90%的外债。

由于1997—1998年东亚、1998年俄罗斯、1999年和2002年巴西以及近5年来土耳其和阿根廷的金融危机,各国的外债大幅上升。国际货币基金组织、世界银行和私营银行对韩国、印度尼西亚、巴西、俄罗斯、泰国、土耳其和阿根廷(但是阿根廷在2001年12月时有1400亿美元贷款违约)提供了一系列援助措施(金融援助的承诺)。尽管到2006年大部分发展中国家的外债问题已有所改善,但在有些国家仍很严重(见案例研究8.6)。

案例研究 8.6

发展中国家的外债负担

表8.7显示了所有发展中国家、各地区发展中国家1980年(1982年拉丁美洲债务危机之前)、1995年(1997年东亚金融危机之前)和2008年的外债总额、外债占国民生产总值百分比以及外债还本付息(利息和分期偿还额)占出口的比例。从表中可以看出,所有发展中国家1980年外债总额是5800亿美元(其中最大的部分是拉丁美洲和加勒比地区国家的2570亿美元)。到1995年外债总额迅速增加至18720亿美元,随后继续增长,到2008年达到37190亿美元。

表8.7还显示1980—1995年外债总额占国民生产总值的百分比迅速上升,但随后(至2008年)除欧洲和中亚(由于原政权解体而导致分裂)以外,其他地区的这一比例迅速下降。外债还本付息占出口的百分比在1980—1995年也有所上升(除东亚和太平洋地区以及拉丁美洲和加勒比地区国家外),但随后几乎所有地区的这一比例都开始下降,除了欧洲和中亚地区国家。尽管20世纪八九十年代外债危机有所缓解,而且2005年年底富裕国家减免了最贫困发展中国家所欠的550亿美元债务,但是2008年很多发展中国家仍然面临比较严重的外债问题。

表 8.7　发展中国家 1980 年、1995 年和 2008 年的外债指数

	外债总额/10 亿美元			外债占国民生产总值的百分比/%			外债还本付息占出口百分比/%		
	1980 年	1995 年	2008 年	1980 年	1995 年	2008 年	1980 年	1995 年	2008 年
所有发展中国家	580	1 872	3 719	21	38	22	13	17	10
撒哈拉沙漠以南的非洲国家	61	236	196	24	76	21	7	16	3
东亚和太平洋地区	65	456	772	16	36	14	27	13	4
南亚	38	152	326	16	32	21	1	26	8
欧洲和中亚	76	290	1 399	8	33	37	7	11	19
中东和北非	83	140	132	22	54	15	6	20	5
拉丁美洲和加勒比地区	257	598	894	36	35	22	36	25	14

资料来源：World Bank, *Global Development Indicators*, 2011.

8.10.3　发展中国家的贸易问题

20 世纪 80 年代,发达国家被低增长和高失业率所困扰,增强了对大的产业(如纺织、钢铁、造船业、消费电子工业、电视机、制鞋及其他许多产品)的保护,抵制发展中国家的进口。而这些工业正是发展中国家已经获得或者正在获得比较优势的部门,大量新贸易保护主义直接针对表现良好的亚洲经济,即**新兴工业化国家或地区**(newly industrialized economies, NIEs)的出口制造业。这些国家与地区(中国香港、韩国、墨西哥、新加坡和中国台湾)以国内生产总值和工业生产及制造业出口的快速增长为主要特征。到 1993 年,发展中国家将近 1/3 的出口产品受到发达国家的配额制和其他非关税壁垒的限制。

如果这种贸易保护主义的趋势继续下去,就会在发展中国家中导致**出口悲观论**(export pessimism)的复活(或这种论点被证明是正确的),并使它们回到内向型的发展政策中去。幸运的是,呼吁减少贸易限制和贸易保护主义的乌拉圭回合于 1994 年取得成功(参见 6.9 节)。尽管作为乌拉圭回合结果的贸易自由化大多发生在发达国家,但发展中国家也会从中受益。2001 年 11 月开始的多哈回合(参见 6.10 节)被视为"发展回合",将主要讨论发展中国家的贸易需求。然而,发达国家与发展中国家之间以及发达国家内部存在的严重分歧阻碍了多哈回合谈判,直至 2008 年年初,这一回合也未能取得成功。

1974 年 6 月,联合国大会呼吁建立**国际经济新秩序**(New International Economic Order, NIEO)。它要求:(1)重新谈判发展中国家的国际债务问题,降低支付利息;(2)签订国际商品协定;(3)允许发展中国家的所有出口制成品优先进入发达国家市场;(4)消除发达国家对农产品的贸易壁垒;(5)增加对发展中国家的技术转移并规范多边协作;(6)增加对发展中国家的外援,达到富裕国家年收入的 0.7%;(7)允许发展中国家在国际事务决定中发挥更大的作用。其中大多数的要求已经在多次**联合国贸易发展大会**(United Nations Conferences on Trade and Development, UNCTAD)中提出过。但是,20 世纪 80 年代和 90 年代初,世界经济的增长速度放缓,导致大部分工业国家视线内转,强调它们自己内部的缓慢增长和失业问题,国际经济新秩序也不再成为一个有争议的热

门问题。

而且,伴随过去二十几年的快速全球化,很多发展中国家经济迅速增长,贫困问题也随之减轻。在当今世界,人们也日益意识到,很多最贫困发展中国家贫困的主要原因是内生性的,包括战争、腐败、政治动荡、疾病以及自然灾害。2000年,世界银行设立千年发展目标(MDG)项目,计划由富裕国家向最贫困发展中国家提供帮助,以达到刺激其经济增长、减轻贫困以及可持续发展的目标。源于近期的金融危机和经济衰退,2009年国际贸易急剧下滑(见图1.2),并导致贸易保护主义抬头(参见案例研究6-5)。

本章小结

1. 随着时间的推移,各个国家会因为劳动力(L)规模的增加以及包括人力资本(K)和技术进步(T)在内的资本(投资)的积累,实现逐步发展。在技术条件保持恒定、规模效益不变的情况下,如果K和L二者增长的比率相同(平衡增长),该国的生产可能性曲线将按两要素的增长比率同时向两个方向外移,每个工人的产出保持不变。如果劳动比资本增长快,则该国生产可能性曲线向劳动密集型商品方向的外移会更多一些,每个工人的产出会下降。如果资本增长得更快则情况相反。

2. 传统贸易理论可以与要素禀赋、技术变化相结合而加以扩展。尽管发展中国家的经济发展水平主要依靠其内部条件,国际贸易对发展仍具有重要贡献。

3. 由于不尽如人意的供求环境,今天的国际贸易对于各国而言不能像19世纪的新殖民地区一样成为其发展动力,然而,它对于经济发展仍然是很重要的。

4. 商品或纯物物交换贸易条件(N)计算的是一段时间内一国出口价格相对于进口价格的变动。另一指标贸易收入条件(I)计算的是基于出口的进口能力。单边要素贸易条件(S)计算的是每单位国内要素体现在出口上的进口量。普雷维什和辛格认为由于发展中国家生产率的提高大多反映在出口农产品价格的下降上,因而它们的贸易条件有下降的趋势。经验研究表明,发展中国家的贸易条件在20世纪一直下降,但贸易收入条件由于出口量的猛增一直上升。

5. 增长有可能导致发展中国家贸易条件的恶化,并使之比增长前的福利情况更糟(贫困化增长)。

6. 除了长期贸易指标恶化,发展中国家还面临比发达国家更大的出口价格和收入的短期波动。其原因在于价格缺乏弹性和出口需求的不稳定。然而,出口不稳定看来并不会阻碍经济发展。发展中国家要求签订国际商品协定以稳定并增加其出口价格和收入。其内容包括:缓冲库存储备、出口管制、购货合约。但时至今日仅有其中的一小部分仍在运作,并且没有一个取得显著效应。建立和运行商品协定所需的巨额开支很可能无法代表资源的最有效利用。

7. 20世纪50—70年代,许多发展中国家力图通过进口替代政策实现工业化,结果却引起低效工业、资本密度过强、吸收劳动不足、忽视农业、加重国际收支失衡等问题。

8. 20世纪80年代后期,许多发展中国家又转向出口导向政策并增加了对农业的重视程度,因而得到了高速的增长和发展。

9. 今天的发展中国家面临的最严重问题是：(1)许多国家，特别是撒哈拉沙漠以南的非洲国家的极度贫困化；(2)许多最贫穷发展中国家难以承受的外债问题；(3)发达国家针对发展中国家的出口制定的保护主义政策。发展中国家呼吁建立国际经济新秩序（NIEO）以解决这些问题，但至今仍未实现。2000年，世界银行设立千年发展目标（MDG）项目，计划由富裕国家向最贫困发展中国家提供帮助，以达到刺激其经济增长、减轻贫困以及可持续发展的目标。

复习题与练习题

1. (1)为什么有些经济学家认为传统贸易理论与发展中国家及其发展进程不符？
   (2)对此论点应当如何回答？
2. 对比图8.1左图中国家1增长前的生产可能性曲线，请再画一条国家1新的生产可能性曲线：
   (1)国家1的资本和劳动都增加了一倍；
   (2)国家1只有资本增加了一倍；
   (3)国家1只有劳动增加了一倍。
3. 以横轴表示初级产品、纵轴表示制成品，画一条发展中国家的生产可能性曲线。用图形说明初级产品生产上的技术进步对该国生产可能性曲线的效应。
4. 初级产品生产上的技术进步对发展中国家的贸易条件有何影响？为什么？
5. 画图说明贸易怎样才会成为剩余出口。
6. 假设某发展中国家出口部门1980年的出口价格指数、进口价格指数、出口量指数、生产率指数均为100，到2003年：
   (1)如果该国出口价格指数上升10%，进口价格指数上升20%，那么该国商品贸易条件如何？
   (2)如果该国出口数量在2003年上升到130，则该国贸易收入条件如何？
   (3)与1980年相比，2003年该国的福利是改善了还是恶化了？为什么？
7. 对于贫困化的增长，请解释：
   (1)它在发展中国家是怎么发生的？
   (2)为什么在过去20年里它并没有发生在大多数发展中国家？
8. 画图说明当商品供给增加时，商品需求曲线越缺乏弹性，它的均衡价格下降的比率越大。
9. (1)为何发展中国家倡议的国际经济新秩序还未建立起来？
   (2)以什么方式实施乌拉圭回合会有助于发展中国家？以什么方式实施会起相反的作用？
10. 解释富国是否应该放弃对最贫穷国家的所有外债。

参考书目

有关贸易、增长和经济发展之间关系的分析，可见：
- D. Salvatore, *International Economics*, 10th ed. (John Wiley & Sons, 2010), Chapter 7, 11.
- D. Salvatore, "International Trade Policies, Industrialization, and Economic Development," *International Trade Journal* (Spring 1996), pp. 21-47.
- D. Greenaway, W. Morgan, and P. Wright, "Trade Liberalization and Growth in Developing Countries," *Journal of Development Economics* (February 2002), pp. 229-244.
- T. Singh, "Does International Trade Cause Economic Growth?" *The World Economy* (November 2010), pp. 1517-1564.
- United Nations, *Trade and Development Report* (Geneva: UNCTAD, 2010).

对商品贸易条件及出口变化的讨论和测度，及其对经济发展的影响，参见：
- P. Cashin and C. J. McDermott, "The Long-Run Behavior of Commodity Prices: Small Trends and Big Variability," *IMF Staff Papers* (2002), Vol. 49, No. 2, pp. 175-199.
- D. I. Harvey, et al. "The Prebisch-Singer Hypothesis: Four Centuries of Evidence," *The Review of Economics and Statistics* (May 2010), pp. 367-377.

有关进口替代的经典论文是：
- H. Bruton, "A Reconsideration of Import Substitution," *Journal of Economic Perspectives* (June 1998), pp. 903-936.

关于发展中国家的状况以及针对发展中国家的政策，请见：
- E. Grilli and D. Salvatore, eds., *Handbook of Economic Development* (Westport, CT: Greenwood Press, 1994).
- Commission on Growth and Development, *The Growth Report* (Washinton, DC: World Bank, 2008).
- "The Agenda for Development Economic Symposia," *The Journal of Economic Perspectives* (Summer 2010), pp. 3-96.
- World Bank, *World Development Report* (Washington, D. C.: World Bank, 2011).

有关乌拉圭回合对发展中国家的重要性的考察，请见：
- W. Martin and L. A. Winters, eds., *The Uruguay Round and the Developing Countries* (Washington, D. C.: World Bank, 1995).

对多哈回合贸易谈判议程的考察，可参见：
- WTO, *Doha Development Agenda: Negotiations Implementation and Development* (Geneva: WTO, 2010) at http://www.wto.org/english/tratop_e/dda_e/dda_e.htm

关于全球化和贫困问题的讨论，参见：
- World Bank, *Globalization, Growth and Poverty* (Washington, D. C.: World Bank, 2002).
- J. Sachs, *The End of Poverty* (New York: Penguin Press, 2005).
- D. Salvatore, "Economic Growth, Cross-Country Inequality, and World Poverty during Globalization," *Journal of Policy Modeling* (June 2007), pp. 635-642.
- D. Salvatore, "Globalization, International Competitiveness, and Growth," Inaugural Issue of the *Journal of International Commerce, Economics and Policy* (JICEP), (April 2010), pp. 21-32.

网址

有关本章的数据和其他资料可以从 2011 年世界银行的世界发展报告、国际货币基金组织的 2011 年国际金融统计和世界经济概览、联合国贸发会议的 2011 年贸易和发展报告以及联合国发展计划署的 2011 年人类发展报告中获得。除了国际金融统计外，这些报告都可以从网上找到，它们的网址是：

http://www.worldbank.org
http://www.imf.org
http://www.unctad.org
http://hdr.undp.org

第 9 章

国际资源流动与跨国公司

学习目的

学完本章,你应当能够:
- 理解不同类型的对外投资
- 阐述国际组合投资的动机
- 阐述对外直接投资的动机
- 识别国际资本流动对输出国和输入国的影响
- 理解跨国公司存在的理由
- 识别跨国企业对其母国和东道国产生的影响
- 理解国际劳务流动的原因和影响

重要术语

组合投资	portfolio investments
直接投资	direct investments
资产组合理论	portfolio theory
风险分散化	risk diversification
横向一体化	horizontal integration
纵向一体化	vertical integration
跨国公司	multinational corporations(MNCs)
转移定价	transfer pricing
脑力流失	brain drain

9.1 引言

至此,我们所论述的商品贸易是在没有国际间资源流动的假定条件下进行的,而事实上资本、劳动和技术都在穿越国界流动着。从某种意义上说,国际贸易和生产性资源流动可以看做是互相替代的。例如,一个资本相对充裕而劳动稀缺的国家,如美国,既可以出口一些资本密集型商品或直接输出资本,也可以进口一些劳动密集型商品或允许人力资源充足国家的工人移民过来。就国际贸易而言,生产性资源从相对丰裕、低报酬的国家向相对稀缺、高收入的国家流动会导致国际间的要素报酬趋于一致,通常有助于增进各国的福利。由于跨国公司也是国际间资本、人力和技术流动的一种重要工具,我们同样要对这种相对较新的、组织严密的经济实体保持密切的关注。

9.2节讨论对外投资的不同形式;9.3节提供了一些有关国际资本流动的数据;9.4节和9.5节分别考察对外证券投资和直接投资的动机;9.6节分析国际资本流动对输出国和输入国的福利影响;9.7节讨论跨国公司存在的原因;9.8节和9.9节分别讨论跨国公司对其母国和东道国造成的问题;9.10节讨论国际劳务流动。附录说明了如何测度国际资本流入和转移的影响。

9.2 对外投资的形式

对外投资主要有两种形式:组合投资和直接投资。**组合投资**(portfolio investments)是指投资于用一国货币计量的纯金融资产,如股票和债券。对于债券,投资者只是借出其资本以便获得固定的报酬,或者定期获得收益并在一个预定的日期收回债券的面值。第一次世界大战以前,大多数外国投资都是这种类型,资金主要从英国流向新殖民地区,如美国和加拿大,投资于铁路的修建、土地的开垦和原材料资源的开发。美国政府也规定,组合投资中购买一个公司股票的数量应低于该公司有投票权股票的10%(达到或超过10%就变成直接投资了)。对于股票,投资者购买的是权益,或者说得到了对公司净资产的一份所有权。组合或金融投资开始是通过一些金融机构(如银行和投资基金)完成的。国际组合投资在第一次世界大战后垮掉了,直到20世纪60年代以后才又开始复兴。

直接投资(direct investments)是对工厂、资本货物、土地和存货的直接投资,资本和管理都由投资者一手安排,投资者保留对已投资资本使用的控制权。直接投资通常以一家公司成立分公司或接管另一家公司的形式出现(例如,购买另一家公司绝大多数股权)。然而,美国政府的规定是购买任何一家公司的股票超过10%就视为直接投资。在国际环境中,直接投资通常被一些跨国公司用来介入制造、资源提取、服务等行业。直接投资和组合投资一样,是当前国际私人资本流动的主要形式或渠道。

9.3 关于国际资本流动的一些数据

我们现在提供1950—2006年关于美国对外资本投资以及其他国对美国资本投资规模和组成方面的一些数据。

从表9.1中可以看到,1950—2009年,无论是美国私人持有国外的长期证券(股票和债券),还是国外私人持有的美国的长期证券增长都非常迅速,截至2009年年底前者略高于后者。表9.1同时显示了不同年份年底时美国对外直接投资额和外国对美国的直接投资额。外国直接投资分别以历史成本、现行或替换成本、市场价值(后者的数据从1976年才开始有)测算估价。对外国直接投资用现行成本和市值代替历史价值的做法是必要的,因为多数美国对外国直接投资发生于20世纪六七十年代,而外国对美国的直接投资多数发生于80年代,所以非常有必要对前者的通货膨胀累积效应做很大的调整。表9.1显示1950—2009年,美国对外直接投资和外国对美国直接投资的增长也都非常迅速,到2009年年底两者以现行成本计算的价值高于其历史成本。

表 9.1 美国 1950—2009 年对外长期私人投资地位分析表
（分别以历史成本、现行成本和市场价值计算,年末值）   10亿美元

年度	1950年	1960年	1970年	1980年	1985年	1990年	1995年	2000年	2005年	2009年
美国国外资产										
所持外国证券	4.3	9.5	20.9	62.5	119.4	342.3	1 203.9	2 425.5	4 329.3	5 471.0
对外直接投资										
历史成本	11.8	31.9	75.5	214.5	230.3	421.5	711.6	1 316.2	2 241.7	3 508.1
现行成本	—	—	—	388.1	371.0	616.7	885.5	1 531.9	2 651.7	4 051.2
外国在美资产										
所持美国证券	2.9	9.3	34.8	74.1	207.9	460.6	969.8	2 623.0	4 353.0	5 287.2
对美国直接投资										
历史成本	3.4	6.9	13.3	83.0	184.6	403.7	560.1	1 256.2	1 634.1	2 319.6
现行成本	—	—	—	127.1	247.2	505.3	680.1	1 421.0	1 906.0	2 672.8

资料来源：U. S. Department of Commerce, *Survey of Current Business* (Washington, DC: U. S. Government Printing Office, July 2010), pp. 18-19 and p. 23, and previous issues.

表9.2显示1950—2009年,美国对欧洲直接投资的增长比美国对加拿大和拉丁美洲直接投资的增长迅速得多。这主要是由于欧盟的迅速发展及为了躲避欧盟对进口商品所征收的统一对外关税的缘故。值得注意的是,美国对拉美国家的直接投资1985年反比1980年少,这是因为拉美国家存在的国际债务问题(参见8.10节)。还值得注意的是,自1995年起,由于日本的经济停滞,美国在日本的直接投资增长低于对其他地区直接投资的增长速度。

表 9.2 1950—2009 年按地区划分的美国对外直接投资
（历史成本,年末值）   10亿美元

年份	总计	加拿大	欧洲	拉丁美洲	亚太地区	日本	其他
1950	11.8	3.6	1.7	4.6	0.3	0.0	1.6
1960	31.9	11.2	7.0	8.4	1.2	0.3	4.1
1970	78.2	22.8	24.5	14.8	8.3	1.5	7.8
1980	215.6	45.0	96.6	38.9	25.3	6.2	9.9
1985	230.3	46.9	105.4	28.3	35.3	9.2	14.6
1990	421.5	68.4	204.2	72.5	63.6	21.0	12.8
1995	711.6	81.4	363.5	122.8	126.0	39.2	17.9
2000	1 316.2	132.5	687.3	266.2	207.1	57.1	22.7
2005	2 135.5	233.5	1 110.5	365.9	380.5	79.3	45.6
2009	3 508.1	259.8	1 976.2	679.0	511.4	103.4	81.7

资料来源：U. S. Department of Commerce, *Survey of Current Business* (Washington, DC: U. S. Government Printing Office, September 2010), p. 61 and previous issues.

表 9.3 将美国对外投资和外国在美投资细分为制造业、金融(不包括储蓄机构)和其他(多数为服务但非金融服务)。金融的数据从 1985 年开始。该表显示 1985 年以后,对金融和其他领域的直接投资增长快于对制造业的直接投资。

表 9.3　美国 1950—2006 年对外长期私人国际投资行业流向分析
(历史成本,年末值)　　　　　　　　　　10 亿美元

年 份	1950	1960	1970	1980	1985	1990	1995	2000	2005	2009
美国对外投资										
制造业	3.8	11.1	31.0	89.3	94.7	168.0	250.3	343.9	449.2	541.1
金融	—	—	—	—	22.5	109.4	228.7	257.2	518.5	747.0
其他	8.0	20.8	44.5	126.1	113.1	149.6	238.5	715.1	1 167.8	2 222.0
总计	11.8	31.9	75.5	215.4	230.3	427.0	717.5	1 316.2	2 135.5	3 508.1
外国对美投资										
制造业	1.1	2.6	6.1	33.0	59.6	152.8	214.5	480.6	513.6	790.6
金融	—	—	—	—	35.5	70.4	115.6	217.0	346.5	293.2
其他	2.3	4.3	7.2	50.0	89.5	171.7	205.5	559.3	734.4	1 235.8
总计	3.4	6.9	13.3	83.0	184.6	394.9	535.6	1 256.9	1 594.5	2 319.6

资料来源：U. S. Department of Commerce, *Survey of Current Business* (Washington, DC: U. S. Government Printing Office, September 2010), pp. 61 and 97 and previous issues.

9.4　国际组合投资的动机

　　国际组合投资的基本动机是获取国外更高的收益。如果一国债券的报酬率高于其他国家的债券报酬率,那么其他国家的居民就会购买该国的债券。这是追求收益最大化非常简单明了的结果,它会导致世界各国的报酬率趋同。根据基本的(两国)赫克歇尔—俄林模型,资本报酬率高的国家有着较低的资本/劳动比率。如果一个国家的居民预期另一个国家的公司未来获利能力比国内公司高,他们也会购买这个外国公司的股票(为了简化分析,我们忽略了通常存在的持有外国证券所涉及的交易成本和其他费用)。

　　这样解释的问题是它不能说明现实中存在的双向资本流动问题。也就是说,如果一国证券报酬率低于另一国的报酬率,它能够解释从前一国家向后一国家的资本流动,但是怎么解释同时存在的相反方向的资本流动呢?这又是在现实世界经常可以看到的(参见表 9.1 和表 9.3)。

　　要解释这种双向国际资本流动问题,首先要了解风险因素。也就是说,投资者不仅对报酬率的高低感兴趣,而且很注意与每项具体投资相联系的风险。债券的风险包括破产风险和市场价值的波动风险。股票的风险包括破产风险、市值更大的波动,或收益低于预期收益率的风险。因此,投资者追求的是在既定风险水平下收益的最大化。一般而言,只有在收益率更高的情况下,投资者才会接受更高的风险。

　　让我们以股票为例,用平均收益率的方差来测度风险。假设股票 A 和股票 B 都有 30%的平均收益率,但对股票 A,收益率为 20%和 40%的机会各有 50%,而对股票 B,有

一半对一半的可能使收益率为10%和50%。显然，股票B的风险比股票A高。尽管两种股票有相同的平均收益率，投资者还是可能选择股票A来降低风险。

但是如果股票B的收益率上升时股票A的收益率下降，股票B的收益率下降时股票A的收益率上升（即两种股票收益率的变动正好负相关），那么同时持有两种股票的投资者还是能获得30%的平均收益率，而且风险更低。也就是说，在任何时点，股票A收益率低于平均收益率的风险刚好与同时存在的股票B收益率高于其平均收益率的趋势所抵消。这样，同时包括这两种股票的资产组合的风险大大降低。

因此，**资产组合理论**（portfolio theory）告诉我们，通过投资收益负相关的数种证券，在给定收益水平时有较小的风险，在给定风险水平时，可以获得更大的收益。由于国外证券的收益率（基于国外不同的经济环境）很可能与国内证券的收益率负相关，因此构建一个既包括国内证券又包括国外证券的资产组合能比只包含国内证券的资产组合获得更高的平均收益率和/或具有更低的风险水平。

要想得到这样一种平衡的组合，需要双向的资本流动。举例来说，如果股票A（与股票B有相同收益率但具有较低风险）可以在国家1得到，而股票B（收益率与股票A负相关）可以在国家2得到，那么，国家1的投资者就一定要购买股票B（即投资于国家2），国家2的投资者也一定要购买国家1的股票A（即投资于国家1），从而获得平衡的资产组合。所以用**风险分散化**（risk diversification）可以解释这种双向的国际证券投资。

在前面的讨论中，暗含了这样一条假定，即投资者能够准确知道股票的平均收益率及其风险程度。而事实上，这很难预先知道。因此投资者必须根据自己对市场的了解和直觉来判断他们所要买的股票的平均收益率和风险。由于不同的人对同一种股票可能有不同的预期，因此很可能每个国家都有一些投资者觉得另一个国家的股票更好，这为双向国际证券投资提供了另一种解释。

9.5 对外直接投资的动机

对外直接投资的动机基本上与组合投资的动机一样，是为了获得更高的收益（可能是因为国外有更高的经济增长率、更吸引人的税收优待政策，或是更优越的基础设施）和分散风险。事实上，那些有很强国际业务的公司（或通过出口，或利用国外的生产销售设施），比完全在国内发展的公司有更多的赢利，而且收益的波动更小。

这些原因足以解释为什么有国际组合投资，然而，对于对外直接投资还有一个基本问题没有回答。即，它们还不能解释为什么一国的居民不从其他国家借钱并自己对本国进行实际投资，而要接受从国外来的直接投资。对此有几种可能的解释。最重要的原因是，许多大公司往往具有一些独特的生产知识和管理技能，可以很容易在国外经营获利，而且这些公司也希望保留直接控制权。在这种情况下，这些公司就会对国外直接投资。这涉及一个**横向一体化**（horizontal integration）的问题或者说在国内外都生产差别产品的问题。

例如，IBM有一项特殊的计算机技术，它想对此保留直接的控制权，但这项技术很容易被国外复制，（通过利用当地条件）在当地生产能比出口更好地服务于国外市场。IBM

不想授权外国厂家生产,因为它想保留对商业秘密和专利的完全控制,以便保证质量和服务的一体化。即使IBM愿意与国外生产厂家磋商许可协议,从这一领域技术迅速更新的特点来看,也会遇到许多障碍。对于施乐、吉列、丰田及其他许多跨国公司来说,它们面对的形势基本上是一样的。这就是发达国家制造业对海外的大多数直接投资背后的动机。

直接投资的另一个重要原因是为了获得所需原材料的控制权,以保证按尽可能低的成本得到不间断的供给。这被称为**纵向一体化**(vertical integration),它是在发展中国家和一些矿产丰富的发达国家大多数外国直接投资形成的原因。因此,美国和其他外国公司拥有了加拿大、牙买加、委内瑞拉、澳大利亚及其他国家的矿井,一些外国公司拥有了美国的煤矿。跨国公司的纵向一体化也能向前延伸到拥有国外的运输和销售网。世界上多数主要的汽车制造商都是这样做的。

对外直接投资还有其他一些原因,比如避开关税和国家对进口商品的其他限制,或是为了得到政府的各种鼓励外国直接投资的补贴。前者的例子是美国公司对欧盟国家所进行的大规模直接投资,以及在发展中国家制造业中的一些直接投资。后者的例子是在发展中国家和一些发达国家的经济衰退地区的外国直接投资。对外直接投资的另一个可能的原因是进入国外一个寡头市场以求分享利润、购买一个有前景的外国公司以避免未来的竞争及在出口市场上未来可能的损失,或者仅仅是因为只有大型跨国公司才能获得进入市场所必需的融资。

双向直接投资也可以这样解释:一国的某些行业比较先进(如美国的计算机工业),而另一国的其他行业效率更高(如日本的汽车工业),这也会促进双向投资。同时应该注意到第二次世界大战以后交通(如喷气式飞机旅行)和通信(如国际电话网和国际信息传输与处理)获得了飞速发展,这也为双向直接投资创造了便利的条件。由于跨国公司的总部能对全世界的下属机构的运营实现即时的直接控制,从而方便和鼓励了对外直接投资活动。

全世界对外直接投资的地区分布似乎也取决于地理上的接近或已建立的贸易联系。例如,美国是拉美、孟加拉、巴基斯坦、菲律宾和沙特阿拉伯最主要的直接投资者;欧盟的对外直接投资主要流向非洲的加纳和摩洛哥,拉美的巴西,亚洲的印度、斯里兰卡和越南以及东欧的一些前共产主义国家;日本是韩国、新加坡、中国台湾和泰国的主要直接投资者。案例研究9.1显示了不同地区的一些国家在不同年份直接投资的流入和流出情况。

案例研究 9.1

全球直接投资额

表9.4显示了1990年、2000年、2009年部分国家和地区外国直接投资的流入流出情况(即进行的或得到的外国直接投资额)。该表显示,2009年美国对外投资的流入流出额均最高。对外直接投资流出额仅次于美国的依次是法国、英国、德国、荷兰、瑞士、日本、西班牙、意大利和加拿大;外国直接投资的流入额排在美国之后的是英国、法国、德国、西班

牙、荷兰、加拿大、瑞士、意大利和日本。2009年发展中国家的对外直接投资流出大约占发达国家的17%，然而其外国直接投资流入额约为发达国家的40%。所有发展中国家（地区）得到的外国直接投资中有59%在亚洲（中国香港所占份额最高），30%流入了拉美。非洲、中东欧和独联体国家的外国直接投资流入额相对较低（见表9.4）。

表 9.4　1990 年、2000 年和 2009 年部分国家或地区对外直接投资流出和流入额

10 亿美元

国家或地区	流 出			流 入		
	1990 年	2000 年	2009 年	1990 年	2000 年	2009 年
发达国家	1 942	7 083	16 011	1 557	5 653	12 353
美国[a]	731	2 694	4 303	540	2 783	3 121
法国	112	926	1720	98	391	1 133
英国	229	898	1 652	204	439	1 125
德国	152	542	1 378	111	272	702
荷兰	107	305	851	69	244	597
瑞士	66	232	805	34	87	464
日本	201	278	741	10	50	200
西班牙	16	129	646	66	156	671
意大利	60	180	578	60	121	394
加拿大	85	238	567	113	213	525
发展中国家	145	863	2691	525	1 728	4 893
亚洲	67	613	1 945	350	1 068	2 894
中国香港	12	388	834	202	455	912
新加坡	8	57	213	30	111	344
中国内地	4	28	230	21	193	473
拉美和加勒比地区	58	204	643	111	502	1 473
巴西	41	52	158	37	122	401
墨西哥	3	8	53	22	97	310
非洲	20	44	102	61	154	515
东/南欧和独联体	0	21	280	0	61	497
全球	2 086	7 967	18 982	2 082	7 443	17 743

[a] 由于数据采集方法不同，美国的数据与表9.1至表9.3中略有差异。

资料来源：UNCTAD，*World Investment Report*（Geneva：United Nations，2010）。

9.6　国际资本流动对资本输入国与输出国的作用

现在考察国际资本流动对资本输出国和输入国的福利影响。如果资本可以在全球自由流动，那么资本会从低报酬率的国家流动到高报酬率的国家，直到两国的报酬率相等。这可以使国际资本的利用更加有效，全球的产出和福利也有很大提高（参见附录A9.1的图形证明）。这类似于从相对资本富裕的国家出口资本密集商品。资本富裕的国家现在

直接出口资本而不是资本密集品,进口劳动而不是劳动密集商品。与以比较优势为基础的贸易能够增进全球资源的利用效率一样,从资本富裕国家输出资本到资本缺乏国家也能增进全球福利。

更具体地说,假设两个生产要素(资本和劳动)在资本转移前后都得到了充分的使用,对于投资国来说,平均的资本报酬增长而平均的劳动报酬却降低了(因为每单位劳动现在拥有的资本减少了)。因此,当投资国作为一个整体从对外投资中受益时,在劳动和资本之间存在国内收入的重新分配问题。由于这个原因,美国的工会比较反对美国对外投资。而对从吸收外国投资中受益的资本输入国来说,这些投资也导致了资本和劳动的国内收入的重新分配。如果我们允许非充分就业存在,对外投资会降低投资国的就业水平而增加被投资国的就业水平,可以想象,这又会招致前者国内劳工的反对而对后者的国内劳工有益。

国际资本流动也会影响资本输出国与输入国的国际收支平衡表。一国的国际收支平衡表是用来测度它从世界其他国家获得收入及它对其他国家的支出情况的。在对外投资发生的当年,资本输出国的对外支付增加,会带来国际收支逆差(对外支付超过外来收入),这就是美国20世纪60年代产生巨额国际收支逆差的主要原因,它导致美国1965—1974年对海外投资活动严加限制。当然与资本输出国国际收支恶化相对应的是资本输入国在接受外国投资的当年国际收支将会改善。

然而,资本输出国最初的资本转移和对外激增的支付活动对国际收支平衡所带来的影响也有可能被输出国资本品、零部件和其他产品的大量出口及随后引发的利润汇回所带来的收入所抵消。一般认为初始资本转移的"返还期"大约平均为5～10年。在得到报酬前的相当长一段时期内还应考虑另一种影响,即对外投资是否会导致资本输出国出口商品的替换,甚至是否会导致以前出口商品的进口。因此,资本的输出入对国际收支平衡的即时作用在输出国是负的,在输入国是正的;但是,其长期作用是不确定的。由于许多发达国家的对外投资都是双向的(参见9.4节和9.5节),它们的短期和长期国际收支平衡作用大部分被中和了。但也有例外,如日本,它的对外投资远远大于它所获得的外来投资,而对于主要依靠外来投资的发展中国家却同时面临非常严重的国际收支逆差的困境(参见案例研究9.1)。

对外投资对资本输出国和输入国的另一个重要的福利影响是由于不同国家有不同的税率和投资收益,因此,如果美国的公司税为35%,而在英国只有25%,很自然美国公司就会投资于英国或是利用那里的分支机构进行对外销售,以支付较低的税率。因为很多国家,包括美国在内,都是避免双重征税协定的签约国,美国会在美国公司的国外收益汇回国内时对其按国外收益的10%征税(国内35%的税率与国外25%税率的差额)。结果,资本输出国的税基与所纳税额都减少了,而资本输入国的税基与所纳税额却相应提高了。

对外投资通过影响资本输出国与输入国的产量和贸易量,很可能影响两国的贸易条件。然而,贸易条件怎么变化还要依两国的条件而定,不能一概而论。最后,对外投资也会影响资本输出国的技术领先地位以及输入国对自己经济的控制和执行独立的经济政策的能力。由于国际资本转移的上述作用及其他作用都是由跨国公司的运营造成的,下一节将讨论跨国公司的情况。

9.7 跨国公司存在的原因

战后世界经济发展的一个最重要的特征就是**跨国公司**（multinational corporations，MNCs）的产生和蓬勃发展。它们是在多个国家拥有、控制和管理生产设施的公司。今天跨国公司提供了世界产量的25%以上，这些公司的内部贸易（即母公司与其国外子公司间的贸易）估计就占了世界贸易量的1/3以上。有些跨国公司（如通用汽车公司和埃克森石油公司）是真正的巨人，它们的年销售额都以百亿美元计，甚至超过了一些国家的国民收入。而且，现今的多数国际直接投资都是由跨国公司完成的。在这一过程中，母公司通常向国外子公司提供管理技能、技术、部件和销售渠道，以获得子公司的部分产品和收益。本节将讨论跨国公司存在的原因。

跨国公司存在的基本原因是其在全球的生产和销售网中有竞争优势。这种竞争优势部分来自与国外子公司的横向和纵向的一体化。通过纵向一体化，多数跨国公司能确保国外原材料与半成品的供给，（通过更有效的公司内贸易）可避开国外市场的不完善性。通过横向一体化，跨国公司能更好地保护和利用它们的垄断权，使产品适合当地的环境与偏好，并能保证产品质量的一致性。

跨国公司的竞争优势也来自在生产、融资、研究与开发、市场信息收集等方面的规模经济。跨国公司的巨大产量允许它们能比那些较小型的国内公司更深入地进行劳动分工与生产的专业化。只需要非熟练工人生产的产品部件可以放在一些低收入国家生产，然后运到其他地方组装。而且，跨国公司及其子公司通常比国内公司有更好的机会进入国际资本市场。它们也能把研究与开发集中在一个或几个最适合的发达国家，在这里，它们可以较容易获得必要的技术人员和试验条件。最后，与那些国内公司相比，国外的子公司可以把信息从世界各地传送到母公司那里，一般可使其在评估、预期及利用比较成本、消费者偏好和市场条件的变化方面处于更佳的位置。

当大公司对国外同行业追加投资的预期收益高于国内投资时，它就会向国外投资。由于公司通常只对自己所在产业了解最深且具有竞争优势，因此它在决定对国外投资前通常不考虑在国内其他产业有较高收益率的可能性。也就是说，国内所在产业的预期收益率与国外该产业的预期收益率之间的差异对一家大公司的对外投资决策是极为重要的。这就解释了，例如，日本丰田汽车公司对美国的汽车投资和IBM对日本的计算机投资的原因。所有这些都揭示了跨国公司是大部分差别产品的市场垄断者，它往往走一条由技术差距论与产品周期理论来说明的发展道路，并且在极强的规模经济下生产（参见4.8节）。跨国公司所销售的产品主要是汽车、石油产品、电子产品、金属、办公设备、化学品与食品等。

跨国公司在依据其优势控制和改变运营环境方面也比那些单纯的国内公司更有利。例如，在决定在何地设厂生产某种部件时，跨国公司可以选择那些工资很低并提供免税与补贴及其他税收贸易优惠或便利的国家设厂。鉴于跨国公司的巨大规模，它们也比国内公司能更多地影响地方政府的政策，以攫取利润。而且，跨国公司能兼并地方上前景不错的公司以避免未来的竞争，同时它们还可以通过其他行动限制当地的交易，增加自己的利润。通过分散化经营,跨国公司可以降低自己的风险,这也有助于获取比单纯的国内公司更高的利润。

最后,通过人为地提高运往高税率国的子公司的部件价格,把运出高税率国的子公司的部件价格压低的关联交易方式,跨国公司可以降低纳税额。这称为**转移定价**(transfer pricing),它只能出现在公司内部的交易中,在独立公司之间是不可能出现这种交易的。

最后可以说,由于以上众多因素的综合作用,才使跨国公司比单纯的国内公司更具竞争优势,这也解释了当今跨国公司在世界经济中举足轻重的缘由。总之,通过与国外子公司的横向或纵向一体化,利用规模经济,运用其控制运营环境的优越地位,跨国公司已经成长为当今最突出的私人国际经济组织形式。案例研究9.2考察了世界最大的跨国公司。

案例研究 9.2

世界最大的非石油行业跨国公司

表9.5列举了2009年世界销售额超过900亿美元的非石油业跨国公司及其母公司东道国、主要产业、年销售额和对外销售额占比的情况。从表中可以看到,12家跨国公司中有5家总部设在美国,总部在日本和德国的各有3家,韩国有1家。在这些公司中,有6家汽车公司、4家电子公司和2家计算机公司。三星公司的对外销售比率(80.5%)最高,除去日立、通用汽车和通用电气,所有公司的对外销售比率均超过了50%。

表9.5 2009年世界最大的非石油业跨国公司

排名	公司	东道国	行业	年销售额/10亿美元	对外销售比率*/%
1	丰田汽车	日本	汽车	204.1	63.2
2	通用电气	美国	电子	156.8	49.5
3	大众汽车	德国	汽车	146.2	73.3
4	福特汽车	美国	汽车	118.3	53.1
5	惠普	美国	电子	114.6	66.6
6	戴姆勒	德国	汽车	109.7	77.3
7	三星电子	韩国	电子	108.9	78.5
8	通用汽车	美国	汽车	104.6	44.5
9	西门子	德国	电子	103.6	71.2
10	日立	日本	计算机	96.6	34.3
11	IBM	美国	计算机	95.8	63.0
12	本田汽车	日本	汽车	92.4	82.9

*=2007.

资料来源: http://money.cnn.com/magazines/fortune/global500/2009/full_list and United Nations, *World Investment Report*, 2009(New York and Geneva: UNCTAD. 2009).

9.8 跨国公司为其母国带来的问题

跨国公司通过在世界范围内有效地组织生产和销售来增加世界产出与福利,同时它们也为其母国和东道国带来了严重的问题。跨国公司对其母国最有争议的损害就是由于它的对外直接投资使本国的就业机会减少了。减少的很可能是本国处于竞争劣势的非熟练或半熟练工作岗位。由此,美国和其他一些主要的母国的工会组织非常反对跨国公司的直接对外投资活动。当然直接对外投资很可能也要求跨国公司总部中相应地增加一些文秘、管理和技术方面的工作。然而,即便失去的工作机会比增加的多,如果没有外国直接投资,很可能母国的这些工作岗位也会被国外竞争者抢走,而且在国内也不会产生新的就业机会。当然,在失业程度上,这取决于对外直接投资的类型和投资发生的环境。

一个相关的问题是出口先进技术与国外便宜的其他要素相结合,以使公司的利润最大化的战略。这一做法被认为会损害母国的技术领先地位与未来利益。然而,为防止可能的危害,跨国公司总是把研究与开发工作集中于本国,以保持技术领先的趋势。无论如何,跨国公司是否有损其母国的技术领先地位,仍然是一个充满争议的问题,还没有明确的答案。

跨国公司的另一种可能的有害作用是由转移定价及其他类似活动带来的。跨国公司把经营活动转移到低税率国家,从而减少了母国的税基和税收收入。这一结果的根源是国际税务实践。具体地说,子公司东道国将首先对子公司征税,为避免双重征税,母国通常只对汇回国内的利润征收两国税率的税差(这里假设母国的税率比东道国的税率高)。

举例来说,假设母国的公司所得税为 40%,而在子公司的东道国,这一税率为 30%,税前风险调节利润率在国外是 20%,国内只有 16%。那么一家跨国公司将进行海外投资。如果它在国外得到的利润率为 20%,子公司东道国得到 6% 的税收(30% 的税率),跨国公司保留了 14% 的利润。当跨国公司把这笔收益全部汇回国内时,其母国将对其征收 10%(国内外公司所得税率之差)的税。这样,跨国公司的母国只有当公司把利润汇回时才能征到仅 1.4% 的税。如果跨国公司用利润对国外子公司进行再投资,就等于从母国拿了一笔无息贷款。如果母国与东道国的公司所得税率是相等的,当跨国公司将其税后利润汇回国内时,母国就不能对此再征税了。如果跨国公司投资于其母国,哪怕只有 16% 的利润率,母国都能收到 6.4% 的税(以 40% 的税率计算)。所以,跨国公司的海外投资减少了母国的税收收入,侵蚀了它的税基。

最后,由于跨国公司能够进入国际资本市场,所以它能绕过国内的货币政策,从而增加了本国政府调控经济的难度。以上论及的跨国公司的有害作用对美国影响最大,因为它是超过 1/3 最大型跨国公司的母国。总的来说,或者是出于国际收支平衡的原因,或者最近出于对就业问题的考虑,跨国公司的母国确实加强了对跨国公司活动的限制。

9.9 跨国公司在东道国产生的问题

跨国公司的东道国有时会比其母国抱怨得更强烈。首先,而且是最重要的,这些国家断言跨国公司在操纵着国家的经济生活。对于加拿大来说,这是毫无疑问的。因为该国

60%的制造业资本为外国人(40%是美国人)所拥有或控制。同样,对一些小的发展中国家来说也是如此。外国人对东道国经济的干预和控制有多种不同的途径,其中包括:(1)不愿让当地的子公司向那些被认为对母国不友好的国家或母国法律禁止出口的国家出口产品;(2)当东道国金融政策紧缩时从国外借款,当母国利率低时向海外贷款;(3)大规模做广告,如可口可乐和麦当劳公司等,以影响当地国家的消费偏好。

　　跨国公司对东道国有害的另一种说法是这些跨国公司将研发基金吸收到自己的母国。这一行为从跨国公司以及世界整体来看可能更有效率,然而它确实造成了东道国在技术上不得不持续地依赖于跨国公司母国的局面。这对于发展中国家来说的确是很现实,而且很严重的问题。跨国公司也可能会吸纳当地的储蓄及企业的高级人才,从而阻碍民族企业的建立,而这对发展中国家的经济发展是更重要的。不过这种情况的严重程度目前尚不清楚。跨国公司通过它们的投资,从税收或关税优惠抑或通过避税从东道国攫取了几乎所有的收益。在发展中国家,跨国公司在采矿业及原材料产业的直接投资屡遭批评。人们越来越多地抱怨它们以低价收购产品,对劳动力资源丰富的发展中国家不恰当地使用高资本密集度的生产技术,不重视当地劳工的培训,过度开采自然资源及造成高度二元性的"飞地"经济。

　　大部分的这类抱怨在某种程度上是确切存在的,特别是在发展中国家。这些抱怨促使许多东道国规范、调整外国的投资活动,使之减少危害,增加可能的收益。为此,加拿大对在加拿大的外国子公司征收高于加拿大公司但不超过其25%的税收。印度设有专门的部门来引导和规范外国的投资与经营活动。许多发展中国家只允许合资企业(有本地资本参与)的存在,并就技术转让和培训国内劳工制定了规则,限制使用进口部件、限制利润汇回,并制定了环境方面的法规等。在极端情形下,东道国可以把外国的生产机构收归国有。但是,这很可能会严重影响将来外国对该国的直接投资。

　　甚至在美国,三个最大跨国公司的母国,20世纪80年代后期也曾对高额的外国直接投资流入带来的外国人对经济的控制表示了极大的关注。到了90年代前期,由于外国的直接投资锐减,这种担心才消失。欧盟、经济合作发展组织、联合国以及联合国贸易发展会议目前都在为制定跨国公司的国际性协议而努力。然而,由于母国与东道国的利益总是有所冲突的,在实践中很难达成一个非常适合各方的国际性协议。因此,采用严格限制的方法来解决由跨国公司在母国与东道国间产生的问题以及因此引发的相互指责是不可能成功的。乌拉圭回合也只消除了部分母国对外国直接投资的限制。

　　最近几年,中国的跨国公司对发展中国家的能源公司和发达国家的高科技公司的收购正在引起东道国的关注。

9.10　国际劳工迁徙的原因及其福利效应

　　一般来说,劳动比资本更缺乏国际上的流动性。然而19世纪,欧洲出现了到新大陆的大规模移民潮。这减轻了欧洲的人口压力,并且显然使新大陆迅速地成长与发展起来,特别是美国。国际劳工迁徙既有非经济原因也有经济原因。可以肯定地说,许多发生在

19世纪以及更早年代的国际移民是出于逃避欧洲的政治、宗教迫害的需要。然而,大多数的国际劳工迁徙,特别是第二次世界大战后,是由于受到了国外更高的实际工资和收入的美好前景的吸引。

出于经济原因而移民的决定可以采取与其他投资决策一样的方法和工具进行分析。具体地说,移民就如同其他任何一种投资一样,都涉及成本与收益。这些成本包括交通费用的支出,在新到的国家中安置与重新寻找工作所花时间的工资损失。另外,还有许多难以量化的成本,例如与亲戚、朋友、熟悉环境的分离,要熟悉新的风俗习惯以及学习一门新的语言所需的花费,在新的土地上寻找工作、住房以及其他的东西所涉及的风险。由于移民往往呈波浪状和链状出现,许多移民都共同流动,或迁到一个已有一定数量来自同一地方的早期移民聚居的区域,因而许多非经济因素的成本可以大大地减少。

国际移民的经济收益可以通过他们在剩余工作寿命内从国外所能获得的,相比他在国内所得要高的工资、收入来衡量。其他的好处是移民的子女可能享有更好的教育与工作机会。从收益超出成本的角度出发,移民决策的内部收益率可以像其他类型的投资一样加以估算。假如该内部收益率明显很高,并且可以覆盖与移民相关的非经济成本,那么该劳工就会移民。当然,在真实世界中很少能明确给出这种成本/收益分析的信息。不管怎么说,他们就仿佛是这么行动的。移民不断地从低收入国家迁移到高收入国家的事实证明了这一点。进一步看,年轻的劳工比年老的劳工更愿意移民,除了其他原因之外,还因为他们有更长的剩余劳动寿命可以从国外的高收入中获利。

一般而言,移民对于迁出国和迁入国都是一件好事,因为它促进了劳动力资源更有效的利用(证明请参见附录A9.2)。但是,至少在短期内,与没有移民时相比,本国工人的工资会有所下降,雇主则因为支付低工资而获益。这可以解释为什么美国工人一般会反对移民而企业会支持。通常从整体而言,一个国家从移民中是获益的,因为雇主的所得会超过雇工的损失。在合理的再分配政策下,雇主收入中的一部分通过纳税及对工人损失的补偿,让工人分享部分所得。博杰斯(George Borjas,见参考文献)最近的研究估计通过移民造成的劳动力10%的增加会带来本土劳工3%~4%的工资下降。

迄今为止,我们都隐含地假定所有的劳工都是不熟练工人。然而,其中有许多人实际上是熟练的并受过很好的培训。实际情况是,美国越来越多的高科技产业,从半导体到生物技术产业都依赖于移民来的科学家与工程师,以保持其在日益增长的全球市场上的竞争能力。高技能员工的流动问题可以用**脑力流失**(brain drain)来形象地表达。各国(如美国、英国及其他发达国家)的移民法通常鼓励脑力的流入。这些国家的移民法倾向于鼓励有技能员工的移入而通常为非熟练工人的移入设置重重阻碍。例如,美国1990年设立的H1-B签证计划允许每年有65 000名受过教育的外国人到美国从事专业化的工作,其中大部分在高科技行业工作,在雇主向美国移民归化局提出申请的情况下,他们可以获得6年期的工作许可。2004年,美国国会批准为拥有美国大学研究生学历的外国人提供额外的20 000个H1-B签证。

还有非法移民的问题。在美国这已成为热点问题,有数百万的非法移民在所谓的"地下经济"工作,他们的工资极低,社会福利即使有,也微乎其微。1986年,美国通过《1986年移民改革与控制法》,其中的条款有:(1)对那些能够证明其自1982年1月1日以前就持续居留于美国的非法外国人予以特赦,他们拥有获得合法居留权以至最终的公民身份的机会;(2)对于雇主每雇佣一名非法居留的外国人处以 250 美元至 10 000 美元的罚款。截至 1995 年,大约有 250 万外国人申请了合法的身份。但估计这只是美国非法外国人总数的 1/5。

2005 年,澳大利亚的劳动力中有近 23% 由移民组成,瑞士的这一比率为 22%,加拿大为 19%,美国为 12%,法国为 10%,英国为 8%。案例研究 9.3 提供了美国移民的历史数据,并总结了移民政策方面的争论。

案例研究 9.3

美国移民及对移民政策的争论

表 9.6 显示了 1901—2008 年每 10 年移民美国的人数及他们占美国人口的百分比。如表 9.6 所示,1901—1910 年移民美国的人数近 900 万,占美国人口的比率超过了 10%。1931—1940 年由于大萧条和第二次世界大战的爆发,这一比率急剧下降。战后移民再次增长,1991—2000 年,移民美国的人数超过 900 万(但由于美国人口在过去一个世纪的快速增长,移民占人口的比率只有 3.4%)。随着合法移民人数的急剧增长,美国国会正在考虑提交法案限制移民(高技能移民除外)。

表 9.6 1901—2008 年的美国移民

年份	总额 数量/万人	比率/%
1901—1910	8 795	10.4
1911—1920	5 736	5.7
1921—1930	4 107	3.5
1931—1940	528	0.4
1941—1950	1 035	0.7
1951—1960	2 515	1.5
1961—1970	3 322	1.7
1971—1980	4 499	2.0
1981—1990	7 256	3.0
1991—2000	9 081	3.4
2001—2008	8 328	3.5

* 每 1000 名美国人口中。

资料来源:*U.S. Statistical Abstract*, 2010, Table 42.

2008 年,不在美国本土出生的美国人有 3 730 万,占当年美国人口总数的 12.6%,该比例比第二次世界大战后的任何一年都要高(历史最高值是 1910 年的 14.7%)。美国人口调查数据表明最近的移民中超过 25 岁具有学士学位的人占 21%（美国本土人口的这一比率只有 15%），但是 31% 的人没有高中文凭（美国出生的人中这一比率仅为 8%），所以，最近移民中的多数不是受过高等教育就是文化程度很低。

本章小结

1. 本章着重考察了资本、劳动与技术的国际流动所造成的影响。从某些方面说，这些都是国际商品贸易的替代品。

2. 资产组合投资，例如股票与债券的购买，是纯粹的金融资产投资，主要通过银行和投资基金进行。而直接投资是对工厂、资本品、土地和存货的实际投入。它关系到资本与管理，投资者拥有运用投资的控制权。国际的直接投资通常是由跨国公司进行的。

3. 1950—2009 年，美国私人持有的长期外国证券（股票与债券）和外国私人持有的美国证券有了大幅增长。对外直接投资的情况也是如此。1950—2009 年，美国在欧洲的直接投资增长幅度比美国在加拿大和拉美的直接投资增幅更大。美国在制造业、金融和服务业的对外直接投资及外国对美国在这些领域的直接投资都比各自对石油行业的直接投资增长得更快。公众对 20 世纪 90 年代后半期外国在美国的直接投资浪潮并没有像 80 年代后半期出现的对美直接投资浪潮那样关注。

4. 国际组合投资的基本目的是追求收益最大化和分散风险。后一目的也是解释双向资本流动所需要的。

5. 对外直接投资的动机也是追求收益最大化和分散风险，但还需要更多的解释。具体地说：(1)为了开发国外一些独特的生产知识与管理技能（横向一体化）；(2)为了获得外国拥有的所需原料的供应以及对外国市场的控制权（纵向一体化）；(3)为了避免进口关税及其他贸易壁垒，或者是为了利用生产的优惠条件；(4)为了进入外国的寡头垄断市场；(5)为了避免将来的竞争而收购外国的企业；(6)为了取得独一无二的融资能力。

6. 国际资本转移增加了投资国与东道国的国民收入，但投资国资本的相对收入上升，劳动的相对收入减少；东道国的情况则正好相反。因此短期之内，投资国的国际收支趋于恶化，而东道国的国际收支将改善。在长期，国外的直接投资对国际收支的影响很难说清。一国对企业过高的税率会促使企业对外投资，从而使该国失去税收收入。对外投资还会影响一国的贸易条件。

7. 今天跨国公司已经成长为私有国际经济组织的最重要形式。它们存在的一个基本原因是其在全球生产与销售网络方面有竞争优势。

8. 从母国的角度看，跨国公司的主要问题是国内工作岗位的流失、对母国技术优势的侵蚀、通过转移定价逃避国内的税收，减弱了政府对国内经济的控制。

9. 东道国对跨国公司的抱怨在于海外直接投资削弱了主权和国内研究能力，导致逃税，不适用技术的应用及大部分收益流向东道国的后果。这导致大多数东道国采取多种政策以减少上述有害影响，并增进可能的收益。

10. 国际劳工迁徙的原因可能是经济的，也可能是非经济的。当移民决策是出于经济原因时,它可以像其他对人力与物理资本的投资一样,通过成本/收益分析的方法来评价。国际移民减少了移出国的总产出,但提高了该国的真实工资水平;对移入国来说,则是总产出的增加与真实工资水平的降低。带来这些变化的同时,全世界的产出也会有净的增加。高技能、受过培训人员的流动给移入国带来了特殊的收益,但同时也代表了移出国的"脑力流失"。

复习题与练习题

1. 在什么意义上国际生产资源的流动可以替代国际商品贸易?
2. (1) 组合投资意味着什么? 在国际间它通常通过什么组织来实现?
   (2) 直接投资意味着什么? 在国际间它通常通过什么组织来实现?
3. (1) 国际资产组合投资的基本动机是什么?
   (2) 除了基本的收益和风险动机之外,对外直接投资的原因还有什么?
4. 判断下述说法是对还是错,并解释原因:"许多证券组合的获利性不可能超出证券组合中收益最高证券的收益,但其风险可能低于最低风险的证券。"
5. 对外投资的影响是什么?
   (1) 对其国民收入中资本与劳动相应收入有何影响?
   (2) 对国民收入有何影响?
6. 对跨国公司母国来说,跨国公司会带来什么样的问题?
7. (1) 对东道国而言,跨国公司会带来什么样的问题?
   (2) 东道国是如何设法限制跨国公司的有害作用,并增进其有益作用的?
8. 用可获得的最近一年的数据更新表9.6。从2002年起世界最大的跨国公司的排序有何变化?
9. 解释为什么美国在发展中国家的直接投资的收益率常常会超过美国在发达国家的直接投资的收益率。
10. (1) 国际劳工迁徙的动机是什么?
    (2) 在移出国与移入国,劳动移民有什么影响?

附录　国际资本流动与移民的效应分析

本章附录将考察国际资本流动对投资国和东道国的影响,以及国际劳务流动对移出国和移入国的影响。

A9.1　国际资本流动对投资国和东道国的影响分析

我们在9.6节中已经看到,如果资本可以在国际间自由流动,它将从报酬率低的国家流向报酬率高的国家。这增加了资本的利用效率,因而提高了世界的产出和福利。我们现在将对此做严格的证明。为了分离出资本流动的单独影响,假定没有商品贸易和劳动力的流动。

在图 9.1 中,我们考虑一个只有两国(国家 1 和国家 2)的情况,资本总量为 OO'。其中 OA 属于国家 1,$O'A$ 属于国家 2。$VMPK_1$ 和 $VMPK_2$ 两条直线是根据不同水平的投资分别给出的国家 1 与国家 2 的资本边际产品值。根据微观经济学理论,我们知道资本的边际产出的价值等于用其生产出来的商品价格乘以资本的边际产出。在竞争条件下,资本边际产出价值代表了资本的报酬或收益。

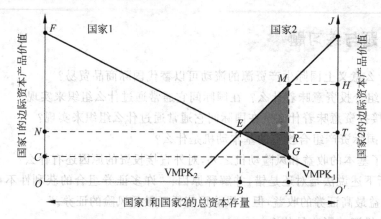

图 9.1　国际资本转移的产出与福利效应

总资本存量为 OO',国家 1 拥有 OA,它的总产出为 $OFGA$,国家 2 拥有 $O'A$,它的总产出为 $O'JMA$。资本 AB 从国家 1 转移到国家 2,使两国的资本收益均为 BE。这使世界的总产出增加了 EGM(图中阴影部分),其中国家 1 得到了 EGR,国家 2 得到了 ERM。国家 2 的总国内产出增加 $ABEM$,其中外国投资者得到 $ABER$,剩下 ERM 作为国家 2 国内的净所得。

独立地看,国家 1 将全部资本 OA 都投于本国,可获得 OC 的收益。总产出(可以由其边际产量曲线下的区域给出)即 $OFGA$,其中 $OCGA$ 是由国家 1 资本所有者的投资带来的,其余的 CFG 是由其他要素如劳动和土地带来的。同样,国家 2 将其全部资本 $O'A$ 投入国内获得收益 $O'H$,总产出是 $O'JMA$,其中 $O'HMA$ 归因于国家 2 的资本所有者,其余的 HJM 归因于其他要素。

我们假设允许国际资本自由流动。由于国家 2 的资本报酬($O'H$)比国家 1 的资本报酬(OC)高,于是有 AB 量的资本从国家 1 流入国家 2,使得两国的资本报酬均等于 $BE(=ON=O'T)$。国家 1 的国内产出现在为 $OFEB$,加上对外投资的总报酬 $ABER$,于是得到国家总收益 $OFERA$(其中 ERG 是高于对外投资以前的收益部分)。由于国际资本的自由流动,国家 1 中资本的总报酬增加到 $ONRA$,而其他要素的总报酬下降到 NFE。

资本 AB 输出到国家 2,使得它的资本收益率由 $O'H$ 减少到 $O'T$。国家 2 的国内总产出由 $O'JMA$ 增长到 $O'JEB$。在增长部分 $ABEM$ 中,$ABER$ 归因于外国投资者,余下的 ERM 是国家 2 总产出的净增长部分,国内资本拥有者的总报酬从 $O'HMA$ 降为 $O'TRA$,而其他要素的总报酬则从 HJM 上升到 TJE。

从全球作为一个整体的角度看,总产出从 $OFGA+O'JMA$ 增加到 $OFEB+O'JEB$,增加了 $ERG+ERM=EGM$(图中的阴影部分)。所以,国际资本流动增加了国际间资源分配的效率,从而增加了世界的产出和福利。请注意,$VMPK_1$ 和 $VMPK_2$ 两条曲线中越

第9章 国际资源流动与跨国公司

陡的曲线从国际资本流动中获利越大。

A9.2 国际劳务流动的影响分析

国际劳工迁徙对迁出国和迁入国的福利效应也能像其他国际资本流动对社会福利的影响一样使用图表技术来分析。在图9.2中,劳动在国家1和国家2的供给分别以 OA、$O'A$ 表示。$VMPL_1$ 和 $VMPL_2$ 曲线给出了国家1和国家2劳动的边际产品收益。在竞争的条件下,$VMPL$ 代表了劳动的真实工资。

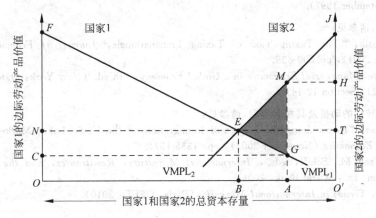

图9.2 国际劳工迁徙的产出与福利效应

在劳动供给为 OA 时,国家1的真实工资率为 OC,总产出为 $OFGA$。在劳动供给为 $O'A$ 时,国家1的真实工资率为 $O'H$,总产出为 $O'JMA$。从国家1移民劳工 AB 到国家2使两国的工资率在 BE 处相等。这使国家1的总产出减少到 $OFEB$,国家2的总产出增加到 $O'JEB$,世界总产出净增额为 EGM(图中的阴影部分)。

移民前,在国家1,工资率为 OC,总产出为 $OFGA$;在国家2,工资率为 $O'H$,总产出为 $O'JMA$。现在我们假定国际劳工可以自由迁徙。由于国家2的工资率($O'H$)高于国家1的工资率(OC),AB 段的劳动就会从国家1移向国家2,使两国的工资在 $BE(=ON=O'T)$ 处相等。因而国家1的工资升高而国家2的工资下降(因此,工会通常反对移民的迁入)。同时,国家1的总产出从 $OFGA$ 下降到 $OFEB$,而国家2则从 $O'JMA$ 升到 $O'JEB$,世界产出净增加了 EGM(图中的阴影部分)。注意,对于国家1(移民迁出国)的劳动与国家2的非劳动力资源都存在国民收入的再分配。国家1也可能会收到移民汇回的侨汇。还应注意的是,假如 AB 区间的劳工在移民前已在国家1处于失业状态,那么在国家1无论是否有劳工移民,其工资率均为 ON,总产出均为 $OFEB$。移民后,世界产出的净增额将为 $ABEM$(所有的产出增加均发生在国家2)。

参考书目

有关对外投资的数据,见:

- Department of Commerce, *U. S. Survey of Current Business* (Washington, DC: U. S. Government Printing Office). Monthly publication.
- OECD, *International Direct Investment Statistics Yearbook* (Paris: OECD, 2010).

- United Nations(UN), *World Investment Report*(New York: UN, 2010).

对外国直接投资的动机和结果的考察,可参见:
- International Monetary Fund (IMF), *Determinants and Systemic Consequences of International Capital Flows*(Washington, DC: IMF, 1991).
- B. A. Blonigen, "A Review of the Empirical Literature on FDI Determinants," *NBER Working Paper*, No. 11299, (April 2005).

关于跨国公司,可参见:
- B. Ricker and D. Ricker, "Are U. S. Multinationals Exporting Jobs?" *NBER Working Paper* No. 5958, (September 1997).

关于转移定价,请参见:
- T. A. Gresik, "The Taxing Task of Taxing Transnationals," *Journal of Economic Literature* (September 2001), pp. 800-838.
- D. Salvatore, *Managerial Economics in a Global Economy*, 6th ed. (New York: Oxford University Press, 2012), Section 12-14.

关于国际劳务转移的动机及其福利影响,请参见:
- G. J. Borjas, "Reexamining the Impact of Immigration on the U. S. Labor Market," *Quarterly Journal of Economics* (November 2003), pp. 1335-1374.
- C. Ozden and M. Schiff, eds., *International Migration, Remittances, and the Brain Drain* (Washington, DC: World Bank, 2006).
  - OECD, *Trends in International Migration*(Paris: OECD, 2010).

网址

有关外国直接投资的资料有联合国出版的《世界投资报告》(年报)、经合组织出版的《国际投资统计年报》和经济分析局每年七八月份出版的《美国商业概览》,相关的网址如下所示。联合国在互联网上只公布了《世界投资报告》的部分材料,经合组织的《国际投资统计年报》也是如此。经济分析局在下面所列的网络上也提供了国际直接投资的数据。

http://www.unctad.org,点击"World Investment Report"
http://www.oecd.org,点击"International Investment Statistics Yearbook"
http://bea.doc.gov,点击"Survey of Current Business, July Issue"

关于转移定价的文献参见经合组织(OECD)的网站:
http://www.oecd.org,点击"transfer pricing"
http://www.econ.iastate.edu/classes/econ355/choi/mnc.htm

有关美国移民的信息可以在美国移民与归化服务网站上找到,其网址为:
http://uscis.gov

第4部分
国际收支平衡表、外汇市场和汇率

第4部分（第10章、第11章和第12章）涉及国际收支平衡表、外汇市场和汇率决定的内容。对这三章内容的清楚把握将对理解第5部分和第6部分，即对国际收支失衡的调整、开放宏观经济学以及当前国际货币制度的功能的理解起决定性的作用。第10章考察了国际收支平衡的含义、功能与度量，并定义了一国国际收支赤字与盈余的概念。第11章考察了外汇市场及其运作。第12章讨论了汇率理论和汇率决定因素。

国际经济学基础（第3版）
Introduction to International Economics

第十部分

第10章

国际收支平衡表

学习目的

学完本章,你应当能够:
- 理解什么是国际收支平衡表以及它测量了什么
- 掌握贷方、借方和复式簿记的含义
- 叙述美国的国际交易
- 理解国际交易中失衡的含义
- 了解如何测量一国国际收支平衡表中的赤字和盈余
- 叙述美国历年国际收支平衡表的变化
- 叙述美国国际投资状况的演变

重要术语

国际收支平衡表	balance of payments
贷方交易	credit transactions
借方交易	debit transactions
金融性资本流入	financial inflows
金融性资本流出	financial outflows
复式簿记	double-entry bookkeeping
单方面转移支付	unilateral transfers
统计误差	statistical discrepancy
经常项目	current account
金融项目	financial account
国际收支中的赤字(逆差)	deficit in the balance of payments
官方储备账户	official reserve account
国际收支中的盈余	surplus in the balance of payments
官方结算余额	official settlements balance

自主性交易	autonomous transactions
调节性交易	accommodating transactions
国际投资头寸	international investment position

10.1 引言

在本书的前三部分，我们研究了经济中与货币相对的"实物"部分。货币没有直接考虑在内，讨论的是相对的商品价格。现在，我们开始讨论国际经济或国际金融中的货币问题。这里，货币被直接考虑在内，商品价格用本币和外币的形式表示。我们对国际金融的讨论从考察国际收支平衡表开始。

10.2节讨论国际收支平衡表的含义和用途，以及国家用它进行测量的理由；10.3节讨论在国际收支平衡表中所使用的一些会计准则；10.4节解释用于国际收支测量的复式簿记的含义；10.5节介绍并分析美国和其他国家在2009年的国际交易；10.6节考察会计余额和美国国际交易的失衡；10.7节讨论国际收支赤字和盈余的概念和度量；10.8节简要回顾美国战后的国际收支平衡状况史；10.9节讨论美国的国际投资状况。

10.2 国际收支平衡表：定义和用途

国际收支平衡表（balance of payments）是一个扼要的表述。原则上，它应记录一国居民与其他国家居民在一段特定的时间内（通常是一年）发生的所有交易。美国和其他一些国家也有以季度为时间单位的国际收支记录。国际收支平衡表的主要目的在于让政府了解国家的状况，以帮助政府制定货币、财政和贸易政策。政府在决策时，也常常会参考重要贸易伙伴国的国际收支平衡表。同样，对于那些直接或间接地参与国际贸易及金融活动的银行、公司和个人而言，国际收支平衡表中包含的信息也具有重要的意义。

对国际收支平衡表所做的上述定义，还需要做以下解释。首先，非常明显，一国居民与其他国家的成千上万的交易不可能一一出现在国际收支平衡表中。作为一种扼要的表述，国际收支平衡表把所有的商品交易划分成几大类。同样，对于国际资本项目来说，也只有每类国际资本流动的净余额才能包括在国际收支平衡表中。此外，国际收支平衡表中还包含一些并不直接涉及其他国家居民的交易。例如，一国中央银行将其持有的一部分外汇卖给本国商业银行的行为。

国际交易指的是商品、服务或资产在不同国家居民间的交换（对此通常会发生相应的支付要求）。然而，国际收支平衡表中也包括馈赠和其他某些转移支付（这些通常并不伴随支付行为）。对于一国"居民"这个概念也需要做些澄清。外交官、外国驻军、游客和临时移居的工人是其国籍所在国的居民。同样，一个公司是其创立所在国的居民，但其国外的分支机构和子公司则不是。当然，有些区分是很主观的，可能会引起一些麻烦。例如，一个工人可能开始时只打算短期移民，后来却决定永久地定居国外。还有，诸如联合国、国际货币基金组织、世界银行和世贸组织等国际机构并不属于它们所在国的居民。另外应牢记的是，国际收支平衡表有一个时间范围。因此，它记录的是一段特定的时间内，商品、服务、馈赠和资产在不同国家居民间的流动。通常，这段时间为一年。

10.3 国际收支平衡表会计准则：借方和贷方

国际交易被分为借贷两类。**贷方交易**（credit transactions）是指从外国人那里收到付款的交易，**借方交易**（debit transactions）是指向外国人付款的交易。在国际收支平衡表中，贷方交易标有正号，借方交易标有负号。

所以，商品与服务的出口，从外国人那里接受的单方面转移（礼物）支付和金融性资本流入记入贷方（＋），因为它们都涉及从外国人那里接受款项。而商品与服务的进口，给外国人的单方面转移支付和金融性资本流出则记入借方（－）。

金融性资本流入（financial inflows）可以有两种形式：一种是本国持有外国资产的增加；另一种是本国在外国的资产的减少。例如，一位英国居民购买了美国的股票，他在美国的外国资产增加，对美国而言，这是金融性资本流入，应记入贷方，因为它包含了从外国人那里接受的付款。金融性资本流入也可以采取本国在外国的资产减少的形式。例如，当一位美国居民卖出外国股票，美国在外国的资产减少。对美国而言，这同样是金融性资本流入（当美国居民购买外国股票时则相反，会发生金融性资本外流现象），应记贷方，因为它也包含从外国人那里接受的付款。

把美国的金融性资本流入定义为外国在美国的资产的增加或美国在外国的资产的减少确实有些令人糊涂，并不太适当。但这却是在美国政府所有的出版物中使用的术语。记住当外国居民购买美国资产（在美国的外国资产增加）时伴随着从外国人那里接受付款就可以避免混淆。因此，对美国的金融性资本流入应记贷方。同样，当美国居民出售一项外国资产（美国在海外的资产减少）时，也涉及外国人的支付，因此也代表对美国的金融性资本流入，应记贷方。在美国的外国资产增加和美国在外国资产的减少，都是金融性资本流入，或贷方，因为它们都涉及了接受外国人的付款。

金融性资本流出（financial outflows）是本国在外国资产的增加或者是外国在本国资产的减少，因为它们都涉及向外国人付款。例如，美国居民购买英国国库券，这增加了美国在外国的资产，应记借方。同样，德国公司卖出它在美国的子公司，减少了外国在美国的资产，应记入借方，因为它也涉及了向外国人付款（同学们应当仔细研究这些概念和例子，因为掌握这些重要概念对于理解下面的内容十分关键）。

总而言之，商品与服务的出口，接受单方面转移支付和金融性资本流入应记入贷方（＋），因为它们都涉及接受外国人的付款。相反，商品与服务的进口，向外国人单方面转移支付和金融性资本流出应记入借方（－），因为它们都涉及向外国人付款。

10.4 复式簿记

在记录一国的国际交易时，我们使用**复式簿记**（double-entry bookkeeping）。这意味着每笔国际交易都被等额地记录两次，一次记入贷方，一次记入借方。这是因为通常每笔交易都有两个方面,我们卖东西就能收钱,买东西就得付款。

第一个例子,假设一家美国公司出口 500 美元的商品,货款将在 3 个月后付清。美国先贷记 500 美元的商品出口,因为商品出口会带来外国人的付款。外国人的付款承诺本身再记入金融性资本的借方,因为它代表了从美国的金融性资本流出。也就是说,由于同意等待付款 3 个月,美国的出口者给予了进口者贷款。这是增加美国在外国的资产,应记借方,整个交易在美国的国际收支平衡表中应做如下记录:

	贷方(＋)	借方(－)
商品出口	500 美元	
金融性资本流出		500 美元

第二个例子,假定一名美国居民在伦敦游览,花了 200 美元的旅行服务费(相当于美国进口),付款本身应记入资本的贷方,因为它代表了外国要求美国付款。特别地,我们可以把英国人手中的这 200 美元的旅行服务贷款看做一种证券,它赋予英国向美国要求商品与服务的权利。它等同于在美国的外国资产的增加,所以,对于美国而言,它是金融性资本流入,应记录为资本贷方的 200 美元。整个交易在美国的国际收支平衡表中做如下记录:

	贷方(＋)	借方(－)
向国外购买的旅行服务		200 美元
金融性资本流入	200 美元	

第三个例子,假定作为美国援助计划的一部分,美国政府把它在一家美国银行存有的 100 美元给予了一个发展中国家政府。美国借记**单方面转移支付**(unilateral transfers) 100 美元,因为提供援助意味着向外国人付款。付款本身使该发展中国家政府在这家美国银行的存款余额有了变动。这代表外国在美国的资产的增加,应记录为美国国际收支表中的金融性资本流入或贷方。整个交易如下:

	贷方(＋)	借方(－)
单方面转移支付		100 美元
金融性资本流入	100 美元	

第四个例子,我们假定一名美国居民购买了 400 美元的外国股票,他的付款使得外国银行在美国的存款余额增加。购买外国股票增加了美国在外国的资产,因此这是金融性资本流出,应在美国的国际收支平衡表中借记金融资本 400 美元。而外国银行在美国的余额增加是外国在美国的资产的增加(对美国的金融性资本流入),在美国国际收支平衡表中应记贷方。如果美国居民通过减少在外国的美国银行存款余额的方式付款,结果也一样,这将减少美国在海外的资产,也是对美国的金融性资本流入,因此为贷方。请注意这个交易的两边都是金融资本流动。

	贷方（+）	借方（-）
金融性资本流出（美国居民购买外国股票）		400 美元
金融性资本流入（外国银行在美余额增加）	400 美元	

第五个例子，假定一名外国投资者购买了 300 美元的美国国库券，并用他在美国的银行存款余额付款。购买美国国库券增加了外国在美国的资产，对美国而言，这是金融性资本流入，应记贷方。外国人用在美国的银行存款余额付款是外国在美国资产的减少，这是金融性资本流出，在美国国际收支平衡表中应记为资本流出（借方）：

	贷方（+）	借方（-）
金融性资本流入（外国人购买美国国库券）	300 美元	
金融性资本流出（外国银行在美余额减少）		300 美元

如果我们假定这五个交易是美国当年的全部国际交易，那么美国的国际收支平衡表应为：

	贷方（+）	借方（-）
商品	500 美元	
服务		200 美元
单方面转移支付		100 美元
金融性资本净值		200 美元
总借贷	500 美元	500 美元

金融性资本净借方余额-200 美元是由七项金融性资本分录（-500 美元，200 美元，100 美元，-400 美元，400 美元，300 美元，-300 美元）加总而来的。由于采用的是复式簿记，贷方总额等于借方总额。

10.5　美国的国际交易

表 10.1 显示了美国 2009 年国际交易的总体情况。在表中，贷方标有正号，借方标有负号。

表 10.1 显示 2009 年美国出口了 21 590 亿美元的商品与服务（包括海外的美国资产所带来的收入）。10 680 亿美元的商品出口中包括农产品、化工产品、汽车和民用飞机。5 020 亿美元的服务出口中包括提供给外国人的旅行和交通服务，以及从外国人那里收取的费用和版税。美国居民也从对外国投资中得到 5 880 亿美元的利息与红利。应注意到虽然美国的金融性资本流出在资本项下记为借方（美国海外拥有资产的增加），但对美国在国外的资产提供的服务（即美国的海外投资）中得到的收益是与其他服务的出口登录在一起的。由于它们的重要性，美国在国外资产的收益与其他服务的出口是分别登录的。

10 亿美元

表 10.1　美国 2009 年国际交易总况

项目	贷方	借方
商品、服务的出口与收入	+2 159	
商品	+1 068	
服务	+502	
美国在外国资产的收入	+588	
商品、服务的进口与支付		−2 412
商品		−1 575
服务		−370
外国在美国资产的收入		−467
单方面转移支付净值		−125
美国政府捐赠		−42
美国政府养老金与其他转移支付		−9
私人汇款与其他转移支付		−74
美国在外国的资产净值,不包括金融衍生品[增加/金融性资本流出(−)]		−140
美国官方储备资产净值		−52
美国政府资产净值(除官方储备外)	+541	
美国私人资产净值		−630
对外直接投资		−269
外国证券		−208
非银行债权	+124	
银行债权		−277
外国在美国的资产净值,不包括金融衍生品[增加/金融性资本流入(+)]	+306	
外国在美国的官方储备资产净值	+450	
外国在美国的其他资产净值		−144
在美直接投资	+135	
美国国债	+23	
除国债之外的其他美国债券	0	
美国货币	+13	
非银行债权		−1
银行债权		−313
金融衍生品净值	+51	
统计误差	+162	
备忘录		
商品贸易余额		−507
服务贸易余额	+132	
商品与服务贸易余额		−375
收入余额	+121	
商品、服务贸易与收入余额		−254
单方面转移支付净值		−125
经常项目余额		−378

因四舍五入误差的影响,加总略有误差。

资料来源：U. S. Department of Commerce, *Survey of Current Business* (Washington, DC: U. S. Government Printing Office, July 2010), pp. 62-63.

2009年美国进口了24 120亿美元的商品与服务(包括对在美国的外国投资的收益支付)。15 750亿美元的进口商品主要由石油、服装与家居用品、汽车、家用电器和计算机组成。进口的3 700亿美元服务包括美国居民从其他国家那里购买的旅游和交通服务,支付给外国人的费用和版税,以及外国在美国的投资而支付的利息和红利4 670亿美元。注意金融性资本流入美国记为资本项下的贷方(在美国的外国人拥有资产的增加),而对于外国在美国投资提供服务所支付的款项则与其他进口服务一起列为借方。

2009年,美国给外国人的单方面转移支付净值为(一)1 250亿美元。这包括对外国的经济和军事援助(一420亿美元),美国政府对外国支付的养老金与其他转移支付(一90亿美元)和私人对国外的汇款与其他转移支付(一740亿美元)。私人汇款和其他转移支付指的是外国在美国的移民给他们在国外亲戚的汇款及其他私人馈赠。因为对美国而言,寄往国外的私人转移支付大于从国外寄来的转移支付,因此2009年美国有一余额为(一)740亿美元的净私人对外汇款和转移支付。

表10.1显示2009年美国在外国的资产存量净增加(美国的金融性资本流出和借方)(一)1 400亿美元,这主要源于美国官方储备的存量净增加(一)520亿美元(大多数为外币),除官方储备之外的美国政府资产存量的净减少值(+)5 410亿美元,以及美国在国外私人资产的净增加(一)6 300亿美元。美国在国外私人资产的增加中包括在国外直接投资增加(一)2 690亿美元,美国持有的外国证券增加(一)2 080亿美元,美国对外国非银行债权净减少(+)1 240亿美元和美国对外国的银行债权净增加(一)2 770亿美元。

2009年,在美国的外国资产(不包括金融衍生品)净增加(金融性资产流入美国,贷方)(+)3 060亿美元,这包括外国在美国官方资产的净增加(+)4 500亿美元,外国在美国的其他资产(除去官方)净减少(一)1 440亿美元。后者又包括外国在美国的直接投资净增加(+)1 350亿美元,外国持有的美国国债净增加(+)230亿美元,外国持有的除美国国债之外的美国证券没有变化,外国持有的美国非银行债权净减少(一)10亿美元,外国持有的美国银行债权净减少(一)3 130亿美元。

接下来,表10.1显示外国持有的美国金融衍生品(美国的金融资产流入和贷方)净增加510亿美元。金融衍生品是一种复杂的资产或者说证券,它的价值通常取决于股票和债券的价值。在2007年肇始于美国,随后蔓延到全球的金融危机中,金融衍生品成为焦点所在。我们将在第16章对此进行讨论。

当我们把美国商品服务出口与收入的(+)21 590亿美元、外国在美国的资产的净增加值(+)3 060亿美元以及金融衍生品净值(+)510亿美元加总后,就得到2009年美国国际交易的贷方总额(+)25 160亿美元。把美国商品服务的进口和支付(一)24 120亿美元,单方面转移支付净值(一)1 250亿美元和美国在国外的资产净增加值(一)1 400亿美元加总后,我们就得到了借方总额(一)26 770亿美元。由于贷方总额(+)25 160亿美元比借方总额(一)26 770亿美元少(一)1 610亿美元,所以在表10.1中,贷方有一项**统计误差**(statistical discrepancy),数额为(+)1 620亿美元。设置它的目的是使借贷双方数额相等,以满足复式簿记的要求。

请注意,统计误差的原因是某些交易登记错误或根本没有登记(如果一项交易的双方报告错误或完全没有报告,没有统计误差项就会使复式簿记法的借方总额与贷方总额不等)。在登录短期国际私人资本流动时,统计误差特别有可能发生,因此,(+)1 620亿美元的统计误差可能反映了2009年有那么多短期私人资本流入美国但没有登录。接下来我们将讨论表10.1底部的备忘录项。

10.6　国际交易中的会计余额与失衡

在表10.1底部的备忘录项中出现的第一个会计余额是商品贸易余额。2009年,美国出口了10 680亿美元,进口了15 750亿美元的商品,商品贸易的借方净值为(-)5 070亿美元。另外,美国在服务上有贷方净值1 320亿美元(5 020亿美元的服务出口减去3 700亿美元的服务进口),因此,在商品与服务上,美国有借方净余额(-)3 750亿美元。美国在投资收益上还有贷方净余额(+)1 210亿美元(美国投资海外所得的利息和红利5 880亿美元减去向外国投资者支付的4 670亿美元的投资收入)。所以,美国在商品、服务和投资收益上有借方净余额(-)2 540亿美元。

把单方面转移支付的借方净余额(-)1 250亿美元及商品、服务和投资收益的借方净余额(-)2 540亿美元相加,我们能得到经常项目的借方净余额(-)3 780亿美元(有10亿美元的舍入误差)。所以,**经常项目**(current account)汇集了当期生产的所有商品与服务的买卖、投资收益和单方面转移支付的进出,并将一个国家的国际交易和国民收入联系起来。特别要提及的是,经常项目的盈余可以刺激国内的生产和收入,经常项目的逆差则会减少国内的生产和收入(我们将在第13章中考察一国国际贸易及经常项目与国民收入之间的联系)。

除了官方储备资产以外,美国在国外资产和外国在美国资产的变化形成了美国的**金融资本项目**(financial account)。它度量了所有非储备金融资产的存量的变化。之所以把金融储备资产的变化排除出金融资本项目是因为储备的变化反映的是政府政策,而不是市场力量。

美国的金融资本账户显示了美国在国外资产的净增加值(金融资本流出美国)为(-)880亿美元(从总额为(-)1 400亿美元的美国在国外资产净增加中减去美国官方储备净增加(-)520亿美元),外国在美国私人资产的净减少值(金融资本流出美国)为(-)1 440亿美元(总额(+)3 060亿美元减去在美国的外国资产净增加(+)4 500亿美元),金融衍生品净流入(+)510亿美元。所以,美国2009年的金融资本项目上有借方净余额(-)1 810亿美元(-880亿美元、-1 440亿美元和+510亿美元)。

10.7　度量国际收支中的赤字与盈余

将经常项目余额、资本项目余额和统计误差项(如前所述,这大部分代表了未登录的私人资本流动)加总,就得到了一个国家的国际收支余额。也就是:

经常项目余额+金融资本项目余额+统计误差=国际收支余额

在经常项目、金融资本项目和统计误差项中，如果借方总额超过贷方总额，则借方净余额表示国家在**国际收支中的赤字**(deficit in the balance of payments)。这意味着该国当年在海外的支出超过了收入。这个赤字必须用代表国家的国际储备的**官方储备账户**(official reserves account)的贷方净余额（记住国际收支整体由于复式簿记的原因是平衡的）来冲减（即支付或融资）。如果经常项目、资本项目和统计误差项中的总贷方值超过总借方值，就产生了**国际收支中的盈余**(surplus in the balance of payments)。这意味着该国当年在海外的收入超过了支出。贷方净值显示了盈余的大小，并通过官方储备账户中相等数额的借方值冲抵。官方储备账户的余额称为**官方结算余额**(official settlements balance)。

所有经常项目和金融资本项目（包括统计误差项）的交易都被称作**自主性交易**(autonomous transactions)，因为它们是为了商业或利润目的（除了单方面转移支付）而发生的，与国际收支平衡方面的考虑无关。官方储备账户中官方储备资产的交易被称作**调节性交易**(accommodating transactions)，因为它们是为了平衡国际交易而发生的。由于复式簿记的特点，自主性交易余额（国际收支余额）与调节性交易余额（官方结算余额）之和必须为零。

从表10.1以及前面的讨论中，我们能看到2009年美国的经常项目有(一)3 780亿美元的借方净余额，金融资本项目有(一)1 810亿美元的借方净余额，再加上(+)1 620亿美元统计误差项下的贷方净余额。这使得美国2009年共有(一)3 970亿美元的国际收支赤字。不过这个赤字由3 980亿美元的外国在美国官方储备资产净增加值冲抵了（外国在美国的官方储备资产增加值4 500亿美元加上美国官方储备资产净增加(一)520亿美元，再加上(一)10亿美元的四舍五入误差——见表10.1）。

10.8　美国战后国际收支状况

本节我们通过表10.2中的数据简要介绍美国战后的国际收支状况史。从表10.2中可以看出，美国20世纪60年代商品的贸易余额为正，到70年代出现商品贸易逆差（除了1973年和1975年），并且此后逆差迅速变大，以致达到2006年的(一)8 390亿美元。在很大程度上，这是70年代石油进口价格急剧上升、美元在80年代的高国际价值、美国在90年代远高于欧洲与日本的发展速度以及2004年以来石油价格迅速上升的一个反映。案例研究10.1考察了1985年以来美国与中国之间贸易赤字的演变。

表10.2也表明，相对美国在商品贸易单方面的赤字，美国在商品、服务贸易和投资收益上余额的恶化要小一些，这主要是因为美国在服务贸易和投资收益上是有盈余的。但是加上美国在单方面转移支付方面的负的余额，美国经常项目的恶化程度甚至比商品、服务贸易和投资收益账户还要严重。

表10.2最后一列列出了美国国际收支余额。表中表明美国在1970年第一次出现较大的国际收支赤字（100亿美元），该赤字在1971年迅速上升到300亿美元（未在表中列示）。从1973年开始，美国除了1979年、1982年、1985年、1989年、1998年和2001年，几

乎每年都有国际交易赤字。美国在1977—1978年、1986—1988年、1990年每年的国际收支赤字都超过300亿美元。1995年美国的国际收支赤字达到1 000亿美元,2006年达到历史峰值4 900亿美元,2009年赤字为3 970亿美元。

在考察一国的国际收支时必须注意以下三点。第一,一般而言人们对商品贸易余额状况和短期数据投入了太多的关注。这可能是因为这些商品季度贸易余额的数据是可以第一时间得到的。但用它来推断该年的情况是很不准确的,某些时候甚至会受到贸易余额为正的误导,因为贸易余额为正意味着可供国内消费的产品较少。另外,较大和持续的贸易赤字(像美国一样,2006年达到GDP的6%)对工业化国家来说并不会长期持续下去,即使像美国这样的富裕国家也不可以。这一问题将在第13章解释。

第二,应当牢记各国的国际贸易有很强的相关性而不是彼此独立。所以,减少美国对某些国家(如日本和中国)的贸易逆差的努力,可能会导致美国对巴西的贸易盈余,因为巴西为美国产品支付的价款部分是通过向日本和中国出口自然资源得到的。

第三,必须指出这种量度国际收支平衡表的赤字或盈余的方法和概念仅在固定汇率制下有效(自第二次世界大战后至1973年实行的是固定汇率制度)。它对于当前(自1973年起)实行的浮动汇率制或有管理的汇率制度则不适用,其原因将在第11章考察了汇率的定义,弄清汇率是如何决定的之后再解释。但是,了解国际收支平衡表的量度非常重要,因为它显示了一国经济是如何通过贸易、资本和劳务的流动与世界其他地区相联系的。(国际贸易是劳务国际间流动的一种替代方式,而劳动力的流动会影响一国经济的增长,并且会带来大规模侨民汇款的国际流动。)

表10.2 1960—2009年美国国际交易概况

年份	商品贸易余额	商品、服务和收入余额	经常项目余额	国际收支余额(—)赤字,(+)盈余
1960	5	7	3	
1965	5	10	3	−1
1970	2	8	2	−10
1975	9	25	18	−6
1980	−26	11	2	−8
1985	−122	−96	−118	5
1990	−111	−52	−79	−32
1995	−174	−75	−114	−100
2000	−446	−358	−416	−43
2005	−784	−641	−748	−273
2006	−839	−711	−803	−490
2007	−823	−603	−718	−481
2008	−835	−547	−669	−482
2009	−507	−253	−378	−397

资料来源:U. S. Department of Commerce, *Survey of Current Business* (Washington, DC: U. S. Government Printing Office, July 1996 and July 2010), pp. 68-69 and 62-63, respectively.

案例研究 10.1

美中贸易赤字迅速扩张

图 10.1 显示了 1985—2009 年美国对中国的商品进出口额。这一段时期,美国从中国的进口增长远快于出口增长,这导致美国在与中国的贸易中出现较大且快速增长的贸易赤字(2007 年为 2 580 亿美元)。2000 年以来,中国代替日本成为美国最大的贸易赤字国以及贸易争端最多的国家。虽然像中国这样的发展中国家迅速发展并出现贸易盈余是正常的,但出现如此巨大并急剧扩大的贸易赤字给美中贸易关系发展带来了很大阻碍。

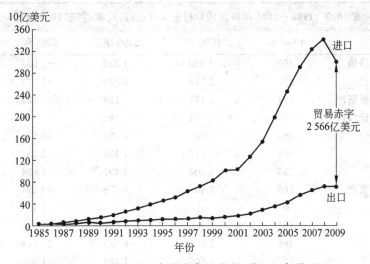

图 10.1 1985—2009 年美中商品进出口额(10 亿美元)

美国从中国的进口增长远快于其出口增长(除了 2009 年),这导致了巨大的且快速上升的贸易赤字。

资料来源:U. S. Department of Commerce, *Survey of Current Business* (Washington, DC: U. S. Government Printing Office, various issues).

10.9 美国的国际投资头寸

一国的国际收支平衡表反映了其商品、服务及资本在一年时间内的流量。而**国际投资头寸**(international investment position)度量的是在年末本国在国外资产及外国在本国资产的总额和分布,因此,国际收支平衡表反映的是一个流量的概念,而国际投资头寸(通常称为国际负债余额)表示的是一个存量。

一国的国际投资头寸状况表的作用在于它可用来预测将来本国在国外投资的收益及因为外国在本国的投资而发生的支付。而且，经过适当调整，将本年的资本流动和上年年末的国际投资头寸相加可以得到本年年末的国际投资头寸。

表 10.3 显示了美国在 1980 年、1990 年、2000、2005 年和 2009 年年末用当前成本（即重置成本）估价的国际投资头寸状况。从表中可以看到，美国国际投资的净头寸从 1980 年年末的（+）3 600 亿美元急跌至 1990 年年末的（—）2 300 亿美元，2000 年年末跌至（—）13 370 亿美元，2005 年年末跌至（—）19 320 亿美元，2009 年年末跌至（—）27 380 亿美元。美国在国外的资产从 1980 年的 9 300 亿美元增长到 2009 年的 183 790 亿美元，增长了 19.8 倍。国外在美国的资产增长更快，比前者快 2 倍（37.1 倍），从 1980 年的 5 690 亿美元增长到 2009 年的 211 170 亿美元。案例研究 10.2 对美国经常项目的恶化与其国际投资净头寸的急剧下跌进行了对比。

表 10.3　1980—2009 年美国国际投资头寸（当前成本，年末 10 亿美元）

项目	1980 年	1990 年	2000 年	2005 年	2009 年
美国国际投资净值	360	−230	−1 337	−1 932	−2 738
美国在国外资产	930	2 179	6 239	11 962	18 379
美国官方储备资产	171	175	128	188	404
其他美国政府资产	66	84	85	78	83
私人资产	693	1 920	6 025	10 506	14 380
直接投资	388	617	1 532	2 652	4 051
其他	305	1 303	4 493	7 854	10 329
外国在美国的资产	569	2 409	7 576	13 894	21 117
金融衍生品	—	—	—	1 132	3 384
官方资产	181	380	1 037	2 313	4 374
其他资产	388	2 029	6 539	10 448	13 359
直接投资	127	505	1 421	1 906	2 673
其他	261	1 524	5 118	8 542	10 686

资料来源：U. S. Department of Commerce, *Survey of Current Business* (Washington, DC: U. S. Government Printing Office, July 2010), pp. 9-10.

表 10.3 中有三点很重要。第一，1985 年美国成为净债务国（参见案例研究 10.2），这是美国自 1914 年以来首次成为净债务国。作为世界上最富有的国家之一，这看起来有点不太恰当。第二，1980 年，美国海外的私人资产几乎是外国在美国资产（除官方资产外）的两倍，但 2009 年美国海外的私人资产却少得多。这导致了美国在 20 世纪 90 年代成为大（事实上是最大的）债务国（参见案例研究 10.3）。第三，1980 年美国对国外的直接投资存量是外国在美国直接投资存量的 3.1 倍，但 2009 年下降到 1.5 倍。

案例研究 10.2

美国经常项目余额与国际投资净头寸的恶化

图 10.2 显示美国在 1997 年后经常项目赤字急速增长,而 1999 年后其国际投资净头寸急速下滑。图中显示美国国际投资净头寸在 1985 年由正转负(美国成为净债务国),并在 1999 年后急速下滑,致使美国成为全球最大的债务国。

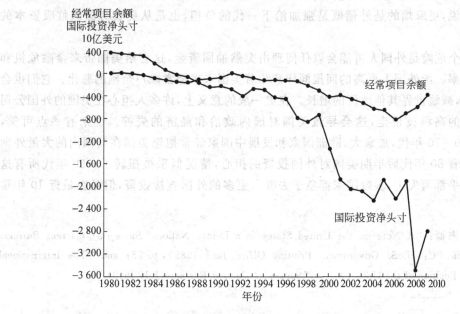

图 10.2 美国经常项目余额和国际投资净头寸,1980—2009(10 亿美元)

美国仅在 1980 年、1981 年和 1991 年有过小额的经常项目盈余,其他所有年份均为经常项目赤字。在 1997 年后美国经常项目赤字规模越来越多,且增长迅速。1985 年之前,美国国际投资净头寸都是正的,之后转负,并在 1999 年后急速下滑。

资料来源:U.S. Department of Commerce, *Survey of Current Business* (Washington, DC: U.S. Government Printing Office, July 2010), pp. 18-19 and 62-63.

案例研究 10.3

作为债务国的美国

美国自 1985 年从债权国变为债务国,在经济学家、政治家和政府官员中引起了一场关于这一发展的利弊的激烈争论。有益的方面是,大量的外国投资使得美国得以弥补近一半的财政赤字而无须提高利率以"挤出"更多的私人投资。部分外国投资也进入了商业、农场、房地产和其他产业并使美国更快的发展成为可能。据估计,20世纪80年代国外投资为美国创造了额外的250万个就业机会,而且使国外新的、高效的管理技术得以推广。

外资直接进入生产领域,而且投资回报比国外投资者获得的利息和股利回报高,因此,这种投资对美国有利。然而,只不过是为美国提供更多的消费支出融资的外国投资,需要美国付给国外投资者的利息及股利将是美国未来消费和增长的真正负担。作为世界上最大、最富有的国家,美国毫无疑问是有能力偿付外债的。美国的外债占其国民总收入(GNI)的18%,这一比率与许多较贫穷的发展中国家的债务负担相比是较低的。对许多美国人来说,更麻烦的是外债既是强加给下一代的负担,也是从更贫穷国家虹吸资本的行为。

另一个危险是外国人可能会以任何理由突然抽回资金,这会给美国带来金融危机和很高的利率。给外国人更高的回报同样意味着美国未来经常账户余额的恶化。它们也会耗尽资源,减缓世界其他地区的增长。在更一般的意义上,许多人担心在美国的外国公司会将美国的高科技带走,这会导致美国对国内政治和经济的失控。说来有一点可笑,20世纪50—70年代,加拿大,欧洲国家和发展中国家经常抱怨美国在其国内的大量外国投资。随着80年代后半期美国对外国投资的担心,情况似乎被扭转了。90年代所有这些担心几乎都消失了,多数国家都急于去吸引更多的外国直接投资,但是在最近10年重又浮现。

资料来源:"A Note on the United States as a Debtor Nation," *Survey of Current Business* (Washington, DC: U. S. Government Printing Office, June 1985), p. 28; and "The International Investment Position of the United States," *Survey of Current Business* (July 2010).

本章小结

1. 国际收支平衡表是记录一国居民与其他国家居民在一段特定的时间内(通常是一年),发生的所有交易的一个简要的总结。它的主要目的是让货币当局了解国家的国际头寸,并帮助参与国际贸易及国际金融的银行、公司和个人做出商业决策。

2. 国际交易分为借贷两类。贷方交易是指从外国人那里收到付款的交易,借方交易是指向外国人付款的交易。商品与服务的出口,从外国人那里接受的单方面转移支付和资本流入都记入贷方,并标上正号。商品与服务的进口,给外国人的单方面转移支付和资本流出都记入借方,并标上负号。

3. 在国际收支表中,每笔交易都被记录两次,一次贷方和一次借方并且数额相同。这就是复式簿记。它保证了国际收支表作为一个整体,贷方总额等于借方总额(包括统计误差)。

4. 2009年美国商品与服务出口加上美国海外资产带来的收入达到21 590亿美元,

商品和服务进口加上美国向在美投资的外国资产支付的收入为(一)24 120亿美元。美国对外国人的单方面转移支付净额为(一)1 250亿美元。因此形成的经常项目净赤字为(一)3 780亿美元。美国有(一)1 400亿美元的金融资本净流出(包括官方储备资产)和(＋)3 060亿美元的金融资本净流入,以及(＋)510亿美元的金融衍生品。为了达到复式簿记借贷双方相等的要求,需要一项数额为(＋)1 620亿美元的统计误差贷方项。

5. 除了官方储备资产以外的美国在国外资产和外国在美国资产的变化形成了金融资本项目。2009年美国资本项目上有借方净余额(金融资产净流出)(一)1 810亿美元。

6. 所有经常项目和资本项目的交易都被称作自主性交易。如果这些自主性项目的总借方数额大于总贷方数额,则国家的国际收支平衡表就有一个相等数额的净赤字。这个赤字由贷方调节性项目来冲销。国际收支盈余时的情况则刚好相反。国际收支余额的这一度量称为官方结算余额。2009年美国有3 970亿美元的国际收支赤字。

7. 美国在1970年第一次出现大量的官方结算赤字。1971年的赤字更大。自1973年起除1979年、1982年、1985年、1989年、1998年和2001年外,每年都存在国际收支赤字。1977—1978年、1986—1988年、1990年每年的国际收支赤字都超过300亿美元。1995年,美国的国际收支赤字达到1 000亿美元,2006年则达到创记录的4 900亿美元,而2009年国际收支赤字为3 970亿美元。

8. 国际投资头寸度量的是在年末本国在国外资产以及外国在本国资产的总额和分布。它的用处在于预测从国外的美国资产得到的收益和由于有外国资产在美国而发生的支付。1985年,美国自1914年以来第一次成为债务国,现在更成为全球最大的债务国。

复习题与练习题

1. 请说明在复式簿记下,以下国际交易应如何记入美国国际收支平衡表。

(1) 一位美国居民从一位英国居民那里进口了价值500美元的商品,并同意3个月后付款。

(2) 3个月后,美国居民用他在伦敦的银行存款余额付款。

(3) 如果这些交易发生在同一年,交易(1)和(2)对美国国际收支平衡表的净影响是什么?

2. 请说明在复式簿记下,以下国际交易应如何记入美国国际收支平衡表。

(1) 作为美国援外计划的一部分,美国政府给予某发展中国家100美元的援助,支付的方式是增加该国在美国银行的活期存款余额。

(2) 该发展中国家用这100美元从美国进口了价值100美元的食品。

(3) 如果这些交易发生在同一年,交易(1)和(2)对美国国际收支平衡表的净影响是什么?

3. 请说明在复式簿记下,以下国际交易应如何记入美国国际收支平衡表。

(1) 美国政府援助价值100美元的食品给某发展中国家。

(2) 本题的交易和第2题中的交易(1)(2)的净结果对国际收支平衡表的影响有什么不同?

4. 请说明在复式簿记下,以下国际交易应如何记入美国国际收支平衡表:一位美国居民购买 1 000 美元的外国股票,并用其在国外银行的存款余额付款。

5. 请说明在复式簿记下,以下国际交易应如何记入美国国际收支平衡表:一位美国居民从其外国股票上获得了 100 美元的红利,并将其存入他在国外银行的账户。

6. 请说明在复式簿记下,以下国际交易应如何记入美国国际收支平衡表:一位外国投资者购买了 400 美元的美国国库券,并用其在美国银行的存款支付。

7. 请说明在复式簿记下,以下国际交易应如何记入美国国际收支平衡表:同年,当国库券到期时,第 6 题中的投资者得到本利和 440 美元,并存入他在自己国家的银行账户。

8. 请说明在复式簿记下,以下国际交易应如何记入美国国际收支平衡表。
(1) 一家美国商业银行在纽约联邦储备银行中用价值 800 美元的英镑兑换美元。
(2) 这笔交易对美国官方结算余额有什么影响?

9. 用最近年份的数据更新表 10.1。

10. 对于美国从 1986 年开始成为净债务国的事实,说明其中的益处与风险是什么。

参考书目

本章所涉及问题的解决方案,请见:
- D. Salvatore, *Theory and Problems of International Economics*, 4th ed. (New York: McGraw-Hill, 1996), ch. 7.

有关美国国际交易的数据,参见:
- U. S. Department of Commerce, Bureau of Economic Analysis, *Survey of Current Business* (Washington, DC: U. S. Government Printing Office, monthly).

国际货币基金组织成员国的国际交易以及对世界经常项目余额统计误差的讨论,参见:
- International Monetary Fund(IMF), *Balance of Payments Statistics Yearbook* (Washington, DC: IMF, Yearly).

关于美日贸易问题,请见:
- D. Salvatore, *The Japanese Trade Challenge and the U. S. Response* (Washington, DC: Economic Policy Institute, 1990).
- W. R. Cline, *Predicting External Imbalances for the United States and Japan* (Washington, DC: Institute for International Economics, 1995).

关于美中贸易问题,请见:
- Federal Reserve Bank of New York, "The Growing U. S. Trade Imbalance with China," *Current Issues in Economics and Finance* (New York, May 1997).

对战后美国贸易结构和投资头寸变化的回顾,可见:
- D. Salvatore, "Trade Protection and Foreign Direct Investment in the United States," *Annals of the American Academy of Political and Social Science* (July 1991), pp. 91-105.
- C. L. Mann, "Perspectives on the U. S. Current Account Deficit and Sustainability," *Journal of Economic Perspectives* (Summer 2002), pp. 131-152.
- Lawrence J. Kotlikoff, "Is the United States Bankrupt?" *Federal Reserve of Bank of St. Louis*

Review (July/August 2006), pp. 235-249.
- United Nations, *World Investment Report* (New York and Geneva: United Nations, 2011).

网址

关于美国的国际交易和国际投资头寸方面的数据可以到经济分析局网站查找,其网址为:
http://www.bea.gov,点击"international data"

关于许多国家的经常项目及其与 GDP 比率的资料可以在国家货币基金组织每年 4 月和 10 月出版的《全球经济概览》(*World Economic Outlook*)中查到,国际货币基金组织的网址为:
http://www.imf.org ,点击"World Economic Outlook"

关于美国国际交易和国际投资的资料可以到每年 7 月和 8 月出版的《美国商业概览》上查找,其网址为:
http://www.bea.gov,点击"Survey of Current Business"

关于美国的国际经济形势的信息和数据可参见每年出版的《总统经济报告》,刊有 2011 年报告的网址为:
http://www.gpoaccess.gov/eop/

关于外国直接投资的资料可参见联合国出版的《世界投资报告》(年报),网址为:
http://www.unctad.org/Templates/Page.asp?intItemID=1465

第 11 章

外汇市场与汇率

学习目的

学完本章,你应当能够:
- 理解外汇市场的含义和功能
- 理解均衡汇率的含义
- 了解什么是交叉汇率、有效汇率和套利
- 理解汇率和国际收支之间的关系
- 了解什么是即期和远期汇率
- 了解什么是汇率期货和期权
- 理解什么是汇率风险以及它们是如何产生的
- 理解套期保值、投机和利率套利的含义

重要术语

外汇市场	foreign exchange market
国际支付货币	vehicle currency
铸造利差	seigniorage
汇率	exchange rate
欧元	Euro
贬值	depreciation
升值	appreciation
交叉汇率	cross exchange rate
有效汇率	effective exchange rate
套利	arbitrage
即期汇率	spot rate
远期汇率	forward rate
远期贴水	forward discount

远期升水	forward premium
外汇期货	foreign exchange futures
外汇期权	foreign exchange options
外汇风险	foreign exchange risk
套期	hedging
投机	speculation
稳定性的投机	stabilizing speculation
不稳定性的投机	destabilizing speculation
利率套利	interest arbitrage
无抛补套利	uncovered interest arbitrage
抛补套利	covered interest arbitrage
抛补套利平价	covered interest arbitrage parity(CIAP)
欧洲货币	Eurocurrency
欧洲货币市场	Eurocurrency market
离岸存款	offshore deposits
欧洲债券	Eurobonds
欧洲票据	Euronotes

11.1 引言

外汇市场(foreign exchange market)是个人、公司、银行买卖外币或外汇的市场。任何一种外汇(如美元)的市场包括所有以其他货币买卖这种货币的地方(如伦敦、纽约、苏黎世、东京、新加坡、悉尼和中国香港)。这些不同的货币中心由电子方式连接起来,实时联系,构成一个单一的国际外汇市场。

11.2节考察外汇市场的功能;11.3节定义汇率;11.4节讨论交叉汇率、有效汇率和套汇;11.5节研究汇率与国际收支平衡表的关系;11.6节讨论即期与远期利率;11.7节研究外汇期货与期权;11.8节考察外汇风险;11.9节讨论套期保值;11.10节讨论投机;11.11节研究利率套利。

11.2 外汇市场的功能

外汇市场的基本功能是把资金与购买力从一个国家和一种货币转移到另一个国家和另一种货币。它常常通过电汇,如今则越来越多地通过互联网实现。通过它,一家国内银行可以指令它在某个外币中心的外汇代理行支付一定数额的当地货币给某个人、某个公司或账户。

当旅游者出国旅游时,需要把本国货币换成所在国的货币;当国内的公司需要从外国进口物资,当某人想在国外投资时,凡此种种,就产生了对外汇的需要。同时,一国的外汇供给来源于外国游客在该国的消费、出口时的所得、接受外国投资等。例如,假设一家美国公司向英国出口,获得英镑,美国出口商需要通过商业银行把英镑换成美元。商业银行再把这些英镑卖给某位想去英国的美国居民,或者某家想从英国进口货物需要支付英镑的美国公司,或是某位想在英国投资的美国投资者,以换回美元。

这样,一国的商业银行便成了由于本国国民的对外交易而产生的外汇供求的清算所。如果没有这一功能,需要英镑的美国进口商就得找到一家美国出口商,跟它兑换英镑,这样很不方便,非常缺乏效率,几乎与易货贸易无异。那些发现自己英镑头寸过多的美国商业银行会(通过外汇经纪商)卖给那些为满足客户需要而短缺英镑的商业银行。综合而言,一个国家要为出国旅游、对外投资、进口等付出外汇,而在外国游客来访、出口和接受外国投资时获得外汇。

如果一国对外贸易的外汇需求超过其外汇所得,汇率将变动,直至外汇供求重新平衡(将在下一节讨论)。如果不允许这样的汇率变动,商业银行就要向本国中央银行借款。中央银行将动用外汇储备,扮演"最后借款人"的角色(国际收支赤字)。相反,如果外汇收入超过外汇支出(并假定汇率不许变动),这部分外汇结余将售予中央银行,以增加本国的外汇储备(国际收支盈余)。

因此,外汇市场的参加者可以分为四个等级。最下层,或第一级,是像旅游者、进口商、出口商、投资者这样的传统外汇使用者。他们是外汇的直接使用者和供应者。第二级是商业银行,他们是外汇使用者和获得者的清算所。第三级是外汇经纪人,商业银行通过他们互相调整外汇头寸(即所谓的银行间同业市场或批发市场)。第四级,也就是最高级是中央银行,它是该国外汇收支失衡时的最后买卖人。中央银行因此增加,或减少它的外汇储备。

由于美元具有既是美国的本币,又是国际货币的特殊地位,因此,美国进口商和居民希望在国外能直接用美元投资。这样,就得由英国的进口商和投资接受人在英国把美元兑换成英镑。同样,美国出口商和美国收到外国投资的人,也希望得到美元。这样,就得由英国进口商或投资者在伦敦完成英镑兑换美元的工作。这就增大了外国货币中心的规模。

但是,美元并不只是国际货币,它是**国际支付货币**(vehicle currency),也就是说,即使是美国不参与的交易,也是用美元做交易手段。例如,巴西的进口商用美元支付给日本的出口商。欧洲货币联盟(EMU)新创建的货币欧元也是一样。当美国作为国际支付货币时,美国获得了**铸造利差**(seigniorage),这是因为海外持有的大量美元就相当于是给予美国的无息贷款。目前超过60%的美元通货由美国以外持有。

位于瑞士巴塞尔的国际支付银行(BIS)估计2010年全世界每天外汇交易总额达4万亿美元,而2001年和2004年分别为1.2万亿美元和1.9万亿美元。这相当于平均年世界贸易量的约1/3,大约是2010年美国国内生产总值的1/4。伦敦是目前世界上最大的外汇交易市场,每天的交易额约为18 500亿美元,占交易总额的37%。纽约位居第二,每天的交易额为9 000亿美元,约占总交易额的18%。接下来是东京、新加坡、苏黎世和香港,它们的每日交易额在2 400亿~3 100亿美元之间(约占交易总额的5%~6%),其余的市场则规模较小。大多数外汇交易是通过银行账户的借记(减少)或贷记(增加),而不是实际的现金交易。例如,一个美国进口商向欧盟国家的出口产品付款的过程是这样的:

首先借记(减少)他在美国银行账户上的美元,然后这家美国银行指令其在某个欧盟国家的代理行把这笔美元兑换成欧元,贷记(转)到欧盟出口商的账户上。

外汇市场的另一个功能是信贷功能。货物运输时,常需要信贷,并且应允许进口商花一定时间卖出货物,以付清货款。一般情况下,出口商允许进口商在90日内付款。然而,进口商如果通过商业银行的国外分行付款,出口商常给他折扣优惠。这样,出口商可以立即得到货款,而在付款日,则由银行完成收款工作。外汇市场还有一个功能就是提供套期保值和投机的机会(在11.9节和11.10节讨论)。今天,大约90%的外汇交易是纯金融交易,只有约10%是贸易融资。

随着电子交易的产生,外汇交易市场变得真正具有全球化的意义了,货币交换仅需要几秒钟的时间就可完成,且全天24小时营业。旧金山和洛杉矶的银行关门后,新加坡、中国香港、悉尼和东京又开市了,在它们结束一天的常规业务以后,又轮到伦敦、苏黎世、巴黎和法兰克福的银行开始营业,后者还没下班,纽约、芝加哥的银行又开始上班了。

案例研究11.1讨论了美元作为主要的国际支付货币的情况。案例11.2讨论了欧元诞生,并很快就成为全球第二重要的国际货币。

案例研究 11.1

主要国际支付货币——美元

目前,美元是最主要的国际支付货币,它不仅在国内交易中使用,而且在个人和官方国际交易中作为记账单位、交换媒介和价值储备手段。欧元(欧盟17个成员国的通用货币)从1999年年初诞生以来,现在已成为仅次于美元的第二大重要的国际支付货币(见案例研究11.2)。

表11.1列出了2010年世界经济中美元、欧元及其他主要货币的相对重要性。外汇

表11.1 2010年主要货币的相对重要性对比(百分率)

	外汇交易[a]	国际银行贷款[a]	国际债券发行[a]	贸易票据[a]	外汇储备[a]
美元	42.5	58.2	27.2	52.0	62.2
欧元	19.6	21.4	55.1	24.8	23.7
日元	9.5	3.0	2.4	4.7	3.0
英镑	6.5	5.5	12.0	5.4	4.3
瑞士法郎	3.2	2.1	0.3	na	0.1
其他货币	18.7	9.8	3.0	13.1	6.7

a. Bank of International Settlements (BIS), *Triennial Central Bank Survey* (Basel: BIS, March 2010) and BIS data set.

b. P. Bekx "The Implications of the Introduction of the Euro for Non-EU Countries," *Euro Paper No. 26* (July 1998). Data are for 1995. More recent data are not available.

c. International Monetary Fund (IMF), *Annual Report* (Washington, DC: IMF, 2010). Data refer to 2009.

交易中美元占42.5%,欧元占19.6%,日元占9.5%,其他货币占的比例很小。表中也说明国际银行贷款的58.2%,国际债券发行的27.2%,国际贸易票据的52.0%都是以美元计价的。在外汇储备中美元占62.2%,欧元占23.7%,其他货币占的比重则小得多。

案例研究 11.2

新货币的诞生:欧元

1999年1月1日,**欧元**(euro,€)开始作为欧洲货币联盟15个成员国中11个国家(奥地利、比利时、德国、芬兰、法国、爱尔兰、意大利、卢森堡、西班牙、葡萄牙和荷兰)的单一货币。希腊于2001年年初被接纳为联盟成员,斯洛文尼亚于2007年加入,塞浦路斯和马耳他在2008年加入,斯洛伐克2009年加入,爱沙尼亚在2011年加入,从而使得欧洲货币联盟(或称欧元区)成员国达到17个。英国、瑞典和丹麦没有加入,但保留了未来加入联盟的权利。这还是第一次由一批独立主权国家自愿放弃其各自的货币去支持一种统一货币,它被视为战后最重要的经济事件。

欧元一问世,就成了重要的国际货币。其原因在于欧洲货币联盟:(1)是一个和美国差不多大的经济贸易实体;(2)具有一个巨大的、发达的、成长着的金融市场,且独立性日益增强;(3)可以找到应对通货膨胀的好办法以保持欧元稳定。同时也有很多原因使欧元不可能在短期内取代美元成为最主要的国际支付货币。这些原因包括:(1)大多数主要商品用美元标价,这在短时间内很难改变;(2)除了中、东欧国家(它们未来可能加入欧盟,并可能在加入之前使用欧元)和中、西非原法国殖民地国家外,大多数非欧洲货币联盟成员国将继续主要使用美元作为国际交易货币;(3)按照惯性原理也更有利于美元的继续使用。未来最可能的情形是欧元成为与美元同等重要的货币。

资料来源: D. Salvatore, "The Euro: Expectations and Performance," *Eastern Economic Journal*, Winter 2002, pp. 121-136; and D. Salvatore, "*Euro*", Princeton Eneyclopedia of the World Economy (Princeton, NJ: Princeton University Press, 2008), pp. 350-352.

11.3 均衡汇率

为考察汇率是如何决定的并为简单起见,假定只有两个国家:美国与欧洲货币联盟,美元($)为本币,欧元(€)为外币。两者之间的**汇率**(exchange rate)等于每购买一欧元所需的美元数,即 $R=$ 美元($)/欧元(€)。例如,如果 $R=$ 美元/欧元 $=1$,则意味着购买1欧元需要花1美元。

如果汇率在一定程度上是可以自由浮动的(和今天的汇率制度类似)，欧元的美元价格(R)的决定与普通商品的价格决定一样，即由欧元供求曲线的交点确定。这显示在图11.1上。图11.1中，纵坐标表示欧元的美元价格，或汇率R＝美元/欧元，横坐标表示欧元的数量。市场对欧元的供求曲线交于E'点，它决定了均衡汇率为$R=1$，均衡时每日的供求量都是2亿欧元。汇率较高时，欧元供给量大于需求量，汇率将向下变动至均衡点$R=1$。当汇率低于$R=1$时，欧元的需求将超过供给，汇率将向上变动至均衡点$R=1$。

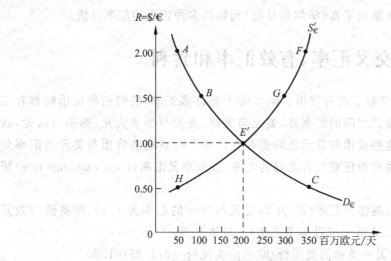

图11.1　浮动汇率制下的汇率

纵坐标代表英镑的美元价格(R＝美元/欧元)，横坐标代表欧元数量。在浮动汇率制度下，均衡汇率为$R=1$，这时供给量等于需求量，为每日2亿欧元。这在图中由欧元的供求曲线的交点E'给出。汇率高时，欧元有剩余，使汇率向下移动到均衡点。汇率小于$R=1$时，欧元会有短缺，这将使汇率上移至均衡水平。

美国对欧元的需求曲线是负的斜线，说明汇率R越低，美国对欧元的需求量越大。原因是汇率越低(即每购买1欧元所需的美元数越少)，美国从欧洲货币联盟进口和向欧洲货币联盟投资就越便宜，于是美国居民需要的欧元就越多。相反，美国对欧元的供给是递增的(见图11.1)，说明汇率R越高，美国所赚得的和提供给美国的欧元就越多。因为汇率高时，欧洲货币联盟居民的每欧元可以换得更多的美元。因此，他们觉得美国货和美国投资便宜，更具有吸引力，于是更多地把钱花在美国，从而向美国提供了更多的欧元。

如果美国对欧元的需求曲线向上平移(例如，当美国人更喜欢欧洲货币联盟产品时)，并与供给曲线交于G点(见图11.1)，均衡汇率将为$R=1.5$，欧元的均衡数量将为每日3亿欧元。我们就说美元贬值了，因为现在需要花1.5美元(原来是1美元)才能买到1欧元。因此，(本币)贬值指的是外币以本币表示的价值上升。相反，如果美国对欧元的需求曲线向下平移，交供给曲线于H点(见图11.1)，均衡汇率将下降为$R=0.5$，此时美元升值(因为购买1欧元所需要的美元数比以前少了)。因此(本币)**升值**

(appreciation)就是国外货币的国内价格下降。当然,国内货币升值就是国外货币贬值,反之亦然。

汇率也可以定义为1单位本币的外币价格。这正好与我们前面的定义相反,或者说是倒数。由于在上面的例子中欧元的美元价格为 $R=1$,美元的欧元价格也是1。如果欧元的美元价格是 $R=2$,那么美元的欧元价格便为 $1/R=1/2$,或者说每 1/2 欧元可以买 1 美元。尽管有时也采用这个定义,但除非有特别说明,我们将使用前一个定义,即欧元的美元价格(R)。实际操作中,所采取的汇率的定义常常是特别指明的,以避免混淆。案例研究 11.3 给出了在《华尔街日报》刊载的多种货币的汇率行情。

11.4 交叉汇率、有效汇率和套利

迄今为止我们只考察了两种货币。但实际上有许多汇率,任何两种货币间都有汇率。这样,除欧元和美元之间的汇率外,美元与英镑,美元与加拿大元,英镑与欧元,欧元与瑞士法郎,以及这些货币与日元之间都存在汇率。一旦这些货币与美元的汇率分别确定下来,那么这些货币任意二者之间的汇率,或称**交叉汇率**(cross exchange rate)便可以很容易地确定。

例如,如果美元与英镑的汇率(R)为 2,美元与欧元的汇率为 1.25,则英镑与欧元的汇率为 1.6(即每 1.6 欧元可以买 1 英镑)。具体来说:

$$R = €/£ = 英镑的美元价/欧元的美元价 = 2/1.25 = 1.60$$

由于随着时间推移,一种货币可能会相对于某些货币贬值,而相对于另一些货币升值,所以要算出**有效汇率**(effective exchange rate)。它是一国货币相对于该国最重要的一些贸易伙伴国的货币的汇率的加权平均值,权重由这些贸易伙伴国与本国贸易关系的重要程度决定。案例 11.4 给出了美国 1972—2010 年的有效汇率。

案例研究 11.3

外汇行情

表 11.2 列出了各种货币对美元在 2011 年 1 月 28 日星期五的即期汇率,先列出的是国外货币的美元价格(通常称直接标价法或美式标价法),再列出的是美元的国外货币价格(即间接标价法或欧式标价法)。例如,在欧元一行,欧元在直接标价法下的即期汇率是 1.360 9 美元/1 欧元,在同一行,可以看到间接标价的汇率或美元的欧元价格是 0.734 8 欧元/1 美元。

表 11.2 的最后一列[表头为"U.S. $ vs. YTD chg(%)"]给出当年度截至报表日的汇率变动百分比。例如,如表所示,2011 年年初到 2011 年 1 月 28 日美元相对欧元贬值

了(－)1.8%。

表 11.2　外汇行情表(2011 年 1 月 28 日)

Currencies
U.S.-dollar foreign-exchange rates in late New York trading

Country/currency	— Fri in US$	US$ vs, Fri per US$	YTD chg (%)	Country/currency	— Fri in US$	US$ vs, Fri per US$	YTD chg (%)
Americas				Vietnam dong	.00005129	19498	unch
Argentina peso*	.2503	3.9952	0.6	**Europe**			
Brazil real	.5944	1.6824	1.4	Czech Rep. koruna	.05613	17.816	−4.8
Canada dollar	.9990	1.0010	0.3	Denmark krone	.1826	5.4765	−1.8
1-mos forward	.9984	1.0016	0.3	Euro area euro	1.3609	.7348	−1.8
3-mos forward	.9970	1.0030	0.3	Hungary forint	.004983	200.68	−3.6
6-mos forward	.9948	1.0052	0.3	Norway krone	.1720	5.8140	−0.2
Chile peso	.002064	484.50	3.5	Poland zloty	.3446	2.9019	−2.1
Colombia peso	.0005349	1869.51	−2.6	Russia ruble‡	.03354	29.815	−2.5
Ecuador US dollar	1	1	unch	Sweden krona	.1532	6.5274	−2.9
Mexico peso*	.0819	12.2055	−1.1	Switzerland franc	1.0617	.9419	0.8
Peru new sol	.3606	2.773	−1.2	1-mos forward	1.0619	.9417	0.8
Uruguay peso†	.05060	19.76	−0.6	3-mos forward	1.0626	.9411	0.8
Venezuela b.fuerte	.232851	4.2946	unch	6-mos forward	1.0636	.9402	0.9
				Turkey lira**	.6194	1.6144	4.7
Asia-Pacific				UK pound	1.5861	.6305	−1.7
Australian dollar	.9930	1.0070	2.9	1-mos forward	1.5858	.6306	−1.7
China yuan	.1519	6.5821	−0.1	3-mos forward	1.5849	.6310	−1.7
Hong Kong dollar	.1284	7.7885	0.2	6-mos forward	1.5832	.6316	−1.7
India rupee	.02178	45.914	2.7	**Middle East/Africa**			
Indonesia rupiah	.0001108	9025	0.2	Bahrain dinar	2.6522	.3770	unch
Japan yen	.012176	82.13	1.1	Egypt pound*	.1707	5.8575	0.9
1-mos forward	.012178	82.12	1.1	Israel shekel	.2721	3.6751	4.3
3-mos forward	.012185	82.07	1.1	Jordan dinar	1.4119	.7083	unch
6-mos forward	.012199	81.97	0.2	Kuwait dinar	3.5742	.2798	−0.6
Malaysia ringgit	.3273	3.0553	−0.9	Lebanon pound	.0006634	1507.39	0.5
New Zealand dollar	.7722	1.2950	0.8	Saudi Aarabia riyal	.2666	3.7509	unch
Pakistan rupee	.01168	85.616	−0.1	South Africa rand	.1390	7.1942	8.6
Philippines peso	.0227	44.092	1.0	UAE dirham	.2722	3.6738	unch
Singapore dollar	.7783	1.2849	0.1				
Soth Korea won	.0008961	1115.95	−0.5				
Taiwan dollar	.03439	29.078	−0.3				
Thailand baht	.03218	31.075	3.4	SDR††	1.5643	.6329	−1.6

*Floating rate †Financial §Goverment rate ‡Russian Central Bank rate **Rebased as of Jan 1, 2005
††Special Drawing Rights (SDR); from the International Monetary Fund; based on exchange rates for U.S., British and Japanese currencies.

资料来源：Reprinted by permission of the *Wall Street Journal*, © 2011 Dow Jone & Company, Inc. All rights reserved.

案例研究 11.4

美元的有效汇率

图 11.2 显示了美元 1972—2010 年的有效汇率(定义为美元的加权平均外币价值，1973 年 3 月＝100)。由于美元与其他各种货币之间的汇率变动幅度，甚至变动的方向都有所不同，因此这一指数非常有用。请注意美元在 1980—1985 年间迅速升值，从 2002 年开始贬值。升值在这里表现为美元有效汇率的上升。也就是说，有效汇率通常用间接标价法或欧式标价法表示。

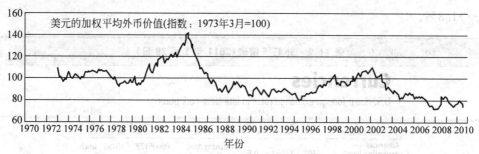

图 11.2 美元的有效汇率，1972—2010 年

有效汇率定义为美元与美国最重要贸易伙伴货币之间汇率的加权平均，权重由各贸易伙伴对美国贸易的相对重要性决定。

资料来源：The Conference Board，*Business Cycle Indicators*（December 2010），p.23.

在不同的货币中心之间，通过**套利**（arbitrage），任何两种货币间的汇率将趋于相等。套利是指从某种相对便宜的货币中心购买这种货币，然后立即在较贵的另一货币中心卖掉，以赚取利润。例如，如果在纽约欧元的美元汇价为 0.99 美元，而在法兰克福为 1.01 美元，则套利者（常为商业银行的外汇交易经纪）将会在纽约以 0.99 美元/1 欧元购买欧元，再马上在法兰克福以 1.01 美元/1 欧元卖掉，这样，每欧元可以从中赚得 0.02 美元。尽管每欧元的利润看来很低，但数额大时，例如 100 万欧元，短短几分钟便可赚得 20 000 美元。当然，套利利润还要减去相关的通信等费用，但由于费用很低，这里可以忽略不计。

由于套利的存在，两种货币间的汇率在不同货币中心之间将趋于相等。继续上面的例子，可以发现套利将增加纽约的欧元需求，这会给纽约的欧元的美元价格施加向上的压力，同时，法兰克福市场由于欧元卖出，欧元的美元价格将受到向下的压力。这种压力将一直持续，直至两地欧元价格趋于一致（例如 1 美元＝1 欧元），这样两地之间的套利就无利可图了。

11.5　汇率和国际收支平衡

我们可以用图 11.3 来说明汇率与国际收支平衡的关系。除了增加一条新的欧元需求曲线 D' 外，图 11.3 与图 11.1 完全相同。在第 10 章我们已经说明美国对于欧元的需求（D）来源于美国进口欧洲货币联盟的商品与劳务、美国对欧洲货币联盟的单方面转移支付以及美国在欧洲货币联盟投资的需要（美国的金融资本输出）。对美国而言，这些都是支付给欧洲货币联盟的自主性借方交易。而欧元的供给（S）来源于美国向欧洲货币联盟出口商品与劳务、欧洲货币联盟对美国的单方面转移支付以及欧洲货币联盟在美国的投资（美国的金融资本流入）。对美国而言，这些都是来自欧洲货币联盟支付的自主性贷方交易（为简单计，我们假设世界上只有美国和欧洲货币联盟两个经济实体，它们之间的交易使用欧元）。

对于 D_e 和 S_e，均衡汇率为 $R=$美元/欧元$=1$（图 11.3 中的 E 点），欧元每天的需求和供给均是 2 亿欧元（与图 11.1 完全相同）。现在假定由于某种原因（譬如美国更喜欢欧洲货币联盟的产品),美国对欧元的自发需求上升到 D'。如果允许,汇率将从 $R=1.00$ 上升到 $R=1.50$(美元贬值),此时欧元的需求(每天 5 亿欧元)恰好等于供给(图 11.3 中的 E' 点)。

如果美国希望把汇率保持在 $R=1$,美国货币当局将不得不动用其欧元储备以满足多出来的对欧元的需求 TE(图 11.3 中为每天 2.5 亿欧元),或者由欧洲货币联盟抛出欧元购买美元(增加其官方美元储备)以防止美元贬值。在这两种情况下,美国官方的平衡表上每天都会有 2.5 亿欧元的赤字(官方汇率 $R=1$ 时为 2.5 亿美元),即每年 912.5 亿欧元(912.5 亿美元)。

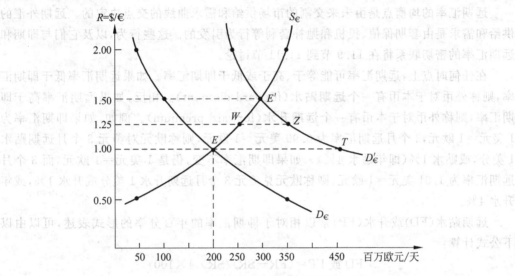

图 11.3　固定汇率与浮动汇率下的失衡

对于 $D_€$ 和 $S_€$,均衡汇率是图中的 E 点即 $R=\$/€=1$,此时欧元每天的需求和供给均是 2 亿欧元。如果 $D_€$ 上升到 $D'_€$,美国可通过动用其官方储备欧元去满足每天多出的 2.5 亿欧元需求(图中的 TE),来维持 $R=1$ 的汇率。在自由浮动汇率制度下,美国将贬值到 $R=1.5$ 的汇率(图中的 E' 点)。如果美国实行有管理的浮动,要把汇率限定在 $R=1.25$,每天将有 1 亿欧元的过度需求(图中的 WZ)从其官方储备中流出。

如果在前述例子中,美国想把汇率贬值限制在 $R=1.25$(而不是让美元贬值到 $R=1.50$),美国就必须每天动用 1 亿欧元的欧元官方储备,以满足过多的欧元需求 WZ(见图 11.3)。此时,一部分美国国际收支平衡表中的潜在赤字被美国官方储备资产抵消,一部分以美元贬值的形式反映出来。

11.6　即期与远期汇率

外汇交易中最普通的一种是交易达成后,在成交后两个交易日内完成货币的收付。这两天提供了充裕的时间,各自的银行可以对国内与国外分支机构发出相应的借记或贷记的指令,登录在适当的账户上。这种交易称为即期交易,交易所采用的汇率就是**即期汇率**(spot rate)。图 11.1 中的汇率 $R=$美元$/$欧元$=1$ 便是即期汇率。

除了即期交易,还有远期交易。远期交易是当前签订的一份合约,它规定在未来的某一天以今天商定的汇价买或卖某种数量的某种外汇。合约中商定的汇率便是**远期汇率**(forward rate)。例如,我可以在今天签订一份在 3 个月后以 1.01 美元＝1 欧元的价格买 100 欧元的合约。注意,签订合约时不发生货币的收付(除了预交的通常为 10% 的保证金)。3 个月后,我付出 101 美元,得到 100 欧元,而不管届时的即期汇率如何。典型的远期交易有 1 个月、3 个月或 6 个月的,而以 3 个月的最为普通。期限更长的远期合约就不常见了,因为不确定性太大,但远期合约到期后可以续签一期或多期。这里只研究 3 个月期的远期合约及远期汇率,不过我们的研究同样适用其他期限的合约。

远期汇率的均衡点是由未来交割的市场供给和需求曲线的交点决定的。远期外汇的供给和需求是由套期保值、投机和抛补套利等行为引发的。这些行为,以及它们与即期和远期汇率的密切联系将在 11.9 节到 11.11 节讨论。

在任何时点上,远期汇率可能等于、高于或低于即期汇率。如果远期汇率低于即期汇率,则称外币对于本币有一个**远期贴水**(forward discount)。相反,如果远期汇率高于即期汇率,则称外币对于本币有一个**远期升水**(forward premium)。例如,如果即期汇率为 1 美元＝1 欧元,3 个月远期汇率为 0.99 美元＝1 欧元,则称欧元对美元 3 个月远期贴水 1 美分,或贴水 1%(即年贴水 4%)。如果即期汇率不变,仍是 1 美元＝1 欧元,而 3 个月远期汇率为 1.01 美元＝1 欧元,则称欧元兑美元 3 个月远期升水 1 美分或升水 1%,或年升水 4%。

远期贴水(FD)或升水(FP)常以相对于即期汇率的年百分率的形式表述,可以由以下公式计算:

$$FD \text{ 或 } FP = (FR - SR)/SR \times 4 \times 100$$

这里,FR 为远期汇率,SR 为即期汇率(前面我们仅简称为 R)。乘以 4 的目的是把 FD(−)或 FP(+)表述为年率,乘以 100 是为了把 FD 或 FP 表示为百分数。因此,如果欧元的即期汇率为 SR＝1.00 美元,远期汇率 FR＝0.99 美元,则有

$$FD = (0.99 - 1.00)/1.00 \times 4 \times 100 = -(0.01/1.00) \times 4 \times 100$$
$$= -0.01 \times 4 \times 100 = -4\%$$

这与前面不用公式的结果一样。类似地,如果 SR＝1 美元,FR＝1.01 美元,则有

$$FP = (1.01 - 1.00)/1.00 \times 4 \times 100 = (0.01/1.00) \times 4 \times 100$$
$$= 0.01 \times 4 \times 100 = +4\%$$

11.7 外汇期货与期权

银行、公司和个人还可以买卖外汇期货与期权。**外汇期货**(foreign exchange futures)是指金额与到期日都标准化的外汇远期合约。外汇期货交易发端于 1972 年芝加哥商品交易所(CME)的国际货币市场(IMM)。目前国际货币市场(IMM)中交易的货币品种为日元、加拿大元、英镑、瑞士法郎、澳大利亚元、墨西哥比索和欧元。

IMM 的交易合约的金额是标准化的。例如,日元合约为每份 12 500 000 日元,英镑合约为每份 62 500 英镑,加拿大元为 100 000 加元,欧元合约为 125 000 欧元。每年只有

4天可以交割：3月、6月、9月、12月的第三个星期三。合约的买卖双方要交纳佣金和保证金(约为合约金额的4%)。与IMM相似的市场还有法兰克福的欧洲期货交易所(Eurex)。

期货市场与远期市场的不同之处在于，期货市场只交易几种货币，交易是按照标准化合约进行的，只有几个特定的日子可以交割，交易只在几个特定的地点进行，如芝加哥、纽约、伦敦、新加坡。期货合约通常比远期合约金额小，因此，它对于小公司比大公司更有用，但也更贵。期货合约也可以在到期之前在期货市场上卖掉，而远期则不行。尽管外汇期货市场相对于外汇远期市场较小，但它近年来发展得更快。

个人、公司和银行也可以在费城股票交易所、芝加哥期权交易所或者银行购买外汇期权(标的货币有日元、加元、英镑、瑞士法郎、澳元、墨西哥比索和欧元)。**外汇期权**(foreign exchange option)是这样一份合约，它给购买者一个在事先约定的日期(欧式期权)，或在此之前的任意时间(美式期权)，按规定的价格(执行价格)，买(看涨期权)或卖(看跌期权)一定标准化金额的外汇的权利而不是义务。期权合约的金额是标准化的，与IMM期货合约金额相同。期权购买者有权根据是否赢利选择是否执行期权。而期权出售者则必须满足期权购买者的要求。期权买方购买合约之后要给卖方一定的溢价(作为期权价格)，通常为期权价值的1%～5%，以获得上述权利。例如，有意收购某家英国企业的美国公司可能要承诺支付一定数额的英镑。由于美国公司并不清楚收购是否能够成功，它可以购买一份买入英镑的期权合约，只需要在收购成功时才执行期权。

11.8 外汇风险

随时间推移，一国的外汇供求曲线将会移动，使得汇率经常变动。例如，如果美国消费者对欧洲货币联盟商品的偏好增加，美国对欧元的需求也会增加(需求曲线上移)，引起汇率上升(即美元贬值)。相反，如果美国通货膨胀率比欧洲货币联盟国家低，对欧洲货币联盟消费者来说，美国货会越来越便宜。这会使对美国的欧元供给增加(供给曲线右移)，使汇率下降(美元升值)。或者更简单地，对美元坚挺的预期就会导致美元升值。简而言之，在一个充满变化的世界中，汇率常常变化，反映出同时作用的多种经济力量持续不断的变化。

图11.4显示了1971—2010年，美元兑日元、欧元、英镑和加拿大元汇率的剧烈波动。注意，这里的汇率用间接标价法，指从外国人的角度来看的汇率(即美元的外国货币价格)，所以汇率上升指的是国外货币贬值(购买1美元需要使用更多的外国货币)，汇率下降指的是国外货币升值(即美元贬值)。

图11.4的第一幅显示的是日元兑美元大幅度升值(美元的贬值)的情况，从1971年的360日元换1美元涨到2010年的约85日元换1美元。第二幅显示的是欧元从1999年年初到2000年的急剧贬值(美元升值)，以及2002年年初到2008年同样剧烈的升值。注意，第三幅说明英镑兑美元1980—1985年急剧贬值，而第四幅说明加拿大元兑美元2002—2008年急剧升值。

图11.4所示的汇率的经常和剧烈的波动，对需要在未来进行外汇收付的投资者、公司、银行等来说是个很大的风险。例如，假如一家美国进口商从欧洲货币联盟国家买了

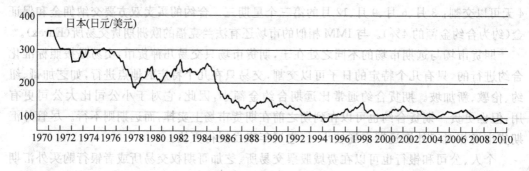
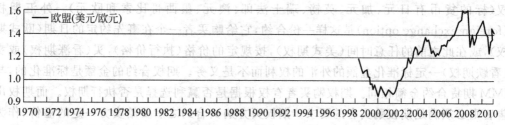
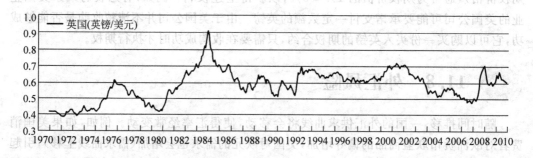
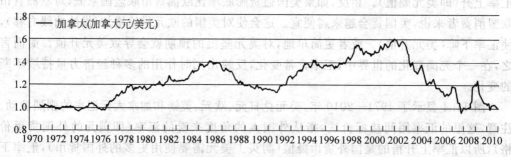

图 11.4 美元对日元、欧元、英镑和加拿大元汇率

四幅图分别表现了 1970—2010 年间日元、欧元、英镑和加拿大元对美元的汇率波动（欧元只从其诞生之初即 1999 年年初开始）。除欧元外，汇率均采用美元的外币价值（所以汇率增加表示外币贬值美元升值）。

资料来源：The Conference Board, *Business Cycle Indicators*（December 2010），p.23.

100 000 欧元的货物，3 个月后付款（用欧元）。如果现在即期汇率为 SR=1 美元/1 欧元，那么，现在这 100 000 欧元值 100 000 美元。但是，如果 3 个月后即期汇率变为 SR=1.10 美元/1 欧元，进口商就得付 110 000 美元，多了 1 万美元。当然，如果 3 个月后即期汇率变为 0.9 美元/1 欧元，他就只需付 90 000 美元，比预期节省了 1 万美元。但无论如何，如果不对汇率风险进行管理,该进口商还是会很担心自己的进口业务。于是,在一般情况下,他会设法避免欧元在3个月内升值的风险(即避开即期汇率上升的风险)。

类似地,如果一位美国出口商3个月后预期得到一笔100 000欧元的款项,而3个月后的即期汇率变成0.9美元/1欧元,那么他将只能得到90 000美元(而不是基于今天即期汇率SR=1美元/1欧元的100 000美元)。当然如果汇率变化方向相反他就可以得到更多的钱。但与那位进口商一样,这位出口商通常还是会愿意(以尽可能小的代价)避免汇率风险。另一个例子是一位投资者以今天的即期汇率买了欧元,投资于3个月期的欧洲货币联盟国家的国债,因为它比3个月期美元国债的利率高。但3个月后当他把欧元再兑成美元时,汇率的下跌将有可能抵消这部分额外的利息所得,甚至使他亏损。

上面三个例子说明,当未来发生外汇的收付时,或者说有"暴露头寸"时,便会有**外汇风险**(foreign exchange risk),因为外汇的即期汇率是随时间变化的。一般而言,商业人士都是风险厌恶者,都想规避自己的汇率风险(注意,套利不存在汇率风险,因为套利是把货币从一个其价格较便宜的货币中心买来,然后马上在较贵的地方卖掉)。

11.9 套期保值

套期保值(hedging)是指覆盖暴露的头寸和避免外汇风险的交易。例如,前面例子中的美国进口商可以当前汇率SR=1美元/1欧元借入100 000欧元,并存入银行3个月(赚取利息),到期正好付款。这样,他就避免了因3个月后即期汇率可能上升而多付款的风险。出口商也可以借100 000欧元,以当前即期汇率兑成100 000美元,并存入银行3个月,得到利息。3个月后他收到100 000欧元时,正好用于还债。这样做的代价是借款与存款的利息之差。

然而,用即期市场避免汇率变动风险有一个很严重的缺陷:公司或投资者必须占用自己的一部分资金达3个月之久。为克服这一缺陷,套期保值通常通过远期市场进行。进口商可以买3个月后交割(和付款)的欧元远期,汇率为当前3个月远期价。如果远期升水率为每年4%,则进口商需要在3个月后付101 000美元得到100 000欧元,用于进口支付。这样,他的保值成本为1 000美元(以3个月为期,为100 000美元的1%)。同样,国外出口商可以卖3个月远期欧元用于交割(和付款),汇率为当前3个月远期汇率,他预计3个月后可以收到美国进口商的100 000欧元的付款。因为3个月当中没有付款问题,因此他不用马上借款。如果欧元3个月远期贴水率为4%/年,则出口商3个月后用100 000欧元将只能兑得99 000美元。

套期或覆盖暴露头寸还可以通过期货或期权市场来完成。例如,假如美国进口商知道3个月后须付100 000欧元,3个月远期欧元汇率为FR=1美元/1欧元。进口商可以买100 000欧元的3个月远期(这样,3个月后他需要花100 000美元购得100 000欧元),也可以买3个月后到期的期权,实施价格可以选择,如为1美元/1欧元,这样,现在就需要付期权费,假定是1%或1 000美元。如果3个月后即期汇率为SR=0.98美元/1欧元,按照远期合约该进口商需支付100 000美元。而如果选择的是期权保值方式,则可以不执行期权,而在即期市场上只付98 000美元得到这100 000欧元。在这个例子中,这

1 000美元期权费可以视为保险费。这样,通过外汇期权得到 100 000 欧元的净成本为 99 000 美元,而通过外汇远期的净成本为 100 000 美元。

在充满汇率风险的现实中,由于交易者和投资者能进行套期保值,国际贸易和投资活动得到了很大的促进。注意,一家会面临许多未来发生的外汇收付的跨国公司,只需要对净暴露头寸进行套期保值便可以了。同样,一家银行的暴露头寸也只是它在未来的净外汇收付额。银行会尽量(通过外汇经纪商)在同业之间把暴露的头寸覆盖掉,余下的部分则通过即期、期货或期权市场覆盖掉。近年来,各种各样与外汇交易相关的风险越来越高,但同时人们对它的认识,对防范风险的了解以及用于防范风险的各种工具也都有了很大的发展。

11.10 投机

投机(speculation)正好与套期保值相反。套期保值者希望避免汇率的风险,而投机者则愿意接受甚至要寻找汇率风险或者暴露头寸以期望赢利。如果投机者准确预测了汇率走势,他便能赢利;否则,便会亏损。与套期一样,投机可以发生在即期、远期、期货与期权市场——通常是在远期市场。我们首先从即期市场的投机活动开始讨论。

如果投机者预计某种货币未来的汇率会上升,他可以现在先买下这种货币,存入银行,留待将来卖出。如果汇率果然上升,他便赚得利润,每单位外币的利润为卖出时的高汇率和当前购买时低汇率之间的差额。如果预测错误,到时候即期汇率下跌了,那么他将亏损,因为他只能以低于买入价的价格卖出外币。

如果是另一种情况,即投机者确信即期汇率将下跌,他将会借外币 3 个月,并马上以现行汇率兑换为本币,存入银行获取利息。3 个月后,如果即期汇率降低,则他将由于以较低的价格买回外币(用于支付外币贷款)而获利(当然,为保证投机者获利,新汇率要比早先的汇率下降得足够多,能够补偿由于外币比本币的利息高而造成的损失)。如果 3 个月后汇率不降反升,投机者就会亏损。

在前面两个例子中,投机者都是在即期市场中操作,因此他必须占用自己的资金,或者借入资金。为了避免这一缺陷,像套期保值一样,投机也多在远期市场上进行。例如,如果投机者确信某种货币 3 个月后的即期汇率高于现行的 3 个月远期汇率,他将买入一定数额的 3 个月远期的这种货币,到时交割。3 个月后,如果他判断正确,他会以较低的合约价格获得这种货币,然后马上以较高的即期汇率卖出,赚取利润。当然,如果他判断错误,即期汇率低于合约时的远期汇率,便会亏损。但无论如何,在 3 个月到期前不发生货币的转手(合约订立时投机者所交 10%的保证金除外)。

另一个例子是,假如欧元的 3 个月远期汇率为 $FR=1.01$ 美元$/1$ 欧元,投机者确信 3 个月即期欧元汇率为 $SR=0.99$ 美元$/1$ 欧元,他会卖出 3 个月远期欧元。3 个月后,如果预测正确,他在即期市场中以 $SR=0.99$ 美元$/1$ 欧元的价格买入欧元,然后马上在远期市场以 1.01 美元$/1$ 欧元的价格进行交割,每欧元他可以赚得 2 美分。如果 3 个月后汇率为 $SR=1.00$ 美元$/1$ 欧元,投机者每欧元便只能赚得 1 美分。如果 3 个月后,汇率为 1.01 美元$/1$ 欧元,他不亏不赚。最后,如果即期汇率 3 个月后比合约时的远期汇率还要高，投机者就会亏损，每欧元亏损的数额等于两个汇率的差。

投机可以是"稳定性"的，也可以是"不稳定性"的。**稳定性的投机**（stabilizing speculation）是指当外币的本币价格（即汇率）下跌或很低时买入外币，期待汇率在不久后上升而获利。或者当汇率上升或较高时卖出外币，期待它会很快降下来。稳定性的投机可以抑制汇率的过度波动，对经济是有益的。

不稳定性的投机（destabilizing speculation）是指汇率下跌或较低时还卖出外币，期待着它降得更低，或者当汇率上升或较高时仍买入外币，期望它升得更高。这样，不稳定性的投机会加剧汇率的变动，会对国际贸易和投资产生破坏性的影响。在"通常"情况下投机都是稳定性的，除非特别说明，我们也这样假设。近几年，外汇投机给一些投机者带来了巨大的损失。

11.11 利率套利

利率套利（interest arbitrage）是指短期流动资本（如外国国债的购买）在国际间流动，以便在国外获得较高的报偿。由于将资金用于国外以获得较高利率时，先要把本币兑换成外币进行投资，之后在到期时还要把资金（加上利息所得）从外币兑换成本币，所以便有了投资期间本币贬值的汇率风险。如果采取措施覆盖掉这部分风险，我们便说这是抛补套利，否则便是无抛补套利。尽管利率套利通常是抛补的，我们还是先讨论较简单的**无抛补利率套利**（uncovered interest arbitrage）。

假如纽约的3个月期美国国库券年利率为6%，而法兰克福的国库券年利率为8%，美国投资者就会愿意按照当前汇率把美元兑换成欧元去购买欧洲货币联盟国债，多赚每年2%的利息。欧洲货币联盟国债到期时，美国投资者可能会愿意把欧元本息兑回美元。然而，到时欧元可能会贬值，较之当初，投资者每欧元只能换回较少的美元。如果欧元在3个月的投资期内贬值了，贬值幅度相当于每年1%，那么美国投资者只能从这次海外投资中赚得年率1%的收益（额外的2%的利息所得减去欧元贬值的1个百分点）。如果欧元贬值了2%（按年计），则美国投资者将无利可图，而如果欧元贬值超过2%（按年计），美国投资者将会有损失。当然，如果欧元升值，美国投资者便可以同时从高利率和欧元升值中获益。

不过，利率套利通常是抛补的。为此，投资者在即期外汇市场购得外汇，以购买外国国库券，同时他还会卖出本金和利息的外汇远期，与到期时的金额匹配。因此，**抛补利率套利**（covered interest arbitrage）是指在即期市场上买入准备投资的外币，同时卖出外汇远期以避免汇率风险。当国库券到期时，投资者得到与到期时外币本息等值的本币，而没有汇率风险。因为高息货币远期通常为贴水，所以投资的净回报约等于利差减去远期贴水值。这个收益上减去的值可以看成避免汇率风险的保险费。

我们继续看前面的例子。纽约3个月期的国库券年利率为6%，法兰克福的为8%，假设欧元的远期贴水率为年率1%。为进行抛补套利，美国投资者必须以当前汇率把美元兑换为欧元（为了购买欧洲货币联盟的国库券），同时，卖出到期时可得的欧元本息的远期，汇率是当前的远期汇率。因为欧元的年贴水率为1%，所以美国投资者3个月间以损失年率1%的代价换得了汇率风险的消除。3个月中,他的净收益为多出的2%减去1%,即年率1%(3个月或一个季度投资的收益是1%的1/4)。注意这里是以每一年为基础表示利差和远期贴水的,用4除就可以得到3个月或一季度的投资净收益。

然而,随着抛补套利的进行,获利的可能性将逐渐减小,直至完全消失。这里有两个原因。首先,由于资金不断地由纽约转向法兰克福,纽约的利率将会上升(因为纽约资金供应不足),而法兰克福利率将会下降(因为法兰克福资金供应不断增加)。于是,两种货币的利差将会减小。其次,即期市场上欧元的买入会抬高即期汇率,远期市场中欧元的卖出会降低欧元的远期汇率。于是,欧元远期贴水会增加(即欧元远期汇率与即期汇率之差会增加)。随着两种货币利息差的减少和欧元贴水的增加,净利润将不断减少,直至为0。这时欧元便处于**抛补利率套利平价**(covered interest arbitrage parity, CIAP)状态。此时,有利的外国货币中心的正利差等于外国货币的远期贴水(两者都表示为年率)。在实际生活中,抛补套利要求至少每年有0.25%或0.125%的净利润,才会发生资金的国际转移。

因为信息的缺乏,或者害怕外国政府违约或对利润流出和资本投资进行限制,有时候人们也能在外汇市场中观察到明显的抛补套利机会。这是欧洲货币或离岸金融市场存在的一个理由(参见案例研究11.5)。如果远期汇率超过未来即期汇率的机会和远期汇率不及即期汇率的机会一样频繁,从而使投机者无法获得持续的超额利润,那么,我们就称外汇市场是有效率的。时至今日,多数实证研究表明对于大的工业化国家,外汇市场是有效率的。不过,汇率并不能精确地预测,过去许多预测汇率的尝试都失败了。这将是下一章的主要内容。

案例研究 11.5

欧洲货币和离岸金融市场

欧洲货币(Eurocurrency)是指存入货币发行国以外的商业银行的该国货币。例如,在一家英国商业银行(或者美国银行在英国的分行)的美元存款,称为欧洲美元。发生这些借贷行为的市场称为**欧洲货币市场**(Eurocurrency market)。最初,只有美元才被这样使用,因此欧洲货币市场那时叫做欧洲美元市场。当英镑、瑞士法郎、欧元也这样使用时,这一市场便改名为欧洲货币市场。这种做法也传到了东京、中国香港、新加坡、科威特以及巴哈马群岛、加勒比海中的开曼群岛等,所以现在这些存款又更确切地被称为**离岸存款**(offshore deposits)(不过市场本身仍然继续称为欧洲货币市场)。

随着地理的扩展,欧洲货币市场实质上已成为全天24小时运作的市场。事实上,在一个国家的任何一种外币存款(甚至包括以该国货币形式存在的外币存款)都是欧洲货币,只要该国对此类存款的监管措施有别于对国内存款的监管。欧洲货币市场的资金通常是短期的。离岸存款的规模现在超过了15万亿美元(除去银行间存款,这个规模为10万亿美元)。欧洲货币市场在过去四十多年的产生和发展壮大是由于:(1)国外短期存款通常有更高的利息;(2)跨国公司发现在将要进行投资的国家持有短期存款通常是非常方便的;(3)跨国公司借入欧洲美元可以避开国内对信贷额的限制。

除了欧洲货币,还有欧洲债券和欧洲票据。**欧洲债券**(Eurobonds)是指由借款人所在国以外的国家发行的长期债券,目的是借入与债券发行地货币不同币种的长期资本。例如,一家美国公司在伦敦发行欧元债券或美元债券。欧洲债券与外国债券的区别在于,外国债券指债券在国外以债券发行地货币发行。例如,一家美国跨国公司在伦敦发行英镑债券。国际上主要的债券市场有伦敦、法兰克福、纽约和东京。

欧洲票据(Euronotes)是介于短期的欧洲货币贷款和长期欧洲债券之间的中期金融工具。2010年,公司、银行和国家共筹集欧洲债券与欧洲票据3.4万亿美元。发行欧洲债券与欧洲票据的吸引力在于它常比其他筹集长期资金的方式成本低。目前大多数欧洲债券与欧洲票据是以美元和欧元计价的。大规模的欧洲债券与欧洲票据的发行常由一个银团(称为辛迪加)协商完成,这是为了把信用风险分散给多个国家的多个银行。

欧洲信贷的利率常表示为LIBOR(伦敦同业拆借利率)或EUROBOR(布鲁塞尔协议利率)加上某一比率或利差。LIBOR或EUROBOR是欧洲银行相互拆借时的利率。所加的利差因借款者的资信而异,范围从资信良好者的1%至资信较差者的2%。

资料来源:G. McKenzie, *Economics of the Eurodollar Market* (London: McMillan, 1976) and D. Salvatore, *International Economics*, 10th ed., (Hoboken, N.J.: John Wiley & Sons, 2010), Section 14.7.

本章小结

1. 外汇市场是个人、公司、银行买卖外币或外汇的市场。任何货币(如美元)的外汇市场,由各地的市场组成,例如伦敦、纽约、苏黎世、东京、新加坡、悉尼和中国香港等地的外汇市场。在这些地方,用其他货币来购买美元,或者出售美元,换得其他货币。这些不同的货币中心由电信网和显示屏连接着,可以实时联系。国际支付货币是指用于国际交易以及在国际合约中作为定价货币的货币,如美元和欧元。铸币利差指的是一国从发行货币中或者其货币用做国际货币时所获取的收益。

2. 外汇市场的基本功能是把购买力由一国、一种货币转移到另一国、另一种货币。对外汇的需求是当一国想要进口商品、劳务或是对外投资时产生的。外汇供给来自出口商品或劳务及外国对本国的投资。今天,有90%的外汇交易是由外汇交易商或投机商完成的。一国的商业银行扮演着外汇供求的清算者的角色。银行通过外汇经纪人把多余的外汇卖给其他银行。中央银行则是最后的借款人或贷款人。

3. 汇率(R)定义为外币以本币表示的价格。如果允许汇率自由浮动,均衡汇率由一国的外汇的总供求曲线的交点决定。如果外币以本币表示的价格上升,我们便说本币贬值了;反之,我们则说本币升值了。

4. 从两种货币各自与美元的汇率基础上,可以确定两种货币之间的交叉汇率。有效汇率是一国货币相对于该国最重要的一些贸易伙伴国的货币的汇率的加权平均值。套利是指买入一种较便宜的货币,然后马上在这种货币价格较高的地方卖出去,以赚得利润。这可以使汇率趋于平衡,并使各货币中心的交叉汇率一致。

5. 如果美国私人交易对欧元的需求量超过供给量,美元会贬值直到消除欧元的超额需求为止。为了保持汇率固定,美国货币当局不得不牺牲它们的官方欧元储备(美国收支平衡赤字)来满足欧元的超额需求。美国国际收支平衡表中的一部分潜在赤字被美元贬值抵消,一部分被美国官方储备资产抵消。

6. 即期交易是指在两个交易日内完成交割的外汇交易。远期交易是在未来某日(通常为1个月、3个月、6个月后)交割某种货币的合约,合约规定以当前接受的汇率(远期汇率)交易的外汇数量。当远期汇率比即期汇率低时,则称这种货币是远期贴水(通常用年率来表示);反之,则称这种货币是远期升水。

7. 外汇期货是一种交易金额和交割期标准化的远期合约,它在有组织的市场(交易所)交易,只有几种特定的货币可以交易。外汇期权也是一种合约,它规定合约的买者在确定的未来某日或某日之前有权利实施这一合约。

8. 因为汇率常常随时间而变,所以它会给准备在未来收付外汇的个人或公司带来外汇风险。

9. 避免这种风险的方法是套期。套期可以发生在即期、远期、期货和期权市场,通常是在远期市场。

10. 投机与套期正好相反。投机指暴露头寸以期望获利的行为。投机有稳定性的和非稳定性的。投机和套期一样也可以发生在即期、远期、期货和期权市场,通常是在远期市场。

11. 利率套利是指短期资本在国际间流动,以赚取更高利润的行为。抛补套利是指即期买入外汇进行投资,同时卖出这种外汇的远期,以规避汇率风险。抛补套利的净收益通常等于利差减去外币的贴水。随着抛补套利的进行,这一净收益将逐渐减少,直至消失。欧洲货币是该种货币在发行货币国家以外的地方的商业银行存款。除了欧洲货币,还有欧洲债券和欧洲票据。

复习题与练习题

1. 在图11.1中,假如美国的欧元供给曲线上移与欧元的需求曲线相交于B点,下列指标将会如何变动:
   (1) 均衡汇率;
   (2) 美国对欧元的均衡需求和供给。

2. 在图11.1中,假如美国的欧元供给曲线下移与欧元的需求曲线相交于B点,下列指标将会如何变动:
   (1) 均衡汇率;
   (2) 美国对欧元的均衡需求和供给。

3. 在图11.1中,如果美国把美元汇率固定在$R=0.5$的水平,
   (1) 美国国际收支会有赤字还是盈余?

(2) 赤字或盈余的规模是多少?

4. 计算下面即期的和 3 个月远期的远期贴水或升水:

(1) SR＝2.00 美元/1 英镑,FR＝2.01 美元/1 英镑;

(2) SR＝2.00 美元/1 英镑,FR＝1.96 美元/1 英镑。

5. 假定 SR＝2 美元/1 英镑,3 个月远期 FR＝1.96 美元/1 英镑,3 个月后将付款 10 000 英镑的进口商应如何避免汇率风险?

6. 由第 5 题的条件,指出 3 个月后将收款 100 万英镑的出口商如何用套期保值避免汇率风险。

7. 假设 3 个月期 FR＝2.00 美元/1 英镑,投机者相信 3 个月后的即期汇率将为 SR＝2.05 美元/1 英镑,

(1) 他该如何在市场上投机?

(2) 如果预测正确,他将赢利多少?

8. 如果上题中的投机者认为 3 个月后的即期汇率将变为 SR＝1.95 美元/1 英镑,

(1) 他应该如何在远期市场上投机?

(2) 如果他预测正确,将赢利多少?

(3) 如果到时汇率为 SR＝2.05 美元/1 英镑,结果将如何?

9. 如果一个外国货币中心的年利率比本国高 4 个百分点,而这种外币的远期贴水率为每年 2%,一个套利者做抛补套利,购买外国的国库券(3 个月期),他将获利多少?

10. 由上题条件,求:

(1) 如果这种外币年升水率为 1%,套利者的利润为多少?

(2) 如果外币的年贴水率为 6%,结果又如何?

参考书目

本章所涉及议题的解决方案,参见:

- D. Salvatore, *Theory and Problems of International Economics*, 4th ed. (New York: McGraw-Hill, 1996), ch. 7.

外汇市场运行机制的详细解释,参见:

- Federal Reserve Bank of New York, *Survey of Foreign Exchange Market* (New York: Federal Reserve Bank of New York, 1998).

关于欧元诞生及美元、欧元和日元在国际间的使用,参见:

- G. Tavlas, "The International Use of Currencies: The U.S. Dollar and the Euro," *Finance and Development* (June 1998), pp. 46-49.
- Board of Governors of the Federal Reserve System, "The Launch of the Euro," *Federal Reserve Bulletin* (October 1999), pp. 655-666.
- D. Salvatore, "The Euro: Expectations and Performance," *Eastern Economic Journal*, Winter 2002, pp. 121-136.
- D. Salvatore, "Euro," and "Vehicle Currency," *Princeton Encyclopedia of the World Economy* (Princeton, NJ: Princeton University Press, 2008).

有关即期和远期外汇市场、套期保值及投机的经典著作有：
- P. Einzig, *The Dynamic Theory of Forward Exchange* (London: Macmillan, 1967).

对抛补套利和外汇市场有效性的经验检验，可见：
- M. Taylor, "The Economics of Exchange Rates," *Journal of Economic Literature* (March 1995), pp. 13-47.
- K. Rogoff, "Monetary Models of the Dollar/Yen/Euro," *The Economic Journal* (November 1999), pp. 655-659.
- M. D. Chinn and G. Meredith, "Testing Uncovered Interest Parity at Short and Long Horizons During the Post-Bretton Woods Era," *NBER Working Paper* No. 11077 (January 2005).

对欧元市场及国际银行业运行情况的讨论，可见：
- IMF, *International Capital Markets* (Washington, DC: IMF, 2011).
- BIS, *Annual Report* (Basel, Switzerland: BIS, 2011).

网址

美国外汇市场的一些基本信息可参见：
http://www.newyorkfed.org/education/addpub/usfxm/chap2.pdf

各国与地区的汇率、交叉汇率以及对任意两国间汇率的计算可到下列网站查找：
http://www.x-rates.com/

查找各月的美元贸易权重汇率和美国的利率可点击圣路易斯联邦储备银行网站的"Exchange Rates, Balance of Payments, and Trade Data"和"Interest Rates"，网址为：
http://research.stlouisfed.org/fred2

第 12 章

汇率的决定

学习目的

学完本章,你应当能够:
- 了解影响汇率的各种因素
- 理解弹性方法下汇率是如何决定的
- 了解购买力平价理论
- 理解货币分析法下汇率是如何决定的
- 了解资产或资产组合模型
- 了解汇率非常多变的原因
- 了解如何对汇率进行预测

重要术语

贸易或弹性方法	trade or elasticity approach
购买力平价理论	purchasing-power parity(PPP)theory
绝对购买力平价理论	absolute purchasing-power parity theory
一价定律	law of one price
相对购买力平价理论	relative purchasing-power parity theory
汇率的货币模型	monetary model of exchange rates
名义汇率	nominal exchange rate
实际汇率	real exchange rate
汇率的资产或资产组合模型	asset or portfolio approach to exchange rates
汇率偏差	exchange rate overshooting

12.1　引言

本章将考察汇率理论,或者说现实中汇率是如何决定的。在国际金融的所有变量中,汇率,即使不是最重要的变量,也是最重要的变量之一。这里讨论的汇率理论将为国际金融中讨论的所有话题提供所需的背景知识。

我们可以看到,汇率是由多种因素互相作用而决定的,其中有些是长期的,有些是短期的。我们将讨论国际贸易以及贸易国家的价格变动如何在长期内决定汇率的变动。然后我们将把焦点集中于资本市场和国际资本流动的重要性,以解释汇率的短期波动和汇率超调偏离长期均衡路径或水平的趋势。尽管传统或长期的和短期的影响因素都很重要,我们还是无法构建一个综合的汇率决定理论,就像我们无法准确预测汇率(特别是在短期之内)一样。

12.2 节回顾影响汇率的各种因素;12.3 节讨论汇率的贸易或弹性决定理论;12.4 节介绍购买力平价理论,该理论为汇率决定的货币主义理论和资产市场或证券余额理论提供了长期基本框架;12.5 节讨论国际收支余额和汇率决定的货币方法;12.6 节考察影响汇率决定的资产市场或证券组合方法;12.7 节分析汇率动态变化并试图解释汇率超调偏离长期均衡的趋势;12.8 节讨论汇率预测问题。

12.2　汇率决定理论回顾

我们在第 11 章已经看到,一国的外汇需求来源于从其他国家进口商品、服务和投资的要求,以及预期外汇升值时投机者的需求。而一国的外汇供给来源于商品、服务的出口,外国投资资本的流入,以及预期外汇贬值时投机者卖出的外汇。我们也已在第 11 章中看到,当汇率可以自由变动(今天的真实情况正是如此)时,汇率是由外汇的市场需求和供给曲线的交点决定的。

然而,这只是分析的开始,而不是结束。汇率决定理论必须能够解释外汇的需求和供给的各个组成部分是如何单独运作,以及它们是如何相互作用共同决定汇率的。在详细讨论这些因素之前,本节先回顾影响汇率的一些最重要的因素。

具体地讲,一个国家的货币,如美元,将会贬值,如果美国发生:(1)经济增长,这会增加进口需求;(2)价格水平上涨(通货膨胀);(3)利率下降;(4)预期美元将贬值。我们将利用图 11.1 的扩展,即图 12.1,说明上述变化将如何影响美元汇率。

在图 12.1 中,D 和 S 分别代表美国对欧元的供给和需求曲线。当汇率可以自由浮动时,均衡汇率就是曲线 D 和 S 的交点 E 点。此时的均衡汇率为 1 美元＝1 欧元,美国每天的欧元需求和供给达到 2 亿欧元(与图 11.1 完全一致)。

如果现在美国的经济增长率上升,而欧洲货币联盟的经济增长率没有上升,则美国需要从欧洲货币联盟进口更多的东西。这会使 D 向上移动到 D',在图 12.1 中形成新的均衡点 E',此时美国每天的均衡欧元需求和供给达到 2.5 亿欧元,美元汇率也从 1 美元＝1 欧元上升(美元贬值)到 1.25 美元＝1 欧元。

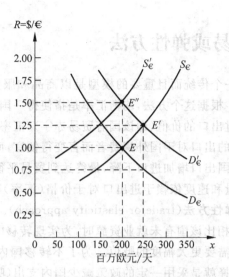

图 12.1　美元与欧元之间汇率的影响因素

在需求曲线 $D_€$ 和供给曲线 $S_€$ 下，供需在其交点 E 点达到均衡，此时美国对欧元的日需求和供给量为 2 亿欧元，汇率达到 $R=1$ 美元 $=1$ 欧元。随着经济增长以及美国进口需求的增加，$D_€$ 移至 $D'_€$，新的均衡点变为 E' 点，美国对欧元的日需求和供给量达到 2.5 亿欧元，汇率为 $R=1.25$ 美元 $=1$ 欧元（即美元贬值）。此外，由于通货膨胀或美国利率的下降，$D_€$ 和 $S_€$ 上移至 $D'_€$ 和 $S'_€$，均衡点变为 E'' 点，均衡汇率为 $R=1.50$ 美元 $=1$ 欧元。

再次从图 12.1 中的均衡点 E 点出发，如果美国的价格水平上升而欧洲货币联盟的价格不变，那么美国会发现进口变得便宜从而想要更多的欧元（即 D 向上移动到 D'），而欧洲货币联盟的居民会发现美国产品变得昂贵从而给美国提供了更少的欧元（即 S 向左上移动到 S'）。D' 和 S' 相交于 E'' 点，此时美国对欧元的需求与供给处于均衡，为每天 2 亿欧元，汇率也从 1 美元 $=1$ 欧元上升（美元贬值）到 1.5 美元 $=1$ 欧元（注意如果 D' 和 S' 移动的数量有所不同，那么美国对美元的均衡需求和供给可能大于也可能小于 2 亿欧元，不过美元一定会贬值）。如果欧洲货币联盟的劳动生产率上升而美国的劳动生产率不变，欧洲货币联盟的价格会因此有所下降，最终的结果也很类似。

如果再次从图 12.1 中的均衡点 E 点出发，美国的利率会下降，为了获取更高的利息收入，美国对欧元的需求会增加。同样，外国投资者也会减少投资，并给美国提供更少的欧元。随着 D 和 S 向上移动到 D' 和 S'，E'' 点将成为新的均衡点。此时美国对欧元的需求与供给为每天 2 亿欧元，汇率也从 1 美元 $=1$ 欧元上升（美元贬值）到 1.5 美元 $=1$ 欧元。

预期也会影响美元汇率。例如，如果预计美国的经济增长速度高于欧洲货币联盟而且需要更多的进口，或者预计美国将来会比欧洲货币联盟发生更高的通货膨胀或更低的劳动生产率的增长，美元也会贬值。事实上，如果预期美元会贬值美元就真的会贬值，即使这样的预期并没有一个坚实或基本的经济情况作为基础。在金融市场上，预期是有可能自我实现的。

如果前面考察的例子中出现了相反的变化，那么美元将会升值。如果同时发生了多种因素的变化，最终对美元汇率的影响是所有发生变化的因素的净效果。

12.3 贸易或弹性方法

利率决定理论中的一个传统而且重要的模型是以商品和服务的流动为基础的,因此也称做贸易或弹性方法。根据这个方法,均衡汇率是指使得一国进出口价值均衡的汇率。如果一国进口的价值超过出口的价值(即该国有贸易赤字),汇率将会上升(即本国货币将会贬值)。这可以使该国的出口对于国外消费者而言变得便宜,而使进口对于国内居民而言变得昂贵,从而导致该国出口增加进口下降,最终达到贸易平衡。

由于上述调整的数量和速度依赖于进出口对于价格(汇率)变动的反应(弹性),所以这种方法被称为**贸易或弹性方法**(trade or elasticity approach)。如果该国当时处于或接近充分就业的状况,那么相比该国有未就业资源时,为实现转移国内资源生产更多的出口和进口替代品,该国货币需要更大幅度的贬值。为了不转移国内资源以生产更多的出口和进口替代品,另一个选择就是采用一定的政策减少国内支出(吸收),从而使弹性方法可以运作。第13章将对贸易或弹性方法作更详细的介绍,而一国可采用的用以影响国内经济活动(吸收)的经济政策则留到第14章讨论。

重要的是要记住,弹性方法强调的是贸易或者说商品和服务的流动决定汇率。国际资本流动虽然也很重要,但只是被动地响应(即弥补)暂时的贸易失衡。当然贸易和弹性方法非常重要,但它无法解释:(1)过去40年汇率的大幅波动(自从汇率允许浮动以来);(2)美元在1980—1985年和1995—2002年的大幅升值(面对大幅增加的美国贸易赤字);(3)美元在1985—1988年和2002—2008年的大幅贬值无助于减少美国的贸易赤字。但是所有这些并不必然意味着贸易和弹性方法的汇率决定是错误的——它只是更多解释了长期而不是短期之内汇率决定的一部分根本原因。因此,在汇率决定过程中,必然有其他重要的因素,特别是在短期之内。

12.4 购买力平价理论

另一个与长期而不是短期汇率决定相关的模型或方法是购买力平价理论。购买力平价理论有两种表述形式:绝对形式和相对形式。

绝对购买力平价理论(absolute purchasing-power parity theory)认定,均衡汇率等于两国的价格水平之比,即

$$R = P/P^*$$

其中,R等于汇率或是即期汇率(定义为外币的本币价格),P和P^*分别为本国和外国的总的价格水平。例如,假定在美国1蒲式耳小麦的价格为1美元,在欧洲货币联盟为1欧元,那么美元与欧元的汇率应该为$R=1$美元/1欧元=1。根据**一价法则**(law of one price),当两个国家都以同一种货币标价时,任何给定商品的价格应该相等(所以两国的购买力是平价的)。如果在美国1蒲式耳小麦的价格为0.5美元,在欧洲货币联盟为1.5美元,厂商会在美国购买小麦再卖给欧洲货币联盟,以赚取利润。这种商品套利将会导致欧洲货币联盟的小麦价格下降,美国的小麦价格上升,直至在两地小麦的价格相等,即每

蒲式耳小麦1美元（假定没有贸易流动的阻碍，没有贸易补贴，也没有运费）。因此，商品套利在整个市场中使价格相等的作用与货币套利一样。

然而，绝对购买力平价理论仅仅在没有运输成本、关税或其他影响自由贸易的障碍，所有商品都在国际间进行贸易，以及美国和欧洲货币联盟间没有发生结构性的变化（如战争）时才会成立。由于实际中这些假设并不总是成立的，绝对形式的购买力平价也并不能认为总是对的（参见案例研究12.1和案例研究12.2）。所以当我们用到购买力平价理论时，用的通常是它的相对形式。

案例研究 12.1

现实世界的绝对购买力平价

图12.2显示了1973年实行浮动汇率以来用美元表示的德国马克的实际汇率（即DM/$，以虚线表示）和购买力平价汇率（用德国对美国的消费品物价指数比率测度——实线）的变动曲线（从1999年开始，DM/$的波动反映的是欧元对美元的波动）。如果绝对购买力平价理论成立，两条曲线应该重合。但正如我们在图中所见到的，两条曲线有很大程度的偏离。1973—1980年、1986—2000年及2003年以来美元被低估（虚线在实线下方），而在1981—1985年和2001—2002年美元则被高估。该图还显示，在峰值（1985年年初）处美元被高估的程度几乎达到40%。只有在1981年年初、1986年年初、2001年年初和2003年年初曲线是相交在一起的，美元相当于购买力平价。

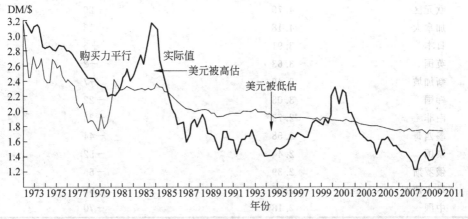

图12.2 1973—2010年美元的实际汇率和购买力平价汇率

虚线测度了1973—2010年市场现行的美元汇率（由DM/$定义），实线测度的是同期购买力平价汇率（以德国对美国的消费品价格指数比率表示）。此图表明，1973—1980年、1986—2000年和2003年美元被低估，1981—1985年和2001—2002年美元被高估（自1999年初起，DM/$的波动反映了欧元对美元的波动）。

资料来源：International Monetary Fund, International Financial Statistics (Washington, DC: IMF, various issues).

案例研究 12.2

巨无霸价格

根据绝对购买力平价理论,如果汇率等于美国与其他国家物价水平之比,那么某一特定产品(如麦当劳的巨无霸汉堡),在世界各地的价格都应该与美国一样。但从表12.1的第二列我们可以看到巨无霸的美元价格在各国差异很大。2010年10月,中国的巨无霸最便宜(2.18美元),瑞士的最贵(6.78美元)。

因为在瑞士巨无霸的美元价格是6.78美元,而在美国是3.71美元,所以2010年10月瑞士法郎相对于美元被高估了83%(6.78美元/3.71美元)。表中数据也说明巴西雷亚尔被高估了42%,欧元被高估了29%,加拿大元相对于美元被高估了13%,日元被高估了5%,而英镑相对于美元被低估了2%,新加坡元被低估了7%,韩元被低估了22%,南非兰特被低估了33%,人民币则被低估了70%。因此,美国人要去旅游的话,(在表12.1中列出的国家里)最贵的地方是瑞士,最便宜的地方是中国。

表12.1 巨无霸价格与汇率,2010年10月

国家/地区	美元价格	当地货币被高估(+)或低估(−)
美国	3.71	—
瑞士	6.78	+83
巴西	5.26	+42
欧元区	4.79	+29
加拿大	4.18	+13
日本	3.91	+5
英国	3.63	−2
新加坡	3.46	−7
韩国	3.03	−22
南非	2.79	−33
墨西哥	2.58	−44
泰国	2.44	−52
俄罗斯	2.39	−55
马来西亚	2.25	−65
中国	2.18	−70

资料来源:"Big MacIndex," *The Economist* (October 16, 2010), p.86.

相对购买力平价理论(relative purchasing-power parity theory)可能更适用。购买力平价认为汇率的变化等于两国物价水平变化的差距。具体的有:

$$\hat{R} = \hat{P} - \hat{P}^*$$

第12章 汇率的决定   233

其中,变量上方的^符号代表百分比变化。根据这个等式,汇率的百分比变化应当等于国内价格水平(P)的百分比变化减去国外价格水平(P^*)的百分比变化。例如,从汇率 $R=1$ 美元 $=1$ 欧元开始,如果美国的价格相对于欧洲货币联盟的物价翻番,那么美元兑欧元的汇率也应当翻番,从 $R=1$ 变为 $R=2$。只要在运输成本、对贸易的障碍、非贸易与贸易商品的比例以及两国经济体的结构上没有变化,汇率的百分比变化就等于两国物价水平的百分比变化的差。但是由于贸易和商品套利的响应十分缓慢,我们因此预期相对购买力平价只有在长期内才近似成立(参见案例12.3)。

案例研究 12.3

现实中的相对购买力平价

图12.3说明了1973—2010年(浮动汇率体系时期)18个工业化国家相对各国价格

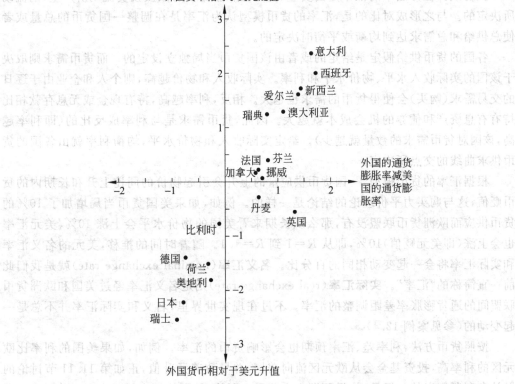

图12.3 通货膨胀率的差异与汇率,1973—2010年
横轴上的正值说明该国的通货膨胀率高于美国。纵轴上的正值表明该国货币相对美元贬值。由于高通胀率的国家通常伴有货币贬值,相对购买力平价理论似乎在长期内大体上得到了证实。

水平的变动和汇率变动之间的关系。横轴代表各国平均的通货膨胀率与美国的平均通货膨胀率之差(因此正值说明该国的通货膨胀率高于美国)。纵轴衡量的是外汇汇率的变化,定义为各国货币的美元价格。因此,外汇汇率的升高代表外国货币相对美元的贬值,而汇率下降表明外国货币的升值。

根据相对购买力平价理论,比美国通货膨胀率高的国家的货币应当贬值,而相对低通货膨胀率的国家的货币应当升值。图中表明在超过40年的考察期内事实确实如此。也就是说,比美国通货膨胀率高的国家的货币相对美元贬值,而相对低通货膨胀率的国家的货币升值了。不过,要使理论完全成立,图12.3中的每一个点都应当落在一条斜率为正1的直线上。由于实际上并非如此,相对购买力平价理论只是近似成立。

从1999年起欧洲货币联盟国家的汇率变动反映的是美元/欧元的汇率变化情况。

资料来源：International Monetary Fund, *International Financial Statistics*, various issues.

12.5 汇率的货币模型

贸易或弹性方法中的汇率是由资金(由产品和服务贸易以及投资流动所产生)的流动所决定的。与之形成对比的是,汇率的货币模型认为汇率是在调整一国货币的总量或者使总供给和总需求达到均衡或平衡时决定的。

各国的货币供给假定是给定的或者由该国货币当局独立设定的。而货币需求则取决于该国的实际收入水平、物价水平和利率。实际收入和物价越高,则个人和企业由于逐日的交易需求(购买)会使得货币的需求也越大。相反,利率越高,持有现金或无息存款相比持有有息资产和债券的机会成本就越大。因此,货币需求是与利率成反比的(即利率越高,该国对货币需求的数量就越少)。给定实际收入和物价水平,均衡利率就由各国的货币供求曲线的交点所决定。

根据汇率的货币模型,一国货币供应量的上升会引起物价的同比上升和长期内的货币贬值,这与购买力平价理论的结论是一样的。例如,如果美国货币当局增加了10%的货币供应而欧洲货币联盟没有,那么从长期来看美国的物价水平会上涨10%,美元汇率也会上涨(即美元贬值)10%,即从 $R=1$ 到 $R=1.1$。随着时间的推移,美元的名义汇率和实际汇率将会一起变动相同的百分比。**名义汇率**(nominal exchange rate)就是我们此前一直简称的"汇率"。**实际汇率**(real exchange rate)则是名义汇率经过美国和欧洲货币联盟间的通货膨胀率差距调整的汇率。不过在现实世界里,名义和实际汇率并不总是一起变动的(参见案例12.4)。

按照货币方法,利率差、汇率预期也会影响货币的汇率。例如,如果美国的利率比欧元区的利率高,投资基金会从欧元区流向美国,并导致美元升值,正如第11.11节讨论的抛补套利所假定的。但是,如果预期未来美元会贬值,且贬值幅度超过有利于美元的正利差,那么投资基金将会向相反方向流动,即从美国流向欧元区,美元则会相对于欧元贬值(参见案例研究12.5)。

案例研究 12.4

名义汇率、实际汇率与货币分析法

图 12.4 显示了 1973—2010 年（以 1973 年＝100）美元（$）对德国马克（DM）的名义汇率和实际汇率指数。名义汇率被定义为 DM/$（自 1999 年年初开始，马克对美元的波动反映的是欧元对美元的波动）。实际汇率是名义汇率除以德国相对于美国的消费品价格指数。也就是说，(DM/$)/(德国价格/美国价格)＝(DM/$)(美国价格/德国价格)。

如果名义汇率反映了美国和德国的相对价格变化（正如购买力平价理论所认定的那样），那么实际汇率将与名义汇率相同或者保持一定的比例。然而图形显示，尽管名义汇率和实际汇率确实是同步变动的，但 1973—1985 年、1996—2001 年和 2004—2006 年两者变得越来越不同了。因此，货币分析法的关键部分（即购买力平价理论）只在 1986—1994 年、2002—2003 年和 2007—2010 年在一定程度上成立。

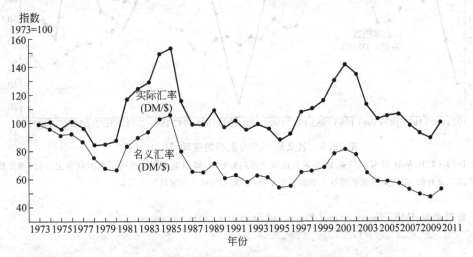

图 12.4　1973—2010 年的美元对马克的名义汇率和实际汇率指数

此图表示 1973—2010 年美元对马克的名义汇率和实际汇率指数（以 1973 年＝100）。名义汇率被定义为 DM/$，实际汇率被定义为 (DM/$)(美国价格/德国价格)。尽管名义汇率和实际汇率确实是同步变动的，但在 1973—1985 年、1995—2001 年和 2004—2006 年两者变得越来越不同了。因此，货币分析法的关键部分（即购买力平价理论）只在 1986—1994 年、2002—2003 年和 2007—2010 年在一定程度上成立。

案例研究 12.5

利率差异、汇率与货币分析法

图 12.5 所示为 1973—2010 年美元与德国马克的名义汇率（表示为 DM/$，见图 12.4）

以及美国和德国的名义利率差。名义利率差(以百分数表示)定义为美国国库券利率减去德国国库券利率。美国利率相对于德国利率的上升会导致美元相对于德国马克升值,而有利于美国的利差下降会导致美元贬值(其他条件不变),正如抛补套利所假定的。这在图12.5中反映为两条曲线向相同方向移动。但是,在现实世界中其他条件并不能保持不变,因此利率差与汇率之间的关系也许并不成立(即两条曲线向相反方向移动)。事实上,图12.5显示1973—2010年有一些年份两条曲线向相同方向移动,而在另一些年份两条曲线向相反方向移动。

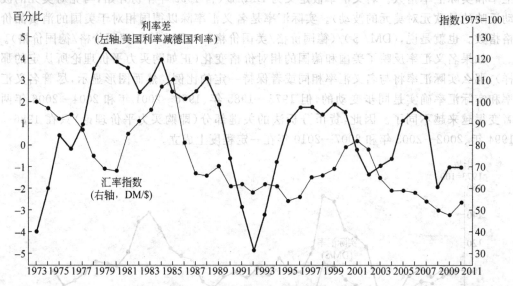

图12.5　名义利率差与汇率的变动,1973—2010

1973—2010年的37年间只有16年两条曲线是同向移动的,即当美国利率相对于德国利率上升时,美元相对于德国马克升值,而当美国利率相对于德国利率下降时,美元相对于德国马克贬值。

资料来源:IMF, *International Financial Statistics*, various issues.

12.6　汇率的资产或资产组合模型

另一个试图解释汇率变动的方法是**资产或资产组合模型**(asset or portfolio approach to exchange rate)。与货币分析方法不同,资产或资产组合模型认为汇率是在调整各国金融资产(货币只是其中之一)的总量供需平衡的过程中决定的。模型在分析中还明确地引入了贸易。

假定从组合或者金融和贸易均衡的情形出发考虑,资产或资产组合模型认为一国货币供应量的增加会立即导致本国利率的下降,并导致需求从本国债券转向本国货币和外国债券。需求从本国债券转向本国货币是因为持有货币的成本现在消失了,而需求从本国债券转向外国债券则是因为本国债券利率下降使得外国债券的利息相对更高。但是,持有外国债券会带来汇率风险。因此,只有当外国债券的收益率经风险溢价调整后超过了本国债券的收益率时,本国投资者才会持有外国债券(正如第 11.11 节讨论的抛补套利所表明的)。

假定事实如此,需求从本国债券向外国债券的转移引起的个人和企业将本币兑换成外币以购买更多的外国债券也导致本币立刻贬值。随着时间的推移,贬值刺激了本国的出口而抑制了进口。这会引起贸易顺差和本国货币的升值,从而可以部分抵消最初的贬值。因此,资产或资产组合模型也解释了现实中常见的外汇汇率超调现象(即大幅高频率的波动)。这一点将在下面讨论。

12.7 汇率动态

在现实世界,汇率经常会呈现很大的波动和超调现象(参见案例研究 12.6)。**汇率超调**(exchange rate overshooting)可以由资产或资产组合模型解释。为了理解这一点,假定美国货币当局(美联储)出乎意料地增加了 10% 的货币供给。那么经过一段很长的时间,美国国内物价会上涨 10%,美元会贬值 10%。由于美元的即时贬值会导致其后美国贸易余额的逐渐改善和美元升值,美元即时的贬值幅度应当超过 10%,例如有 16%。这是因为根据购买力平价理论,美元接下来会逐步升值而且最终会在一段很长的时间后达到净贬值 10% 的幅度。

这些事件的发生过程可以总结为(如图 12.7 所示):在时间点 t_0,美国货币供给增加 10%,利率下降,资本流出美国,这导致美元立即贬值 16%,从 $R=1.00$ 跌到 $R=1.16$。随着时间的推移(即在长期内),国内物价上涨了 10% 而美元则升值 6%,从而消除了开始时的超调现象。这样,在长期内美元汇率为 $R=1.1$(比原来汇率 $R=1.00$ 超过 10%),与美国 10% 的通货膨胀率恰好一致。

总之,由于金融市场出清或调整失衡的速度比商品市场迅速很多,与商品市场对于贸易失衡的反应相比,汇率对于每天或每周的资本市场失衡的反应要敏感得多。但是根据弹性方法和购买力平价理论,商品市场对于贸易失衡的反应是汇率中长期走势的决定性因素。通过同时考虑金融和贸易上的调整,资产或资产组合模型已经成为汇率决定分析中最重要的方法。不过,依目前的形式,该模型还无法为汇率决定提供一个完整统一的理论,从而将所有在即时、短期和长期内影响汇率的金融及商品市场的因素完全一致地整合在一起。

案例研究 12.6

美元的汇率超调

图 12.6 表明 1961—2010 年美元对德国马克和日元比率的波动情况及超调现象。图形表明了相对前一个月外币对美元比价的百分比变动(自 1999 年开始美元对德国马克的

波动由美元对欧元的波动取代）。相比 1961—1971 年在国际协议指导下的固定汇率时期，美元汇率只有很小的变动，自 1973 年至今实行的浮动汇率或管理浮动汇率体制下，汇率的波动很大并且有很明显的超调。

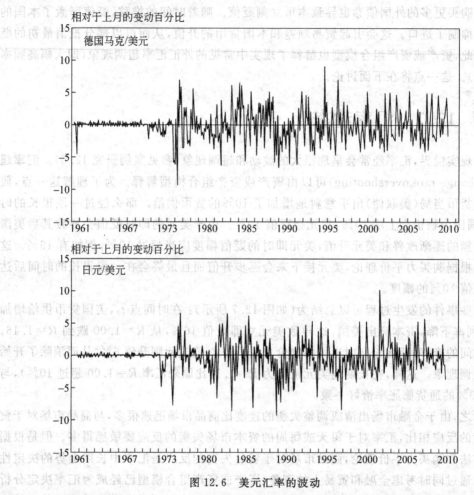

图 12.6 美元汇率的波动

在现行的浮动汇率体制下，1973 年之后美元对德国马克和日元汇率的剧烈波动可以看做美元汇率超调现象的证明。自 1999 年开始美元对德国马克的波动反映的是美元对欧元的波动。

资料来源：IMF, *International Financial Statistics*, various issues.

12.8 汇率预测

前面讨论的货币模型和资产或资产组合模型在预测汇率方面并不十分成功，特别是在短期之内。其中有两个基本原因：第一，汇率会受到新信息或"消息"的强烈影响，而这些新信息或"消息"是无法预测的；第二，外汇市场参与者的预期常常会自我强化和自我实现，至少会在暂时情况下导致所谓的投机泡沫。也就是说，有时汇率会沿着预期的方向运

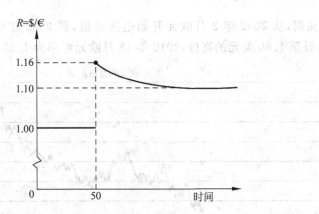

图 12.7　美元汇率的超调

美国货币供给突然增加 10% 可能会导致美元汇率立即上升（代表美元贬值），即从 $R=1.00$ 美元/1 欧元变为 $R=1.16$ 美元/1 欧元，从而超出其长期均衡水平 $R=1.10$ 美元/1 欧元。随着时间的推移，美元汇率会逐渐升值（R 下降）6% 而回归到均衡水平。

动，不管基本面有什么变化它都会沿着这个方向运动。最终，泡沫破灭了，汇率又朝相反的方向运动，随着汇率向相反方向的过度运动就会偏离它的长期均衡水平。

汇率泡沫的一个例子是 20 世纪 80 年代前半期和 2000—2002 年美元汇率的过分高估，那时候美元显然是被高估的，但随后又被低估。难以预料的新闻和流行效应使汇率在短期（短于 1 年）几乎完全无法预测。欧元诞生后的 5 年里，欧元/美元汇率的变化情况就是这样的（参见案例研究 12.7）。

因此，我们可以得出结论：与过去数十年激动人心的汇率理论模型的发展相比较，经验检验结果并没有给这些理论提供更多的支持，除了长期情况之外。这并不意味着这些理论是错误的，或者是无用的。这只意味着它们提供的是不完全的汇率决定理论。从直观的角度看，我们确实期望在长期汇率将接近它们的购买力平价水平，而在短期内利率平价关系成立。然而，我们所需要的是更好地对预期行为进行建模，并对现实生活中的实际因素和货币因素进行更好的综合和整合。我们将在下一章考察这些问题，即在浮动汇率和固定汇率下如何对国际收支失衡进行自动调整。

案例研究 12.7

欧元汇率是无法预测的

欧元在 1999 年 1 月 1 日开始使用时的价值为每欧元等于 1.17 美元（参见案例研究 11.2），但是，它的走势让几乎所有的预测者都大跌眼镜，它持续下滑，直到 2000 年 10 月底欧元与美元的比价跌至 0.82 美元兑换 1 欧元的低点（见图 12.8）。2001 年年初欧元又升值至 0.95 美元，但之后尽管欧元区利率高于美国，美国经济衰退以及 2001 年 9 月纽约世贸中心发生恐怖袭击，2002 年 6 月初欧元还是跌至 0.85 美元，又一次让大部分专家的预测落空。然而,从 2002 年 2 月欧元开始迅速升值,到 2002 年中期与美元平价,而到 2008 年 6 月升至 1.60 美元的高位,2010 年 12 月欧元汇率为 1.35 美元。

图 12.8 自从欧元发行以来的欧元/美元汇率

欧元自 1999 年年初发行到 2000 年 10 月几乎持续贬值,直到 2002 年中欧元才赶上了美元——这与大多数专家的预测相反。此后,欧元迅速升值。

资料来源:D. Salvatore,"The Euro-Dollar Exchange Rate Defies Prediction," *Journal of Policy Modeling* (June 2005), pp. 455-464; and IMF, *International Financial Statistics*, various issues.

本章小结

1. 汇率是由多种因素相互作用而决定的,其中有些是长期的(贸易和贸易国之间的相对价格),有些是短期的(国际资本流动),还有一些则是非常短期或者即期的(如预期)。但目前还没有一个综合的汇率决定理论。

2. 美元将会贬值,如果美国发生:(1)经济增长,这会增加进口需求;(2)价格水平上涨(通货膨胀);(3)利率下降;(4)预期美元将贬值。

3. 贸易或弹性方法认为,均衡汇率是指使得一国进出口价值均衡的汇率。如果一国进口的价值超过出口的价值(即该国有贸易赤字),汇率将会上升(即本国货币将会贬值),最终达到贸易平衡。

4. 绝对购买力平价理论(PPP)认为两国的汇率等于两国价格水平的比率,即相同的商品应有相同的价格(一价法则)。更精细的相对购买力平价理论认为两国汇率的变化应与两国相对价格成比例。经验研究大体上表明该理论在长期内是成立的。

5. 根据汇率的货币模型,一国货币供应量的上升会引起物价的同比上升和长期内的货币贬值。随着时间推移,名义汇率和实际汇率也会一起变动。增长率、通胀率和汇率变化的预期也会立刻引起汇率同比例的变化。在现实世界中,由于货币分析方法并未考虑影响汇率的所有因素,这些预测只是部分成立。

6. 资产或资产组合模型认为一国货币供应量的增加会立即导致本国利率的下降,并导致需求从本国债券转向本国货币和外国债券(如果外国债券的风险溢价没有超过其超额收益)。需求从本国债券转向外国债券会导致本币立刻贬值。

7. 国内利率的下降导致需求从本国债券转向外国债券,引起本币的立刻贬值。随着时间的推移,贬值会引起贸易顺差和本国货币的升值,从而可以部分抵消最初的贬值,也解释了现实中常见的外汇汇率超调现象。

8. 除非是长期的情况,否则经验检验并没有提供对汇率的货币模型、资产市场或资产组合模型的支持。短期的汇率已经颠覆了几乎所有精确预测的尝试。之所以如此,一个原因是消息在其中扮演了十分重要的角色,而消息是无法预测的;另一个原因是投机泡沫的存在和发展,这常常使汇率偏离基础价值。这并不意味着这些理论是错误的或是无用的,而只表明它们提供的是一个关于汇率决定的不够完全的解释。

复习题与练习题

1. 如果欧洲货币联盟的经济增长加速而美国的经济增长没有加速,解释这对美元/欧元汇率有什么影响。

2. 如果美国物价水平上升幅度低于欧洲货币联盟,解释这对美元/欧元汇率有什么影响。

3. 如果美国的利率水平上升而欧洲货币联盟的利率不变,解释这对美元/欧元汇率有什么影响。

4. 如果突然预期美元将要升值,解释这对美元/欧元汇率有什么影响。

5. 如果美国的经济增长率、通胀率、劳动生产率和利率水平上升而欧洲货币联盟的相应比率不变,解释这对美元/欧元汇率有什么影响。

6. (1) 什么是绝对购买力平价理论? 为什么人们不接受它?
(2) 什么是相对购买力平价理论? 它什么时候是成立的?
(3) 经验检验是肯定还是拒绝相对购买力平价理论?

7. 1973 年英国的消费者价格指数为 15.9,美国的该指数为 29.2(1995 年=100)。2003 年该值在英国为 122.4,在美国为 121.5。两国的汇率在 1973 年为 $0.430\ 4£/1\$$,2003 年为 $0.597\ 5£/1\$$。
(1) 计算 1973—2003 年英国和美国的通货膨胀率之差,并将它与同期英镑对美元的贬值情况进行对比。
(2) 1973—2003 年在英国和美国之间,相对购买力平价理论有效吗? 为什么?

8. (1) 根据货币模型,解释一国货币供给增加对汇率有何影响。
(2) 实证研究支持还是拒绝货币模型? 资产市场或资产组合方法呢?

9. (1) 根据资产市场或资产组合货币模型,解释一国货币供给增加对汇率有何影响。
(2) 它在哪些方面与货币分析法不同?

（3）实证研究支持还是拒绝货币模型？资产市场或资产组合方法呢？

10. 资产市场或资产组合分析法是怎样解释经常在当今外汇市场中出现的汇率超调现象的？

参考书目

对本章所考察主题的深入探讨，请见：
- D. Salvatore, *International Economics*, 10th ed. (Hoboken, N. J.: John Wiley & Sons, 2010), Ch. 15.

对购买力平价理论的考察，请见：
- M. R. Pakko and P. S. Pollard, "Burgernomics: A Big Mac Guide to Purchasing Power Parity," *Federal Reserve Bank of St. Louis Review* (December 2003), pp. 9-28.
- A. M. Taylor and M. P. Taylor, "The Purchasing Power Parity Debate," *Journal of Economic Perspectives* (Fall 2004), pp. 135-158.
- P. Cashin and C. J. McDermott, "Parity Reversion in Real Exchange Rates: Fast, Slow, or Not at All?" *IMF Staff Papers* (2006), Vol. 53, No. 1, pp. 89-119.

关于汇率动态化和汇率超调的讨论，可见：
- K. Rogoff, "Dornbusch's Overshooting Model After 25 Years," *IMF Staff Papers* (2002), No. 3, pp. 1-34.

对汇率决定和预测的货币模型及资产或资产组合模型的经验检验，可参见：
- C. Engel, J. H. Rogers, and A. K. Rose, eds., "Empirical Exchange Rate Models," Special Issue of the *Journal of International Economics* (May 2003).
- M. D. Evans and R. K. Lyons, "Meese-Rogoff Redux: Micro-based Exchange-Rate Forecasting," *American Economic Review* (May 2005), pp. 405-414.
- Della Corte, P., L. Sarno, and I. Tsiakas (2009), "An Economic Evaluation of Empirical Exchange Rate Models," *Review of Financial Studies* (2009), Vol. 22, No. 9, pp. 3481-3530.

关于欧元/美元汇率，请见：
- D. Salvatore, "The Euro-Dollar Exchange Rate Defies Prediction," *Journal of Policy Modeling* (June 2005), pp. 455-464.
- D. Salvatore, "Euro," *The Princeton Encyclopedia of Economics of the World Economy* (Princeton, NJ: Princeton University Press, 2008), pp. 350-352.
- D. Salvatore, ed. "The Euro, the Dollar, the Renminbi and the International Monetary System," Special Issue of the *Journal of Policy Modeling* (September/October 2011). With articles by the leading economists in the field.
- Also see the references at the end of Chapters 11, 15, and 16.

网址

有关美元汇率、美国的利率、货币供给和通货膨胀率的资料可以在圣路易斯的联邦储备银行网站上找到，网址为：

http://www.research.stlouisfed.org/fred

有关世界许多国家的汇率、利率、货币供给和通货膨胀率的资料可以在该国中央银行的网站上找到,也可以到国际清算银行的网站上找到,网址为:

http://www.bis.org

有关全球的金融数据,例如汇率、利率、通货膨胀率以及名义与实际 GDP 资料可以在 MIT 的网站上找到,网址为:

http://eh.net/hmit

第5部分

开放经济宏观经济学

第5部分（第13章至第14章）阐述开放经济宏观经济学。第13章考察汇率如何影响国内经常账户，以及经常账户和国内外收入水平变化如何互相影响。第14章阐述开放经济中的货币和财政政策。因此，第13章和第14章逐步建立起开放经济的完整模式。特别地，第13章首先考察汇率对国内经常账户的影响，然后将分析扩展到整个经济。第14章加入货币市场和国际资本流动，考察财政和货币政策如何达到内部平衡（充分就业和没有通货膨胀）与外部平衡（均衡或者可持续的国际收支和汇率）。

国际经济学基础（第3版）
Introduction to International Economics

第 5 部分

第 13 章

浮动汇率与固定汇率制度下的自动调节机制

学习目的

学完本章，你应当能够：

- 理解如何用浮动汇率来调整国际收支
- 了解什么是稳定的外汇市场
- 理解在固定汇率制度下如何进行国际收支调节
- 了解封闭经济中均衡的收入水平是如何确定的
- 了解开放经济中均衡的收入水平是如何确定的
- 理解国外反馈效应的含义
- 描述吸收法是如何起作用的
- 理解所有的自动调节是如何一起运作的

重要术语

稳定的外汇市场	stable foreign exchange market
不稳定的外汇市场	unstable foreign exchange market
马歇尔—勒纳条件	Marshall-Lerner condition
J 曲线效应	J-curve effect
传递效应	pass-through
金本位制	gold standard
铸币平价	mint parity
黄金输出点	gold export point
黄金输入点	gold import point
价格黄金流动机制	price-specie-flow mechanism
均衡收入水平	equilibrium level of income

乘数	multiplier(k)
外贸乘数	foreign trade multiplier(k')
国外反馈效应	foreign repercussions
吸收法	absorption approach
自动调节的综合	synthesis of automatic adjustments
货币数量论	quantity theory of money
金本位制的博弈规则	rules of the game of the gold standard

13.1　引言

本章我们将考察国内外的价格收入变化如何自动调节一国的国际收支逆差或顺差。为简单起见,我们假设国际间个人资本流动是为了弥补(即支付或融资)临时贸易不平衡才被动地发生,所以此时国际收支的逆差就是贸易逆差。调节国际收支或贸易赤字以达到内部均衡(即一国实现充分就业而没有通货膨胀)的政策将在下一章讨论。

在浮动或固定汇率下,国际收支或者贸易赤字的调节可以通过价格或者收入,或者两者的同时变化达到。我们首先讨论浮动汇率和固定汇率制度下的自动价格调节,然后考察通过国内外收入自动变化的调节,最后讨论浮动汇率和固定汇率制度下两者结合时的调节。

13.2节和13.3节考察利用浮动汇率自动调节,这会改变国内和国外的价格关系;13.4节讨论固定汇率制度(如金本位制)下通过国内价格变化实现的自动调节;13.5节到13.7节考察自动收入调节机制;13.8节对通过价格和收入变化的自动调节进行了总结;13.9节对浮动汇率和固定汇率制度下的自动价格及收入调节机制进行了评价。

13.2　浮动汇率下的调节

本节和下一节将考察一国货币贬值自动调节一国国际收支或贸易逆差的过程。调节该国国际收支逆差的过程见图13.1。

图13.1中,我们假设世界上只有美国和欧盟两个经济体,不存在自发的国际资本流动,所以美国对欧元的需求和供给只反映商品及服务的贸易。图中显示,汇率$R=1$美元/1欧元时,美国对欧元的需求是每年120亿欧元,而供给只有80亿欧元,结果美国国际收支或贸易中有40亿欧元(AB)的逆差。

如果美国对欧元的供需曲线是S_e和D_e,美元贬值20%,从汇率$R=1$美元/1欧元上升到$R=1.20$美元/1欧元,将完全消除美国的逆差。即$R=1.20$美元/1欧元时,供需都等于每年100亿欧元(图中的E点),美国的贸易处于均衡状态。然而,如果美国对欧元的供需曲线弹性更小(曲线更陡峭),例如为图中的D_e^*和S_e^*,同样20%的贬值只能使逆差缩小到30亿欧元(图中的CF)。只有100%的贬值(从$R=1$美元/1欧元到$R=2$美元/1欧元)才能完全消除逆差(图中的E^*点)。

这样大幅度的美元贬值将导致美国进口品的美元价格大幅上升,并引起美国国内的通货膨胀,这可能是比贸易赤字更大的问题。具体而言,美元贬值使得美国产品对于欧盟

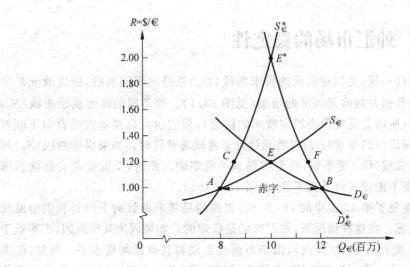

图 13.1　国际收支调节与汇率变动

当 $R=1$ 美元/1 欧元时,美国每年对欧元的需求量为 120 亿欧元,而供给量为 80 亿欧元,所以美国的国际收支逆差为 40 亿欧元(AB)。对于曲线 $D_€$ 和曲线 $S_€$,美元贬值 20% 将完全消除逆差(E 点)。对于 $D^*_€$ 和 $S^*_€$,要想消除逆差,则要求 100% 的贬值(E^* 点)。

居民而言变得更便宜(因为他们只需支付更少的欧元即可得到 1 美元),而美国居民会发现进口更加昂贵了(因为要得到 1 欧元他们要付出更多美元),如果美国对欧元的需求和供给曲线陡峭或缺乏弹性,就会引发美国的通货膨胀问题。因此,确定美国对欧元的供需曲线 $D_€$ 和 $S_€$ 的弹性非常重要。

在图 13.1 中,美国对欧元的需求曲线($D_€$)来自以欧元计价的美国进口的供求曲线,而美国对欧元的供给曲线($S_€$)来自外以欧元计价的对美国出口的供求曲线。以欧元计价的美国对进口的需求(D_M)弹性和国外对美国出口的需求(D_X)弹性越大,$D_€$ 和 $S_€$ 的弹性也越大(为了调节美国贸易赤字进行的贬值所引发的通货膨胀也越低)。

美国以欧元计价的进口需求价格弹性(η_M)等于美国进口需求数量的百分比变化除以以欧元计价的美国进口价格的百分比变化,如下所示:

$$\eta_M = \frac{\%\Delta Q_M}{\%\Delta P_M}$$

同样,以欧元计价的国外对美国出口需求的价格弹性(η_X)等于国外对美国出口需求数量的百分比变化除以以欧元计价的美国出口价格的百分比变化,即

$$\eta_X = \frac{\%\Delta Q_X}{\%\Delta P_X}$$

由于数量和价格总是按照相反的方向变动(即根据需求定律,价格增加会降低需求数量,反之亦然),η_M 和 η_X 总是负数。但是,在比较价格弹性的时候我们用它们的绝对值来说明需求是有弹性的、缺乏弹性的和单位弹性的,即如果 η 的绝对值分别大于 1、小于 1 和等于 1。当需求有弹性时,价格的下跌会引起需求数量更大比例的增加,所以商品支出也会增加。如果需求缺乏弹性,则结果是相反的。当需求是单位弹性时,价格的变化不会引起商品支出的变化。我们在下一节将用到这些概念。

13.3 外汇市场的稳定性

与所有需求曲线一样,美国对欧元的需求曲线($D_€$)总是向下倾斜的,所以欧元汇率的下跌(美元升值)会引发对欧元需求的增加(见图 13.1)。而美国的欧元供给曲线($S_€$)通常是向上倾斜的(所以美元贬值会增加欧元的供给),但它也可以是垂直或者向下倾斜的,即当国外对美国出口的需求(D_X)以欧元计价非常缺乏弹性时。如果供给曲线($S_€$)斜率为负而且比需求曲线($D_€$)更平坦,外汇市场是不稳定的。此时,美元贬值会恶化美国的贸易逆差状况,而不能使之调节到平衡,如图 13.2 所示。

图 13.2 左图重复了图 13.1 中的 $D_€$ 及 $S_€$,表现的是需求曲线向下倾斜和供给曲线向上倾斜的正常状况。在这种情况下,外汇市场是稳定的。如果因为某种原因,汇率低于均衡汇率 $R=1.20$ 美元/1 欧元(E 点),市场力量会自动将其推回均衡水平。例如,汇率为 $R=1$ 美元/1 欧元时,将产生额外的 40 亿欧元的需求(AB,美国国际收支逆差),这将自动推动汇率返回 $R=1.20$ 美元/1 欧元。反之,如果汇率上升至 $R=1.40$ 美元/1 欧元,将产生额外的 30 亿欧元供给(NR),这将自动使汇率返回均衡点 E。这就是**稳定的外汇市场**(stable foreign exchange market)。

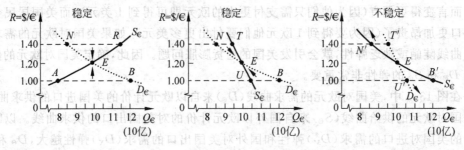

图 13.2 稳定与不稳定的外汇市场

在所有三个图中,均衡汇率为 $R=1.20$ 美元/1 欧元,欧元的年需求和年供给为 100 亿。如果因为某种原因,均衡被破坏,例如汇率降到 $R=1$ 美元/1 欧元,在左图和中图,对外汇的额外需求将把汇率推回均衡水平,而右图中对外汇的额外供给将使汇率降得更低。同样,$R=1.40$ 美元/1 欧元时,左图和中图中的额外供给将驱使汇率降回 $R=1.20$ 美元/1 欧元,但是右图中的额外需求将把汇率推向更高点。因此,左图和中图描绘的是稳定的外汇市场,而右图描绘的是不稳定的外汇市场。

尽管图 13.2 的中图与左图看上去有所不同(因为曲线 $S_€$ 的斜率为负但比曲线 $D_€$ 陡),外汇市场仍然是稳定的。因为一旦汇率偏离均衡水平,市场力量会自动将其调整到均衡水平。例如,$R=1$ 美元/1 欧元时,额外的 15 亿欧元需求(BU)将自动推动汇率返回 $R=1.20$ 美元/1 欧元(E 点)。同样,如果汇率超过均衡水平,市场力量也会使汇率返回均衡。所以,在这种情况下,外汇市场也是稳定的。注意,这次曲线 $S_€$ 的斜率为负,但比曲线 $D_€$ 陡。

图 13.2 的右图与其他两个图是根本不同的。不仅 $S_€$ 的斜率为负,而且 $S_€$ 比 $D_€$ 更平坦(弹性更大)。此时美国的贸易赤字出现在汇率高于而不是低于均衡汇率 $R=1.20$ 美元/1 欧元(E 点)的时候。例如,$R=1.40$ 美元/1 欧元时,将产生额外的 10 亿欧元需求

($N'T'$，美国贸易逆差）。对于欧元的这一额外需求将把汇率推向更高水平，从而加剧美国的贸易逆差。同样，任何低于均衡点的汇率水平都将产生额外的欧元供给，这会导致汇率进一步降低，引起更多的美国贸易顺差。这就是一个**不稳定的外汇市场**（unstable foreign exchange market）。它的出现是因为 $S_€$ 的斜率为负，且比 $D_€$ 更为平坦、更富有弹性。当外汇市场不稳定时，浮动汇率制度将增强而不是减弱国际收支平衡表上的失衡程度（即更多的贸易不平衡）。因此，确定外汇市场稳定与否是非常关键的。

外汇市场稳定的一个判断条件是：

$$\eta_M + \eta_X > 1$$

也就是说，当美国进口需求弹性与国外对美国出口需求弹性的绝对值之和大于 1 时，外汇市场是稳定的或者说表现良好（从贸易逆差可以通过该国货币的贬值进行调节的意义上来看）。如果 $\eta_M + \eta_X < 1$，外汇市场就是不稳定的，浮动汇率只会增加而不会减少贸易失衡。如果 $\eta_M + \eta_X = 1$，则汇率的变动不影响国际收支。上述条件称为**马歇尔—勒纳条件**（Marshall-Lerner condition），这是为了纪念提出它的两位杰出的经济学家马歇尔和勒纳。现实世界中的估计表明外汇市场不仅通常是稳定的，而且贸易弹性足够大，可以保证浮动汇率是可行的（即不会引发过高的通货膨胀——参见案例研究 13.1）。

尽管外汇市场是稳定的，它通常需要较长的时间（1 年半或 2 年）才能达到通过贬值大幅减少贸易逆差的目的。原因是订购、运送、接收和使用商品是需要时间的。事实上，货币贬值的直接影响可能是恶化而不是改善一国的贸易平衡状况。这是因为进口的本币价格上升趋势可能比出口价格快。这称为 **J 曲线效应**（J-curve effect）。而且，出口国家可能不会把因为交易对手的货币贬值造成的所有的价格增长传递给外国消费者，以避免失去自己在出口市场上的占有率。在美国，美元贬值的**传递效应**（pass-through）（美元贬值造成的美国进口产品价格上涨）估计大约为 60%。案例研究 13.2 考察了美国贸易对美元有效汇率变化的反应。

案例研究 13.1

国际贸易中的价格弹性

表 13.1 是使用从 1973 年第一季度到 1985 年第二季度的季度数据所估计的美国、日本、德国、英国、加拿大和其他发达国家、不发达国家和石油输出国组织（OPEC）国家的进出口需求价格弹性的绝对值。结果表明进口需求价格弹性绝对值的范围是从英国的 0.47 到 OPEC 的 1.14，美国为 0.92；出口需求价格弹性绝对值的范围是从英国的 0.44 到美国的 0.99（最高）。表 13.1 中的最后一栏显示除英国外，表中其他国家或国家联盟的进出口需求价格弹性之和都大于 1（故满足马歇尔—勒纳条件）。这里报告的贸易弹性都是短期弹性（即它们度量了价格变化当年进出口数量的变化）。长期弹性一般更高。

表 13.1 进口和出口的需求价格弹性估计

国家或国家联盟	进口价格弹性	出口价格弹性	进口和出口弹性之和
美国	0.92	0.99	1.91
日本	0.93	0.93	1.96
德国	0.60	0.66	1.26
英国	0.47	0.44	0.91
加拿大	1.02	0.83	1.85
其他发达国家	0.49	0.83	1.31
欠发达国家	0.81	0.63	1.44
OPEC	1.14	0.57	1.71

资料来源：J. Marquez, "Bilateral Trade Elasticities," *Review of Economics and Statistics*, February 1990, pp. 75-76.

案例研究 13.2

美元的有效汇率和美国经常项目余额

图 13.3 所示为 1980—2010 年美元的有效汇率指数（定义为每单位美元的外币数量，

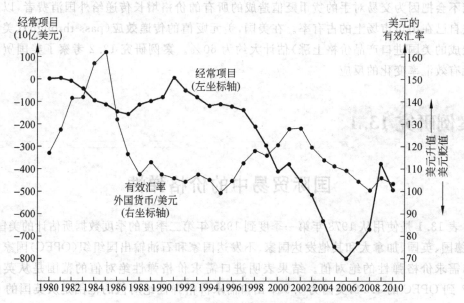

图 13.3 美元有效汇率和美国经常项目余额，1980—2010 年

美国经常项目余额相对于美元汇率变动有一定时间的滞后（当美元贬值时经常项目余额改善，当美元升值时经常项目余额恶化），但也并不总是如此（例如，2002—2005 年，尽管美元贬值，美国经常项目余额还是急剧恶化）。

1995 年为 100，标在右坐标上）和美国经常项目余额（单位为 10 亿美元，标在左坐标）。该图表明，1980—1985 年，贸易加权基础上的美元升值接近 40%，但是美国经常项目余额仅在 1982 年才真正开始恶化。虽然美元从 1985 年就开始严重贬值，但美国贸易余额的恶化一直持续到 1987 年。整个 1980—2010 年间的图形表明，美国经常项目余额相对于美元汇率的变动有一个较长时期的滞后（大约两年），而且，在有些情况下美元贬值经常项目余额改善，有些情况下则是经常项目余额恶化。显然，还有其他更重要的因素（在 13.5 节和 13.6 节讨论）也在影响美国的经常项目余额。

资料来源：International Monetary Fund，*International Financial Statistics*；and U.S. Department of Commerce，*Survey of Current Business*，various issues.

13.4 金本位制下的固定汇率调节

在固定汇率制度（如金本位制）下，贸易赤字的调节是通过国内价格的自动变化实现的。这与浮动汇率制度下的运作不同，该制度下贸易赤字是通过赤字国家的货币贬值从而改变国内外的价格关系实现的。为了了解在固定汇率制度下贸易赤字是如何调节的，我们将考察金本位制下的情况，不过其中大多数分析也可以应用于其他固定汇率体系的分析。

金本位制（gold standard）的盛行时期是自 1880 年至 1914 年第一次世界大战爆发。战后曾有人想重建金本位制，但是在 1931 年大萧条时期彻底失败了。以后即使会重建金本位制，也极不可能是在不远的将来。虽然如此，理解金本位制的运作机理仍然十分重要。这是因为在某种程度上它对产生于第二次世界大战末期、1971 年宣告解体的固定汇率制（布雷顿森林体系）同样适用。

在金本位制下，各国货币的含金量是确定的，各国可以此价格买卖任意数量的黄金。既然每种货币一单位的含金量是固定的，那么汇率也就固定了。例如，在金本位制下，英国 1 英镑金币含纯金为 113.0016 格令，而美国 1 美元含纯金为 23.22 格令。这说明英镑的美元价格，即汇率为 R＝美元/英镑＝113.0016/23.22＝4.87。这一汇率就是**铸币平价**（mint parity）（由于金本位制的中心是伦敦而非法兰克福，所以我们的讨论基于英镑和美元，而不是欧元和美元）。

由于在纽约与伦敦之间运送价值 1 英镑的黄金需花费成本 3 美分，因此，美元和英镑之间汇率的波动范围不会超过铸币平价上下 3 美分（即汇率不会高过 4.90，也不会低于 4.84）。因为没有人愿意花超过 4.90 美元的钱来买 1 英镑，因为他随时可以在美国财政部（纽约联邦储备银行 1913 年才建立）买到价值 4.87 美元的黄金，再花 3 美分把它运到伦敦，然后在英格兰银行（英国的中央银行）把它兑换成 1 英镑。这就是美国的**黄金输出点**（gold export point）。

不过，美元与英镑之间的汇率也不会低于 4.84。这是由于一个最终想获得美元的人，绝不会接受低于 4.84 美元的英镑兑换价格，因为他随时可以在伦敦买到价值 1 英镑的黄金,花 3 美分把它运回纽约,再兑换成 4.87 美元(这样实际收到 4.84 美元)。这就是美国的**黄金输入点**(gold import point)。

美元与英镑之间的汇率由美国对英镑的供求曲线的交点确定,这一交点位于黄金输送点之间,美国对黄金的买卖阻止了汇率超出黄金输送点的范围。也就是说,美元贬值,汇率上升超过 $R=4.90$ 美元/1 英镑的趋势,将被黄金从美国向外的输出所抵消。这些外流的黄金测度了美国国际收支逆差的规模。同时,美元升值,汇率下跌低于 $R=4.84$ 美元/1 英镑的趋势,将被向美国输入的黄金所抵消。这些黄金流入测度了美国国际收支顺差的大小。

由于在金本位制下,国际收支逆差要靠黄金的输出来弥补,而各国黄金储备都有限,因此,逆差不可能永久持续下去而必须及时调节。金本位制下的自动调节机制称为**价格黄金流动机制**(price-specie-flow mechanism)。它调节国际收支失衡的方法如下:因为每个国家的货币供给由黄金本身,或由黄金为依托的纸币构成,货币供给在逆差国下降,在顺差国上升。这引起逆差国的国内价格下跌而顺差国的国内价格上涨。结果就鼓励了逆差国的出口,抑制了它的进口,直至其国际收支逆差被消除。逆差国货币供给的下降也会导致该国利率的上升,这也有利于资本流入为贸易赤字提供基金。贸易盈余的国家运作过程则刚好相反(金本位制的运作更详细的描述参见附录 A13.1)。

非金本位制的固定汇率体制下的调节机制是类似的,除了汇率是设定在各国所认为的均衡水平,逆差国利用国际货币储备而不是黄金来弥补贸易或国际收支赤字。赤字也减少了货币供给,使得逆差国相对顺差国(国际货币储备流入和货币供给增加,价格上升)价格下跌,直到贸易失衡得到矫正。逆差国货币供给的下降也使得其利率相对顺差国上升,吸引资本流入帮助该国弥补赤字。但是,允许一国的货币供给变化以调节国际收支失衡意味着在固定汇率体制下该国不能实施货币政策。

13.5 封闭经济中的收入决定

前面讨论的浮动汇率和金本位模型依靠自动的价格调节以达到一国国际收支平衡的目的。但一国国际收支的变化也影响国内和国外的国民收入,又反过来影响国际收支。例如,一国出口增加会增加国家的产出和收入,从而增加进口会给因为出口增加导致的国际收支改善带来反面影响。我们现在要考察这些自动收入调节如何促成国际收支的调节。这是凯恩斯经济学(属于经济学原理课程的范畴)在开放经济中的扩展。

为考察收入的自动变化是怎样调节国际收支的,我们假设所有价格(汇率、利率、工资和消费价格)保持不变。这些假设在本章最后三节中将进一步放松,以考察所有自动调节机制的综合作用。为研究收入的自动调节机制如何在开放经济(对全球开放贸易和金融的国家)中发挥作用,我们首先回顾在一个没有政府部门(在下一章讨论政策调整时将加入)的封闭经济中国民收入的均衡水平是如何决定的。

在不包括政府部门的封闭经济中,**均衡国民收入水平**(equilibrium level of income)是由产量(Y)等于预期或计划的消费额(C)加上预期或计划的投资支出(I)时决定的。因为收入(Y)一部分投入消费(C),另一部分形成储蓄(S),我们能够将均衡的收入表示成:

第13章 浮动汇率与固定汇率制度下的自动调节机制

$$Y = C + S = C + I$$

所以

$$S = I$$
$$S - I = 0$$

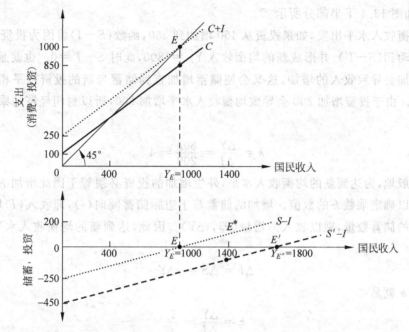

图 13.4 封闭经济中的国民收入均衡

在图的上半部分,E点是国民收入均衡水平,它是$(C+I)$函数与45°线的交点,所以$C+I=Y_E=1000$。在图的下半部分,E点是均衡水平,它是函数$(S-I)$与横轴的交点即满足$S-I=0$。由于在Y增加时从上升的S中减去的是常数I,所以$(S-I)$函数也是递增的。如果投资增加200到$I'=350$,新的均衡国民收入为$Y_{E''}=1800$,位于E'点,此时$S-I'=0$。

图13.4说明了上述关系。图的上半部分以计划的消费支出(C)及计划的投资支出(I)为纵轴,国民收入(Y)为横轴。消费随收入上升而上升,但是收入上升的幅度较小,因为部分收入成了储蓄。$Y=0$时,$C=100$,消费者使用了其部分储蓄(即$S=-100$)。投资是外生的,$I=150$,独立于收入Y的水平。这样,$(C+I)$函数或直线平行C函数,且在每一个Y上都比它高150。因此均衡的收入水平$Y_E=1000$位于E点,即$(C+I)$函数与45°线相交的地方(图中画出45°线是为了更形象地说明哪一点满足$C+I=Y$)。

收入水平低于1000时,$C+I>Y$(即,计划的消费和投资超过收入),这会刺激投资,所以Y会增加。$Y>1000$时,$C+I<Y$,这会导致生产减少,所以Y会下降到均衡水平。因此,$Y_E=1000$是国民收入的均衡水平,即如果经济中没有什么变化,这一水平的收入将能够保持不变。

收入的均衡水平也可以由图13.4下半部分的方法得到,其中$(S-I)$函数与横轴即Y轴相交,即满足$S=I$,$S-I=0$。$Y=0$处$S-I=-250$,因为$S=-100$(因为$Y=0$时$C=100$)和$I=150$,所以$S-I=-100-150=-250$。由于我们在Y增加时从上升的S中减

去了常数 I，所以 $(S-I)$ 函数也是递增的。

由于储蓄代表的是未用于购买商品和服务的收入，所以储蓄是从系统的漏出。相反，投资代表的是对系统的注入，需要增加(机器、设备、房屋等的)生产才能实现。因此，国民收入的均衡水平由漏出的储蓄(S)和注入系统的投资(I)相等(即 $S=I$ 和 $S-I=0$)的位置决定，如图 13.4 下半部分所示。

从均衡收入水平出发，如果投资从 150 增加到 350，函数 $(S-I)$ 将因为投资增加 200 而向下移动到 $(S-I')$，并形成新的均衡收入 $Y_{E'}=1800$，此时 $S-I'=0$。也就是说，投资的自主增加会导致收入的增加，这又会使储蓄增加直到储蓄与新的投资水平相同，所以 $S-I'=0$。由于投资增加 200 会导致均衡收入水平增加 800，所以封闭经济的乘数(k)为 4，即

$$k = \frac{\Delta Y}{\Delta I} = \frac{800}{200} = 4$$

更一般地，为达到新的均衡收入水平，外生增加的投资必须等于因此增加的储蓄，由此我们可以确定乘数 k 的数值。增加的储蓄等于边际储蓄倾向(s)，即收入(I)增加一美元时增加的储蓄数量，乘以收入的增量(即，$s\Delta Y$)。因此，达到新的均衡收入水平要满足条件

$$\Delta I = \Delta S = s\Delta Y$$

所以乘数 k 就是

$$k = \frac{\Delta Y}{\Delta I} = \frac{1}{s}$$

也就是说，乘数等于该国边际储蓄倾向的倒数。边际储蓄倾向则等于储蓄函数的斜率，也等于函数 $(S-I)$ 或 $(S-I')$ 的斜率，因为 I 是独立变化的，并不随 Y 改变。

举例而言，在图 13.4 中，$s=0.25$，这意味着每 1 美元的收入增加，将会有 75 美分用于消费，其余 25 美分将储蓄起来。这样乘数就是 $k=1/0.25=4$。因此，投资单独增加 200 会使该国的均衡收入增加

$$\Delta Y = k\Delta I = 4 \times 200 = 800$$

收入的增加也导致储蓄增加

$$\Delta S = s\Delta Y = 0.25 \times 800 = 200$$

所以当均衡的收入水平 $Y_{E'}=1800$ 时，$\Delta S = \Delta I$。

13.6 开放经济中的收入决定

在开放经济(即开放国际贸易和国际金融的经济)中，收入的增加也会增加该国的进口。例如当美国经济增长时需要进口更多的石油。由单位美元的收入增加引起的进口增加称为进口边际倾向(m)。

与储蓄一样，进口是系统的漏出，因为它们不能刺激国内的产出。相反，出口和投资一样，是对系统的注入，因为它们能刺激生产和增加一国的收入。一个开放经济的均衡收

入水平位于总漏出($S+M$)等于总注入($I+X$)之处,即
$$S + M = I + X$$
当经济体中情况有所变化(如投资或者出口有自主性的增加),那么均衡条件就变为
$$\Delta S + \Delta M = \Delta I + \Delta X$$
在我们的分析中,出口假定与投资一样,也是外生的,并不随该国的收入水平变化而发生变化,而进口和储蓄的变动则与收入有关(即随国民收入的增加而增加)。一国收入变化引起的储蓄和进口数量的变化由下列式子给出
$$\Delta S = s\Delta Y$$
和
$$\Delta M = m\Delta Y$$
现在可以利用上述信息推导出该国(外生的)投资和出口增加的对外贸易乘数。将上述 ΔS 和 ΔM 的数值代入一国经济有所变化时的均衡条件,我们得到
$$s\Delta Y + m\Delta Y = \Delta I + \Delta X$$
或
$$(s+m)\Delta Y = \Delta I + \Delta X$$
暂时假定 $\Delta I > 0$ 而 $\Delta X = 0$,即可得到一国投资独立变化的**对外贸易乘数**(foreign trade multiplier, k')
$$k' = \frac{\Delta Y}{\Delta I} = \frac{1}{(s+m)}$$
当一国的出口而不是投资变化时,对应的对外贸易乘数 k' 也是类似的,因为出口就像投资增加一样,会增加国内的产出。即
$$k' = \frac{\Delta Y}{\Delta X} = \frac{1}{(s+m)}$$
例如,如果 $s=0.25, m=0.25$,则
$$k' = \frac{1}{(s+m)} = \frac{1}{0.25+0.25} = \frac{1}{0.5} = 2$$
这说明一国投资或者出口每增加 1 美元会使收入增加 2 美元。注意,由于额外的进口 M 的漏出,$k' < k$。所以,如果投资 I 增加 200,收入的均衡水平也会增加
$$\Delta Y = k'(\Delta I) = 2 \times 200 = 400$$
均衡收入水平增加 400 会导致该国储蓄和进口的增加
$$\Delta S = s\Delta Y = 0.25 \times 400 = 100$$
$$\Delta M = m\Delta Y = 0.25 \times 400 = 100$$
注意该国的出口并未变化,因为它们是外生的或者说独立于该国的收入水平的。所以,如果开始时该国的国际收支处于平衡,那么投资增加 200 将会导致国际收支出现 100 的赤字。如果该国出口增加 200,结果也是完全一致的,除了最终该国国际收支会出现 100 的盈余(而不是 100 的赤字)。所有这些都可以从图 13.5 中看到。

在图 13.5 中,函数 $(S-I)$ 和 $(X-M)$ 可以通过对最初的均衡条件

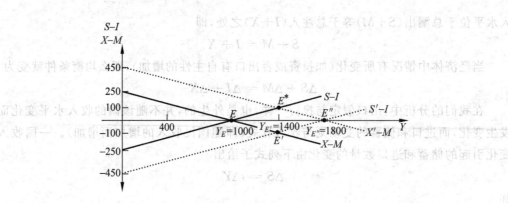

图 13.5 开放经济中的国民收入决定

横轴表示国民收入 Y,纵轴表示 $(S-I)$ 以及 $(X-M)$。函数 $(S-I)$ 和图 13.4 中的一样。函数 $(X-M)$ 随着 Y 的增加是下降的,因为我们从常量 X 中减去了不断增加的 M。均衡收入水平 $Y_E = 1000$ 由 E 点给出,这恰是函数 $(S-I)$ 与 $(X-M)$ 的交点,且 $S-I = X-M = 0$。如果 I 自主增加 200,均衡将处于 E' 点,$Y_{E'} = 1400$,$S-I' = X-M = -100$。如果是 X 而不是 I 自主增加 200,均衡处于 E^* 点,$Y_{E^*} = 1400$,$S-I = X'-M = 100$。如果 I 和 X 同时增加 200,均衡将处于 E'' 点,$Y_{E''} = 1800$,$S-I' = X'-M = 0$。

$$S + M = I + X$$

进行移项后得到

$$S - I = X - M$$

假设出口为常数 $X = 300$,$Y = 0$ 时进口为 $M = 50$,收入每增加 100,进口 M 会增加 25(因为 $m = 0.25$)。这样,$Y = 0$ 时有 $X - M = 250$,且 S 由于是从常数 X 中减去了递增的 M,所以随着 Y 的增加 $X - M$ 不断下降。另外,函数 $(S-I)$ 与图 13.4 的下半部分是一样的。

图 13.5 表明最初的均衡收入水平(在 I 或者 X 增加之前)为 $Y_E = 1000$,即函数 $(X-M)$ 和 $(S-I)$ 的交点 E。在 E 点,$S = I$ 并且 $X = M$(即,该国的国际收支处于平衡)。

假定现在 I 自主地从 150 增加到 350,那么和图 13.4 一样,函数 $(S-I)$ 将向下移动 200 到 $(S-I')$。此时函数 $(X-M)$ 和 $(S-I')$ 相交于 E' 点,$Y_{E'} = 1400$,$S-I' = X-M = -100$(即,该国有 100 的国际收支赤字)。

如果是 X 而不是 I 增加 200,函数 $(X-M)$ 将会向上移动 200 到 $(X'-M)$,并与没有变化的 $(S-I)$ 函数相交于 E^* 点,此时 $Y_{E^*} = 1400$,$S-I = X'-M = 100$(该国有 100 的国际收支盈余,见图 13.5)。注意 X 的增加会提高 Y,进而使 M 也增加,从而会部分抵消由于出口 X 增加造成的国际收支改善。因此,我们说收入的自动调整机制会导致该国国际收支的不完全调整。

如果 I 和 X 同时增加 200,图中虚线表示的函数 $(S-I')$ 和 $(X'-M)$ 相交于 E'' 点,此时 $Y_{E''} = 1800$,$S-I' = X'-M = 0$(最终该国的国际收支仍然平衡)。案例研究 13.3 列出了一些国家的进口收入弹性,而案例研究 13.4 则给出了一些国家的储蓄、投资和经常项目余额。

案例研究 13.3

进口需求的收入弹性

表 13.2 给出了 1973—1985 年美国、英国、德国、加拿大、日本及其他发达国家（即经济合作与发展组织国家）、欠发达国家与石油输出国组织成员国进口的收入弹性。进口需求的收入弹性（η_Y）指收入每增加一个百分点进口增加的百分点。η_Y 越高,表明给定收入的增长幅度,进口增加越多。

从表 13.2 中可见,美国、德国、加拿大三国的进口收入弹性范围为 1.84～1.94。英国是 2.51,日本是 0.35,其他发达国家为 2.03,欠发达国家为 0.40,石油输出国组织成员国为 1.07。日本的进口收入弹性极低,这是因为与其他发达国家相比,日本主要进口原材料,而把绝大部分收入增长都花费在国内产品而非进口品上。

表 13.2 进口值的收入弹性

国家	弹性
美国	1.94
英国	2.51
德国	1.88
加拿大	1.84
日本	0.35
OECD 其他国家	2.03
LDCs	0.40
OPEC	1.07

资料来源：J. Marquez, "Bilateral Trade Elasticities," *Review of Economics and Statistics*, February 1990, pp. 75-76.

案例研究 13.4

主要工业国家的储蓄、投资和经常项目余额

表 13.3 列出了 2010 年主要工业国家（G-7）的总国民储蓄、总固定资产建设（投资）和经常项目余额占国内生产总值（GDP）的百分比。该表显示德国储蓄占 GDP 的比重最大,而英国最小；投资占 GDP 的比重则是加拿大最大,英国最小。德国的经常项目盈余最高,美国的经常项目赤字最大。注意看表中 $S-I$ 的值与 $X-M$ 的值有多接近！因为没有考虑政府部门的行为（下一章中介绍）以及大部分 G-7 国家在 2010 年未达到平衡,所以均衡条件（$S-I=X-M$）并未成立。

表 13.3　2010 年 G-7 国家储蓄、投资和经常项目余额占 GDP 的百分比

国家	储蓄占 GDP 比重/%	投资占 GDP 比重/%	储蓄减投资占 GDP 比重/%	经常项目余额占 GDP 比重/%
美国	12.4	15.9	−3.4	−3.4
日本	23.3	21.0	3.1	3.4
德国	24.9	17.0	7.9	5.1
英国	12.2	14.4	−2.2	−2.2
法国	17.8	19.6	−1.8	−2.2
意大利	16.4	19.3	−2.9	−3.3
加拿大	19.0	21.8	−2.8	−2.7

资料来源：IMF, *World Economic Outlook and International Financial Statistics*（Washington, DC：IMF, 2011）．

13.7　国外的反馈效应

至此，我们知道一国出口增加所导致的该国国民收入的增加数量等于出口的增加乘以对外贸易乘数（k'）。现在我们要把分析扩展到考虑国外的反馈效应。为此，我们简单地考虑一个两国的世界，国家 1 和国家 2。假设国家 1 出口的增长是由于国家 2 偏好的改变（而不是因为国家 2 收入的增加）。如果国家 2 进口的自主增长代替了国内生产，国家 2 的收入将会下降，这会引起国家 2 的进口下降，因而抵消一部分进口最初的自主增长。这意味着国家 1 最初的出口增加中的一部分后来又下降了，所以对外贸易乘数要小一些，国家 1 的收入增长也要小一些。国家 1 这部分出口的下降抵消了一部分出口的最初自主增长，称为外国对国家 1 的反馈效应。当国家规模较大时，外国的反馈效应是非常重要而不能忽视的。

举例而言，假设美国造出了更为先进的个人计算机（PC），而欧盟的消费者在目前的收入水平就想购买。如果欧盟消费者的购买是以不购买欧盟生产的 PC 为代价的，欧盟的收入会下降，这也会导致欧盟对美国的其他进口减少。欧盟对美国的其他进口减少就代表了对美国的国外反馈效应。国外反馈效应降低了对外贸易乘数，也减少了由于美国出口的自主增加而产生的美国国民收入的净增加。而对美国国民收入增加的抑制，也抑制了美国从欧盟进口的增长，所以也是对欧盟的国外反馈效应。就这样，这个反馈过程来回地发生作用，不过作用会渐渐降低直至消失（考虑国外反馈效应的对外贸易乘数的公式可以参见更高级课程的课本，如本章末尾的文献）。正如我们将会看到的一样（案例研究 13.5），经济周期就是这样通过国外的反馈效应在国际间传递的。

13.8　吸收法

现在我们把自动价格调节机制和收入调节机制综合起来，研究所谓的吸收法。具体来说，我们将专门考察被动的（自动的）收入变动在通过一国货币贬值调节该国国际收支

逆差过程中的作用。

在13.2节和13.3节中我们看到,一国可以通过货币贬值来调节其国际收支逆差(如果外汇市场是稳定的)。因为该国贸易差额的改善依靠其进出口需求的价格弹性,所以这一调节逆差的方法被称为弹性法。逆差国贸易差额之所以能改善,是因为贬值刺激了该国出口而抑制了进口(因而鼓励了国内进口替代品的生产)。

然而,如果逆差国已经处于充分就业水平,产出就不可能增加。那么,只有缩减实际国内吸收(即支出),贬值才可能消除或减少该国国际收支逆差。如果不缩减实际国内吸收,贬值将导致国内价格的增长,这将完全抵消由贬值带来的竞争优势,却并不减少逆差。

上述分析最早由亚历山大(Alexander)引入,他将其命名为**吸收法**(absorption approach)。亚历山大的分析从下面的恒等式开始:产出或收入(Y)等于消费(C)加国内投资(I)加贸易差额或净出口($X-M$),其中各项都是实际值。即

$$Y = C + I + (X - M)$$

然后,令 A 等于国内吸收($C+I$),B 等于贸易差额($X-M$),我们有

$$Y = A + B$$

两边减去 A,得

$$Y - A = B$$

也就是说,国内产出或收入减去国内吸收,等于贸易差额。要通过贬值改善贸易差额(B),必须使 Y 上升和/或 A 下降。如果该国开始于充分就业水平,产出或实际收入(Y)不能上升,那么只有使国内吸收(A)下降,贬值才可能有效。

逆差国货币贬值将自动减少国内吸收,如果:(1)重新分配收入,减少工资而增加利润(因为资本家阶层通常比工薪阶层有更高的边际储蓄倾向);(2)贬值引起的国内物价上涨,降低了该国国民的财富从而减少消费支出;(3)通货膨胀会把人们推向更高的税收等级,也减少了消费。因为我们不能决定这些自动效果的速度和规模,可能不得不使用紧缩性财政及货币政策来充分削减国内吸收。我们将在下一章讨论这些问题。

因此,虽然弹性法强调需求一面,并假设经济中存在的闲置要素(从而使出口及进口替代品的额外需求能够得到满足),但吸收法却强调供给一面(即,该国事实上能够生产出足够的出口及进口替代品)。然而,弹性法与吸收法显然都很重要,必须同时考虑。

 ## 13.9 浮动汇率与固定汇率下自动调节的总结

现在我们回顾或者说总结一下各种自动调节机制。也就是说,在浮动汇率或固定汇率制度下,我们把一个在收入均衡水平下存在失业与国际收支逆差的国家的自动价格和收入调节综合起来。

在浮动汇率制度及稳定的外汇市场条件下,该国货币将贬值到逆差被完全消除为止。但是,逆差国的贬值会刺激生产和收入,并引起进口上升,因而减少部分由贬值带来的贸易差额的最初改善。这意味着如果不存在收入自动变化,消除国际收支逆差所需的贬值幅度要更小。如果逆差国最初是充分就业的,国内吸收必须降低才可以使该国生产出更多的出口和进口替代品。否则,该国的通货膨胀会恰好与汇率贬值相匹配而使得该国的

国际收支赤字无法得到改善。

在固定汇率制度下,国际收支赤字倾向于减少该国的货币供给,从而导致价格下跌,这样就能刺激出口而抑制进口,直到该国的国际收支失衡得到矫正。注意逆差国的商品价格无须真正下跌,只需要比顺差国的价格上升得少一些就可以。逆差国的货币供给的下降也会提高利率,抑制国内投资和国民收入(进而抑制其进口)的增加,同时也会吸引外国投资(这有助于融资以弥补该国的国际收支赤字)。

当所有自动调节机制都可以进行时,国际收支失衡的调节,在浮动汇率或固定汇率制度下可能是完全的(即,赤字或盈余都可能会完全和自动地消除)。问题是自动调节经常存在严重的缺陷或负面影响。

自由浮动汇率可能使汇率反复无常地波动。它们会干扰国际贸易的流动(尽管外汇风险经常可以有成本地进行对冲),并可能使国际专业化模式出现混乱。某些国家也可能为了刺激国内经济而将本国货币保持低估状态,这会对其他国家造成损害(因而招致报复)。

然而,为了维持固定汇率制度的运作,一国必须被动地允许其货币供给发生变化,从而放弃运用货币政策,以实现无通货膨胀下充分就业这一更重要的目标。此外,一国货币贬值的可能性会导致不稳定的国际资本流动,这被证明也是很有破坏性的(固定汇率和浮动汇率制度的评价与比较将在第15章讨论)。出于这些原因,各国往往宁愿使用调节政策来调节国际收支失衡,而不愿依靠自动机制。这些内容将在下一章讨论。

在现实世界中,一国自主的扰动(如支出的增加)导致收入、物价、利率、汇率、经常项目及其他变量改变,而且一国的扰动还影响其他国家,随后又反作用于该国。在现实世界中很难追溯所有这些效应,因为在不同变量之间存在极为复杂的关系,而且随着时间推移,其他变化和扰动又会发生,再加上各个国家还采取不同的政策以达到各自的国内与国际目标。大型计算机的出现使得大型经济模型的计算分析成为可能,这使得我们能够考察各国经济之间的相互影响(参见案例研究13.5)。

案例研究 13.5

相互依赖的世界经济

表13.4显示了美国政府支出自主增加GNP的1%,对美国和OECD国家的国民生产总值(GNP)、消费价格指数(CPI)、利率、币值及经常项目的影响。OECD是指经济合作和发展组织,包括世界上所有的工业国家。这些模拟结果是利用美国联邦储备局的多国模型计算得到的。尽管政府支出增长的影响一直要持续好几年,但是表13.4中只显示了政府增加支出后第二年的效应。

表13.4的左半部分显示,美国政府支出增长其GNP的1%(通过乘数效应)会导致美国第二年的GNP增长1.8%。如果时期更长则总效应更大。它同时也导致美国物价

上涨0.4%，短期利率上升1.7个百分点（如从4%到5.7%），美元的国际价值增长2.8%（升值），美国经常项目余额恶化（一）165亿美元。美元之所以升值，是因为美国利率上升所导致的资本流入超过了由GNP增加所导致的进口增加。

表中右半部分显示，因支出与收入增加引起的美国进口增加刺激了OECD其他成员国的GNP增长0.7%。随后导致这些国家物价上涨0.4%，短期利率上升0.4个百分点。美元的升值意味着OECD其他成员国货币的贬值，并使其经常项目余额增加了89亿美元。OECD其他成员国货币的平均贬值水平未被估计。其经常项目余额的增加额小于美国经常项目逆差的增加，是因为美国有大量进口来自石油输出国组织（OPEC）及欠发达国家（LDCs）。

表 13.4　美国政府支出增长 GNP 的 1%对第二年经济的预计影响

	对美国的效应	对 OECD 其他国家的效应
GNP	1.8%	0.7%
CPI	0.4%	0.4%
利率	1.7%*	0.4%*
币值	2.8%	—
经常项目	－165亿美元	89亿美元

＊＝百分比。

资料来源：R. Bryant, D. Henderson, G. Holtham, P. Hooper, S. Symansky, eds., *Empirical Macroeconomics for Interdependent Economics* (Washington, DC: Brookings Institution, 1988), p. 21.

本章小结

1. 本章考察了国内外的价格收入变化如何能自动调节一国的国际收支逆差或顺差。为简单起见，我们假设国际间个人资本流动是为了弥补（即支付或融资）临时贸易不平衡才被动发生的，所以此时国际收支的逆差就是贸易逆差。

2. 以欧元计价的美国对进口的需求（D_M）弹性和国外对美国出口的需求（D_X）弹性越大，美国对欧元的需求和供给（即 D_ϵ 和 S_ϵ）弹性也越大，为了调节美国贸易赤字贬值引发的通货膨胀也就越低。一种商品的需求价格弹性（η）等于商品需求量的百分比变化除以其价格的百分比变化。

3. 如果外汇的供给曲线具有正的斜率，或者供给曲线虽然斜率为负，但比外汇需求曲线更为陡峭（即更缺乏弹性），那么外汇市场是稳定的。根据马歇尔—勒纳条件，如果进出口需求弹性的绝对值之和大于1，外汇市场就是稳定的。在现实世界里，外汇市场通常是稳定的，外汇的需求曲线和供给曲线都有相当的弹性，特别是从长期来看。当前的国际收支失衡看上去需要较长的时间才能对汇率的变化做出反应。货币贬值在改善之前会导致一国贸易余额的恶化（J曲线效应）。通常一国货币的贬值只有一部分能够形成传递效应，造成进口价格的上涨。

4. 在金本位制下,每个国家货币的含金量是确定的,各国可以此价格买卖任意数量的黄金。这样形成的固定汇率就称为铸币平价。汇率由一国对外汇的供求曲线的交点确定,这一交点位于黄金输送点之间,该国对黄金的买卖会阻止汇率超出黄金输送点的范围。根据价格黄金流动机制,逆差国黄金的减少降低了该国的货币供给,引起逆差国的国内价格下跌,从而鼓励逆差国的出口,抑制它的进口,直至其国际收支逆差被消除。贸易盈余的国家运作过程则刚好相反,以最终消除贸易盈余。其他固定汇率体制下调节机制的运作是类似的。

5. 在无政府部门的封闭经济中,国民收入均衡水平(Y)等于计划的消费支出(C)加上计划的投资支出(I)。因为收入(Y)一部分投入消费(C),另一部分形成储蓄(S),我们有 $Y_E = C + S = C + I$,所以 $S = I, S - I = 0$。I 的增加导致 Y_E 上升,大小为 I 增加量的一个乘数(k)。该乘数(k)是边际储蓄倾向(s)的倒数。Y_E 增加引起 S 增加,数量等于 I 的自主增加量。

6. 在开放经济中,出口(X)像 I 一样,是外生的,即独立于该国收入。相反,进口(M)像 S 一样,依赖于收入。M 的每个美元的变动造成的 Y 的变动为边际进口倾向(m)。Y_E 是由总漏出($S+M$)等于总注入($I+X$)的点决定的。决定 Y_E 的条件还可改写为 $S - I = X - M$。对外贸易乘数 $k' = 1/(s+m)$,小于相应的封闭经济乘数(k)。I 和/或 X 的自主变动导致 Y_E 变动 k' 倍的 ΔI 和/或 ΔX。Y_E 的变化引起 S 变动(s)(ΔY),M 变动(m)(ΔY),但是这对国际收支的调节是不完全的。

7. 如果国家不是小型的,国外的反馈效应就不能忽略。外国反馈效应是指一国最初的变化导致的其他国家对该国的反馈。有国外反馈时对外贸易乘数和一国国民收入水平的净变化要小于没有国外反馈时的对应数字。国外的反馈效应解释了经济周期是如何在国际间传递的。

8. 吸收法综合了自动价格和收入调节机制。例如,贬值也会刺激出口品及进口替代品的国内生产。如果该国开始于充分就业水平,产出不能增加,那么除非减少实际国内吸收,贬值只会使国内物价上涨,而根本改变不了贸易赤字。

9. 在浮动汇率制度下,该国货币将贬值到逆差被完全消除为止,除非国家最初处于完全就业水平。但是浮动汇率可能使汇率反复无常地波动,干扰国际贸易的流动,并可能使国际专业化模式出现混乱。在固定汇率制度下,国际收支赤字倾向于减少该国的货币供给,从而导致价格下跌,这样就能刺激出口而抑制进口,直到该国的国际收支失衡得到校正。逆差国的利率也会趋于上涨,抑制国内投资和国民收入以及进口的增加,同时会吸引外国投资(这有助于融资以弥补该国的国际收支赤字)。但这是以国家放弃货币供给的控制和不实行货币政策为代价的。

复习题与练习题

1. (1) 为什么贬值会导致通货膨胀?
(2) 为什么一国外汇的供求曲线缺乏弹性时该国货币的贬值无法消除赤字?

2. 过去 10~15 年里,美元对日元的大幅贬值并未减少美国对日本的贸易赤字,我们

第 13 章 浮动汇率与固定汇率制度下的自动调节机制

是否可以认为国际收支调整的贸易或弹性方法并不成立？请做出解释。

3．（1）如果一个贸易赤字国家最初处于完全就业状况，货币贬值对该国的贸易差额有何影响？

（2）国内吸收如何才能减少？

4．给定 $C=100+0.8Y$，自主投资 $I=100$，画图表示国民收入均衡水平。

5．条件同第 4 题：

（1）写出储蓄函数方程；

（2）画图用符合意愿的储蓄和投资形式表示国民收入均衡水平。

6．根据第 5 题给定条件和所画的图，并假设自主投资支出从 $I=100$ 增加到 $I'=200$：

（1）画图用符合意愿的储蓄和投资形式表示国民收入新的均衡水平；

（2）确定乘数值。

7．给定 $C=100+0.8Y,M=150+0.20Y,I=100,X=350$，用代数方式决定 Y_E。

8．条件与第 7 题相同，用图 13.4 上半部分图示说明 Y_E 的确定。

9．根据第 7 题和第 8 题的代数和图形结果，分别用代数、图形的方式确定有如下自主变化时的 Y_E 值：

（1）X 增加 200；

（2）I 增加 200；

（3）X 和 I 同时增加 200。

10．各种自动调节机制的缺点是什么？

附录　金本位制下的调节：价格黄金流动机制

金本位制下的自动调节机制称为价格黄金流动机制。它调节国际收支失衡的方法如下：因为每个国家的货币供给由黄金本身，或由黄金为依托的纸币构成，货币供给在逆差国下降，在顺差国上升。这会引起逆差国的国内价格下跌，顺差国的国内价格上涨。价格的变化会鼓励逆差国的出口，抑制它的进口，直至其国际收支逆差被消除。

逆差国黄金的流失及货币供给的减少，导致其国内物价的下跌，这是由**货币数量论**（quantity theory of money）决定的。货币数量论的公式如下：

$$MV = PQ$$

其中，M 是该国的货币供给，V 是货币周转速度（一年中单位本币平均周转次数），P 是总的价格指数，Q 是实际产出。

古典经济学家认为，V 由制度因素决定，是恒定的。他们还相信，除了短暂的扰动，在经济中存在自动趋于无通货膨胀充分就业的趋势（基于它们所有价格、工资及利息瞬时弹性的完美化的假设）。例如，经济中任何失业的趋势，都将自动地被工资充分下跌所调节。因此，假定 Q 在充分就业水平下是固定的。由于 V 与 Q 不变，M 的变化直接导致 P 成比例的变化（参见上面的公式）。因此，当逆差国黄金流失时，其货币供给下降并会引起国内物价成比例地下降。

例如，一国国际收支逆差及黄金流失使其货币量下降了 10%，同样使价格总水平下降 10%。这种结果鼓励了逆差国的出口，同时抑制其进口。在顺差国则发生相反的变化。也就是说，顺差国的货币供给增加（归因于黄金流入），将引起国内物价上涨。这会抑制该国出口而鼓励进口。这样的过程一直持续到逆差和顺差被消除。

这一调节过程是自动的；只要国际收支出现失衡，这一调节过程就被引发，并一直持续运作到失衡被完全消除为止。调节所依赖的是逆差国和顺差国国内物价的变动。由此可见，浮动汇率制度下的调节取决于该国货币对外价值的变化；而金本位制下的调节则取决于每个国家国内物价的变动。金本位制下的调节同时取决于逆差国及顺差国进出口的高的价格弹性，还因进出口数量对价格变动的反应灵敏而显著。

价格黄金流动机制是戴维·休谟（David Hume）于1752年提出的。休谟以此来证明重商主义者那种认为一个国家可以通过多出口少进口来不断积累黄金的想法是错误的（参见 2.2 节）。休谟指出，当一国积累黄金时，国内价格将上升直至该国出口顺差（导致最初黄金积累）被消除。他使用了一个极好的例子来说明这一点：只要容器是互相连通的（即只要国家之间靠国际贸易相联系），企图抬升容器中的水平面（黄金数量），使其超出自然平面的做法就是徒劳的。

为国际收支均衡考虑而被动地允许国家货币供给的改变，意味着该国不可能利用货币政策来达到没有通货膨胀的充分就业的目的。然而，对于古典经济学家来说，这丝毫不成问题，因为（如前所述）他们相信在经济系统中，存在一个不引起通货膨胀而自动趋向充分就业的趋势。

为使调节过程行之有效，各国不能"冻结"（即抵消）其国际收支中逆差或顺差的货币供给的效应。相反，**金本位制的博弈规则**（rules of the game of the gold standard）要求，逆差国必须进一步通过限制信贷，正如顺差国必须进一步扩张信贷一样，来加强调节过程（金本位制下的实际运作将在 16.2 节讨论）。

参考书目

本章所涉及问题的解决方案，参见：
- D. Salvatore, *Theory and Problems of International Economics*, 4th ed. (New York: McGraw-Hill, 1996), Chapter 9.

本章所讨论主题的更深入的阐述，可见：
- D. Salvatore, *International Economics*, 10th ed. (Hoboken, N.J.: John Wiley & Sons, 2010), Chapters 16-17.

对于 J 曲线和汇率变动传递效应的讨论，见：
- J. Campa and L. S. Goldberg, "Exchange Rate Pass-Through into Import Prices," *Review of Economics and Statistics* (November 2005), pp. 679-690.
- F. S. Mishkin, "Exchange Rate Pass-Through and Monetary Policy," *Board of Governors of the Federal Reserve System* (March 2008).

对金本位制运行机制的讨论，可见：
- T. Bayoumi, B. Eichengreen, and M. Taylor, *Modern Perspectives on the Gold Standard* (Cambridge, Cambridge University Press, 1996).

对经常项目账户与国民收入之间相互依存关系的考察,请见:
- OECD, *OECD Economic Outlook* (Paris: OECD, December 2010).

对美国日益恶化的经常项目赤字可能引起的问题的讨论,可见:
- C. L. Mann, "Perspectives on the U. S. Current Account Deficit and Sustainability," *Journal of Economic Perspectives*, Summer 2002, pp. 131-152.
- D. Salvatore, ed., Special Issue of the *Journal of Policy Modeling* on "U. S. Trade Deficits, the Dollar, and International Monetary Stability," (September/October 2007).

网址

有关美元与世界其他最重要货币之间汇率的数据(每日、每月及 1971—1973 年经贸易额加权平均后的数据),以及有关经常项目余额的数据(从中可以看出汇率变化对美国与其他国家贸易和经常项目余额的影响),可以从圣路易斯联邦储备银行的网站上找到,网址为:

http://research.stlouisfed.org/fred2

有关国际贸易和金融对美国经济影响的一些最新研究是从对外关系委员会和彼得森国际经济协会的网站上得到的,网址是:

http://www.iie.com
http://www.cfr.org

研究贸易和经常项目余额变化对美国经济影响的相关数据是从经济分析署和圣路易斯联邦储备银行网站上得到的,网址分别是:

http://www.bea.gov
http://www.stls.frb.org

考察贸易和经常项目余额变化对欧洲货币联盟和日本经济影响的相关贸易数据来自其中央银行网站,网址分别为:

http://www.ecb.int/home/html/index.en.html
http://www.boj.or.jp/en/index.htm

衡量汇率变化对拉丁美洲和亚洲国家贸易、经常项目余额和通货膨胀的影响所需的数据可以在泛美开发银行和亚洲开发银行的网站找到,网址分别为:

http://www.iadb.org
http://www.adb.org

第 14 章

调整政策

学习目的

学完本章,你应当能够:
- 了解一国的国家(经济)目标是什么
- 了解在固定汇率下可以实现内外部均衡的适当政策组合
- 了解在浮动汇率下货币政策和财政政策的影响
- 理解一国可以如何调整通货膨胀下的失业
- 描述美国实际采用的政策组合
- 理解直接控制是如何运作的

重要术语

内部均衡	internal balance
外部均衡	external balance
支出—改变政策	expenditure-changing policies
支出—转换政策	expenditure-switching policies
直接控制	direct controls
贸易控制	trade controls
汇率控制	exchange controls
多重汇率	multiple exchange rates

14.1 引言

本章将考察旨在实现保持物价稳定和国际收支均衡的同时使社会达到充分就业的调整政策。调整政策的出现是由于自动调整机制存在意想不到的严重负面影响(像 13.9 节所讨论的那样)。促使第二次世界大战以后研究重点从自动调整机制转移到政策调整的最主要的经济学家是詹姆斯·米德,一位获得 1977 年诺贝尔经济学奖的英国经济学家。

在本章中,14.2节讨论一国的经济目标以及为达到这些目标可以采取的政策;14.3节考察在固定但可变的汇率体系中达到内部和外部平衡所需的政策;14.4节分析在固定汇率制度下货币政策对国民收入和该国国际收支的影响;14.5节对财政政策进行了类似分析;14.6节讨论在固定汇率制度下,如何正确地组合财政和货币政策,在保持物价稳定和国际收支均衡的同时使社会达到充分就业;14.7节考察了浮动汇率制度下,如何组合财政和货币政策,在保持物价稳定和国际收支均衡的同时使社会达到充分就业;14.8节讨论如何处理失业、通货膨胀和国际收支失衡的情况;14.9节介绍战后美国和主要工业化国家实行的实际政策;14.10节分析直接(贸易和汇率)控制。

14.2 国家目标和政策

一个国家最重要的经济目标是:(1)内部均衡;(2)外部均衡;(3)合理的经济增长;(4)收入的公平分配;(5)充分的环境保护。**内部均衡**(internal balance)指的是充分就业或每年失业率不高于4%或5%(即在改变工作的过程中出现的摩擦性失业),并且每年的通货膨胀率不高于2%或3%。**外部均衡**(external balance)指的是国际收支均衡(或者是一种有意的短期不均衡。例如,一国政府为了充实其消耗殆尽的外汇储备而需要一些国际收支盈余)。一般而言,政府优先考虑内部均衡,其次才是外部均衡,但是有时当政府面临持续的、严重的对外不均衡时,将不得不优先考虑外部均衡。本章主要讨论内部均衡和外部均衡的目标。

为了实现内部和外部均衡,一国政府有以下政策工具可供支配:(1)支出—改变政策或需求改变政策;(2)支出—转换政策;(3)直接控制。**支出—改变政策**(expenditure-changing policies)包括财政政策和货币政策。财政政策指的是调整政府支出或税收,或者两者同时改变。如果政府增加支出和/或减少税收,财政政策就是扩张性的。这些行为通过乘数效应(与增加国内投资或出口的情形一样)导致国内产出和收入的增加并导致进口增加(取决于该国的边际进口倾向)。紧缩的财政政策是指减少政府支出或增加税收,这两者都减少国内产值和收入并导致进口减少。

货币政策涉及国家货币供给的变化,这将影响国内的利率。如果国家的货币供给增加,利率下降,则货币政策是宽松的。宽松的货币政策会提高国家的投资和收入水平,并且使进口增加。同时,利率的降低导致短期资本外流或短期资本流入减少。反之,紧缩的货币政策指的是国家货币供给减少,利率上升。这将阻碍投资收入和进口的增长并将引起短期资本流入,或流出减少。

支出—转换政策(expenditure-switching policies)指的是汇率调整(如货币贬值或增值)。货币贬值把消费从国外转向国内并可用于调节国际收支中的赤字。但它也使得国内产值增长并由此引起进口增加,这将抵消一部分贸易均衡中原本的改善。增值把消费从国内转向国外产品,可用于调节国际收支的盈余。这也将减少国内产值,相应地减少进口,从而抵消一部分增值的影响。

直接控制(direct controls)包括关税、份额及对于国际贸易和金融性资本流动的其他限制,这些也属于支出—转换政策,但它们可用于特别的国际收支项目(与贬值和增值不同,它们是综合政策,可同时应用于所有项目)。直接控制的一个例子是为了避免美国汽车产业的崩溃而于1981年实施的日本对美国出口汽车的自动出口限制(在案例研究6.1中有过讨论)。当其他政策失效时,直接控制中的价格和工资控制也可用于缓解国内通货膨胀。

14.3 固定可变汇率条件下实现内外部均衡的财政和货币政策

面对多重目标和可供选择的多种政策工具,政府必须选择合适的政策来完成每一个目标。根据丁伯根(Tinbergen,1969年诺贝尔奖获得者)的理论,政府需要的有效政策工具的数目通常与其独立目标的数目大体相同。即如果政府有两个目标,它就需要两个政策工具;如果它有三个目标,就需要三个政策工具,依此类推。如前所述,本章主要讨论内外不均衡的各种目标以及实现目标的各种政策工具。

在固定汇率制度下,一国可以利用支出—改变政策(货币政策和财政政策)实现内部均衡,利用支出—转换政策(货币贬值或升值)实现外部均衡。如前所述,内部均衡指充分就业和物价稳定。因而有两种类型的内部失衡:经济衰退和通货膨胀。我们首先假设通货膨胀是属于过度需求类型的,并且物价仅在达到充分就业后才开始增加。在这种情形下,通货膨胀是经济衰退或者失业(来源于需求不足)的对立面。而外部均衡指一国国际收支中的赤字或盈余。这样,我们就有四种不同类型的内外部失衡的组合:

1. 通货膨胀和国际收支盈余(顺差)
2. 经济衰退和国际收支盈余(顺差)
3. 经济衰退和国际收支赤字
4. 通货膨胀和国际收支赤字

有时应用于某个特别目标的政策工具可能会帮助政府接近另一个目标。其他时候它也可能更大地偏离第二个目标。例如,为消除经济衰退而采取的扩张性的货币和财政政策也可以减少国际收支的盈余(类型2),但它将增加赤字(类型3)。同样,为消除国际收支赤字采取的货币贬值会降低经济衰退的影响(类型3),但也可能使通货膨胀恶化(类型4)。

只有在极少数非常偶然的情况下,单一的政策可以精确地同时实现内部和外部均衡。例如,为改变经济衰退实施的扩张性财政和货币政策可能会降低该国的国际收支盈余,但仍保持顺差。那么,该国就需要重新对其货币进行升值以消除剩余的顺差。但升值也会使出口下降和进口增加,部分抵消了扩张性财政和货币政策造成的收入增加效应。这样,该国就需要实行更强的扩张性财政和货币政策以消除经济衰退。

对于严重的经济衰退的调整可能伴随国民收入(和进口)的巨大提升以至于使该国原来的国际收支盈余变成赤字。该国在采取扩张性财政和货币政策的同时要对其货币进行贬值以消除赤字,但是这会进一步刺激国民收入增长。因此,扩张性财政和货币政策的强度在协同货币贬值一起调整经济衰退时不用很大。关键是,为了精确地实现内外部均衡,支出—改变和支出—转换政策通常都是需要的。由于每项政策都会影响所有的目标,目标和政策不能分开考虑,而必须同时考察。

不过各国通常不愿意改变汇率,即使面对严重的国际收支失衡时也是如此。因此不得不依赖货币和财政政策来实现内外部均衡。各国也常常想避免货币贬值,即使国际收支出现了巨大而持续(基本面)的赤字也是如此,因为贬值意味着状况不佳和承认政府的失误。同样,顺差国也常常避免升值,即使有这样的需要时也不升值,因为日益增加的国际储备似乎可以赋予该国威望和力量。因此,各国经常会面对这样的选择,不得不只使用货币和财政政策实现内外部均衡,或者采取浮动汇率制度。

下面将考察货币和财政政策对一国内部和外部均衡的影响,首先在固定汇率下讨论,接下来是浮动汇率,然后揭示在一国不愿意改变汇率时,如何正确采取货币和财政政策的组合以同时实现所有目标。我们首先将集中讨论经济衰退和对外赤字的情况(上述类型3),因为它是最普遍也是最难调整的。

14.4 固定汇率条件下货币政策对内外部均衡的影响

我们首先考察扩张性货币政策对固定汇率制度下国家的内外部均衡的影响。这些影响总结在图 14.1 中(紧缩货币政策的结果与此相反)。

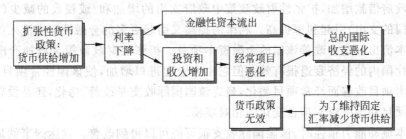

图 14.1 在固定汇率条件下货币政策是无效的
扩张性货币政策(该国货币供给增加)增加了该国的国民收入但使其国际收支状况恶化。这导致了该国货币供给减少以保持(保卫)固定汇率,这会使货币政策失效。

正如此前所看到的,扩张性的货币政策是指提高一国的货币供给将导致该国的利率下跌。利率下跌又会引起金融性资本外流或者使资本流入减少,这会恶化该国的金融资本项目。同时,利率的下降也会刺激国内投资和国民收入增长(通过乘数效应),这又会导致进口增加(取决于该国的边际进口倾向),从而恶化该国的经常项目状况。由于该国的资本项目和经常项目状况都恶化了,该国的整体国际收支状况也变得更差。因此,扩张性货币政策带来国内投资和收入的增长却使其外部均衡遭到破坏。

如果该国从一开始就处于经济衰退和国际收支赤字的状态,用来治疗经济衰退而实行的扩张性货币政策会导致更为严重的赤字,因此国际收支的赤字需要官方的干预,该国央行要出售外汇(国际储备),购回本国货币来弥补赤字。否则,货币就会贬值,该国也将不得不放弃固定汇率制度。但是卖出外汇又降低了该国的货币供给,这可能大部分或者完全消除最初扩张性货币政策所带来的货币供给增加。也就是说，坚守固定汇率的需要大大限制了一国利用独立货币政策治疗经济衰退来实现内部均衡的能力。正如13.4节所指出的，一国本质上必须放弃对其货币供给的控制（继而利用货币政策）来实现内部均衡。

该国的货币当局可能会试图通过在公开市场购买政府债券（这可以使公众手中持有更多的货币）来抵消由于国际收支赤字引起的该国货币供给的下降。但是这个政策能实行多久，能购买多少，都是有局限的。该国显然不能持续地处于国际收支赤字的状况，因为它会耗尽所有的国际储备。最终，该国会面临货币供给下降的局面，这会完全或大部分消除其扩张性货币政策最初所带来的货币供给增加。事实上，在资本可以完全自由流动的情况下，扩张性货币政策将是完全无效的，因为任何在货币供给方面的增加都会全部流出（到国外）去。在固定汇率制度下货币政策并不是实现内部均衡的有效政策工具。

14.5 固定汇率条件下财政政策对内外部均衡的影响

假定在固定汇率条件下用来治疗经济衰退而实行的不是扩张性货币政策而是扩张性财政政策。这对该国的内外部均衡的影响总结在图14.2中。

由于政府借款增加，扩张性财政政策中政府支出的增加和/或税收的减少（这可以增加私人部门的支出）引起利率提高。利率的提高又引起更多的金融性资本流入（或更少的金融性资本流出），这会改善该国的金融资本项目。扩张性财政政策会增加产出和收入，因此对治疗国内的经济衰退很有效。但它也会引起进口增加，使该国经常项目恶化。由于金融资本项目改善而经常项目恶化，最终该国国际收支是改善、恶化，还是没有变化，取决于经常项目和金融资本项目变化的相对规模。

当资本流动能力很强时，该国国际收支很可能可以得到改善。发达国家就是这样的。随着许多发展中国家金融市场的开放和自由化，它们也越来越接近这种状况（当资本能完全自由流动时，该国国际收支一定可以得到改善）。接下来，该国整体国际收支状况的改善会使货币当局以官方的名义购买外汇以避免货币升值（从而保持汇率固定）。官方的干预使该国货币供给增加，利率降低，刺激了国内的产出和收入，这进一步加强了扩张性财政政策的有效性。因此，在固定汇率制度下扩张性的财政政策是非常有效的。

但是如果国际金融资本流动对该国利率增加的反应很不敏感，该国整体的国际收支状况可能恶化。这将要求官方用本国货币购买外汇以保持固定汇率。这导致的该国货币供给下降会使利率上升，最终使得扩张性财政政策引起的国民收入的初始增加出现相反的变化。

因此时机的选择是很重要的。金融性资本流入通常对一国利率增加的反应很快，而一国收入增加所带来的进口增加需要很长时间才能发生。因此，该国整体的国际收支状况首先会得到改善，然后再恶化，这样在短期内加强了扩张性财政政策的有效性，而长期内却削弱了其效果。不过总的结论还是：在实现内部均衡方面财政政策是有效的，而在固定汇率制度下货币政策短期内是无效的。而且，在短期内，扩张性的财政政策可能使该

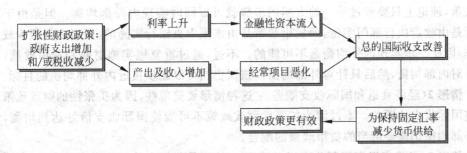

图 14.2　在固定汇率条件下财政政策是非常有效的

扩张性财政政策(该国政府支出增加和/或税收减少)提高了利率水平,引起金融性资本流入。通过增加产出和国民收入,扩张性财政政策使其国际收支经常项目状况恶化。如果该国整体国际收支状况改善,为保持固定汇率引起的货币供给增加会使得财政政策更为有效。

国的国际收支状况改善,而扩张性的货币政策却会使其恶化。

14.6　固定汇率条件下实现内外部均衡的政策组合

在 14.4 节和 14.5 节,我们的结论是在固定汇率制度下,财政政策对于调整经济衰退乃至更广泛地实现内部均衡是非常有效的,货币政策却没什么效果。然而,货币政策在实现外部均衡方面是十分有效的。

例如,一国可以利用紧缩的货币政策来纠正国际收支赤字。这包括使该国货币供给降低和利率上升,从而导致金融性资本流入(或流出减少)进而改善资本项目状况。利率的升高也使得国内投资和收入下降,进口减少,所以该国的经常项目也会得到改善。由于经常项目和资本项目都有所改善,该国整体的国际收支状况也会改善,但此时该国可能会面临经济衰退——而与国际收支赤字相比,经济衰退通常被视为更严重的问题。

根据其相对有效性,我们认为一国应当用财政政策来实现内部均衡,用货币政策来实现对外均衡。如果反向操作,国家将会离内外部均衡越来越远。特别是,因为各种政策都会同时影响内部和外部均衡,每项政策必须有针对性地用在它最有效的方面。这和罗伯特·蒙代尔(1999 年诺贝尔经济学奖获得者)提出的分配规则是一致的。如果该国不遵循这个原则,它将会离内外部均衡越来越远。

我们现在可以回过头来考察在 14.3 节中区别的 4 种不同类型的内外部不均衡,并揭示如何进行政策组合来实现内部和外部均衡。我们首先用财政政策调整内部失衡,然后利用货币政策实现调整余下的外部失衡的目的。在这样做的过程中,我们必须时刻牢记,虽然每项政策在调整各自专长的某种失衡方面可能更为有效,但它也会影响其他的不均衡,所以(正如我们在下面要看到的)政策和目标应当综合起来考虑。

情形 1(通货膨胀和国际收支顺差):在这种情形下,该国应当利用紧缩的财政政策来纠正通货膨胀。由于这将导致顺差加大,还得采用扩张性的货币政策。因为财政政策在调整内部失衡方面更有效,前述两种相互对立的政策并不会互相抵消,而是会余下财政政策对内部均衡的净影响,以及货币政策对外部均衡的净影响。通过正确地使用财政和货币政策,理论上只要经过单一的大胆的步骤就可以同时实现内外部均衡。但是由于财政政策是由政府执行部门实施,而货币政策是由该国中央银行实施的,两者之间很少或没有合作,因此一步实现内外均衡是不可能的。不过,通过重复地实施财政和货币政策(首先只针对内部均衡,然后只针对外部均衡),该国仍然可以逐步接近内外部均衡的目标。

情形2(经济衰退和国际收支顺差):这种情形要简单些,因为扩张性的财政政策也能调整国际收支的顺差。不过因为扩张性财政政策不可能使国际收支恰好达到均衡,为实现外部均衡仍需要恰当的货币政策的配合。

情形3(经济衰退和国际收支逆差):这一情形是我们在前两节讨论最多的,它恰好和第一种情形相反。这里,我们需要用扩张的财政政策和紧缩的货币政策来实现内外部均衡。

情形4(通货膨胀和国际收支逆差):这正是情形2的反面,需要利用紧缩的财政政策,但也需要恰当的货币政策来更好地调节经济以消除所有的失衡现象。

这种类型的分析也适用于该国对其汇率进行管理(即干预外汇市场)通过引发国际金融性资本流动以降低汇率波动和错误配置的情况。

14.7 浮动汇率条件下货币和财政政策对内部均衡的影响

浮动汇率可使一国的国际收支自动实现均衡。汇率会贬值以调整逆差,升值以调整顺差。这就使得该国可以自由地使用货币和财政政策来实现内部均衡(充分就业和价格水平稳定)。正如我们将看到的,在浮动汇率下,货币政策是有效的而财政政策是无效的。这与固定汇率下的情形恰好相反,那时财政政策是有效的而货币政策是无效的。图14.3(a)总结了货币政策对该国内部均衡的影响,图14.3(b)总结了财政政策的影响。

假定一个实行浮动汇率制度的国家面临经济衰退,并使用扩张性的货币政策来治疗经济衰退(该国不必担心其外部均衡,因为浮动汇率可以保证它的外部均衡)。如图14.3(a)所示,扩张性货币政策使利率下降。这引起金融性资本外流,使得该国金融资本项目恶化,同时使投资和收入增加,使经常项目也恶化。该国经常项目和资本项目的恶化(因此使整个国际收支状况恶化)导致该国货币贬值,从而改善经常项目状况,这样就加强了扩张性货币政策的效果。在资本流动性很强的情形下,货币政策确实非常有力。与固定汇率时形成鲜明对比,浮动汇率时货币政策很有效。也就是说,浮动汇率会保证或加强货币政策在实现内部均衡方面的有效性。

如果这个实行浮动汇率制度的国家面临的是通货膨胀而不是经济衰退,情形就刚好相反。该国会实行紧缩的货币政策,这一政策一方面会引起利率上升和金融性资本流入,另一方面会引起产出和收入下降以及经常项目状况的改善。整个国际收支状况的好转会导致该国货币升值,使该国经常项目状况变坏,从而加强了紧缩货币政策的效果(参见案例研究14-1)。

如图14.3(b)所示,如果该国使用扩张性财政政策来治疗经济衰退,情况将大不相同。此时,由于政府借贷增加,政府支出增加和/或税收减少提高了利率。这引起了更多

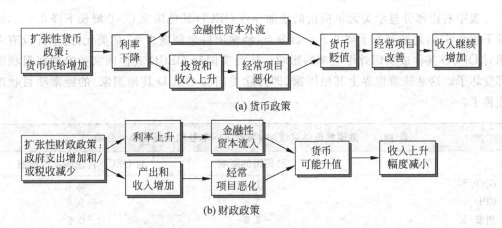

图 14.3 浮动汇率下货币政策和财政政策的影响

扩张性货币政策增加了该国的国民收入但使其国际收支状况恶化。这导致该国货币贬值,改善了其经常项目的收支状况,使收入更进一步上升。扩张性财政政策提高了利率水平,引起金融性资本流入,同时也增加了产出和国民收入,使其国际收支经常项目状况恶化。在国际资本高度自由流动的情况下,在短期内该国的整体国际收支状况很可能会得到改善。这将导致该国货币升值,从而抑制或削弱财政政策的影响。

的金融性资本流入(或流出减少)以及该国金融资本项目状况的改善。但是产出和收入的增加也会引起进口增加,使该国经常项目状况恶化。在国际金融性资本高度自由流动的情况下(在开放经济体中很可能是这样的),该国的整体国际收支状况几乎一定会得到改善。接下来该国货币将会升值,经常项目又会恶化,扩张性财政政策引起的收入增加也将下降。因此,在资本高度自由流动的情况下,浮动汇率制度下的财政政策在短期内是无效的。

案例研究 14.1

美国货币政策的影响

表 14.1 反映了美国的货币供应量(使用扩张货币政策)增加 4% 时对美国和其他经合组织国家的国民生产总值(GNP)、消费价格指数(CPI)、利率、货币价值及经常项目的影响。经合组织(OECD)包括当时世界上所有的 24 个工业化国家。这些模拟结果是按照美国联邦储备委员会的多国模型计算得到的。虽然货币供应增加所带来的影响会滞后几年,表 14.1 中报告的结果是增加货币供应后第二年所带来的影响。

表 14.1 的左边部分显示美国货币供应增加 4%(通过乘数效应)将会导致第二年美国 GNP 增长 1.5%,更长时间后带来的总影响会更大。货币供应增加还会导致美国物价上涨 0.4%,短期利率下降 2.2 个百分点(即从 7.2% 下降至 5.0%),美元的国际价值下降 6.0%(贬值),美国经常项目余额减少(−)31 亿美元(因为较高的 GNP 带来的进口增长趋势超过了美元贬值对经常项目余额的改善作用)。

表中右边部分显示美元供应量的增加导致 OECD 其他国家 GNP 增长下降 0.7%,物价下跌 0.6%,短期利率下降 0.5 个百分点,经常项目余额减少 35 亿美元,这里并没有考虑对 OECD 其他成员国外汇汇率的影响。注意美国和 OECD 其他国家的经常账目状况都变坏了。这意味着世界上其他国家(即排除美国和 OECD 其他国家)的经常项目状况改善了。

表 14.1 美国货币供应增加 4% 对下一年各项指数的预计影响

项目	对美国的影响	对 OECD 其他国家的影响
GNP/%	1.5	−0.7
CPI/%	0.4	−0.6
利率/%	−2.2	−0.5*
货币价值/%	−6.0	—
经常项目/10 亿美元	−3.1	−3.5

*=百分点。

资料来源:R. Bryant, D. Henderson, G. Holtham, P. Hooper, and S. Symansky, eds., *Empirical Macroeconomics for Interdependent Economies* (Washington, DC: Brookings Institution, 1988), p.23.

但从长期来看,收入的增加很可能导致该国经常项目更大程度的恶化,以及净金融性资本流出的降低,导致整体国际收支状况变坏,继而货币贬值,以刺激国内产出和收入增加,这样就加强了扩张性财政政策的有效性。但这仅仅是在长期内发生的。在短期,该国国际收支很可能会得到改善,这会减弱扩张性财政政策的效果。实际上,如果资本完全自由流动,财政政策在短期内是完全失效的。如果该国面临的是通货膨胀而不是经济衰退,情况则会完全相反(这个留作本章末的习题)。

因此,对于固定和浮动汇率制度下,货币政策和财政政策在实现内部均衡的有效性方面有下列总的结论:

1. 固定汇率制度下,在调整内部失衡方面财政政策是有效的而货币政策是无效的。
2. 如果一国不愿意通过改变汇率来调节外部失衡,该国必须用财政政策实现内部均衡,再用恰当的货币政策调节短期内出现的或余下的所有外部失衡。
3. 浮动汇率制度下,短期内在调整内部失衡方面货币政策是有效的而财政政策是无效的。

14.8 利用通货膨胀调整失业

20 世纪 70 年代,各国经历了严重的石油冲击和极高的石油价格,这使生产成本大为提高并导致了很高的通货膨胀。工业化国家为控制通胀采取的强力紧缩货币政策却引起了经济衰退或低经济增长和高失业率。这是成本推动型的通货膨胀,与我们讨论过的需求拉动型的通货膨胀有很大不同。在成本推动型的通货膨胀情况下,价格上涨(通货膨胀)和高失业率是同时出现的。

因此各国面临三个相互独立的重要目标:(1)充分就业;(2)价格水平稳定;(3)国际收支均衡。实现这些目标需要三个不同的政策。从理论上讲,各国可以采取针对性的财政政策达到充分就业,针对性的货币政策达到价格水平稳定,浮动汇率达到国际收支均衡。由于充分就业和价格水平稳定通常被认为是更重要的目标,外部均衡只有在浮动汇率制度下或者在愿意改变汇率的国家才能完全实现。

这事实上就是美国在 1971 年所面对的情形。不过,美国采取的财政和货币政策都是为了降低失业率,实施价格和工资控制或者说收入政策来抑制通货膨胀,而留下了巨大的外部不均衡(直到 1971 年 8 月美元被迫贬值)。不过在美国,价格和工资的控制对于抑制通货膨胀并不十分成功,后来被取消了。

2008 年,美国面临严重金融危机后的低增长或者说经济衰退,并且由于石油价格飞速上涨、巨额且难以持续的贸易赤字以及超过 GDP 6%的预算赤字,通货膨胀再次抬头。欧洲则备受低增长、高失业率和强烈通货膨胀压力的困扰。日本经济增长也很缓慢,并且面临持续的巨额贸易顺差。这些严重的失衡现象虽然并非政策失误的后果,但是它们的出现和持续是由于主要的工业化国家不愿意实施结构性的改革来消除这些现象。欧洲应当进行结构调整,使其劳动力市场自由化以促进经济增长和就业。日本需要进行结构调整来促进增长,开放国内市场促进进口以减少巨额贸易顺差。美国需要裁减预算赤字,增加储蓄,以减少贸易逆差,使其保持在一个可持续的水平。2010 年,发达国家已经摆脱经济衰退,但复苏仍很缓慢,失业率高、通胀率低(这将在 16.10 节详细讨论)。

14.9 现实世界中的政策组合

20 世纪 50 年代和 60 年代固定汇率时期,G-7 国家(七个最大的工业化国家:美国、日本、德国、法国、英国、意大利和加拿大)中的大多数通常会使用财政和货币政策来实现内部均衡,并且只有在对外不均衡严重到无法忽视时,它们才转换目标。即使这样,这些国家也似乎不愿意使用货币政策来调整对外不均衡,而更倾向于使用直接控制资本流动的手段(在下一节讨论)。在这一时期,英国和法国被迫进行了货币贬值,而德国则不得不使马克升值。加拿大由于不能保持固定汇率,被迫允许加元自由浮动。

自从 1971 年推行有管制的浮动汇率制度以来,发达国家似乎对用汇率调整外部不均衡和通过财政与货币政策实现内部均衡的方法比较满意。20 世纪 70 年代和 80 年代早期,全球经历过两次严重的石油危机,使石油价格涨得很高。由于工业化国家利用高度紧缩的货币政策来降低通货膨胀率,这引起了巨大的国际收支逆差和货币贬值,同时造成通货膨胀高企和增长减缓甚至经济衰退。美国也实行了价格和工资管制。80 年代前半期,由于通胀压力减弱,发达国家一般继续使用直接的财政和货币政策来实现内部均衡,但是(除了美国)有时它们试图管理汇率,会把货币政策的目标改为实现外部均衡。

20 世纪 80 年代前半期,美国出现了巨额预算赤字。这使得美国国内的利率高于国外,吸引了大量金融性资本流入美国,从而导致美元升值和巨额的贸易逆差,进而激发了保护主义(参见 10.8 节)。美国因此组织了其他四个发达国家(德国、日本、法国和英国)

一起对外汇市场进行干预,以解决美元升值的问题。1986—1991年,在美国的倡导下,美国同其他发达国家同时降低了利率而不是通过直接干预贸易和资本市场以刺激经济增长,降低失业率。

自从1985年2月美元汇率达到最高值以来,直到1990年年末它差不多一直在贬值,但是美国的经常项目逆差在1987年年底以前(参见图13.3)并没有增长。1990年和1991年,统一后的德国提高了利率以避免国内通胀,同时刺激国内储蓄,吸引外资流入以资助民主德国的重建。然而美国和欧洲其他发达国家却降低了利率以对抗经济的不景气。

1992—1997年,欧洲的利率下降,以刺激20世纪90年代初经济衰退后持续低迷的经济,而美国的利率上升,以在经济快速增长时期缓解通货膨胀的压力。1997—2000年,美国的经济增长率和利率都大大高于欧洲和日本,美国得到了大量外国金融资本和直接投资,造成美元持续升值和贸易逆差。2001年,高科技泡沫破裂,美国经济陷入衰退。2001—2003年,美联储大幅降低利率直到1%的水平(40年来最低),当时的布什总统推出了一系列刺激经济的预算。

2008年和2009年,为对抗全球金融危机造成的深度经济衰退,美联储和欧洲中央银行(ECB)迅速降低利率(美联储几乎将利率降到接近0),美国和欧洲国家引入大量刺激计划。然而,到2010年经济复苏仍很缓慢(16.10节将详细讨论)。从2006年开始,美国的巨额经常项目赤字开始下降,这源于美元自2002年以来的持续贬值(除了2009年——见图13.3)。案例研究14.2回顾了1991年以来美国的货币和财政政策情况。

案例研究 14.2

美国过去10年的货币与财政政策

表14.2列出了2000—2010年美国的宏观经济数据,这些数据总结了美国的货币政策(用货币供给增长率来测度)和财政政策(用预算余额来测度)的内容以及它们对其他宏观经济变量的影响。第一行显示2000年美国经济增长迅速,2001年美国经济经历了轻微的衰退,但从整个年度来讲还是增长的。2002年经济增长缓慢,2003—2006年增长率相对较高。受2007年次贷危机影响,经济增长放缓,2008年的增长率非常低,2009年进入深度衰退,但随后2010年经济实现一定程度的复苏。

第二行显示2000年货币供给负增长,这时候美联储(实施货币政策的政府机构)错误地认为美国经济面临的问题是通货膨胀再起。然而在意识到美国是经济衰退时,美联储转变政策方向,在2001年迅速增加货币供给,之后在2003年和2004年再次增加货币供给。然而,2004年经济迅速增长,2006年和2007年因石油价格和其他主要商品价格的飞速上升导致通货膨胀风险出现的情况下,美联储又迅速降低货币供给增长率(2005年和2006年实际是负的)。2008年,美联储再一次迅速转变政策方向,迅速扩大货币供给以应对金融危机及伴随而来的经济衰退。

美国在2000年还是预算盈余（如第三行所示），之后就让位于预算赤字，2003年预算赤字占到了GDP的5%，这主要是因为2001—2003年通过的巨额减税计划和伊拉克战争的高额成本。2008年预算赤字占GDP比例上升到6.3%，2009年更是上升到11.3%的历史高位（源于为应对深度衰退实施的巨额经济刺激计划）。第四行显示，正如预期，除2002年、2007年和2009—2010年外，利率与货币供给增长率呈反方向变动。在案例研究13-2，我们考察了经常项目和汇率之间的关系。

表14.2 美国宏观经济数据，2000—2010年

项目	2000年	2001年	2002年	2003年	2004年	2005年	2006年	2007年	2008年	2009年	2010年
1. 实际GDP增长率（年%）	4.1	1.1	1.8	2.5	3.6	3.1	2.7	1.9	0.0	−2.6	2.7
2. 货币供给增长率（年%）	−3.1	8.7	3.2	7.1	5.4	−0.1	−0.5	0.6	15.9	6.2	6.0*
3. 预算余额（占GDP的比例%）	1.5	−0.6	−4.0	−5.0	−4.4	−3.3	−2.2	−2.9	−6.3	−11.3	−10.5
4. 利率（年%）	6.5	3.7	1.8	1.2	1.6	3.5	5.2	5.3	2.2	0.9	0.5
5. 通货膨胀率（年%）	3.4	2.8	1.6	2.3	2.7	3.4	3.2	2.9	3.8	−0.3	1.6
6. 有效汇率（1美元兑外币数，2000=100）	100.0	105.3	105.8	99.6	95.1	92.6	91.0	87.0	83.9	88.6	85.3*
7. 经常项目余额（占GDP百分比%）	−4.2	−3.7	−4.3	−4.7	−5.3	−5.9	−6.0	−5.1	−4.7	−2.7	−3.4

*=初步的。

资料来源：OECD, *Economic Outlook* (Paris: OECD, November 2010), and International Monetary Fund (IMF), *International Financial Statistics* (Washington, DC: IMF, 2011).

14.10 直接控制

为影响一国国际收支而进行的直接控制可以细分为**贸易控制**（trade controls）（如关税、配额和国际贸易数量方面的其他限制），金融或**汇率管制**（exchange controls）（如国际金融资本流动方面的限制和多元汇率）及其他手段。一般情况下，贸易控制不如汇率控制那么重要和容易被人们接受。正如我们在14.8节所看到的，当更一般化的政策失效或者国家不愿意采取那些政策时，直接控制也可以采用价格和工资控制的形式来抑制国内通胀。

进口关税是最重要的贸易或商业控制方式之一。这种方式对国内消费者来说提高了

进口商品的价格,同时刺激了国内进口替代品的生产。而出口补贴使得国内产品对于外国消费者变得更便宜了,从而促进了该国的出口。一般情况下,对所有的商品征收进口关税,给予出口补贴,相当于该国货币有同样程度的贬值。然而进口关税和出口补贴一般被用于特定的项目,而不是全部商品。与货币贬值一样,这两者都属于支出—转换政策,并且都刺激国内生产。当前各国一般不允许实施新的进口配额和关税,除非面临严重的国际收支问题时作为一种暂时的手段。

关于金融或外汇控制,我们发现发达国家国际收支出现逆差时限制金融性资本流出,出现顺差时则限制金融性资本的流入。例如,1963年,美国为减少国际收支逆差对资本出口征收利息均衡税。而联邦德国和瑞士面临大量的国际收支盈余,同时也为了在世界性的通货膨胀下保护它们的经济,降低甚至取消了海外资金的存款利息,力图阻止资本的流入。20世纪60年代后期和70年代初期,法国和比利时建立了双重汇率的外汇市场,允许金融性资本交易的汇率下降(升值)以限制投机性金融资本流入,然而在经常项目的交易方面汇率保持在较高的水平,为的是不影响它们的出口同时鼓励进口。随着20世纪80年代以来资本市场迅速全球化和一体化,发达国家废除了在国际资本流动方面的大部分限制。

与此相反,绝大多数发展中国家使用一些外汇控制手段。其中最为普通的是**多重汇率**(multiple exchange rates)制度,对奢侈品和非必需品的进口实施高汇率(为阻碍这些产品的进口),而对必需品(如机器和原材料)的进口实施低汇率。一种外汇控制的极端形式是要求出口商和其他外汇所得者把他们所有的外汇收入都上交货币当局(换成本国货币),由当局把外汇通过进口许可证按不同的汇率分拨给进口商。然而,这刺激了黑市和腐败。案例研究14.3总结了国际货币基金组织187个成员国中普遍采用的外汇控制的情况。

案例研究 14.3

全球对国际交易的直接控制

表14.3总结了2010年在国际交易方面使用过不同种类直接控制的国家的数目。从表中可以看出,全世界最常见的对国际交易进行直接控制的形式是对商业银行和其他信用机构、直接投资、房地产交易以及资本市场证券的资本交易的支付限制。

表14.3 2010年IMF成员国对国际交易的直接控制

限制类型	国家数量
A. 汇率结构	
1. 双重汇率	13
2. 多重汇率	7

续表

限制类型	国家数量
B. 支付和收款安排	
1. 双边支付安排	68
2. 拖欠支付	37
C. 对出口和/或无形交易收入的控制	
1. 要求汇回国内	84
2. 要求让渡	55
D. 资本交易	
1. 资本市场证券	144
2. 货币市场工具	124
3. 集合投资证券	121
4. 衍生工具和其他工具	94
5. 商业信贷	86
6. 金融信贷	120
7. 抵押品、证券和金融支持设备	80
8. 直接投资	148
9. 直接投资的清算	47
10. 房地产交易	146
11. 个人资本交易	97
12. 商业银行和其他信用机构	166
13. 机构投资者	118

资料来源：IMF, *Exchange Arrangements and Exchange Restrictions* (Washington, DC: IMF, 2010).

当更一般化的政策失效时，政府部门有时会实施直接控制，如通货膨胀控制，来完成纯粹的国内目标。例如，正如前面提过的，1971年美国曾使用价格和工资管制，或者说收入政策来控制通货膨胀。从效率的角度看，货币政策、财政政策和汇率调整在国内经济和国际贸易、金融方面要优于直接控制。这是因为直接控制经常干扰市场机制的运行，而更为普通的支出—改变和支出—转换政策则通过市场运作。然而，当这些一般化的政策需要太长时间来运作时，当其结果是不明确的，而且要解决的问题只影响经济的一个方面时，政府就可以采用直接控制作为暂时的手段来实现特定的目标。典型的例子就是1981年美国拟定的对日本汽车的"自愿"出口配额。

一般情况下，要想使直接控制有效，必须有很好的国际合作关系。例如，一个国家实行单边的进口限额可能会导致其他国家的报复（因此使限额无效），除非这些国家通过协商，理解并同意这种暂时的处理手段。下一章将讨论国际政策合作的问题。

本章小结

1. 调整政策是必要的，因为自动调整机制经常导致不必要的副作用。

2. 国家最重要的经济目标是内外部均衡。内部均衡指的是价格稳定下的充分就业。外部均衡指的是国际收支均衡。为实现这些目标,政府可供支配的政策有支出—改变政策(如财政和货币政策),支出—转换政策(货币贬值或增值)和直接控制。

3. 有四种不同类型的内外部失衡的组合:(1)通货膨胀和国际收支盈余;(2)经济衰退和国际收支盈余;(3)经济衰退和国际收支赤字;(4)通货膨胀和国际收支赤字。一国可以利用支出—改变政策(货币政策和财政政策)实现内部均衡,利用支出—转换政策(货币贬值或升值)实现外部均衡。当国家不愿意改变汇率时,它将不得不依赖货币和财政政策来实现内外部均衡。

4. 在固定汇率制度下,扩张性货币政策(该国货币供给增加)增加了一国的国民收入但使其国际收支状况恶化。这导致了该国货币供给的减少以保持(保卫)固定汇率,这样就使货币政策在达成内部均衡方面是无效的。当资本可以完全流动时,货币政策是完全失效的。

5. 扩张性财政政策(一国政府支出增加和/或税收减少)提高了利率水平,引起金融性资本流入。产出和国民收入的增加,对于治疗国内的经济衰退是很有效的,但它使其国际收支经常项目状况恶化。如果该国整体国际收支状况改善(短期内发达国家很可能就是这样的),货币供给增加(为保持固定汇率)会使得短期之内财政政策更加有效。当资本可以完全流动时,财政政策是非常有效的。

6. 由于财政政策在调整内部失衡方面相对有效,而货币政策在调整外部均衡上更有效,一国应当用财政政策来实现内部均衡,而用适当的货币政策来实现对外均衡。

7. 浮动汇率制度下,货币政策是有效的而财政政策是无效的(与固定汇率情形恰好相反)。浮动汇率在短期内增强了货币政策的有效性但降低或完全破坏了(资本完全自由流动时)财政政策的有效性。

8. 未充分就业状况下的通货膨胀使得价格稳定成了国家的第三个重要目标。通常需要三大政策工具来完全实现三大目标。各国可以采取针对性的财政政策实现充分就业,采取针对性的货币政策实现价格水平稳定,通过汇率变化或浮动汇率实现国际收支均衡。有时候,国家也可以用价格和工资控制来实现价格稳定。但这几乎总会失败,而且会导致市场的极度失效。

9. 20世纪50年代和60年代,G-7国家通常会使用财政和货币政策来实现内部均衡,并且只有在对外不均衡严重到无法忽视时,它们才会转换目标。在这一时期,英国和法国被迫进行了货币贬值,德国不得不使马克升值,加拿大则实行了浮动汇率。20世纪70年代和80年代早期,各国都经历了很高的石油价格和通货膨胀以及低经济增长甚至经济衰退,采取了浮动但有管理的汇率制度。美国经历了美元的大幅高估和80年代的贸易赤字。1991—1993年,G-7国家经历了经济衰退或低经济增长。90年代后半期美国的经济增长迅速,但欧洲和日本增长缓慢。2001年美国经历了较为温和的经济衰退,但2004年经济恢复了快速增长。受全球金融危机的影响,大多数G-7国家在2007年和2008年经济增长放缓,2009年则进入深度经济衰退。

10. 直接控制可以细分为贸易控制、外汇控制和其他控制。贸易控制指关税、配额、进口预先存款和国际贸易交往中其他有选择性的限制。外汇控制包括国际金融资本流动限制、多重汇率制度。直接控制一般会导致低效率。为使直接控制和其他政策有效,国际合作是非常必要的。

复习题与练习题

1. 在什么情况下以及为什么政府需要政策来调整国际收支失衡?
2. (1) 哪些是国家最重要的目标?
   (2) 国家最重要的目标中哪些主要与国际经济有关?为什么?它们的重要性排序如何?
3. (1) 假如面临持续而巨大的国际收支失衡时国家愿意改变汇率,可以用什么政策来实现内外部均衡?
   (2) 这些政策是如何运作从而实现预定目标的?
4. (1) 假如面临持续而巨大的国际收支失衡时国家不愿意改变汇率,那么如何用财政政策和货币政策来治疗经济衰退?
   (2) 这些政策是如何运作从而实现预定目标的?
   (3) 这些政策之间是否有冲突?如果有,如何解决?
5. 什么是"分配问题"?为什么国家奉行这一理论很重要?
6. 为什么在固定汇率制度下当资本可以在国际间完全自由流动时,货币政策对于实现内部均衡完全无效?
7. 在浮动汇率制度及下列条件下,一国如何用财政政策和货币政策来调整经济衰退或者失业?
   (1) 有限资本流动情况;
   (2) 资本可以在国际间完全自由流动。
8. 如果该国采用下面的汇率体系,当附加目标价格稳定被视为独立的目标时,一国应当如何调整经济衰退和国际收支赤字?
   (1) 浮动汇率制度;
   (2) 固定汇率制度。
9. 利用政策以实现内外部均衡时的困难是什么?
10. (1) 直接控制的优缺点是什么?
    (2) 为什么必须有国际合作,用来影响国际收支的直接控制才会有效?

参考书目

本章所涉及问题的解决方案,参见:

- D. Salvatore, *Theory and Problems of International Economics*, 4th ed. (New York: McGraw-Hill, 1996), Ch. 10.

对本章所讨论主题的更深入的分析,可参见:

- D. Salvatore, *International Economics*, 10th ed. (Hoboken, N. J.: John Wiley&Sons, 2010), Chs.

18-19.
- M. Fratianni and D. Salvatore, *Handbook of Monetary Policies in Developed Economics* (Amsterdam and Westport, CT: North-Holland and Greenwood Press, 1993).
- M. Fratianni, D. Salvatore, and J. von Hagen, *Handbook of Macroeconomic Policy in Open Economies* (Westport, CT: Greenwood Press, 1997).
- B. T. McCallun, "Recent Developments in the Analysis of Monetary Policy," *Federal Reserve Bank of St. Louis Review* (November/December, 1999), pp. 3-12.
- D. Salvatore, "Global Imbalance," *Princeton Encyclopedia of the World Economy* (Princeton, NJ: Princeton University Press, 2008), pp. 536-541.

对美国及全球经济政策的综述，请见：
- D. Salvatore, ed., "U.S. Trade Deficits, the Dollar, and International Monetary Stability," "Twin Deficits, Growth and Stability in the U.S. Economy," and "Growth, Productivity and Wages in the U.S. Economy," Special Issues of the *Journal of Policy Modelling*, of September 2006, 2007, and 2008, respectively, with the participation of William Baumol, Guillermo Calvo, Richard Cooper, Sebastian Edwards, Barry Eichengreen, Martin Feldstein, Jeffrey Frankel, Glenn Hubbard, Dale Jorgenson, Lawrence Klein, Greg Mankiw, Ronald McKinnon, Robert Mundell, Kenneth Rogoff, John Taylor, and others.
- Council of Economic Advisors, *Economic Report of the President* (Washington DC: U.S. Government Printing Office, 2011).
- IMF, *World Economic Outlook* (Washington, DC, IMF, October 2010).
- OECD, *Economic Outlook* (Paris: OECD, November 2010).

有关直接控制的信息，可参见：
- IMF, *Exchange Rate Arrangements and Exchange Rate Restrictions* (Washington, DC: IMF, 2010).

网址

关于经常项目、预算平衡、美国 GDP 增长的数据及其相互间的关系可以参见经济分析局和圣路易斯联邦储备银行的网站，其网址分别是：

http://www.bea.doc.gov

http://research.stlouisfed.org/fred2

关于工业化国家财政和货币政策及其效果的数据可以参见国际清算银行（BIS）、经合组织（OECD）以及国家经济研究局（NBER）的网站，其网址分别是：

http://www.bis.org

http://www.oecd.org

http://www.nber.org

第6部分

国际货币体系：过去、现在和未来

第6部分（第15章和第16章）讨论国际货币体系。它考察了国际货币体系在过去是如何运作的，今天又是如何运作的，以及未来的改革需求。第15章评估和比较了浮动汇率和固定汇率的优缺点，以及结合了浮动汇率和固定汇率各种特点的混合汇率体系的优劣势。第15章还讨论了最佳货币区、欧洲货币联盟和国际宏观经济政策合作。第16章回顾了从金本位制时期至今国际货币体系的实际运作情况，还讨论了当前国际货币体系面临的问题，并对改革建议进行了评价。

国际经济学基础（第3版）
Introduction to International Economics

第6部分

第15章

浮动汇率与固定汇率、欧洲货币体系及宏观经济政策的协调

学习目的

学完本章,你应当能够:
- 弄清浮动汇率和固定汇率各自的优势
- 理解最佳货币区的含义
- 描述欧元的诞生过程及欧洲中央银行的运作
- 描述货币发行局的运作
- 理解为什么有些国家会采用美元作为其货币
- 理解可调整钉住汇率、蠕动钉住汇率和有管理的浮动汇率的含义
- 了解宏观经济政策合作的含义和重要性

重要术语

自由浮动汇率体系	freely floating exchange rate system
最佳货币区或国家货币集团	optimum currency area or bloc
欧洲货币体系	European Monetary System(EMS)
欧洲货币单位	European Currency Unit(ECU)
汇率机制	Exchange Rate Mechanism(ERM)
欧洲货币合作基金	European Monetary Cooperation Fund(EMCF)
欧洲货币机构	European Monetary Institute(EMI)
马斯特里赫特条约	Maastricht Treaty
稳定和增长协议	Growth and Stability Pact (GSP)
欧洲货币联盟	European Monetary Union (EMU)
欧元	Euro
欧洲中央银行	European Central Bank(ECB)
货币发行局制	Currency Board Arrangements(CBAs)

美元化	dollarization
可调整钉住汇率体系	adjustable peg system
蠕动钉住汇率	crawling peg system
管理浮动汇率体系或肮脏浮动	managed floating exchange rate system or dirty floating
国际宏观经济政策协调	international macroeconomic policy coordination

15.1　引言

第13章和第14章分别考察了在浮动汇率和固定汇率体系下调整国际收支失衡的过程。本章将评价并比较浮动汇率相对于固定汇率体系的优缺点,以及同时具有两种体系特征的混合体系的长处与短处。

15.2节回顾针对浮动汇率和固定汇率体系的争论;15.3节和15.4节分别考察浮动汇率和固定汇率的支持理由;15.5节讨论与之密切相关的最佳货币区理论;15.6节和15.7节则分别研究欧洲货币体系和欧元的诞生,以及欧洲中央银行;15.8节讨论货币发行局制和美元化;15.9节讨论在不同程度上融合固定汇率和浮动汇率特征的混合制度的优缺点,包括可调整钉住汇率、蠕动钉住汇率和有管理的浮动汇率;15.10节研究国际宏观经济政策的协调。

15.2　固定汇率和浮动汇率:回顾

浮动汇率的支持者认为,浮动汇率一般情况下能够较为容易地自动实现一国对外收支均衡,有助于达到国内收支的均衡及实现国家其他经济目标。而固定汇率的支持者却认为,浮动汇率引入了固定汇率下所没有的不确定性因素,这会减少国际贸易与国际投资,容易引起不稳定的投机活动和通货膨胀。

仔细回顾两种汇率体系的争论,我们并未得出一种体系比另一种体系更好的明确结论。但是可以确信,20世纪70年代早期固定汇率体系行将瓦解之际,大多数经济学家都倾向于浮动汇率。然而,在汇率经历了过去40多年的剧烈波动之后,今天人们又趋向于采用固定或更多管制的汇率。看起来,经济学家们常将现行的汇率体系的显著弱点与另一种可选的理想体系进行比较。与这种情况多少形成对比的是,商人、银行家和政府官员则一直倾向于固定汇率,或最起码是受约束的汇率。

大家都不否认一国只有一种货币的重要意义,这样全国各地就可以永远实行固定汇率。例如,纽约的1美元在旧金山或全美其他任何地方都值1美元。不过这样一来,有关固定与浮动汇率的争论本质上就成了什么是最佳货币区的问题,或者说应在多大的范围内实行固定汇率才可能使其优点不被缺点压过。

最后,究竟哪种汇率体系更好很大程度上取决于所涉及的国家及其运作的条件。我们可以看到,一方面,一般情况下,如果扰动因素主要是货币层面(如通货膨胀)的,那么固定汇率(或很大程度上固定)是比较好的;而另一方面,如果扰动因素主要来自真实经济(如技术变化),那么浮动汇率(或很大程度上浮动)是比较好的。

15.3 支持浮动汇率的理由

我们在第13章中已经看到,一方面,在真正的浮动汇率制度下,不必通过政府干预或动用国际储备,国际收支的赤字或盈余就可以分别通过该国货币的贬值或升值自动修正。而另一方面,如果将汇率钉住或固定在某一水平,就像用法律固定商品价格那样,常常会带来对外汇的过多需求或过多供给(即国际收支的赤字或盈余),而这种失衡只能通过改变国内其他经济变量而不是通过汇率来修正。也就是说,人们认为固定汇率是:(1)低效率的;(2)需要利用某些政策(如货币政策),进而使这些政策无法达到单纯的国内经济目标;(3)有可能形成政策误导。让我们逐点讨论。

在浮动汇率体系下,只需改变汇率就可以修正一国国际收支的失衡,而不需要像在固定汇率体系下那样必须改变国内所有商品的价格。因此人们认为仅仅改变一种价格(即汇率)要比改变所有内部价格来调整国际收支更有效或者成本更低。其中的道理与实施夏时制是一样的,即在夏季我们不必提前一小时重新安排所有的事情,而是直接改变时间。而且,当今世界的国内商品价格都是黏性的,远非灵活可变,经济不景气时尤其如此。

浮动汇率体系的拥护者认为,这种体系可以在国际收支失衡时平滑地、连续地进行修正。这会稳定投机活动,阻抑汇率的波动。无论怎样的汇率波动都可以低成本地被控制。而在固定汇率体系下,一国在国际收支失衡时不能或不愿调整汇率会增加不稳定的投机,最后迫使该国对汇率进行大幅度、不连续的下调,影响国际贸易与资本的正常流动。

浮动汇率体系还意味着政府不必太关注外部收支均衡,可以充分利用各种政策来实现充分就业和物价稳定等国内目标。如我们在第14章看到的,在固定汇率体系下,政府能够利用财政政策实现内部均衡,利用货币政策实现外部均衡。其他条件相同时,如果货币政策也和财政政策一样可以自由地运用,国内均衡的实现就会更加容易。或者,货币政策可被用于实现其他的纯国内目标,如经济增长。考虑到政府能够支配的有效政策工具非常有限,这种多出一种政策工具的效益是很大的。另外,在浮动汇率体系下,也可最大限度地降低实现外部均衡时政策的错误或延误性。

浮动汇率还可阻止政府制定一个非均衡的汇率水平。政府制定这样的汇率水平是为了使经济中的某一部分获益而以牺牲其他部分为代价,或者实现可以用成本更低的其他方式实现的某种经济目标。例如,发展中国家有时候会将汇率控制在较低的水平来鼓励经济发展所需的资本设备的进口。因为这种做法不鼓励农业和传统商品的出口,因此政府采用的是曲折的外汇兑换和贸易控制以尽力消除低汇率带来的对外汇的过度需求。其他条件相同的情况下,让汇率自行达到均衡并给国内制造商以补贴会更有效。

以上介绍了主张浮动汇率的最有力的理由,虽然在基本轮廓上总体正确,但仍需改进。这在以下两节关于固定汇率和最佳货币区的介绍中将做说明。同时需要特别指出的是,这里所讨论的是一种完全**自由浮动的汇率体系**(freely floating exchange rate system),外汇市场上没有任何政府干预。若准许政府有最小的干预,哪怕仅为支持某一特定汇率或消除短期的波动,都不算是真正的浮动汇率体系,而属于我们将在15.9节介绍的有管理的浮动汇率体系。

15.4 支持固定汇率的理由

支持固定汇率的理由有：(1)据称固定汇率给国际贸易和金融带来的不确定性相对较小；(2)更可能带来稳定化的投机；(3)与浮动汇率相比，价格有更大幅度的下降(即较小的通胀)。

固定汇率的支持者认为，这种体系避免了浮动汇率下汇率日复一日的剧烈波动(参见图12.6)，从而可以避免对专业化生产及贸易、资本流动的不利影响。他们还相信，投机在浮动汇率制度下比在固定汇率制度下更有可能是不稳定的。

但是浮动汇率制度的支持者并不同意这些看法。他们指出，浮动汇率下汇率可以连续调整，而固定汇率下总是在不可避免时才进行大幅的汇率调整，这使得固定汇率下更可能发生不稳定的投机。当投机者预见到汇率会有一个大的变动时，便会抛出可能贬值的货币，买入可能升值的货币(不稳定投机)，他们的期望通常就这样自我实现了。不过必须指出，对于像金本位制那样真正的固定汇率体系，汇率永远是固定的，上述情况是不会发生的。而在真正的浮动汇率下也完全可能出现这种情况。在过去实行有管理的浮动汇率制度的40年里，投机在金融危机阶段常常是不稳定的，而在"正常"情形下通常是稳定的。

最后，固定汇率制度的支持者相信固定汇率制度会使实行该制度的国家形成价格规范，而浮动汇率体系则不能。也就是说，在固定汇率体制度下，一国如果存在比世界上其他国家高的通货膨胀率，它很可能有国际收支逆差，从而导致国际储备的损失。因为逆差和储备损失不可能永远持续，所以该国必须控制通胀，即控制价格。而在浮动汇率体制下不需要这样做，因为在浮动汇率体系下，国际收支的失衡会通过汇率的变化自动而迅速地修正，至少在理论上可以做到这一点。了解了这种情况，选举出来的官员们为了保住官位更有可能过度刺激经济的发展，以增加再次当选的机会。

事实上，管理浮动汇率从1973年起就给世界上大多数国家带来了高通胀的压力，直到20世纪80年代早期这种情况才有所改变，不过此后并不如此。进一步说，20世纪70年代的通胀压力不仅是这种浮动汇率体系造成的，而且是石油价格猛涨及大多数国家过多的货币发行造成的。不过，即使排除20世纪70年代最不稳定的那几年，我们仍然发现除通货膨胀外，主要工业化国家在60年代的经济表现要好于它们在过去30年的表现(参见案例研究15.1)。

案例研究 15.1

在固定汇率和浮动汇率制度下的宏观经济指标

表15.1列出了实行固定汇率制度的最后14年(1960—1973年)和1983—2010年的27年间实行浮动汇率制度的世界七个主要发达国家的一些宏观经济指标。1974—1982

第15章 浮动汇率与固定汇率、欧洲货币体系及宏观经济政策的协调

年的数据没有包括,因为1973—1974年及1979—1980年的石油危机(及其后果)使得这一时期非常特殊。从表中可以看出,与浮动汇率体系相比,固定汇率体系下实际GDP的增长要高得多(是前者的两倍),通胀率比前者高36%,失业率则低得多(还不到前者的1/2)。

但我们不能把宏观经济的良好绩效完全或主要归功于固定汇率体系,因为经济表现还取决于其他许多因素,如劳动力市场的适应性、技术进步的速度以及全球化。例如,全球化的迅速发展可能是造成管理浮动汇率制度期间低通胀的原因(尽管事实上我们预期固定汇率制度下通胀率较低)。事实上,当所有影响经济表现的因素都考虑在内时,很难说哪种汇率体系更好。实际上选择哪种汇率制度取决于国家本身及其所处的运作环境。最后,也没有一种汇率制度可以代替良好的经济政策。

表15.1 固定汇率和浮动汇率下的宏观经济比较(1960—1973年,1983—2010年) %

国家	实际GDP增长		通货膨胀率		失业率	
	1960—1973年	1983—2010年	1960—1973年	1983—2010年	1960—1973年	1983—2010年
美国	3.7	3.1	2.8	2.9	4.9	6.2
日本	11.0	2.1	5.6	0.6	1.2	3.5
德国	5.5	1.9	2.9	1.9	0.6	7.8
英国	2.9	2.2	4.5	3.3	2.8	7.5
法国	6.0	1.9	4.3	2.7	1.8	9.9
意大利	5.7	1.4	3.8	4.4	3.1	9.2
加拿大	5.0	2.8	2.8	2.8	5.1	8.8
加权平均	5.7	2.8	3.8	2.8	2.8	7.2

资料来源:OECD, *Economic Outlook* (Paris: OECD, December 2011), and A. Gosh, G. A. Gulde, and H. Wold, *Exchange Rate Regimes* (Cambridge, MA: MIT Press, 2002).

浮动汇率在很大程度上能将一国的内部经济与外部冲击隔离开,这方面的作用浮动汇率比固定汇率要强得多。结果是,对于常遭受较大的外部冲击的国家来说,浮动汇率更具有吸引力。例如,一国出口的大量外生增加会导致该国货币升值,从而减少出口的初始增加。而固定汇率体系为经常遭受较大内部冲击的开放经济带来更多的稳定性。例如,一国投资的自发增加会增加国民收入水平,从而增加进口,这很可能导致国际收支逆差。国际储备的损失会降低该国的货币供给,因此需要扩张国内经济。而在浮动汇率体系下,该国货币会自动贬值从而刺激出口,这就加强了国民收入增长的趋势(即增强了国内投资增加的冲击效果)。

概括起来,可以这样说,在所有条件都相同的情况下,浮动汇率体系无论是在所导致的投机的类型方面还是在带来的不确定程度方面都不比固定汇率体系差。浮动汇率体系甚至可以说更高效,它确实给政府以更大的自由度去追求各自的稳定政策目标。同时,浮动汇率比固定汇率更容易导致通胀,更加不稳定,比较适用于面临较大的内部动荡的国家。对于一国的货币当局而言,浮动汇率最大的吸引力是它既能控制货币的发行,又能保

持低失业率,这在固定汇率或调整—挂钩汇率体系下是办不到的。但这一优势在国际金融资本流动量巨大的当今世界被大大削弱了。浮动汇率体系最大的缺点是缺少价格规范及汇率日复一日反复无常的过度波动。一般说来,固定汇率体系对于只与一个或几个较大的国家做生意的开放经济的小国更为适合,这种环境中国家的货币容易产生动荡。而浮动汇率体系看起来更适合有着多样化贸易,同时与贸易伙伴间存在不同的通胀—失业均衡目标的、经济相对封闭的大国,这样的国家面临的动荡因素主要来自国外。

15.5　最佳货币区

最佳货币区理论是由蒙代尔(Robert Mundell)和麦金农(Ronald McKinnon)于20世纪60年代创立的。它能阐明有关固定和浮动汇率体系的争论。**最佳货币区**(optimum currency area)或者说国家**货币集团**(bloc)指的是这样一些国家集体,它们的货币通过永久固定的汇率及其他使该区域变得最优化的条件联系在一起。成员国货币相对非成员国货币联合浮动。

最佳货币区的建立消除了由于汇率不固定而产生的不确定性,因此刺激了国际分工及在成员国之间或区域内的贸易与投资的流动。最佳货币区的形成也使得生产商将整个区域视为一个市场,并可获得更多的生产的规模经济效益。

在汇率永久固定的汇率体系下,最佳货币区使成员国的价格比在其各自汇率都能变动的情形下更加稳定。这种价格稳定性的产生是由于成员国内偶然的经济波动将相互抵消。这种价格稳定性鼓励人们将货币作为一种价值贮藏手段和交易媒介来使用,抑制在高通胀环境下产生的低效物物交换。最佳货币区也节省了政府对成员国间外汇市场进行干预的成本、套期保值的成本以及成员国间为支付商品和旅游服务而进行的货币交换的成本(前提是最佳货币区采用一种通用的货币)。

最佳货币区最大的缺点也许是各成员国不能再根据自己的偏好或所处的特殊环境去追求自己的稳定和增长的目标。例如,一个最佳货币区内经济不景气的地区或成员国为了降低失业率可能需要扩张性的财政和货币政策,而此时其他经济繁荣的成员国却需要紧缩政策来缓解通胀压力。在某种程度上,最佳货币区的这种不利效应将因为劳动力能够从穷国流向富国和更多的金融性资本从富国流向穷国而部分抵消。尽管成员国间的区域差异很可能无法完全消除,人们也不认为较穷的成员国或地区更好的选择是不加入或退出最佳货币区。而且,较穷的成员国或地区通常可以从更富裕的国家或地区获得投资和其他的特殊帮助。

最佳货币区的形成在具备以下几个条件时能对均衡的实现发挥较大作用:(1)成员国间的资源有较大流动性;(2)成员国间结构相似;(3)成员国愿意在财政、货币和其他政策方面进行紧密合作。最佳货币区应当尽量从长久固定汇率中获得最大效益并使之达到最小成本。但实际测度每个最佳货币区内成员国能从中得到多大收益是件极为困难的事。

需要特别指出的是,最佳货币区带来的部分好处也可以通过固定汇率体系所营造的国际间松弛的经济联系得到。因此,建立最佳货币区的理由在某种程度上也是采纳固定汇率而非浮动汇率的理由。最佳货币区理论也可看作与货币有关的关税同盟理论的一个分支(参见第 7 章)。

15.6 欧洲货币体系及其向货币联盟的过渡

1979 年 3 月,欧盟[EU,曾被称为欧洲经济共同体(EEC)]宣布将**欧洲货币体系**(European Monetary System,EMS)作为实现统一货币和中央银行目标的第一步。欧洲货币体系的主要特征包括:(1)创建**欧洲货币单位**(European Currency Unit,ECU),定义为成员国货币的加权平均;(2)**汇率机制**(Exchange Rate Mechanism,ERM),即每个欧盟成员国的货币最多允许围绕最中心汇率上下浮动 2.25%,成员国的货币汇率相对于美元共同浮动;(3)建立**欧洲货币合作基金**(European Monetary Cooperation Fund,EMCF),向成员国提供所需的国际收支的中短期援助。

当某成员国汇率的波动达到所限值的 75%时,即到了临界值,该国就应采取适当的措施阻止汇率变化超过限度。若汇率真的到了边缘,那么干预的重担就应对称地由货币相对过强或过弱的国家与它共同承担。例如,法国法郎相对于德国马克贬值到了它的下限,那么法国中央银行必须卖掉马克储备,而德国中央银行则应在必要时借马克给法国。

1979 年 3 月到 1992 年 9 月,欧洲货币体系中共有 11 种货币重新组合。总的来看,意大利和英国等高通胀国家(直到 1987 年)为了保持对低通胀国家(如德国)的竞争力,需要不时将自己的货币相对于欧洲货币单位贬值。在该体系遭到攻击后,1993 年 8 月,成员国间汇率允许波动的范围从正负 2.5%变化到正负 15%。成员国将越来越多的美元和黄金交给欧洲货币合作基金后,欧洲货币单位的数量迅速增长。欧洲货币单位成为一种重要的国际资产和干预性货币。1998 年年初,1 欧洲货币单位的价值是 1.1042 美元。

1989 年 6 月,由欧洲委员会主席 J. 德洛尔(Jacque Delors)主持召开的会议推荐一种分三步走的转变方法来达到货币联盟的目的。第一步始于 1990 年 7 月,它要求撤销对共同体内部金融性资本流动的限制,并将经济举措统一起来进行货币和财政政策方面的合作。第二步,1991 年 12 月在荷兰的马斯特里赫特举行会议,这次会议呼吁建立一个**欧洲货币机构**(European Monetary Institute,EMI)作为**欧洲中央银行**(European Central Bank,ECB)的前身,来进一步协调其成员国的宏观经济政策。第三步是到 1999 年完成建立货币联盟以及创立单一货币和欧洲中央银行,并由欧洲中央银行进行外汇市场的干预及公开市场业务运作。这意味着成员国将放弃对货币供给和货币政策的自主权。另外,各国在预算政策上也不再有完全的自由。在只有一个共同的中央银行的条件下,各国的央行将起到类似美国联邦储备银行的作用。

马斯特里赫特条约(Maastricht Treaty,简称马约)中设定了加入货币联盟的国家必须具备的一些条件:(1)其通胀率不得超过成员国中三个最低通胀率平均值的 1.5%;(2)该国预算赤字不得超过国内生产总值的 3%;(3)政府举债总额不得超过国内生产总值的 60%;(4)长期利率不得超过通胀率最低的三个成员国的平均利率的两个百分点;(5)加入货币联盟的前两年,平均汇率不得低于欧洲货币体系平均汇率的 2.25 个百分点。到 1991 年仅法国和卢森堡达到了这些要求。由于统一造成的成本,德国未能完全满足这些条件,意大利则没有达到任何一条标准。然而,到1998年,欧盟的绝大多数国家都达到了马约的大部分标准(见案例研究15.2),真正货币联盟的时期开始了。

1997年,**经济发展与稳定协议**(Stability and Growth Pact,SGP)决定进一步对货币联盟成员国的财政加以限制,SGP要求这些国家力求使预算赤字低于GDP的3%,以便在发生经济危机时,一国能在推行扩张财政政策的同时仍保持低于3%的要求,违背这一财政政策的国家将会被处以很重的罚金。为了使财政处罚在货币联盟中广泛使用以避免过度货币发行、通货膨胀、欧元疲软等情况,德国要求必须以接受该协议为条件才能加入货币联盟。但具有讽刺意味的是,2003年正是德国和法国未能满足SGP的要求,当时它们的预算赤字达到了其GDP的4%,这导致2005年SGP条款的放松(通过增加一些例外条款)。

案例研究 15.2

马斯特里赫特综合指标

表15.2是1998年1月欧盟15个成员国的5个马斯特里赫特指标中的4个。这些指标信息和汇率指标(未列在表中)被欧洲委员会用来决定哪些成员国可以被批准加入这一货币体系。从该表中可以看出,除了希腊,其他国家都满足通货膨胀、政府赤字和长期利率的指标要求,但有8个国家不满足对政府举债的限制,而且爱尔兰不满足汇率限制。然而,欧洲委员会宣布所有国家(除了希腊)在所有5个方面均取得了有效的改善,可以加入单一货币体系。英国、丹麦和瑞典拒绝加入这一体系。但是它们并不放弃以后加入的权利。希腊在2001年1月1日,斯洛文尼亚在2007年,塞浦路斯和马耳他在2008年,斯洛伐克在2009年,爱沙尼亚在2011年被批准加入,这样欧元区国家增加到17个(见图15.1)。

表15.2 欧盟成员国马斯特里赫特综合指标,1998年1月 %

国家	通货膨胀率	政府赤字占GDP比重	政府债务占GDP比重	长期利率
德国	1.4	2.5	61.2*	5.6
法国	1.2	2.9	58.1	5.5
意大利	1.8	2.5	118.1*	6.7
英国	1.8	0.6	52.3	7.0
奥地利	1.1	2.3	64.7*	5.6
比利时	1.4	1.7	118.1*	5.7
丹麦	1.9	−1.1	59.5	6.2
希腊	5.2*	2.2	107.7*	9.8*
芬兰	1.3	−0.3	53.6	5.9
爱尔兰	1.2	−1.1	59.5	6.2
卢森堡	1.4	−1.0	7.1	5.6
荷兰	1.8	1.6	70.0*	5.5

续表

国家	通货膨胀率	政府赤字占 GDP 比重	政府债务占 GDP 比重	长期利率
葡萄牙	1.8	2.2	60.0	6.2
西班牙	1.8	2.2	67.4*	6.3
瑞典	1.9	0.5	74.1*	6.5
欧元区平均	1.6	1.9	70.5	6.1
参考值	2.7	3.0	60.0	7.8

* = 不满足条件的国家。

资料来源：European Commission, *Convergence Report* 1999 (Brussels: European Commission, 1998)。

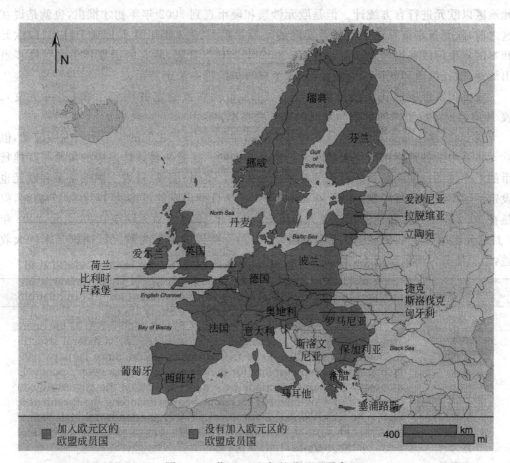

图 15.1　截至 2011 年的欧元区国家

经过这些谈判，英国努力坚持放慢欧盟向经济和政治一体化目标前进的速度，以避免进一步丧失自己的主权。文化和语言上的差异使得货币联盟的进程遇到重重困难，未来对中东欧新民主政体的接受也将使问题变得更为复杂。虽然如此，马约是一座桥梁，促成了 1999 年年初欧洲真正的货币联盟的建立，欧洲中央银行（于 1998 年创立）的开始运作表明欧元诞生了。

 ## 15.7 欧元的诞生，欧洲中央银行和统一货币政策

1999年年初，随着欧元及欧洲中央银行统一货币政策的出台，欧洲货币体系被**欧洲货币联盟**（European Monetary Union，EMU）所取代。1999年1月**欧元**（euro，€）正式诞生，作为欧洲地区（欧洲大陆）11个国家（奥地利、比利时、德国、芬兰、法国、爱尔兰、意大利、卢森堡、西班牙、葡萄牙、荷兰）的共同货币。希腊在2001年1月1日被批准加入，英国、瑞典和丹麦拒绝加入这一体系。欧元的产生是战后货币史中最重要的事件之一，此前从未有过这么多的主权国家自愿放弃本国货币而使用统一货币。

1999年1月1日起，欧元开始在金融市场上交易，新发行的股票要以欧元为单位，欧元地区以欧元进行官方统计。但是欧元钞票和硬币直到2002年年初才推出，也就是说在这之前，欧元仅是结算单位而不是实际的流通货币。2002年1月1日到7月1日，欧元和本国货币可以在国内共同流通，但是2002年7月1日起，所有的国家货币必须逐步退出流通，欧元纸币和硬币成为欧元区11个成员国的唯一法定货币。

成员国货币所能代表的欧元价值在1998年秋季被确定并固定下来（不可更改）。表15.3给出了成员国的货币与欧元的官方兑换率。

到2002年1月1日为止，欧元和其他货币如美元、日元之间的汇率不断发生波动，但欧元体系中的各种货币所代表的欧元价值是不变的。这意味着该体系中的货币与其他货币的汇率波动以欧元与其他货币的汇率波动为限。英国、瑞典、丹麦三国的货币和欧元也设定了汇率波动幅度限制。欧元在1999年1月1日推出时的汇率为1€＝1.17美元，但是在2002年中期重新达到接近美元价值前，2000年10月底欧元跌至0.85美元，2008年7月欧元汇率升至1.58美元（见案例研究12.7）。欧元的诞生为欧元区国家带来巨大收益，但也使其付出巨额成本，尤其是在短期内（参见案例研究15.3）。

表15.3 欧元的官方兑换率

国家	本国货币	每欧元兑换货币单位
奥地利	先令	13.760 3
比利时	比利时法郎	40.339 9
芬兰	芬兰马克	5.945 73
法国	法国法郎	6.559 57
德国	德国马克	1.955 83
爱尔兰	镑	0.787 564
意大利	意大利里拉	1 936.27
卢森堡	卢森堡法郎	40.339 9
荷兰	基尔德	2.203 71
葡萄牙	埃斯库多	200.482
西班牙	比塞塔	166.386

资料来源："The Launch of the Euro," *Federal Reserve Bulletin*, October 1999, pp. 655-666.

案例研究 15.3

欧元的收益与成本

欧洲地区各国使用欧元作为统一货币给这些国家带来了很大利益,但也带来了巨大的成本。利益表现在:(1)欧元地区的国家不再需要进行货币兑换(估计每年可节约多达300亿美元);(2)消除了参与国之间的汇率波动;(3)加速了各成员国的经济及金融一体化;(4)各个成员国参与共同制定统一货币政策;(5)促使成员国建立更好的经济和预算秩序;(6)从欧元成为国际货币(见案例研究11.1)中获得的铸币税;(7)降低了在国际金融市场融资的成本;(8)提升了欧洲货币联盟在国际事务中的经济和政治地位。

而这些国家使用欧元带来的最严重的问题发生在只有它们中的一国或几国出现经济危机或遭受不对称的冲击时。此时,受到影响的一国或几国既不能利用汇率也不能使用货币政策来解决问题,而且使用财政政策也会受很大限制。在这种情况下,这些国家只有被动地等待问题随时间逐步缓解。在经济更高度一体化的国家(如美国),如果某一地区发生危机,一些劳动力将迅速流出,该地区也将从大量的财政收入再分配中获得补贴(如较高的失业保险款项)。然而在欧洲,劳动力的流动性比美国差很多,财政收入再分配也是一样。所以欧元地区国家要处理非对称的经济冲击就更为困难。经济一体化的确可以刺激EMU内部的劳动力流动,但这是一个漫长的过程,还需要很多年来完成。不过在处理这些问题时,欧元地区的资本流动可以在某种程度上代替劳动力的流动。

资料来源: G. Fink and D. Salvatore, "Benefits and Costs of European Economic and Monetary Union," *The Brown Journal of World Affairs*, Summer/Fall 1999, pp. 187-194; and D. Salvatore, "The Unresolved Problem with the EMS and EMU," *American Economic Review*, May 1997, pp. 224-226; and D. Salvatore, "Euro," *Princeton Encyclopedia of the World Economy*, 2008, pp. 350-352.

1998年,**欧洲中央银行**(European Central Bank, ECB)成立,成为欧洲中央银行体系(ESCB)——欧盟国家中央银行联邦机构——的执行机关。1999年1月起,ECB承担起制定统一的欧洲货币联盟货币政策的工作。ECB的货币政策是通过管理委员会的多数裁定原则来确定的,该委员会由一个6人的执委会[委员会成员包括ECB的行长,2003年秋之前由荷兰的威廉·F.杜伊森贝赫(Willem F. Duisenberg)担任,其后的继任者是法国人让-克洛德·特里谢(Jean-Claude Trichet)]和各成员国中央银行的领导组成。

马约赋予欧洲中央银行的唯一目标是力求稳定价格,并使其完全脱离政治因素影响。ECB需要定期向欧洲议会说明其工作情况,但欧洲议会无权影响ECB的决议。举例来说,美国国会可以通过法律削弱联邦储备委员会的独立性,而欧盟每个成员国必须通过立法或投票表决改变ECB的法令来修订马约本身,让ECB几乎完全独立于政治影响之外就是为了不使ECB受政治影响而被迫提供额外的货币刺激,导致通货膨胀。但这也带来了一些批评,认为ECB不民主,没有反映大众的经济需求。

欧洲货币联盟(EMU)在1999年第一年运行时受到些干扰,政治家们要求降低利率以刺激经济增长并克服欧元疲软,但ECB首要的任务是避免通货膨胀重新抬头以建立自己的信誉。1999年,某些国家(如爱尔兰和西班牙)面对过度增长及通货膨胀威胁(因此需要紧缩的货币政策),而另一些国家(如德国和意大利)却面临经济萎缩(因此需要降低利率),这也导致了很多矛盾。ECB对付这种情况的方法是采取了一种折中的货币政策,但这样一来,对于爱尔兰和西班牙来说可能利率太低,而对于德国和意大利来说利率又可能过高。

15.8 货币发行局制和美元化

货币发行局制(currency board arrangement,CBAs)是钉住汇率(固定汇率制)的最极端的形式,比采取统一货币和美元化(用美元作为本国货币)稍自由一些。在这一体制下,一国严格地(通常通过法律)将汇率与某一国外货币、SDR,或其混合物挂钩(这样中央银行就不能执行独立的货币政策)。在CBAs体制下,一国的货币供应增加或减少仅与国际收支赤字或国际储备流出有关。因此,该国的通货膨胀和利率与那些将货币钉住或固定的国家十分相似。

一国通常在处于严重的金融危机时采用这种极端形式作为有效消灭通货膨胀的方法。CBAs在几个国家或经济地区正被使用或曾被使用,例如中国香港(1983年至今)、阿根廷(1991年到2001年年底)、爱沙尼亚(1992年至2010年年底)、立陶宛(1994年至今)、保加利亚(1997年至今),以及波斯尼亚—黑塞哥维那(1997年至今)。CBAs成功运作的要素是必须有稳健的银行体系(因为中央银行不能再成为"最后的贷款人"或对有困难的银行扩展信用)和谨慎的财政政策(因为中央银行不能借款给政府)。CBAs的主要优点是会保持低利率和低通货膨胀。CBAs的成本是国家中央银行没有能力:(1)推行自己的货币政策;(2)作为最后贷款人;(3)从本国独立的货币发行中扩大势力。案例研究15.4考察了阿根廷在20世纪90年代运作CBAs的经验。

案例研究 15.4

阿根廷的货币发行局体制及其危机

阿根廷1991年到2001年年底在处于严重经济危机时推行了货币发行局制。阿根廷的CBAs直到1999年巴西第一次被迫进行货币贬值继而任由其迅速贬值前始终运行良好。由于比索与美元绑在一起,阿根廷相比巴西(阿根廷最大的贸易伙伴),丧失了巨大的国际竞争力,并因此陷入经济萧条。而货币的高估并不是造成阿根廷经济危机的唯一原因,更严重的是阿根廷的预算赤字脱离控制。阿根廷人的生活完全超出了可能的范围,这是不可以持续的。

比索的高估只是使危机更为严重。为了刺激国外投资而采取的紧缩公众金融环境的措施却加重了经济萧条，并引发了骚乱，同时也没有达到吸引国外投资者的目的。国外投资者害怕阿根廷会被迫取消货币发行局制并将比索贬值，这会给他们带来损失，甚至有可能限制资本撤回。

留给阿根廷的选择只有两个：比索贬值或完全美元化。阿根廷害怕回到20世纪80年代的过度通货膨胀环境因而不愿放弃CBAs和将比索贬值。但美元化也不是没有风险，特别是在消除外汇风险和吸引更多国外投资的同时，美元化不能解决阿根廷在国际竞争中的地位问题，特别是与巴西的竞争，也不能解决它的预算问题。由于这些原因，2002年1月，阿根廷决定拖欠其巨额外债，被迫放弃货币发行局制并将比索贬值，实行浮动汇率。到2002年秋，比索已从CBAs下的1美元等于1比索的汇率跌至1美元等于3.5比索（贬值了350%），而且阿根廷支付给持有其债券的外国人的也只是1美元债券返还10个美分。

资料来源：A. de la Torre, E. Yeyati, and E. Talvi, "Living and Dying with Hard Pegs: The Rise and Fall of Argentina's Currency Board," in G. von Furstenberg, V. Alexander, and J. Melitz, eds., *Monetary Unions and Hard Pegs* (New York: Oxford University Press, 2004), pp. 183-230.

一些国家甚至比采取货币发行局制走得更远，它们用其他国家的货币作为本国法定货币。这个过程通常被称为**美元化**（dollarization），即使该国使用的并非美元（如果一个国家用欧元作为其法定货币，也称为欧元化）。完全美元化或官方美元化的国家包括巴拿马、厄瓜多尔和萨尔瓦多。危地马拉、洪都拉斯、尼加拉瓜和哥斯达黎加美元化程度大约为30%～50%。新近加入欧盟的国家也在考虑在被接纳为欧洲货币联盟成员之前实行单边的欧元化。

美元化的优势和成本与CBA体系类似，但其优劣势被更多地加以强调，是因为美元化是对本国货币控制权的更彻底的放弃，它事实上放弃了对该体制的"退出选择"权。美元化的优点为：(1)免除了将本国货币兑换为美元的成本并且不需要防范外汇风险；(2)通货膨胀率和利率与美国接近(除非存在其他国家风险)；(3)避免了外汇危机和对外汇交易及对外贸易的控制需求；(4)促进预算纪律性并鼓励更迅速、更完全的国际金融一体化。

美元化也给这些国家增加了一些成本，这包括：(1)将国内货币兑换为美元的成本（对拉美国家而言，估计平均达到GDP的4%～5%）；(2)损失了货币和外汇政策的独立性；(3)当国内银行和其他金融机构遇到危机时，中央银行将失去作为"最后贷款人"的地位。

适合采取美元化的是那些小型开放经济国家，美国或欧洲是其主要经济合作者，并且它们有不佳的货币表现史，导致经济政策可信度较低。拉美小国特别是中美国家，以及加勒比海的一些国家非常符合这些条件。然而一旦把视角从小国转向大国（如阿根廷或墨西哥），将很难判断美元化能否给国家带来好处。

15.9 可调整钉住汇率、蠕动钉住汇率和管理浮动汇率

在 13.4 节我们已经看到,所有的固定汇率体系通常都允许汇率在其票面价值周围一个很小的范围内浮动。在允许的浮动范围内实际的汇率是由供需力量决定的(如第 11 章的解释),并通过政府对外汇市场的干预来约束这个幅度。不过允许的汇率浮动范围也可以放宽。但是允许的浮动范围越大,当外汇市场上没有任何官方干预时,这一体系就越具有浮动汇率体系的特征。

可调整钉住汇率体系(adjustable peg system)是指允许的汇率浮动范围很窄的固定汇率体系(如在其票面价值上下 1%)。在这一体系中,它允许甚至鼓励一国在面临巨大而持久的国际收支逆差时进行货币贬值,在出现根本性盈余时进行货币升值,从而调整国际收支的失衡。1947—1971 年运作的布雷顿森林体系(参见第 16 章)最初建立时就是一种可调整钉住汇率体系,但由于各国即使在面临根本性的赤字时也不愿意贬值,最终该体系崩溃了。正如 14.3 节所讨论的,贬值常被认为是失败的象征,令人担心它会引起不稳定投机。

蠕动钉住汇率(crawling peg system)或称滑动平价体系,正是为了避免大幅度调整汇率及不稳定投机而设计的。在该体系下,货币面值按频繁而又确切的时间间隔(如按月),以预先声明的数量或百分比做小的变动,直到达到均衡。政府可以通过操纵短期利率的方式来抵消由于事先设计好汇率变动而带来的投机利润,从而阻止不稳定投机行为。例如,一次预先声明的货币 2% 的贬值可被短期利率上调 2% 抵消。应用蠕动钉住汇率的国家必须决定面值变更的频率和数量以及准许浮动的限制。这种体系看来最适合面临现实冲击和不同通胀率的发展中国家。

在**有管理的浮动汇率体系**(managed floating exchange rate system)或**肮脏浮动**(dirty floating)体系下,一国的货币当局有责任对外汇市场进行干预,在不影响汇率长期走势的前提下,使短期波动趋于平缓。一国政府可以采取"逆风而上"的政策来达到这一目的。这需要货币当局在国际储备之外,提供部分短期资金来补充外汇市场上过高的需求(减缓该国货币贬值的趋势),并吸收外汇市场上的部分多余短期供给(减缓该国货币升值的趋势)。这便达到了在不影响汇率长期走势的前提下,减少汇率短期波动的目的。

然而,如果前面提到的"逆风而上"的规则未被透彻领会的话,还是有危险的(如 1973 年以来的实际情况),政府可能为了刺激出口,愿意保持高汇率(即让货币处在贬值水平)。近些年来,日本和中国似乎就在执行这种政策。这样的肮脏浮动是一种伪装的以邻为壑的策略,会招致其他国家的报复。

自 1973 年以来,一直存在有管理的浮动汇率体系。可以肯定地说,这种体系并非人们蓄意选择的,而是在面临外汇市场的混乱和无法忍受的不稳定投机情况下,在布雷顿森林体系崩溃时产生的。在管理浮动汇率的早期,人们做了一系列努力为管理浮动汇率设计具体的规则,避免肮脏浮动以及随后必然产生的冲突。然而,这些努力都失败了。事实上,在过去 30 年中有管理的浮动汇率体系既不像赞成它的人们最初想象的那么好,也不

像反对它的人所描绘的那么可怕。

但是，1980—1985年以及1999—2001年，美元大幅升值之后又大幅贬值，这清楚地表明：在现行的管理浮动汇率体系下，大的汇率失衡是有可能产生的并会持续好几年。这与国际专业分工是冲突的，并会导致保护主义，因此需要改革现有的国际货币体系，加强主要国家的国际间协作与政策协调。

现今的汇率制度表现出很大程度的弹性而且或多或少准许各国选择最适合自身需要和环境的体系（见案例研究15.5）。总的来说，大的工业化国家及面临很大通胀压力的国家比其他小的发展中国家或生产高度专业化的开放经济国家需要汇率有更大的弹性。国际货币基金组织的Ghosh, Ostry和Tsangarides(2010，见参考书目)发现，实行中间汇率制度（即在严格固定汇率体系和自由浮动汇率体系之间寻求合理的平衡）的发展中国家和新兴市场经济国家经济表现最好（其他方面也一样）。

案例研究 15.5

IMF成员国的汇率安排

表15.4给出了2010年4月30日国际货币基金组织186个成员国和三个地区（阿鲁巴岛、荷属安的列斯群岛和中国香港）的汇率安排。从表中可以看出，121个国家或地区（占全部189个国家和地区的64%）采用某种形式的固定汇率体系，而有68个国家或地区（占36%）实行管理或自由浮动汇率。

表15.4 2010年4月30日IMF成员国的汇率安排

汇率制度	国家或地区数目
"硬"钉住汇率制度	25
没有独立法定货币	12
货币发行局制度	13
"软"钉住汇率制度	96
传统钉住汇率制	44
稳定化安排	24
蠕动钉住汇率制	7
其他有管理的钉住汇率安排	21
"硬"和"软"钉住汇率制度总计	121
浮动汇率制度	68
管理浮动	38
自由浮动	30
全部总计	189

没有独立法定货币的12个国家中包括厄瓜多尔、萨尔瓦多和巴拿马（这三个国家都使用美元）；采用货币发行局制度的13个国家和地区中包括保加利亚、中国香港和立陶

宛；实行传统钉住汇率制的44个国家中包括丹麦、约旦、科威特、利比亚、摩洛哥、沙特阿拉伯和委内瑞拉；实行稳定化安排(也是一种软钉住汇率制)的24个国家中包括孟加拉国、中国、多米尼加共和国、伊朗和叙利亚；实行蠕动钉住汇率制度的7个国家中有尼加拉瓜、埃塞俄比亚和哈萨克斯坦；实行其他有管理的钉住汇率安排的21个国家中有埃及、尼日利亚、俄罗斯、新加坡和乌克兰。

实行管理浮动汇率制度的38个国家包括阿根廷、巴西、哥伦比亚、匈牙利、印度、印度尼西亚、韩国、墨西哥、巴基斯坦、菲律宾、罗马尼亚、南非和泰国；实行自由浮动汇率制度的30个国家中包括美国、欧洲货币联盟17个成员国、日本、英国、澳大利亚、加拿大、智利、波兰、土耳其和瑞士。因此，我们可以看到，在2010年4月底有多种汇率安排存在。

资料来源：International Monetary Fund (IMF), *Annual Report on Exchange Arrangement and Exchange Restrictions*, October 2010.

15.10 国际宏观经济政策协调

近几十年来，世界变得越来越一体化，发达国家相互间的依赖性也增加了。国际贸易的增长速度是世界产出增长速度的两倍，而国际间金融资本的流动增长得更快，尤其是从20世纪70年代初期开始。今天，7个最大的发达国家(即7国集团)的国际贸易额占其国民生产总值的比值已是1960年的两倍，世界正迅速向真正一体化和全球化的国际金融资本市场发展。

国际间经济越来越强的依赖性极大地降低了国内经济政策的有效性，并增加了向世界各国的溢出效应。例如，为刺激美国经济而实行的宽松的货币政策会降低美国利率从而导致金融资本外流，这将破坏扩张性货币政策带来的膨胀效应，导致美元贬值(在其他条件不变的情况下)。同时，其他国家则面临金融资本流入和货币升值，这是美国扩张性货币政策的直接后果，这也会破坏这些国家为达到自己的具体目标而做的努力。类似的，美国扩张性财政政策也会对世界其他国家的经济产生重要的溢出效应(见13.7节)。

随着国际间依赖性的增加，国际宏观经济政策的协调变得不可或缺。特别的，政府间的合作比各自国家单独行事能够取得更令人满意的效果。**国际宏观经济政策协调**(international macroeconomic policy coordination)指根据国与国间相互依赖的情况对各国的经济政策进行修正。例如，当出现世界性衰退时，每个国家都为避免贸易均衡的恶化而不愿刺激经济。而通过所有国家合作式的共同扩张，各国的产量和就业都会增加，而不必担心出现贸易均衡的恶化。同样，国际政策协调也可以避免为刺激出口而进行的竞争性货币贬值(以邻为壑的策略)。

不过当今国际货币体系下的国际政策协调只是偶尔发生，并被限制在某一范围内。一个有限的国际政策协调的例子是1985年9月的广场协议，在该协议中，5国集团(美、日、德、法、英)同意对外汇市场进行联合干预以使美元能逐渐贬值，或"软着陆"，从而结束它过度升值的状况。另一些政策协调的例子包括美、日、德对1987年10月世界股票市场崩溃、2001年9月11日对美国的恐怖袭击和2007年次贷危机所做的快速联合反应。

然而,上面所列的政策协调都是偶然发生且范围有限。协调的进程看来自1990年起也遭到阻碍。例如,1991年12月,德国将利率猛提到1948年以来的最高点,以消除重建前民主德国带来的通胀压力。而这时,美国和欧洲其他国家正处于经济衰退或面临衰退威胁(因此需要较低的利率)。美国为了走出衰退实际上还降低了美元的利率,这导致美元兑马克的迅速贬值。欧盟的其他成员国也都在欧洲货币体系的要求下被迫随德国提高了利率从而使它们的汇率保持在准许的2.25%浮动幅度内,这些国家不得不运用放松银根的政策来刺激疲软的经济。德国这次不考虑其他主要国家的要求而单独采取的行动是对国际间金融协调与合作政策的当头一棒,并导致了**汇率机制**在1992年9月和1993年8月的严重危机。

当前在实现成功而有效的国际宏观经济政策协调之路上存在许多障碍。其中之一是缺乏对国际货币体系的一致性看法。例如,美联储认为货币的扩张会带来产量和就业的增加,而欧洲央行却认为这只会导致通货膨胀。另一障碍是缺乏对所需要的混合性政策的精确认识。例如,对于扩张财政,不同的宏观经济计量模型会得出不同的结论。另外,如何在参与国间分配从成功的政策协调中获得的收益,以及如何分摊协作与协调成本也是问题。经验研究指出:多数时候各国能从国际政策协调中得到好处但所得并不多。但是这些经验研究可能无法计算出成功的国际政策协调所带来的全部利益。

本章小结

1. 本章评价和比较了浮动汇率相对于固定汇率的优缺点以及具有浮动和固定两种体系不同特点的混合汇率的优缺点。

2. 浮动汇率制度和固定汇率制度哪个更好取决于它是在什么国家或地区以及何种环境下运作。通常如果各种扰动因素主要是货币因素(如通货膨胀),那么固定汇率制度更合适;如果扰动因素主要是来自实际经济部门(如技术变化)和海外,那么浮动汇率制度更合适。

3. 支持浮动汇率的人声称浮动汇率更具有市场效率和政策优势。浮动汇率比固定汇率高效主要是因为:(1)它仅靠汇率的变动而非国内所有物价的变动来达到对国际收支进行调整的目的;(2)这样的调整是平稳的、连续的而非偶然的或剧烈的;(3)使货币政策能自由地用于实现国内经济目标;(4)避免了政府利用汇率来实现某些目标的风险,而这些目标是本应采取其他政策实现的。

4. 支持固定汇率的原因是:(1)此时汇率更加稳定;(2)人们相信这种体系可以使投机趋于稳定;(3)与浮动汇率相比,可以降低通胀水平。

5. 最佳货币区指这样一些国家集团:这些国家的货币通过永久固定的汇率联系在一起。它为参与最佳货币区的国家提供了许多好处但也带来了一些成本。

6. 欧洲货币体系(EMS)成立于1979年,它创造了欧洲货币单位(ECU),限制其成员国的汇率在中心汇价上下2.25%的范围内波动。欧洲货币体系还建立了欧洲货币合作基金会来为其成员国提供国际收支中短期均衡的帮助。马斯特里赫特条约设定了加入欧洲货币联盟的5个先决条件。1997年,经济发展与稳定协议决定进一步对货币联盟成员国的财政加以限制。

7. 1989年6月,通过三个阶段建立货币联盟的计划开始实施,最终目的是要在1999年创造一种单一货币及建立欧洲中央银行(ECB)。1999年1月1日,欧元正式诞生,并于2002年1月1日作为欧洲货币联盟12个成员国的货币开始流通。1999年1月,欧洲中央银行承担起负责欧元区的货币政策的任务。

8. 在CBAs下,该国汇率固定且其中央银行丧失对本国货币供给或执行独立的货币政策的能力,也不能作为"最后贷款人"。实行CBAs的国家的货币供给增加或减少仅与收支盈余或赤字相关。CBAs的主要优点是低利率和低通货膨胀率。美元化是指一国以他国货币作为本国法币(多数为美元和欧元),美元化的优势和成本与CBAs相似,只不过因为美元化放弃了"退出权"而使其优势和缺点表现得更为明显。

9. 可调整钉住汇率体系要求在国际收支失衡时定期调整汇率。由于国家通常不愿意贬值或者升值,这一体系有可能导致不稳定投机。这个缺点可以通过应用蠕动钉住汇率体系解决。在这种体系下,货币面值可在频繁的确定的时间间隔调整一个很小的幅度。在有管理浮动汇率体系或肮脏浮动的体系下,一国的货币当局会干预外汇市场使汇率波动趋于平缓。2010年,国际货币基金组织186个成员国中大约有一半实行的是某种固定汇率制度,另外一半的国家实行的是某种弹性汇率制度。

10. 最近几十年来,世界各国经济间的相互依赖性越来越强了,这使得国际经济政策协调变得十分必要。由于缺乏对国际货币体系功能的共识,缺乏清晰的政策组合要求,而且在如何分配协调的收益和成本上存在困难,当今国际货币体系下的国际政策协调只是偶然发生并且范围有限。

复习题与练习题

1. (1) 相对于浮动汇率体系来说,人们宣称固定汇率体系有哪些优势?浮动汇率体系的支持者是如何回应的?

(2) 在选择浮动汇率还是固定汇率方面能得出什么样的总的推断?

2. 画图说明在不存在投机、存在稳定投机、存在不稳定投机三种情况时,受经济周期影响的汇率波动情景。

3. (1) 解释最佳货币区和固定汇率体系的区别。

(2) 最佳货币区的主要优缺点分别是什么?

(3) 建立一个能够运作良好的最佳货币区需要什么条件?

4. 指出欧盟国家建立单一货币产生的益处和成本是什么。

5. 指出以下三者的区别:

(1) 固定汇率制度

(2) 货币发行局制

(3) 美元化

6. 什么是蠕动钉住汇率体系?它是如何克服可调整钉住汇率的缺点的?

7. (1) 什么是有管理的浮动汇率体系？

(2) "逆风而上"的政策是如何运作的？

(3) 相对于自由浮动汇率体系和固定汇率体系，管理浮动汇率体系有哪些优点？

8. 浮动汇率体系可将一国的经济与国际的动荡隔离开，因而不需要国际政策协调。这种说法是对还是错？请给出理由。

9. 解释为什么没有国际政策协调时，各国可以实施扩张的财政政策和紧缩的货币政策，而存在协调时情况则相反，即可实施紧缩的财政政策和扩张的货币政策。

10. (1) 为什么过去20年间主要工业化国家间更多的国际宏观经济政策协调是有用的？

(2) 考虑到当今世界主要工业化国家实行国际宏观经济政策协调的可能性，你能得出什么结论？

参考书目

对浮动汇率和固定汇率的争论，可见：

- R. Ghosh, J. D. Ostry, and C. Tsangarides, *Exchange Rate Regimes and the Stability of the International Monetary System*, IMF Occasional Paper 270, October 2010.
- IMF, *Exchange Rate Arrangements and Foreign Exchange Markets* (Washington, DC: IMF, 2010).

对区域一体化和欧洲货币体系的考察，可参见：

- R. Dornbusch, P. Kenen, R. McKinnon, R. Mundell, M. Mussa, and D. Salvatore, "Common Currencies vs. Currency Areas," *American Economic Review*, May 1997, pp. 208-226.
- D. Salvatore, "The Euro, the European Central Bank, and the International Monetary System," *Annals of the American Academy of Political and Social Science*, January 2002, pp. 153-167.
- D. Salvatore, "The Euro: Expectations and Performance," *Eastern Economic Journal*, Winter 2002, pp. 121-136.
- P. Lane, "The Real Effect of the European Monetary Union," *Journal of Economic Perspectives* (Fall 2006), pp. 47-66.
- P. Kenen and E. Meade, *Economic and Monetary Union in Europe* (Cambridge: Cambridge University Press, 2008).

对当前国际货币体系的讨论和评价，见：

- R. Ghosh, J. D. Ostry, and C. Tsangarides, *Exchange Rate Regimes and the Stability of the International Monetary System*, IMF Occasional Paper 270, October 2010.

对货币发行局、美元化和欧元化的讨论，请见：

- D. Salvatore, J. Dean, and T. Willett, *The Dollarization Debate* (New York: Oxford University Press, 2003).
- D. Salvatore, "Euroization, Dollarization and the International Monetary System," in G. von Furstenberg, V. Alexander, and J. Melitz, eds., *Monetary Unions and Hard Pegs* (New York: Oxford University Press, 2004), pp. 27-39.

对国际宏观经济政策协调的考察，可参见：

- P. B. Kenen, ed., *Understanding Interdependence: The Macroeconomics of Open Economies*

(Princeton, NJ: Princeton University Press, 1995).
- R. C. Bryant, *International Coordination of National Stabilization Policies* (New York: Oxford University Press, 1996).
- IMF, *World Economic Outlook* (Washington, DC: IMF, October 2010).
- OECD, *Economic Outlook* (Paris: OECD, December 2010).

网址

国际货币基金组织、经合组织和国际结算银行定期考察各国的货币、财政和汇率政策，并把许多结果公布在网站上，网址分别是：

http://www.imf.org

http://www.oecd.org

http://www.bis.org

在各主要国家的中央银行(美国联邦储备委员会、美国纽约的联邦储备银行和欧洲货币联盟的欧洲中央银行)的网站上包括许多国家经济和金融政策的信息。美国、欧盟、英格兰银行、日本银行和加拿大银行的网址分别是：

http://www.federalreserve.gov/policy.htm

http://www.newyorkfed.org/index.html

http://www.ecb.int/home/html/index.en.html

http://www.bankofengland.co.uk

http://www.boj.or.jp/en/index.htm

http://www.bankofcanada.ca/en/index.html

对主要国家的货币和其他经济政策的分析还可以在以下这些地方找到：总统经济报告，圣路易斯的联邦储备银行、欧洲委员会(EC)、国家经济研究局（NBER)和国际经济协会（IIE)。这些机构的网址分别是：

http://www.gpoaccess.gov/eop

http://www.stls.frb.org

http://www.europa.eu/old-address.htm

http://www.nber.org

http://www.iie.com

第 16 章

国际货币体系：过去、现在与未来

学习目的

学完本章，你应当能够：
- 理解国际货币体系的含义
- 理解金本位制是如何运作的
- 了解什么是布雷顿森林体系
- 描述布雷顿森林体系是如何运作的
- 理解美国贸易赤字是如何造成布雷顿森林体系崩溃的
- 了解当前国际货币体系是如何运作的
- 理解近期全球金融危机的原因和后果
- 识别当今世界面临的主要国际经济问题

重要术语

国际货币体系	international monetary system
调整	adjustment
流动性	liquidity
可靠性	confidence
布雷顿森林体系	Bretton Woods System
干预货币	intervention currency
根本性失衡	fundamental disequilibrium
货币自由兑换	currency convertibility
国际复兴与开发银行（IBRD 或世界银行）	
International Bank for Reconstruction and Development (IBRD or World Bank)	
国际开发协会	International Development Association (IDA)
国际金融公司	International Finance Corporation

黄金份额	gold tranche
信用份额	credit tranches
净国际货币基金组织头寸	net IMF position
贷款安排总协定	General Arrangements to Borrow (GAB)
备用协议	standby arrangements
互换协议	swap arrangements
特别提款权	Special Drawing Rights (SDRs)
美元短缺	dollar shortage
铸币利差	seigniorage
史密森协议	Smithsonian Agreement
美元本位制	dollar standard
美元泛滥	dollar glut
牙买加协议	Jamaica Accords
善意忽视	benign neglect
第一信用份额	first credit tranche
借款新安排	New Arrangement to Borrow (NAB)
国际货币基金组织条件	IMF conditionality
美元灾	dollar overhang
替代账户	substitution account
目标区域	target zones
全球金融危机	global financial crisis
20国集团	Group of Twenty (G-20)

16.1 引言

本章我们将考察国际货币体系从金本位制时期直至现在的运作情况。由此得出的部分经验教训,将作为考察国际收支调节的各类机制的例证。我们现在把它们结合到一起,用来评价1880年至今各种国际货币体系下实际发生的国际收支调整过程,或者更广泛的,开放经济的宏观经济政策及其效果。尽管这是按照历史发展顺序叙述的,但对各种国际货币体系运作的评价是根据从第13章到第15章所建立的分析结构进行的。

16.2节给出了国际货币体系的定义。16.3节考察金本位制在1880—1914年的运作情况和在第一次世界大战与第二次世界大战之间的经验。金本位制是一种以黄金作为唯一国际储备的固定汇率制度。在两次世界大战期间,最初曾实行浮动汇率制度,而后又试图重新建立金本位制,这一努力最终以失败告终。16.4节至16.6节考察了布雷顿森林体系的建立、运作和垮台。这是一种固定汇率或可调整钉住黄金—外汇的汇率制度,它从第二次世界大战结束起一直实行到1971年8月。从那时起至1973年3月,通行的是一种可调整钉住美元的汇率制度。16.7节和16.8节分别考察了目前实行的有管理浮动汇率制度面临的问题以及改革建议。16.9节、16.10节和16.11节讨论了发生在新兴市场经济中的金融危机、近期的全球金融危机和当前存在的其他国际经济问题。

16.2 国际货币体系的含义

国际货币体系(international monetary system),有时称为国际货币秩序或国际货币领域,是指影响国际收支的各种规则、习惯、工具、设施和组织。国际货币体系可以根据汇率的决定方式或国际储备资产采用的形式进行分类。如果按汇率决定方式分,有:只能围绕平价窄幅波动的固定汇率制度、较大浮动范围的固定汇率制度、可调整钉住汇率制度、爬行钉住汇率制度、有管理的浮动汇率制度及完全浮动汇率制度。按国际储备的形式分,有金本位制(黄金是唯一的国际储备资产)、纯信用货币本位制(如纯美元或与黄金没有任何联系的汇率标准)以及金汇兑本位制(以上两者的结合)。

上面两种分类方法可以通过多种方式进行组合。例如,金本位制是一种固定汇率制度,但是也存在与黄金没有任何联系的固定汇率制度,其国际储备由某些国家的货币组成,如不再以黄金作为后备的美元。同样,可以实行可调整钉住汇率制度或有管理浮动汇率制度,它们都以黄金加外汇或单纯以外汇作为其国际储备。在完全浮动汇率制度下,理论上当然不再需要国际储备,因为国际收支失衡时,汇率会立即自动进行纠正。正如本章所描述的,在我们分析的整个时期中,这些可能出现的国际货币体系中的大多数都曾经在某段时间在某些国家实行过。

一个好的国际货币体系应当使国际贸易和投资的总量最大化,并将国际贸易的收益在世界各国间进行"公平的"分配。评价一种国际货币体系,可以从调整、流动性和可靠性三个方面进行。所谓**调整**(adjustment),是指纠正国际收支失衡的过程。一个好的国际货币体系应该使调整成本和所需时间最小。**流动性**(liquidity)是指可以用来应付国际收支暂时失衡问题的储备资产的数量。好的国际货币体系应提供足够的储备资产,以使一国可以弥补其国际收支赤字而不会使本国经济紧缩。**可靠性**(confidence)则是指调节机制具有正常运行的自动机制,能够保持国际储备的绝对价值和相对价值。

16.3 金本位制和两次世界大战之间的经验

金本位制大约实行于1880—1914年。如13.4节所述,在金本位制下,每个国家确定其本国货币的含金量,并被动地准备不断按照这一价格买卖任何数量的黄金。因为每种货币的单位含金量是固定的,所以汇率也是固定的,这称为铸币平价。汇率将围绕平价上下波动(在黄金输入点和输出点之间),波动幅度为两个货币中心间单位外汇所含黄金的运输成本。逆差国家的黄金会因流出而减少,继而货币供给也会减少,因此价格下降。这使得逆差国家的出口受到刺激而进口受到抑制,直至其国际收支逆差消失。相反的情况则发生于国际收支顺差国家。

要使一国的货币供给出于国际收支的考虑而被动地变动,就意味着该国不能运用货币政策来达到无通胀的完全就业状态。但古典经济学家认为这不会造成任何问题,因为他们坚信经济系统本身会自动趋向于无通胀的完全就业。为使上述调节过程能够发生作用，政府被假定为不过问(即中立于)国际收支盈亏状况的影响。但相反的是，金本位制的"游戏规则"要求逆差国家紧缩信用而顺差国家扩张信用从而加速调节进程。

上面讨论了金本位制下调整机制应当如何运作。实际上，纠正国际收支失衡的主要是国际资本流动而不是黄金的运输。也就是说，当英国国际收支逆差时，其货币供给减少，利率上升，这会吸引短期金融资本流入以弥补逆差。由于英镑是当时唯一重要的国际货币，伦敦是当时唯一的国际货币中心，国际金融资本流动是具有稳定性的，而今天的情况相差很大，金本位制或与其类似的其他体制不太可能被重新建立。

随着第一次世界大战的爆发，古典的金本位制结束了。1919—1924年，汇率疯狂地变动，这导致了对于重返金本位制下稳定状态的渴望。1925年4月，英国按战前价格重新恢复了英镑对黄金的可兑换性，并解除了战争爆发后所实行的黄金禁运措施。其他国家也跟随英国相继重返金本位制。但是，这一新的体系是金汇兑本位制，因为黄金及可以兑换为黄金的纸币(大部分是英镑，也有美元和法国法郎)均可以作为国际储备。由于英国已经在很大程度上失去了竞争能力，并且其国外投资的很大部分已用于支付战争费用，这使英镑在重新建立战前的平价水平时被高估了很多，给英国带来了巨额的国际收支逆差和黄金损失，直到英国最终在1931年被迫放弃了这一体系(美国实际上也于1933年结束了金本位制)。

紧接着，1931—1936年，是一段极不稳定、充满了贬值竞争的时期，各国都竭力试图"出口"其失业。美国甚至在1933—1934年将美元贬值(将一盎司黄金的美元价格从20.67美元提高到35美元)以刺激其出口，尽管美国当时正处于国际收支盈余状态。不用说，这是一个严重的政策错误。只有实行扩张国内经济的政策，才能刺激美国的经济并消除或减少其国际收支盈余。到1936年，主要货币间的汇率几乎与开始周期性竞相贬值前的1930年相同。

这一时期也充斥着严重的贸易壁垒以及严格的进口限制，这大大减少了国际贸易。例如，1930年美国通过了《斯穆特—霍利关税法案》(*Smoot-Hawley Tariff Act*)，它使得美国的进口税提高到了历史最高水平(参见6.7节)。1939年，大萧条让位于完全就业状态和战争。两次世界大战期间不稳定和混乱的经历对于盟国在第二次世界大战结束时建立战后可调整的钉住汇率体系产生了很大影响。

16.4 布雷顿森林体系

1944年，美国、英国和其他盟国的代表会集在新罕布什尔州的布雷顿森林，决定战后建立一种金汇兑本位制的国际货币体系。在人们所熟知的**布雷顿森林体系**(Bretton Woods System)中，美国有义务保持黄金价格为每盎司35美元，并承诺在任何时候满足按此价格将美元兑换为黄金的要求，而没有任何限制或限量。其他国家则将固定各自货币的美元价格(即黄金价格)，并干预外汇市场以使汇率的波幅保持在汇率平价的1%的限度内。在容许的浮动限度内，汇率由供求决定。

特别是，一国在必要时必须用美元储备购买本国货币以阻止其贬值幅度超过协定汇率的1%，或者必须用本国货币购买美元(增加国际储备)以阻止本币升值幅度超过协定汇率的1%。直到20世纪50年代末60年代初,其他国家的货币可以完全自由地兑换为美元时,美元仍是唯一的**干预货币**(intervention currency),所以这一新体系实际上是黄金—美元本位制。

各国为解决各自暂时的国际收支逆差,除动用国际储备外还可以通过国际货币基金组织(IMF)进行融资。IMF就是为解决这个问题而创建的新的国际性组织。只有在国际收支处于**根本性失衡**(fundamental disequilibrium)的情况下,一国在经国际货币基金组织批准后才可以改变其币的汇率平价。国际收支的根本性失衡没有明确的定义,而是泛指那些大额的、长期的国际收支逆差或顺差。汇率的改变如果低于10%,则可以不经过国际货币基金组织的批准。因此,布雷顿森林体系的最初设立相当于一个可调整钉住汇率制度,在汇率总体稳定的基础上结合了某种程度的弹性。

除了给出现暂时性国际收支困难的国家提供融资便利外,国际货币基金组织还监督各国是否遵循一系列公认的国际贸易和金融规则。1947年3月1日,有30个成员国的国际货币基金组织对外敞开了"大门"。到2011年时其成员达到了186个。只有很少的几个国家(如古巴和朝鲜)没有加入IMF。

经过战后的一段过渡时期,各国开始允许各自的货币自由兑换为美元和其他货币。这些国家被禁止实行新的贸易限制条款(否则货币自由兑换没有任何意义),而现存的限制也将在关税与贸易总协定(GATT)的领导下通过多边谈判逐步取消(参见6.8节)。但是仍然允许各国限制国际清算金融资本的流动,以避免各货币遭受大量国际间不稳定的流动货币的冲击。

从国际货币基金组织所借的款项必须在3～5年内偿还。对各国的长期发展援助则是由**国际复兴与开发银行**(International Bank for Reconstruction and Development,IBRD)或称**世界银行**(World Bank)及其附属机构**国际开发协会**(International Development Association,成立于1960年,其业务为以优惠利率向贫穷的发展中国家提供贷款)和**国际金融公司**(International Finance Corporation,成立于1956年,其业务为推动利用发展中国家本国和外部的资本投资于发展中国家的私营企业)提供的。

每一个国家加入国际货币基金组织的时候,都按本国经济的重要程度和国际贸易的数额分配到一定的配额。各国配额的大小决定了它们的投票权力和从国际货币基金组织借款的额度。1944年国际货币基金组织成立时,其总配额为88亿美元。美国当时的配额是最高的,为31%。每过5年,要重定一次各国的配额,以反映各成员国间经济重要性和国际贸易额的相对变化。到2011年年底,随着成员国数量和配额的周期性增长,国际货币基金组织已分配的总配额达到3320亿美元。美国的配额减少到总额的17.1%,日本和德国的配额分别为6.1%和6.0%,法国和英国的配额分别为4.9%。中国作为占全球经济9.7%的经济体,其配额为3.7%。

一个国家加入国际货币基金组织时,必须向其支付约定的配额,其中25%用黄金,其余的75%用本国货币。贷款时,该国可得到由国际货币基金组织担保的可兑换货币,同时要将等值(或更多)的本国货币存入国际货币基金组织。根据国际货币基金组织最初的条款,一个成员国一年内的借款不得超过其配额的25%,每5年内的借款总额不得超过其配额125%。若该国贷款不超过其配额的25%,即所谓的**黄金份额**(gold tranche),

可以自动获得,不受任何限制或附加条件的约束。当该国随后几年的借款额超过这一数目,即**信用份额**(credit tranches)时,国际货币基金组织就要收取越来越高的利息,而且进行越来越严格的监督,附加越来越多的条件,以确保该逆差国正在采取正确的措施以消除其赤字。一国的黄金份额减去其借款额(如果有的话),被称为该国的**净国际货币基金组织头寸**(net IMF position)。

16.5 布雷顿森林体系的运作和发展

尽管布雷顿森林体系设想并允许当国际收支出现根本性失衡时变动汇率平价,但实际上,各工业化国家均不愿意改变它们的汇率平价,除非出现了动荡的投机现象才勉强调整,但此时采取措施为时已晚。逆差国家认为货币贬值是国家衰弱的表现。顺差国家也抵制汇率升值而宁愿看到本国国际储备继续增长。因此,1950年到1971年8月,英镑仅在1967年贬值过一次,法国也只在1957年和1969年贬值过,联邦德国仅有的两次升值是1961年和1969年,而美国、意大利和日本则从未改变过汇率平价。与此同时,加拿大(违反了国际货币基金组织的规定)在1950—1962年不断变动其汇率,并于1970年重新确定了汇率平价水平。而发展中国家的货币贬值则过于频繁。

工业化国家不愿在出现国际收支根本性失衡时改变汇率平价,这使布雷顿森林体系丧失了对收支失衡的调节作用并导致了不稳定的国际金融资本流动,最终使整个体系崩溃。例如,英国由于面临巨额的贸易赤字,对英镑贬值的预期使得大量短期资本不断流出英国,直到1967年英镑最终被迫贬值。又如,因为人们预期马克将升值,不断有巨额金融资本流入联邦德国。这使得德国马克不可避免地在1961年和1969年升值。第二次世界大战之后很快就恢复了美元兑换黄金。主要欧洲货币在1961年,日元在1964年在短期账户上实现了可兑换。资本项目上的限制则是允许的,以保护各国免受不稳定的资本流动所造成的损害。

在1962年的贸易扩大法和关贸总协定(参见6.7节)的支持下,美国发起并参与了世界范围内的多边贸易谈判(肯尼迪回合),将工业制成品的平均关税降至10%以下。但是,很多非关税贸易壁垒依然存在,特别是在对发展中国家至关重要的农业领域。这一时期,也曾有几次经济一体化的尝试。其中最成功的就是欧洲共同市场(参见7.5节)。

几年以来,为了应付不断变化的环境,布雷顿森林体系在几个方面都有所发展。1962年,国际货币基金组织通过谈判达成了**贷款安排总协定**(General Arrangements to Borrow,GAB),使得国际货币基金组织可以从所谓的十国集团,即最重要的十个工业化国家(美国、英国、联邦德国、日本、法国、意大利、加拿大、荷兰、比利时和瑞典)及瑞士借款最多达60亿美元,用于帮助那些面临国际收支困难的国家补充其储备的不足。贷款安排总协定在随后的时间里被不断更新和扩展。

从20世纪60年代早期起,国际货币基金组织成员国开始谈判签订**备用协议**(standby arrangements)。这意味着该国可以从国际货币基金组织事先获得未来借款的允诺。一旦签订了备用协议,该国就为协议贷款额度向国际货币基金组织支付少量的义务承担费。日后一旦需要,可以立即从基金组织获得这一追加额度的贷款,年息为5.5%,

按实际贷款额计算。成员国签订此类备用条款,是为了建立对付预期不稳定的热钱流动冲击的第一道防线。经过一系列的配额增加,国际货币基金组织的总资源在1971年达到285亿美元。到1971年年底,国际货币基金组织的累计贷款额达到220亿美元,其中有约40亿美元还未收回。后来国际货币基金组织还允许成员国在任一年内的贷款额可以达到各自配额的50%(原为25%)。

各国的中央银行也开始就所谓的**互换协议**(swap arrangements)进行谈判,通过彼此交换货币以干预外汇市场来与热钱的流动抗衡。互换协议的签订针对某一段具体时间,且事先商定汇率。到期时,双方可以通过反向交易进行结算,或再续签到下一段时间。美国和欧洲国家在20世纪60年代曾签订过很多这类互换协议。

国际货币基金组织还创造了**特别提款权**(Special Drawing Rights, SDRs),用来补充国际黄金储备、外汇和国际货币基金组织储备头寸的不足。特别提款权是国际货币基金组织会计账目上的项目,所以有时也称为纸黄金。它完全是由国际货币基金组织创造出来的国际储备,并不以黄金或其他任何货币作为后备。它之所以有价值是因为成员国一致承认其价值。特别提款权只能用于各中央银行之间清算国际收支的赤字或盈余,并不能用于私人商业结算。1970—1972年创立了总额为95亿美元的特别提款权,并按各成员国在国际货币基金组织的份额进行分配。随后又在1979—1981年进行了一次特别提款权的分配。1单位特别提款权的价值最初等于1美元,但以后由于美元1971年和1973年的贬值而上升为超过1美元。从1974年起,1单位特别提款权的价值开始与一揽子货币挂钩,2010年年末1单位特别提款权的价值是1.5258美元。

总地来说,布雷顿森林体系对整个世界的发展做出了巨大贡献,特别是20世纪60年代中期以前,国际贸易的增长快于(并因此刺激了)全球产出的增长(参见案例研究16.1)。

案例研究 16.1

在各种汇率制度下宏观经济的表现

表16.1提供了两次世界大战期间英国和美国在金本位制度下以及在战后分别实行固定汇率制度和浮动汇率制度时,各项宏观经济运行指标的数据。从表中可以看出,英国和美国人均收入的增长速度在战后明显比在金本位制下要快。与此同时,战后的通胀率较高而失业率较低(1973—2010年间的英国除外)。因此,除了较低的通胀率外,两国在金本位制下宏观经济的表现与第二次世界大战后相比是较差的。而在两次世界大战期间,由于受大萧条的影响,宏观经济状况比以上两个时期都差。唯一的例外是,美国在战争期间(尽管受大萧条的影响)的人均收入增长速度超过了其在金本位制度下的增长速度。需要注意的是,比较战前和战后的数据时必须考虑到,战前的各项数据不如战后的精确。

表 16.1　美国、英国在不同汇率制度下宏观经济的表现,1870—2010 年　　　　　%

	人均收入的年均增长速度	通货膨胀率	失业率
金本位时期			
英国(1870—1913 年)	1.0	-0.7	4.3[a]
美国(1879—1913 年)	1.4	0.1	6.8[b]
两次世界大战期间			
英国(1919—1938 年)	0.6	-4.6	13.3
美国(1919—1940 年)	1.6	-2.5	11.3
战后:固定汇率制度时期			
英国(1946—1972 年)	1.7	3.5	1.9
美国(1946—1972 年)	2.2	1.4	4.6
战后:浮动汇率制度时期			
英国(1973—2010 年)	1.9	6.0	7.6
美国(1973—2010 年)	2.7	4.2	6.5

[a] 1888—1913 年;[b] 1890—1913 年。

资料来源: M. D. Bordo "The Classical Gold Standard: Some Lessons for Today," *Readings in International Finance* (Chicago: Federal Reserve Bank of Chicago,1987), pp. 83-97; M. Friedman and A. Schwartz, *A Monetary Theory of the United States* (Princeton, NJ: Princeton University Press, 1963), p. 243; and International Monetary Fund(IMF), *International Financial Statistics Yearbook*, 2010.

16.6　美国的国际收支赤字和布雷顿森林体系的崩溃

1945—1949 年,美国对欧洲有巨额国际收支盈余,于是扩展了"马歇尔援助计划"帮助欧洲重建。1950 年,当欧洲复兴方案基本完成时,美国的国际收支出现了逆差。直到 1957 年,美国的逆差都很小,这一逆差使得欧洲国家和日本得以逐步建立它们的国际储备。这是一个**美元短缺**(dollar shortage)的时期。美国用于结算其赤字的货币绝大多数是美元。顺差国家愿意接受美元是因为:(1)美国承诺以每盎司黄金 35 美元的价格将美元兑换为黄金,这使得"美元与黄金等价";(2)美元可作为国际货币用来结算与其他任何国家的交易;(3)美元存款可赚取利息而黄金不能。

1958 年起,美国的国际收支逆差迅速增长,这首先是因为巨大的资本流出(主要是对欧洲的直接投资),随后是由于美国的高通胀(在越南战争期间)。1970 年,外国官方持有的美元已超过 400 亿,而 1949 年时还只有 130 亿。与此同时,美国的黄金储备则从 1949 年的 250 亿美元降到 1970 年的 110 亿美元。

因为美元是国际货币,所以美国认为不能通过美元贬值来减少其国际收支逆差,于是便采取了一系列替代政策,但都收效甚微。美国试图鼓励出口,削减军费和政府开支,冻结了大部分对外国的援助计划,并对金融资本外流进行了一些直接控制。随着美国的逆差与日俱增,其黄金储备不断下降,以至 1970 年美国黄金储备只有外国持有的美元储备的1/4。

1970年和1971年早期,市场开始预期美国很快就要将美元贬值,这导致了巨额的不稳定金融资本逃离美元。1971年8月15日,美国总统尼克松被迫宣布停止美元向黄金的兑换。这标志着布雷顿森林体系的垮台。与此同时,美国开始控制工资和物价,并在美元重新估值之后,暂时增收10%的进口附加税。为了得到美元作为国际货币而产生的**铸币利差**(seigniorage)的利益,美国付出了昂贵的代价,即使在国际收支出现明显的根本性失衡时也无法将美元贬值。具有讽刺意味的是,尽管没有黄金作为后备,美元仍然是国际货币。

1971年12月达成了**史密森协议**(Smithsonian Agreement),十国集团的代表同意将黄金的美元价格由每盎司35美元提高到每盎司38美元。这表示美元大约贬值了9%。同时,德国马克升值17%,日元升值14%,其他货币对美元也有相对较小幅度的升值。另外,汇率的允许波动幅度从1%扩展到中心汇率两侧各2.25%的范围,美国也取消了其10%的进口附加税。因为美元不能再直接兑换黄金,所以现行的基本上是**美元本位制**(dollar standard)。

然而,当美国的国际收支在1972年又出现巨额逆差时,人们普遍感觉史密森协议并未起作用,并需要再次对美元进行贬值。这种预期导致了美元投机行为的再次出现,并在1973年2月自我验证了:美国再次被迫将美元贬值了约10%(通过将黄金的官方价格上调为每盎司42.22美元)。当1973年3月针对美元的投机活动再次加剧时,主要工业化国家的货币管理当局决定让它们的货币浮动。于是,现行的有管理浮动的汇率制度诞生了。

尽管布雷顿森林体系垮台的直接原因是美国在1970年和1971年的巨额国际收支逆差,但其根本原因却是该体系缺乏一个可行的国际收支调整机制。在布雷顿森林体系下,绝大部分国际储备是由美国的国际收支逆差提供的。但是收支逆差持续的时间越长,就会有越多的不必要的美元不断积聚在外国,美元贬值的预期也会越来越强。20世纪50年代美元缺乏的局面便被60年代的美元过剩所取代。为了应付这一问题,也是希望美国尽快解决逆差问题,国际货币基金组织决定于1970年到1972年创造95亿美元的特别提款权。实际上,正是持续的美国国际收支赤字逐步削弱了人们对美元的信心,进而导致了布雷顿森林体系的垮台。

16.7 现行国际货币体系的运作

1973年3月起,世界开始实行有管理的浮动汇率制度。在这种体制下,各国的货币管理当局能够通过干预外汇市场,在不影响长期趋势的前提下平滑短期的汇率波动。可以通过"逆风而上"或称逆市而为的政策来达到这一目的(参见15.9节)。

1976年的**牙买加协议**(Jamaica Accords)(1978年被批准)才正式确认了有管理浮动汇率制度,并允许各国自由选择外汇制度,只要其行为被认为无损于贸易伙伴和世界经济。到2011年年初,国际货币基金组织的186个成员国中只有约1/3选择了实行某种形式的浮动汇率制(参见案例研究15.5)。1974—1977年、1981—1985年以及20世纪90

年代初以来，美国基本上实行的是一种**善意忽视**(benign neglect)的政策，不为保持美元币值稳定而干预外汇市场。1979年3月，欧洲货币体系建立，1999年1月，伴随着欧元的诞生(2002年年初欧元开始正式流通)，欧洲货币联盟(EMU)成立，欧洲中央银行也开始运作(参见15.6节和15.7节)。

在现行的有管理浮动汇率制度下，各国仍然需要国际储备来干预外汇市场，平滑汇率的短期波动。在现阶段，这种干预仍主要通过美元进行。1975年1月，美国居民自1933年以来第一次被允许(除了以珠宝形式)拥有黄金。1980年1月，伦敦市场的金价曾一度升到每盎司800美元，但很快回落并保持低于其峰值一半的水平。2010年10月，金价升高到有史以来的最高值每盎司1 400美元。黄金的官方价格被废除了，从此在国际货币基金组织和其成员国之间也不再会有黄金交易。原来的黄金份额现在被称为**第一信用份额**(first credit tranche)。国际货币基金组织仍然继续按1971年前的官方价格——每盎司35美元对其持有的黄金进行估价。表16.2给出了2010年年末国际储备的组成数据。

表16.2 2010年国际储备 （单位：10亿美元，年末数据）

	储备
外汇	8799.7
特别提款权	30.4
在国际货币基金组织的储备头寸	72.9
除黄金外的总额	8903.0
以官方价格计算的黄金	34.4
包括黄金在内的总额	8937.4

资料来源：IMF, *International Financial Statistics*, February 2011.

国际货币基金组织更新并扩展了贷款安排总协议(GAB)。1997年，IMF又用**借款新安排**(New Arrangement to Borrow, NAB)扩展了GAB，这使得到2003年IMF增加了490亿美元的借款能力(在GAB 240亿美元的基础上)。2007年各国中央银行间的互换协议也不断扩展并使其总额超过了540亿美元，备用协议也达到了500亿美元。IMF的贷款限制也放松了，新的信贷工具的出现极大地增加了各成员国所能获得的贷款的总额度。贷款国家要支付一定的初始费用，而利率是根据贷款期限、所使用的信贷工具和市场利率确定的。除了对成员国的汇率政策进行监督以外，IMF最近又将其责任范围扩大到帮助成员国解决经济结构问题。到2010年11月，IMF共有873亿美元贷款，贷给了84个国家。

1982年以来，国际货币基金组织参与了一系列的贷款展期和救助措施。作为追加贷款和特殊援助的条件，国际货币基金组织经常要求此类国家减少政府开支、增加货币供给和提高工资，以减少进口、刺激出口，使其更接近自立。但是，这些**国际货币基金组织条件**(IMF conditionality)是很让人痛苦的，经常导致骚乱甚至政府的垮台。这些指责一定程度上使得IMF在其近年的贷款行为中体现了更大的灵活性。表16.3总结了现代国际货币史上最重要事件的发生日期。

表 16.3 现代货币历史大事年表

1880—1914 年	古典金本位制时期
1925 年 4 月	英国重返金本位制度
1929 年 10 月	美国股市崩盘
1931 年 9 月	英国放弃金本位制
1934 年 2 月	美国将每盎司黄金的官价从 20.67 美元提高到 35 美元
1944 年 7 月	布雷顿森林会议
1947 年 3 月	国际货币基金组织开始运作
1967 年 9 月	决定创立特别提款权(SDRs)
1971 年 8 月	美国停止美元兑换黄金——布雷顿森林体系的终结
1971 年 12 月	史密森协定：黄金官价上升到每盎司 38 美元，允许的汇率浮动范围扩大到 4.5%
1972 年 3 月	欧洲开始"蛇行"汇率制度，汇率波动限制在 2.25% 以内
1973 年 2 月	美国将黄金官价提升到每盎司 42.22 美元
1973 年 3 月	有管理浮动汇率制度的开始
1973 年 10 月	石油输出国组织实行有选择的石油禁止出口，石油价格迅速上升
1976 年 1 月	牙买加协议（确认有管理浮动汇率制度，废除黄金的官价）
1978 年 4 月	牙买加协议生效
1979 年 3 月	欧洲货币体系(EMS)建立
1979 年春	第二次石油危机
1980 年 1 月	黄金市场价格一度上升到每盎司 800 美元
1985 年 9 月	广场协议：干预市场以降低美元汇率
1986 年秋	新一轮关贸总协定多边谈判的开始
1987 年 10 月	纽约股票交易所股价暴跌并迅速传播到全球各个股票市场
1989—1990 年	东欧开始民主政体和市场经济的改革，德国统一
1991 年 12 月	通过马约，目标是在 1999 年以前建立欧共体内的统一货币
1991 年 12 月	苏联解体，独联体(CIS)建立
1993 年 12 月	乌拉圭回合结束，世界贸易组织取代关贸总协定
1994 年 1 月 1 日	北美自由贸易区(NAFTA)设立
1999 年 1 月 1 日	欧元诞生，欧洲中央银行开始运作
2000 年 10 月	欧元对美元比价跌至最低水平
2001 年 9 月 11 日	美国遭受恐怖袭击
2002 年 1 月 1 日	欧元作为欧洲货币联盟 12 个成员的货币开始流通
2008 年 7 月 15 日	欧元兑美元达到历史高点 1.60 美元
2010 年 10 月	黄金价格达到历史高点每盎司 1 400 美元

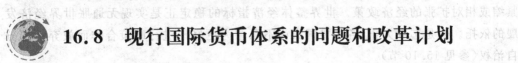

16.8 现行国际货币体系的问题和改革计划

现行国际货币体系面临的问题包括汇率的剧烈变动和严重失衡。正如下一节所讨论的，现行国际货币体系在新兴的市场经济国家中未能阻止国际金融危机的发生，当危机发生时也不能妥善应对。

我们在 11.8 节和 12.7 节已经看到，1973 年以来汇率的特点就是剧烈的波动和超调。这对于国际贸易和投资是十分不利的。更为糟糕的是,会发生严重的汇率不平衡并持续多年。一个明显的例子就是1980—1985年、1995—2001年的美元大幅升值,以及其后的大幅度贬值(参见图11.4和15.9节)。这一切扰乱了贸易模式和比较优势,引起了各种贸易争端和保护主义。

与现行国际货币基金体系相关的一个问题是过剩的美元或者外国持有的巨额美元,将随着国际利率差异的变化和汇率变动预期的变化在各国际货币中心之间流动。解决这一问题的一个长远方案,是国际货币基金组织提出的:引入一种**替代账户**(substitution account),将所有外国持有的美元转换为特别提款权。但是,迄今为止这一方案还没有付诸实施。

为减少汇率的频繁变动和避免严重的汇率失衡,已提出了多种解决方案。由威廉森(Williamson)首先提出的方案是以建立汇率目标区为基础的。在该体系下,主要工业化国家估算出平衡汇率水平,并就允许浮动的范围达成协议(如将可允许的汇率浮动范围定为均衡汇率上下各10%)。在该范围内,汇率由供求决定,而官方对外汇市场的干预将阻止其变动到目标区域之外。当基础汇率接近或移出目标区域的边界时,可以改变目标区域。但是汇率目标区方案的批评者们认为这一方案包含了固定和浮动汇率制度各自最糟糕的特点。像在浮动汇率下一样,目标区域允许汇率频繁变动和大幅波动,并可能导致通货膨胀。而与固定汇率制度一样,目标区域只能通过政府干预外汇市场得到保证,因此会损害国家货币体系的自动调节功能。

其他一些方案要求工业化国家加强宏观经济政策方面的合作以减少汇率波动和失衡。罗纳德·麦金农(Ronald McKinnon)提议,美国、日本和德国(现在是欧洲货币联盟)将各自货币间的汇率固定在均衡水平(由购买力平价决定),并进行密切的货币政策协作以维持固定的汇率。美元对欧元贬值的趋势,表明美国应减缓其货币供应的增长速度,而欧洲货币联盟则应增加货币供应。这三个经济体货币供应总值的净增长,将在汇率稳定的情况下促进世界经济无通胀的发展。

另一个由国际货币基金组织临时委员会(1986年)提出的方案,建议在国际货币基金组织的监督指导下,建立经济运行的客观指标体系,并据此确定各国应采取何种协作的宏观经济政策,以便世界经济可以沿一条没有通货膨胀的道路持续发展。这些经济指标是:国民生产总值增长率、通货膨胀率、失业率、贸易收支、货币供给增长、财政收支、汇率、利率和国际储备。一国上述指标的上升或下降,就表示该国需要实行相对紧缩或相对扩张的经济政策。世界整体经济指标的稳定正是实现无通胀世界经济发展的依托。但是迄今为止,各主要国家尚不愿意为更好地进行政策合作而放弃一部分自治权(参见15.10节)。

另一类改革的提案(托宾建议的)是以限制国际投机资本的流动(被认为是导致汇率不稳定和失衡的首要原因)为前提的,对期限越短的交易征收越高的累进交易税。但是因为这个措施很难实施,可能无法解决问题。最后,罗伯特·蒙代尔(Robert Mundell)建议使用单一的世界货币(2000年)。

16.9 新兴市场经济的金融危机

目前国际货币体系所面临的另一个严重问题是,它对于防止国际性,特别是新兴市场的金融危机似乎无能为力。自20世纪90年代中期以来共出现了6次金融危机,包括:1994—1995年墨西哥金融危机;1997—1999年东南亚金融危机;1998年夏俄罗斯金融危机;1999年巴西金融危机;2001—2002年土耳其和阿根廷金融危机(参见案例研究16.2和16.3)。国际货币基金组织估计,近年来的数次金融危机中,各国总产出的损失占GDP的比重分别为:印度尼西亚82%,泰国57%,马来西亚39%,墨西哥30%,韩国27%(无巴西、俄罗斯、土耳其及阿根廷的数据估计)。

案例研究 16.2

货币流通危机详解:墨西哥比索的暴跌

1994年12月,墨西哥正处在严重的金融危机边缘,这次危机引起了该国几十年来最严重的一次经济衰退。美国银行利率的急升是这次危机的直接原因,它改变了美国与墨西哥之间的资本流向。而1994年1月在Chiapas南部发生的武装冲突及后来两位政府高官的谋杀案所引发的政治危机使得墨西哥的财政状况雪上加霜。

为了逆转大量金融资本外流的趋势,墨西哥开始发行短期美元债券,并大幅提高了国内的银行利率。然而,外国投资者担心墨西哥无法履行贷款职责,因此继续将资金撤出墨西哥。墨西哥因此被迫将比索贬值15%,由3.5比索兑换1美元下跌到1994年12月20日的4.025比索兑换1美元。但这样的贬值幅度太小而且为时过晚,面对外汇储备的持续减少,墨西哥只有任由汇率浮动。于是,1995年3月比索贬值为7比索兑换1美元,接着在1995年12月达到了接近8比索兑换1美元。

为了帮助墨西哥摆脱困境并防止金融危机蔓延到其他新兴市场(特别是阿根廷和巴西),美国于1995年1月通过国际货币基金组织对墨西哥实施了价值480亿美元的一整套援助计划,成功地稳定住了金融市场,遏制了危机的蔓延。然而极高的银行利率及沉重的财政赤字使得墨西哥在1995年陷入了深度的经济衰退,直到1996年局面才有所好转,墨西哥重新实现了经济增长。

资料来源:Federal Reserve Bank of Atlanta,"A Predictable and Avoidable Mexican Meltdown," *Economics Update*, December 1996, pp. 1-3.

案例研究 16.3

新兴市场经济危机年表：从泰国到阿根廷

表16.4列出了20世纪90年代后期至今新兴市场经济危机年表。最近一次全球性的新兴市场经济危机于1997年1月在泰国开始。1997年秋季危机已蔓延到菲律宾、韩国、印度尼西亚和马来西亚；1998年夏波及俄罗斯；1999年1月传播至巴西。中国、新加坡、墨西哥和阿根廷等其他大多数发展中国家均不同程度受到影响。发达国家也未能幸免。1999年年底，危机有所缓解，除印度尼西亚及俄罗斯以外的其他新兴市场经济均重新获得了增长。然而2001年，土耳其和阿根廷又爆发了银行和金融危机，2002年阿根廷面临金融、经济和政治的全面崩溃。但是这些危机在2003年前都或多或少得以缓解。发达经济体的金融和经济危机会导致其从新兴市场的进口及对新兴市场的投资迅速减少，因此也会将危机蔓延到新兴经济国家。

表16.4 20世纪90年代后期以来新兴市场经济危机年表

1997年	
5月15日	为了缓解泰铢的压力，泰国宣布对资本进行管制。
7月2日	泰铢贬值15%～20%。
7月14日	菲律宾比索和印尼卢比分别贬值。
8月20日	泰国与国际货币基金组织就价值170亿美元的一系列财政援助计划达成协议。
10月27日	由于亚洲金融危机所带来的恐慌，道·琼斯工业指数下降554点。
10月31日	印度尼西亚与国际货币基金组织就价值230亿美元的一系列财政援助计划达成协议。
11月7日	阿根廷、巴西、墨西哥及委内瑞拉金融市场暴跌。
11月17日	韩国放弃对韩元的汇率守护。
12月3日	韩国与国际货币基金组织就价值570亿美元的一系列财政支持计划达成协议。
12月	韩元及印度尼西亚卢比全线崩溃，其他亚洲货币继续下跌。
12月30日	外国银行同意借给韩国1 000亿美元短期外债。
1998年	
1月	印度尼西亚卢比继续贬值。
1月15日	印度尼西亚和国际货币基金组织就颁布有关改革的经济条款修正案达成一致。
3月初	印度尼西亚处于极端通货膨胀的边缘，动乱爆发。政府对食品进口给予补贴，违反了国际货币基金组织的程序。
4月10日	印度尼西亚与国际货币基金组织就一项新的改革方案达成一致。
5月初	印度尼西亚经济形势继续恶化，更大规模动乱频繁爆发。
5月19日	印度尼西亚发生政变，俄罗斯市场担心金融危机蔓延，市场急挫。
5月21日	苏哈托辞去印度尼西亚总统职务，哈比比接任。
5月26日	韩国股市创11年来新低。
5月27日	俄罗斯中央银行将利率提高3倍至150%以期留住外国资本。
7月13日	俄罗斯与国际货币基金组织就价值226亿美元的一系列紧急财政援助计划达成协议。

续表

8月17日	俄罗斯卢布贬值,不能偿还其短期债务。
8月末	俄罗斯经济全线崩溃。
9月末	纽约联邦储备银行同时推出长期资产管理及1 000亿美元债务的套期保值以帮助全球经济摆脱困境。
11月13日	巴西与国际货币基金组织/世界银行/多国就价值415亿美元的一系列财政援助计划进行磋商。
1999年	
1月8日	因面临大量资本外流,巴西货币雷亚尔贬值8%。
1月15日	巴西同意将雷亚尔随全球市场形势自由浮动,雷亚尔继续贬值35%。
1月27日	中国否认人民币将贬值的传言,中国经济增长速率放缓。
1999年年末	全球性新兴市场金融危机结束,经济恢复增长。
2001年	
2月	土耳其经历银行危机,流通货币(里拉)浮动。
12月	阿根廷拖欠到期债券(历史上数额最大的一次)。
2002年	
1月	阿根廷通货短缺,比索贬值,财务、经济及政治危机同时爆发;国际货币基金组织要求阿根廷提供可行的经济重建方案,否则拒绝给予贷款。
2月4日	土耳其接受国际货币基金组织128亿美元贷款。
8月7日	巴西接受300亿美元援助以避免遭受新一轮金融危机。
2005年	
6月	阿根廷与大约75%的债券持有人重新安排其外债偿还计划。
7月	中国对人民币的币值做出2%的调整,并打破了对美元的钉住汇率。
11月	巴西提前偿还了国际货币基金组织的贷款。
2006年	
1月	阿根廷提前偿还了国际货币基金组织的贷款。

资料来源:Inter-American Development Bank,1999;由作者更新。

尽管造成数次金融危机的根本原因各不相同,但其过程却很相似。察觉到某国的经济有疲软的迹象后,大量的短期流动资金纷纷撤出市场,从而使得危机接连爆发。20世纪90年代初期,很多国家开放了资本市场,外国投资者将资金大量投入这些新兴市场以获得高资本回报和分散其投资组合,然而当发现这些国家经济出现问题后它们会立即将资本大规模撤出,从而使得经济危机突然爆发。其危害在于,危机会传播到包括发达国家在内的其他国家。

为了避免可能发生的危机,或将危机的规模减小到最低限度,人们也提出了一些方法,并逐步实施了某些措施以强化现有的国际货币体系的结构,完善其功能。其中包括:(1)加强国际货币之间联系的透明性;(2)强化新兴市场的银行和金融体制;(3)鼓励更多私有部门的参与。

缺少了准确、可信、及时的信息,市场将无法有效运行,因此市场的透明性显得越来越重要。财务预警指标(如预算及经常项目赤字,长期和短期外债,以及国际储备在国内生产总值中所占的份额)可以警示哪些新兴市场可能出现问题。通过预警,国外投资者可以了解市场潜在的问题,避免资金盲目地过度流入,从而防止危机的产生。

强化新兴市场的银行及金融体制也是非常关键的。过去 10 年卷入金融危机的所有新兴市场,其银行和金融体制都很脆弱。国际货币基金组织制定了会计、审计、公司治理、支付及结算体制、保险、银行等各个方面良好习惯的规范标准。其中某些已经被作为国际货币基金组织监督职能的一部分加以履行。

私人部门更多地参与承担解决新兴市场金融危机的责任,即通过贷款重建和展期或提供新的资金,而不是迅速逃离,并将此作为获得国际货币基金组织官方援助的先决条件,这也是至关重要的。这样做的理由是私人投资者出于并无建设性的目的,将过多短期资金投入新兴市场,因此他们必须对已造成的危机负责。

最后,我们必须认识到,即使我们所考虑到的所有改革措施都能付诸实施,仍无法根除将来可能发生的金融危机。我们只能希望这些改革措施可以减少金融危机发生的次数,降低其严重性。国际金融的不稳定及危机是金融市场自由化不可避免的产物,也是我们在享受金融市场自由化带给工业化和新兴市场发展好处的同时必须付出的代价。

16.10　近期的全球金融危机

金融危机并不仅限于新兴市场经济体。2008—2009 年美国和大多数其他发达经济体陷入严重的金融和经济危机(参见案例研究 16.4)。近期的**全球金融危机**(global financial crisis)2007 年发端于美国的房地产行业,起因是银行将大量(次级)贷款或抵押贷款提供给无法偿付的个人或家庭。当很多个人和家庭拖欠贷款时,美国的银行陷入深度危机,随后危机在 2008 年蔓延到整个金融行业,进而从金融行业蔓延到美国的实体行业,甚至世界其他地区,导致 2009 年的"大衰退"(这是"二战"后最为严重的经济衰退)。

案例研究 16.4

全球金融危机和"大衰退"

近期的全球金融危机有四个基本的原因:(1)金融监管不充分,尤其是在投资银行领域;(2)已有的金融监管措施没有实施;(3)贪婪(银行家和其他金融专业人士为求利润不计成本);(4)欺诈(麦道夫的旁氏骗局涉及 650 亿美元)。危机导致 2009 年发达经济体和很多新兴市场经济体的"大衰退"(战后最严重的经济衰退)。表 16.5 显示,2009 年在 20 国集团的发达经济体中,美国实际 GDP 下降了 2.5%,欧元区下降 4.1%,英国下降 4.9%,日本下降了 5.2%。而在 20 国集团的新兴市场经济体中,俄罗斯的实际 GDP 下降 7.9%,墨西哥下降 6.5%,土耳其下降 4.7%(中国和印度的实际 GDP 只是在前些年高速增长的基础上有所放缓)。2010年大多数国家的经济增长有所恢复,但相对于多数新兴市场经济体,发达国家的经济仍缺乏活力。

表16.5 2009年和2010年G-20中发达国家和新兴市场经济体实际GDP增长率   %

发达国家或地区	2009年增长率	2010年增长率	新兴市场经济体	2009年增长率	2010年增长率
美国	−2.6	2.6	中国	9.1	10.5
欧元区	−4.1	1.7	印度	5.7	9.7
德国	−4.7	3.3	俄罗斯	−7.9	4.0
法国	−2.5	1.6	巴西	−0.2	7.5
意大利	−5.0	1.0	印度尼西亚	4.5	6.0
英国	−4.9	1.7	墨西哥	−6.5	5.0
日本	−5.2	2.8	阿根廷	0.9	7.5
韩国	0.2	6.1	土耳其	−4.7	7.8
加拿大	−2.5	3.1	沙特阿拉伯	0.6	3.4
澳大利亚	1.0	3.0	南非	−1.8	3.0

资料来源:IMF, World Economic Outlook, October 2010; D. Salvatore, "The Financial Crisis: Causes, Effects, Policies and Prospects," *Journal of Politics and Society* (April 2010), pp.7-16; and D. Salvatore, "The Financial Crisis: Predictions, Reforms, Prospects," *The Journal of Economic Asymmetries* (Winter 2010), pp.1-22.

金融"瘟疫"跨越大西洋从美国传染到欧洲,因为很多欧洲银行超贷现象甚至比美国银行还要严重,它们面临的房地产泡沫比美国还要大。随着所有发达国家(包括日本)陷入深度经济衰退,它们从新兴市场的进口以及对新兴市场的直接投资大幅减少,因此也将危机传染到了世界其他地区。大多数新兴市场经济体(如俄罗斯、墨西哥和土耳其)也陷入了深度经济衰退,只有中国和印度是在原来快速增长的基础上经济有所放缓。到2010年,经济衰退结束,但发达经济体的复苏仍很缓慢,它们受到超高失业率、巨额预算赤字以及居高不下的政府债务的困扰。而大部分的新兴市场经济体(尤其是中国和印度)则恢复了快速增长。

正是在危机时期 **20国集团**(Group of Twenty, G-20)"夺权"并最终取代了7国集团,成为世界经济中居支配地位的委员会。在2009年创立之初,20国集团包括以下19个国家的财政部长和央行首脑:阿根廷、澳大利亚、巴西、加拿大、中国、法国、德国、印度、印度尼西亚、意大利、日本、墨西哥、俄罗斯、沙特阿拉伯、南非、韩国、土耳其、英国和美国。第20个成员是欧盟,由委员会轮值主席和欧洲中央银行代表。除了这20个成员外,国际货币基金组织(IMF)、世界银行(WB)、国际货币基金组织和世界银行的国际货币和金融委员会(MFC)以及发展委员会(DC)也由其各自的首席执行官作为代表出席G-20峰会。

2009年4月G-20在伦敦举行会议,就克服严重的金融和经济危机并实施改革以避免今后发生危机提出政策建议。这些建议基于:(1)加强金融监管;(2)增进国际政策协调;(3)对国际货币基金组织进行改革;(4)维护开放的市场。G-20之后举行的其他会议的主要目的在于改革国际金融体系以及对全球经济提出新的方向,但时至今日(2011年)

并没有采取多少具体措施来实现它们的目标。

16.11　现存的其他国际经济问题

现行汇率制度产生的问题,是与当今世界所面临的其他一些严重问题密切相关的。这些问题包括:(1)大衰退后发达经济体的低增长和高失业率;(2)在快速全球化背景下发达国家的贸易保护主义;(3)美国大量的结构性失衡和中东欧转轨经济体经济结构改造不充分;(4)很多发展中国家的极度贫困问题;(5)资源匮乏、环境恶化以及气候变化对全球的可持续发展形成威胁。

1. 大衰退后发达经济体的低增长和高失业率

2010年和2011年,发达经济体走出1929年大萧条后最严重的经济和金融危机,但经济增长仍很缓慢,且存在较高失业率。针对于此,美国和其他发达国家对银行和其他金融机构提供救助,大幅削减利率,避免它们破产,并推出巨额经济刺激计划。然而,这些举措只是成功避免了经济衰退继续恶化。尽管官方宣称经济衰退于2010年结束,但低增长和高失业率仍是当今大多数发达国家面临的最严重的经济问题。

发达经济体可以通过实施额外的扩张性财政和货币政策来刺激经济增长、降低失业率,但是它们的预算赤字已经非常巨大且不可持续,而且其经济系统中存在大量过剩流动性,因此这些政策也许并不能奏效,甚至会适得其反。更大额的预算赤字会导致私人消费减少,因为消费者预期未来要交更多的税以应付高额预算赤字。简言之,当经济系统中存在大量流动性时再增加流动性并不能起到刺激投资和经济增长的作用,只会在未来造成更大的通货膨胀压力。一个更有希望促进增长的方法是进一步调整经济结构以及改善教育和基础设施建设。但是这样的政策需要假以时日才能看到效果,在经济低增长时期很难实施,而且需要在大多数国家仍面临不可持续的高额预算赤字的时候增加额外支出。

2. 在快速全球化背景下发达国家的贸易保护主义

我们从6.8节中看到,自20世纪70年代中期以来,非关税贸易壁垒(NTBs)迅速增加。如今,非关税贸易壁垒已构成对战后贸易体制和世界福利的最严重的威胁。通过干预国际贸易,贸易保护主义妨碍国际资源的合理配置,减缓了成熟经济的结构调整,放慢了发展中经济的增长速度,它同时还是贸易战的导火索。随着世界分裂为三个主要的贸易集团,这一问题更加复杂了。这三个贸易集团是:北美自由贸易区(NAFTA,包括美国、加拿大和墨西哥)、欧洲联盟(EU)和亚洲集团的雏形(参见7.7节到7.9节)。

1993年12月乌拉圭回合的圆满结束使得当今世界走上了一条减少贸易保护,或者说至少是阻止贸易保护主义持续升级的漫长之路。但正如6.10节所指出的,仍然存在很多严重的贸易问题。一些部门(如保险业)并没有包括在该协议中,对农业的补贴仍然很高,对医药专利的保护措施令人失望,而计算机芯片的贸易仍受到关税的限制。尽管加强了限制,反倾销措施和保护手段还是可行的,所以爆发严重贸易争端的可能性依然存在。2001年11月在卡塔尔多哈举行的新一轮多边贸易谈判(多哈回合)将致力于解决这些贸易问题(然而,直至 2011 年 6 月多哈回合谈判仍处于搁置状态)。地区性的贸易协定无法代替真正的多边贸易协定。

技术变革、全球化和新兴经济体(尤其是中国)制造业出口造成的竞争增强被认为是造成美国和其他发达国家大范围企业规模缩减、就业不稳定及工资水平停滞的原因。但是解决这些问题并不能靠限制贸易和减少国际竞争,而是需要加强就业培训,打造更高技能的劳动力群体,为新信息时代通信、计算机、生物制药和其他高科技领域提供的就业机会做好准备。但是这要求美国和其他发达经济体的劳动者持续提高技能,以满足新的高科技岗位的需要,愿意迁移到有工作机会的地方,并接受更多有才能的移民进入美国。只有这样,美国和其他发达国家才能保持国际竞争力。这是富裕国家劳动力必须为"新经济"带来的更高生产效率、高工资和高生活水准付出的代价。

案例研究 16.5

主要工业化国家间的贸易失衡

世界经济面临的最严重的全球性不平衡之一,就是美国长期的巨额贸易逆差和日本、德国的贸易顺差。如表 16.6 所示,美国的贸易逆差从 1980 年的 255 亿美元增长至 1990 年的 1103 亿美元,2000 年的 4521 亿美元,以及 2008 年的历史最高值 8363 亿美元(2009 年为 5127 亿美元)。而日本的贸易顺差从 1980 年的 21 亿美元升至 1995 年的最高点 1318 亿美元,2009 年为 4360 亿美元。德国的贸易顺差从 1980 年的 79 亿美元上升到 2008 年的历史最高值 2651 美元,2009 年为 1881 亿美元。2009 年,英国的贸易赤字为 1276 亿美元,法国的贸易逆差为 620 亿美元,而加拿大和意大利有小额贸易盈余。

表 16.6 主要发达国家的贸易差额,1960—2009 年　　　　　10 亿美元

国家	1960 年	1970 年	1980 年	1990 年	1995 年	2000 年	2005 年	2008 年	2009 年
美国	4.9	2.6	-25.5	-110.3	-172.3	-452.1	-787.1	-836.3	-512.7
日本	0.3	4.0	2.1	69.3	131.8	116.7	94.0	38.1	43.6
德国	2.1	5.7	7.9	68.5	65.1	55.5	193.1	265.1	188.1
英国	-1.1	0.0	3.4	-32.5	-19.0	-49.9	-124.7	-173.9	-127.6
法国	0.6	0.3	-14.1	-13.3	11.0	-3.2	-27.8	-87.3	-62.0
意大利	-0.6	-0.2	-15.9	-0.5	39.7	0.6	0.0	-1.0	3.3
加拿大	-0.2	3.0	7.9	9.5	25.9	45.0	63.3	63.5	11.5

美元 1981—1985 年以贸易加权为基础计算大约升值了 40%,但此后 1985—1988 年几乎贬值了同样的比例,而美国贸易逆差只在 1988 年开始下降(表中未体现)。尽管如此,美国的贸易逆差仍然很高,并且持续增长一直到 2003 年达到历史高点 5460 亿美元。虽然贸易逆差频创纪录,美元仍从 1995 年开始迅速升值到 2001 年,因为美国经济的迅速增长吸引了大量的外国资本流入。尽管美元在 2002 年开始贬值,但美国的贸易逆差仍持

续升高直到 2006 年。目前美国的贸易逆差从长期看是不能持续的,德国的巨额贸易顺差也一样。

资料来源：IMF, *International Financial Statistics Yearbook*, various years; and D. Salvatore, "Global Imbalances," *Princeton Encyclopedia of the World Economy* (Princeton University Press, 2008), pp. 536-541.

3. 发达经济体的结构性失衡和转轨经济体经济结构改造不充分

当前,很多发达经济体面临深层次的结构性问题,这阻碍了它们的经济增长。美国的结构性失衡问题为超额支出和国家储蓄不足。这意味着美国通过过度从国外借款来维持超出其承受能力的支出,结果就是难以为继的巨额贸易赤字、美元贬值以及金融环境的不稳定(参见案例研究 16.5)。作为如此庞大的经济体,美国的经济问题在彼此相互依存的国际环境下迅速演变为全球性的经济问题。因此,美国需要削减支出并提高储蓄率以克服这一严重的结构失衡。然而,这并不容易做到,也很难迅速实施,美国似乎并没有为解决这一问题做好充分的准备。

欧洲面临的结构性问题有所不同,但同样阻碍了其经济增长,并导致高失业率(即使在最近的全球金融危机以前也是如此)。大多欧洲国家的社会保障福利制度都过于慷慨,且劳动力市场非常僵化,这妨碍了它们在面临全球化和国际竞争的情况下创造新的工作机会。由于失业率较高,欧洲的进口相对减少了,且为了保护就业倾向于限制贸易,尽管是徒劳的。我们再一次看到,在彼此相互依存的国际环境下,一国或一个地区的问题会迅速演变成全球性问题。越来越多的人认为,要解决欧洲的失业问题,需要减少社会保障的福利,消除妨碍劳动力市场灵活性的规章制度(如果解雇工人非常困难,那么雇主在作出解雇决定之前就会考虑再三)。不过这一切做起来并不容易,尤其是欧洲国家正为其高工资和全面的社会劳动立法而感到自豪。近期的全球性金融危机发生之后,欧洲国家开始着手解决它们面临的深层次结构性问题。

20 世纪 90 年代初期房地产泡沫破灭之后,日本经历了 3 次经济衰退和发展停滞,这使许多银行背负了巨额的不良贷款。因此即使对于那些值得投资的项目,银行也不予贷款。这使整个经济陷入停滞。为摆脱困境,日本政府几乎尝试了所有方法,包括将存款利率实际降至零以刺激个人投资;投资于一些大型建设项目如修建公路和其他基础设施(经常是不必要的)以活跃和刺激经济;同时保持汇率低估以刺激出口。然而,直到 2004 年日本才看似最终从经济危机中走出,但在近期的全球性金融危机后,又陷入了严重的经济衰退。日本必须削减其预算赤字和政府债务,并重整其效率低下的分配体系。但是,正如前面所指出的,调整经济结构、改造低效率的体系以及在低经济增长的情况下削减预算都是很难做到的。

尽管经济转轨国家(原中东欧和苏联的中央计划国家)在重组和建立市场经济方面已经有了一定的进展,但远未最终完成。正如 7.9 节所指出的,这些国家需要大量的西方资本和技术援助,以及与西方市场的更自由的接触才能建立充分的市场经济体制。西欧经济的缓慢增长和高失业也减缓了这些国家的转轨过程。2004年,10个转轨经济国家(8个中东欧国家再加上塞浦路斯和马耳他)获准加入欧盟,保加利亚和罗马尼亚在2008年加入,而且有5个国家已正式接受欧元作为货币。这将加速这些国家的经济结构改造进程,帮助它们缩小与其他发达国家在生活水平上的差距。

4. 很多发展中国家的极度贫困问题

尽管许多发展中国家近年来发展迅速,仍有很多落后的发展中国家,尤其是非洲撒哈拉沙漠以南地区的国家,正面临极度贫穷、无法处理的国际债务、经济停滞,及与国际生活标准越差越远等问题。这种情况给世界经济带来了严重的后果。将国际贸易和国际分工所带来的利益进行如此不平均的分配的世界经济制度,是不能被称为合理的——更不用说平等了。一个有成千上万人在挨饿的世界,不但从道德上是无法接受的,也不可能是安宁而和平的。第8章曾探讨了世界上富裕国家与最贫困发展中国家生活水平存在巨大差距且不断扩大的原因,以及解决这一问题的办法。

近年来,联合国贸易及发展会议(UNCTAD)以及其他的国际性论坛提出了许多改善发展中国家经济条件,促进其发展的建议。20世纪八九十年代,由于发达国家(尤其是西欧、日本和美国)忙于解决本国的问题,包括货币和汇率不稳定、低经济增长、高失业率等,这些建议并没有立即付诸实施。作为建立世界经济新秩序(NIEO,见8.10节)所要求的一部分,发展中国家一直在要求更多的援助和更多地向发达国家市场出口。

1993年12月成功结束的乌拉圭回合谈判,只是部分解决了发展中国家面临的贸易问题。而且,发达国家所承诺的援助计划已经停滞下来,尽管最贫穷的发展中国家的债务负担仍然相当沉重(参见表8.6和案例研究8.6)。原本的希望是,在多哈回合的贸易谈判中能够解决发展中国家面临的贸易问题,使其成为真正的"发展回合",但迄今为止,所有试图完成这一回合的努力都宣告失败。现在的希望寄托在20国集团,期望它们能够成功解决最贫困发展中国家面临的贸易问题。

5. 资源困乏、环境恶化、气候变化和不可持续发展

富裕国家的增长和贫穷国家的发展如今正受到资源匮乏、环境恶化和气候变化的威胁。面对迅速增长的需求(尤其是中国和印度的需求)和生产国的供给限制,石油、其他原材料和粮食的价格在过去几年大幅上涨。在很多新兴市场经济国家,环境保护让位于经济增长。某些地区的环境污染问题极为严重,而亚马孙热带雨林正在迅速被破坏。我们都亲眼目睹了极为严重的气候变化,这可能会对地球上的生命造成越来越恶劣的影响。这些问题的充分分析和解决需要集各学科之力,需要全世界共同努力,也需要世界各国政府有所改变。

通过以上的讨论,我们可以清楚地看到,当今全球面临的国际经济问题是密切相关的。例如,美国巨额的贸易与财政预算赤字引起了贸易保护主义和美元贬值,这影响了所有国家,包括发达国家和发展中国家。以上这些问题的紧密联系,也体现了本书前半部分(第2~9章)讨论的国际贸易理论与后半部分(第10~16章)讨论的国际金融理论之间的联系。

尽管目前的问题很严重,但过去也曾遇到过类似问题,有时候严重程度甚至超过当前。希望在合作、和平和相互理解的指导思想下,世界各国能够解决目前面临的经济、社会、政治和环境问题。

本章小结

1. 本章考察了从金本位时期到目前的国际货币体系的运作。

2. 国际货币体系包括影响国际收支的各种规则、习惯、工具、设施和组织。可以根据汇率的决定方式或国际储备的形式对国际货币体系进行分类。一个优秀的国际货币体系应使国际贸易和国际投资的收益最大化,并能将其在各国间进行公平的分配。对国际货币体系的评价,可以从其调节能力、流动性及可靠性三个方面着眼。

3. 金本位制从1880年开始实行,到1914年结束。在金本位制下,大部分实际调节过程是通过稳定短期资本流动进行的,而不是通过内部价格的变化来调节。1919—1924年,汇率波动近乎失控。从1925年开始,英国和其他国家尝试重新建立金本位制,但由于1931年大萧条的加剧,这一尝试失败了。随后,各国开始竞相贬值本国货币,以试图"出口"自己的失业,最终使国际贸易几乎减少了一半。

4. 1944年签署的布雷顿森林体系要求建立国际货币基金组织和金汇兑本位制,汇率只能在确定的汇率平价上下各1%的范围内波动。只有在根本性失衡的情况下才可以改变汇率平价。国际货币基金组织根据各国经济的重要程度,分配给各国一定的配额,其中的25%必须用黄金支付,其余的75%必须用本国货币支付。一个国家在5年之中可以每年从国际货币基金组织贷款其配额的25%。

5. 在布雷顿森林体系下,工业化国家在面临根本性失衡时也不愿意改变汇率平价。美元与黄金的兑换在战后很快恢复了,其他工业化国家货币的可兑换性也在20世纪60年代早期恢复。1971年,工业制成品的关税平均降到10%以下。国际货币基金组织通过贷款安排总协议(GAB)的签署,进一步扩大了其资金来源。各国与国际货币基金组织签订了备用协议,而且各国中央银行间相互签订了互换协议。1970—1972年国际货币基金组织创造了95亿美元的特别提款权以补充国际储备。世界总产出迅速增长,而国际贸易则增长得更快。

6. 作为享受美元为主要国际货币所带来的铸币利差这一好处的代价,美国不能通过美元贬值来纠正其国际收支逆差。布雷顿森林体系崩溃的直接原因,是美国的巨额国际收支逆差导致了大量的不稳定投机,美元停止兑换黄金(1971年8月)和币值调整(1971年12月)。布雷顿森林体系垮台的根本原因在于缺乏足够的调节机制。1973年2月美元再次贬值,1973年3月主要货币的汇率被允许浮动。

7. 1973年3月起,世界开始实行有管理的浮动汇率制度。这一体系通过1976年的牙买加协议得到正式确认。1979年,欧洲货币体系建立;1999年年初,欧洲中央银行开始运作,欧元诞生。2002年欧元开始流通。对从国际货币基金组织借款的限制有所放松,同时产生了一系列新的信贷工具。

8. 当今世界面临的最主要的货币问题是汇率失衡及其过分波动。人们提倡通过汇率目标区域和更广泛的国际宏观经济政策协调来解决这些问题。

9. 过去10年间,在墨西哥、东南亚、俄罗斯、巴西、土耳其和阿根廷发生了一系列金融和经济危机。对此提出的解决方案包括在金融关系上增加透明度,强化新兴市场的银行和金融体系,并在解救方案中纳入更多的私有部门的参与。

10. 2008—2009年全球陷入自经济大萧条以来最为严重的经济和金融危机。危机于2007年发端于美国房地产行业,源于次级贷款和抵押贷款,之后于2008年扩展到整个金融行业,并蔓延到美国的实体部门和世界其他地区,最终导致2009年的"大衰退"。20国集团(最大的发达经济体和新兴市场经济体)在2009年全球金融危机时期成立,基本上取代了7国集团,成为世界经济中居于支配地位的实体。

11. 其他严重的国际经济问题还包括:(1)大衰退后发达经济体的低增长和高失业率;(2)在快速全球化背景下发达国家的贸易保护主义;(3)美国的结构性失衡问题和中东欧转轨经济体经济结构改造不充分;(4)很多发展中国家的极度贫困问题;(5)资源困乏、环境恶化以及气候变化。为解决这些问题,人们提出了许多方案。

复习题与练习题

1. 解释:
(1) 与实行金本位制时相比,目前的经济环境有何不同?
(2) 为什么在如今不同的经济环境下,重建当年曾顺利运行的金本位制是不可能的?
2. (1) 如果某国在国际货币基金组织的配额为1亿美元,指出该国应如何向国际货币基金组织支付其配额,以及在最初的规定下该国每年可借款多少。
(2) 这些规定在今天有何变化?
3. (1) 在布雷顿森林体系下,一国如何通过干预即期外汇市场来阻止不稳定的国际资本流入本国?
(2) 在现行的国际货币体系下,还能这样做吗?
4. 说明布雷顿森林体系中美元扮演的角色。
5. 解释有关布雷顿森林体系的几个问题:
(1) 它垮台的直接原因是什么?
(2) 它垮台的根本原因是什么?
6. 简要说明现行国际货币体系是如何运作的。
7. (1) 解释1994年12月墨西哥货币危机的根本原因。
(2) 国际货币基金组织提出了什么方案以避免将来发生类似的危机?
8. 关于1994年12月的墨西哥危机,指出它对以下方面提供了怎样的教训:
(1) 对于严重依赖短期资本输入的发展中国家;
(2) 当货币危机发生时,应当怎样应对。
9. (1) 解释20世纪90年代后半期在新兴市场发生经济危机的根本原因。
(2) 为避免未来发生类似危机,人们提出了哪些方案?
10. 关于近期的全球金融危机,

(1) 指出危机是如何开始的。
(2) 危机是怎样先扩展到其他发达经济体,然后蔓延到新兴市场经济体的?
(3) 说明危机对发达经济体和新兴市场经济体的影响。
11. 指出当前世界面临的最严重的国际经济问题。

参考书目

对金本位制运行机制的考察,可参见:
- R. I. McKinnon, *The Rules of the Game* (Cambridge, MA: MIT Press, 1996).

关于两次世界大战之间的经验,参见:
- R. Nurkse, *The Interwar Currency Experience: Lessons of the Interwar Period* (Geneva: United Nations, 1944).

关于第二次世界大战后国际货币情况的考察,可见:
- R. Triffin, *Gold and the Dollar Crisis* (New Haven, CT: Yale University Press, 1961).
- M. de Vries, *The IMF in a Changing World* (Washington, DC: IMF, 1986).
- M. Fratianni, D. Salvatore, and P. Savona, eds., *Ideas for the Future of the International Monetary System* (Boston: Kluwer, 1999).
- J. Boughton, *Silent Revolution: The International Monetary Fund*, 1979-1989 (Washington, DC: IMF, 2001).
- D. Salvatore, "International Liquidity" and "Reserve Currency," *Princeton Encyclopedia of the World Economy* (Princeton University Press, 2008). pp. 683-686 and 958-971.

对国际货币体系改革的考察,参见:
- J. Williamson, "Target Zones and the Management of the Dollar," *Brookings Papers on Economic Activity*, No. 1, 1986, pp. 165-174.
- R. McKinnon, "Monetary and Exchange Rate Policies for International Financial Stability: A Proposal," *Journal of Economic Perspectives* (Winter 1988), pp. 83-104.
- R. A. Mundell, "A Reconsideration of the Twentieth Century," *American Economic Review* (June 2000), pp. 327-340.
- P. Kenen, *The International Financial Architecture* (Washington, DC: Institute for International Economics, 2001).
- D. Salvatore, "The Architecture and Future of the International Monetary System," in A. Arnon and W. Young, eds., *The Open Economy Macromodel: Past, Present, and Future* (New York: Kluwer, 2002), pp. 310-330.
- R. Rajan, "The Future of the IMF and the World Bank," *American Economic Review* (May 2008), pp. 110-115.
- D. Salvatore, ed., "The Euro, the Dollar, the Renminbi and the International Monetary System," *Special Issue of the Journal of Policy Modeling* (September/October 2011). With articles from Barry Eichengreen, Martin Feldstein, Otmar Issing, Peter Kenen, Ronald Mckinnon and Dominick Salvatore.

关于发展中国家的金融危机,参见:
- D. Salvatore, "Could the Financial Crisis in East Asia Have Been Predicted?" *Journal of Policy Modeling* (May 1999), pp. 341-348.

- "Symposium: The Origin and Management of Financial Instability," *The Economic Journal* (January 2000), pp. 235-362.
- D. Reagle and D. Salvatore, "Forecasting Financial Crises in Emerging Market Economies," *Open Economies Review*, August 2000, pp. 247-259.
- R. Dornbusch, "A Primer on Emerging Market Crises," NBER Working Paper No. 8326, June 2001.
- IMF, *Fiscal Vulnerability and Financial Crises in Emerging Market Economies* (IMF: Washington, DC: IMF 2003).
- D. Salvatore and F. Campano, "The Financial Crisis in East Asia—Then and Now," *East Asia Law Journal* (March 2010), pp. 1-20.

关于近期的全球金融危机,参见:

- Raghuram Rajan, *Fault Lines* (Princeton, NJ: Princeton University Press, 2010).
- C. Reinhart and K. Rodoff, *This Time is Different: Eight Centuries of Financial Folly* (Princeton, NJ: Princeton University Press, 2010).
- D. Salvatore, "The Causes and Effects of the Global Financial Crisis," *Journal of Politics and Society* (April 2010), pp. 7-16.
- D. Salvatore, "The Financial Crisis: Predictions, Reforms, Prospects," *The Journal of Economic Asymmetries* (Winter 2010), pp. 1-20.

关于当前其他的国际经济问题,参见:

- D. Salvatore, ed., *Protectionism and World Welfare* (New York: Cambridge University Press, 1993).
- E. Grilli and D. Salvatore, eds., *Handbook of Development Economics* (Westport, Conn., and Amsterdam: Greenwood Press and North-Holland, 1994).
- C. L. Mann, *Is the U.S. Trade Deficit Sustainable* (Washington, DC: Institute for International Economics, 1999).
- D. Salvatore, "Currency Misalignments and Trade Asymmetries among Major Economic Areas," *The Journal of Economic Asymmetries* (2005), Vol. 2, No. 1 pp. 1-24.
- D. Salvatore, "Growth or Stagnation after Recession for the U.S. and Other Large Advanced Economies?" *Journal of Policy Modeling* (September-October 2010), pp. 637-647.

网址

以下机构定期公布当今国际货币和贸易系统运行的数据和分析:国际货币基金组织、经合组织、国际清算银行、世界贸易组织和世界银行。它们的网址分别是:

http://www.imf.org
http://www.oecd.org
http://www.bis.org
http://www.wto.org
http://www.worldbank.org

金本位时期的汇率、利率和黄金价格参见:
http://www.nber.org/databases/macrohistory/contents/index.html

国际货币体系和国际货币基金组织的运行,以及对于国际货币体系改革的建议,参见:
http://www.imf.org/external/pubs/ft/weo/2010/01/index.htm

比较固定汇率和浮动汇率制度下的价格制度,查看各国历史上消费品物价指数,参见：
http://www.economagic.com/blsint.htm

关于特别提款权(SDRs)"货币价值篮子：百分比权重",参见：
http://www.imf.org/external/np/exr/facts/sdr.htm

关于国内生产总值和贸易数据,参见：
http://www.worldbank.org
http://www.wto.org

关于新兴市场及其危机的金融数据,以及对全球金融结构问题的研究,参见：
http://www.worldbank.org
http://www.emgmkts.com
http://www.roubini.com

术语表

A

absolute advantage(绝对优势):一国在生产某种产品上比另一国家有更大的有效性。这是亚当·斯密贸易理论的基础。

absolute purchasing-power parity theory(绝对购买力平价理论):假设均衡汇率等于两国的价格水平之比,这一购买力平价理论的解释可能会使人误解。

absorption approach(吸收法):在改善国际收支失衡的过程中,通过改变汇率而造成收入变化来影响国际收支的方法。

accommodating transactions(融通性交易):官方储备资产的交易,目的是平衡国际交易。所以也被称作线下项目。

ad valorem tariff(从价税):一种表示为贸易商品价值的一个固定百分比的税。

adjustable peg system(可调节的汇价钉住体系):汇率或票面价值为纠正国际收支失衡而定期改变的系统。

adjustment(调节):改善国际收支失衡的过程。

adjustment in the balance of payments(调节国际收支):为纠正国际收支失衡而采用的措施和效应。

adjustment policies(调节政策):一国的货币管理部门采用的主要目的为改善国际收支不平衡的具体措施。

aggregate demand (AD) curve(总需求曲线):商品和劳务的总需求与不同价格水平之间的图形关系。

aggregate supply (AS) curve(总供给曲线):在给定的一段时间内,一国产出与价格水平之间的图形关系。

anti-globalization movement(反全球化运动):全球性的松散组织,指责全球化引发了许多人类与环境方面的问题,以牺牲人类福利和恶化环境为代价换取跨国公司的利润。

antitrade production and consumption(逆贸易生产和消费):生产和消费的增长带来的福利增加小于相同比例贸易量增长(甚至是绝对贸易量的减少)所带来的福利增加。

appreciation(增值):以本国货币表示的外币价格的下降。

arbitrage(套利):在某货币较便宜的货币中心购买该货币,然后立即在该货币较贵的另一货币中心卖掉此货币以谋利的行为。

asset or portfolio approach to exchange rates(汇率的资产或组合模型):该理论假定汇率是在各国金融资产供求平衡或均衡的过程中决定的。

autarky(自给自足):没有贸易,或闭关自守。

autonomous transactions(自主性交易):出于商业或利润目的进行的国际性交易(单边转移除外)。平衡表不受影响,也称为线上项目。

B

balance of payments(国际收支平衡表):在一段特定时间内(通常为一年),一国居民同世界上其他国家或地区进行的所有国际交易的汇总表。

balanced growth(平衡增长):在两种商品的生产过程中,生产要素增长和技术进步具有相同的速度。

Baltic Free Trade Area, BFTA（波罗的海自由贸易区）：爱沙尼亚、拉脱维亚和立陶宛于1992年签署的建立自由贸易区的协议，为加入欧盟做准备。

basis for trade（贸易基础）：两国贸易增长的源动力，即亚当·斯密的绝对优势理论和大卫·李嘉图的相对优势理论。

benign neglect（良性忽视）：1973年3月至1977年年底以及1981—1985年间，美国实施的外汇市场非干预政策。

bilateral agreements（双边协定）：两国之间关于贸易数量和特定贸易的条款达成的协定。

bilateral trade（双边贸易）：任何两国之间的贸易。

brain drain（人才外流）：一些高技术及受过高级训练的人才从发展中国家迁往发达国家以及从其他发达国家迁至美国。

Bretton Woods System（布雷顿森林体系）：从第二次世界大战结束至1971年实行的金汇兑本位制。

BRICs（金砖国家）：巴西、俄罗斯、印度和中国，这些新兴经济大国对传统经济大国（美国、欧盟和日本）带来日益强烈的竞争。

buffer stocks（缓冲库存）：国际商品协定中包含的当价格低于约定的低价时就购买商品（使存货增加），当价格高于已定最高价时就卖出存货的形式。

bulk purchasing（大量购买）：在一年或几年内购买某一确定数量商品的协定。

C

Central and Eastern European Countries, CEEC（中东欧国家）：包括阿尔巴尼亚、波斯尼亚和黑塞哥维那、保加利亚、克罗地亚、捷克共和国、南斯拉夫、匈牙利、前南斯拉夫共和国、马其顿、波兰、罗马尼亚、斯洛伐克共和国、斯洛文尼亚。

Central European Free Trade Association, CEFTA（中欧自由贸易协议）：由波兰、匈牙利、捷克和斯洛伐克共和国在1992年签署的10年期自由贸易区协议。

centralized cartel（集中卡特尔）：一种商品供应商的组织，其行为好像一个垄断者。

centrally planned economies（中央计划经济）：生产要素由政府拥有，价格由政府指令决定的经济。

closed economy（封闭性经济）：一种闭关自守的或不参与国际间交易的经济。

Cobb-Douglas production function（柯布-道格拉斯生产函数）：劳动和资本之间为单一替代弹性的生产函数。

commercial policies（商业政策）：管理一国商业或国际贸易的规则。

commodity, or net barter, terms of trade（商品（或纯易货）贸易条件）：一国出口商品价格指数与进口商品价格指数之比再乘以100。

common market（共同市场）：消除成员之间所有贸易壁垒，协调与世界上其他国家的贸易政策，并且允许资本和劳动在成员国间自由流动。一个例子就是1993年1月1日之后的欧洲联盟（又称欧盟）。

Commonwealth of Independent States, CIS（独立国家联合体）：1991年年底苏联解体后由大部分原苏联国家组成的组织。

community indifference curve（社会无差异曲线）：曲线表示对社会或国家带来相同满足程度的两种商品的不同组合。社会无差异曲线的斜率为负，凸向原点，且不相交。

complete specialization（完全专业化）：使用一国的所有资源生产一种产品以供贸易。这通常在不变成本条件下发生。

compound tariff（复合税）：从价税和另一特定关税的组合。

confidence（可信赖程度）：国际收支调节机制足以奏效，且国际储备将保持其绝对和相对价值的情况。

constant elasticity of substitution（CES）production function（不变替代弹性生产函数）：表示资本和劳动之间的替代弹性不变（不一定单一）的生产函数。

constant opportunity costs（不变机会成本）：要生产额外一单位产品（另一种）必须放弃生产的某种产品的数量不变。

consumer surplus(消费者剩余)：对某一特定数量的商品，消费者愿意支付的价格与实际支付价格之差。

consumption effect of a tariff(关税的消费影响)：因为关税使某种商品价格上升所导致的该商品国内消费的减少。

Council of Mutual Economic Assistance, CMEA or COMECON(经济互助委员会(经互会))：为了牵制同西方国家的贸易关系，同时在共产主义国家间争取更大程度的自给自足，1949年由苏联成立的共产主义国家组织。

countervailing duties, CVDs(抵消关税)：为了抵消补贴的影响由外国政府征收的进口关税。

covered interest arbitrage(抛补的套利交易)：将短期流动资金转换成外币赚取更高回报，并通过即期买外币，同时远期卖出来轧平汇率风险。

covered interest arbitrage margin, CIAM(抛补利率套利差额)：外币的利率比本币利率高时指两国利率差额减去外汇远期折价率，外币利率比本币利率低时指两国利率差额减去外汇远期升水。

covered interest arbitrage parity, CIAP(抛补利率套利平价)：有利于外币的利率差额等于外汇远期折价率的情况。

crawling peg system(蠕动钉住体系)：该体系下，在频繁的或者具体的时间间隔内，票面价值或汇率只改变一个预先声明的很小的数额，直到达到均衡汇率。

credit tranche(信贷份额)：成员国能从国际货币基金组织得到的借款额，通常根据情况而定，超过其拥有的黄金份额。

credit transactions(贷方交易)：从外国人那里收款的交易，包括商品和劳务出口，外国人的单方转移支付和资本流入。

cross exchange rate(交叉汇率)：在给定货币A与货币C的汇率条件下，货币A与货币B之间的汇率。

currency board arrangements, CBAs(货币发行局安排)：在一国实行严格的固定汇率并且该国中央银行不具有独立执行货币政策能力时的汇率安排，此时国家货币供给的增加或减少仅仅取决于国际收支的盈余或赤字。

currency convertibility(货币的可兑换性)：将一国货币兑换成另一国货币而不受任何限制的能力。

current account(经常项目)：包括现已生产的产品与劳务的销售和购买，对外投资的收益和单方转移支付。

customs union(关税同盟)：消除成员国之间的所有贸易壁垒，协调同世界其他国家的贸易政策。最好的例子就是欧盟。

D

debit transaction(借方交易)：向国外支付的交易，包括国外商品与劳务的进口，向国外单方面的转移支付和资本外流。

deficit in the balance of payments(国际收支逆差)：在经常项目和资本账户中，或自主性交易中，借方超过贷方的部分；等于在官方储备账户或融通性交易的净贷方余额。

deindustrialization(去工业化)：制造业的重要性以及制造业就业人数的下降。

depreciation(贬值)：以本币表示的外币价格升高。

destabilizing speculation(不稳定投机)：当汇率下跌或处于低点且预期未来将继续下跌时卖掉手中外币；或者当汇率上升或处于高点且预期未来将继续上升时买入外币。

devaluation(贬值)：一国货币当局有意将汇率从某一固定水平提高到另一水平。

differentiated products(差别产品)：同一行业或同一生产集团中不同生产者生产的稍有差异的产品(如汽车、香烟和肥皂)。

direct controls(直接控制)：对国际贸易与国际资本流动施以税收、配额和其他方面的限制。

direct investments(直接投资)：对工厂、资本品、土地和存货的实物投资。包括资本和管理的投资，投资者保留对投资资本使用的控制。

dirty floating(肮脏浮动)：对国家汇率的管理以达到除平滑短期波动以外的目的。例如，使本国货币值低估以刺激出口。

Doha Round(多哈回合)：2001年11月在多哈(卡塔尔)启动的多边贸易谈判，原计划于2004

年完成。内容之一是发展中国家如何进一步在发达国家市场开展贸易活动。

dollar glut（美元泛滥）：20世纪50年代末60年代初开始的，外国货币管理部门持有的美元超量供给的现象。

dollar overhang（美元灾）：由于美国国际收支逆差引起外国持有大量美元。美元从一个货币中心移至另一货币中心导致较大的汇率波动，使货币政策的执行更加复杂化。

dollar shortage（美元短缺）：20世纪40年代末50年代初，受战争破坏的国家不能积累充足的美元储备。

dollar standard（美元本位）：1971年12月的史密森协定后出现的国际货币体系，美元保持国际货币地位，但是没有黄金支持。

dollarization（美元化）：一国将另一国货币作为自己的法定货币的情况。

domestic value added（国内增加值）：最终商品的价格减去用于该种产品生产的进口要素的成本。

double-entry bookkeeping（复式记账法）：每笔（国际）交易记两次的会计过程，一次记贷方，一次记借方，两次记相等的数额。

double factoral terms of trade（双因素贸易条件）：国家出口品价格指数与进口品价格指数之比乘以国家出口部门生产力指数与进口竞争部门生产力指数之比。

dumping（倾销）：以低于国内价格或成本的价格出口某产品。

duty-free zones or free economic zones（免税区或自由经济区）：通过允许原材料和中间产品免税，以吸引外国投资而设立的区域。

dynamic Asian economies, DAEs（有活力的亚洲经济体）：包括韩国、中国台湾、中国香港、新加坡、泰国和马来西亚（中国大陆有时也包括在内）。

dynamic external economies（动态外部经济）：随着累计工业产出的增加和企业长时间的知识积累，平均生产成本下降。

E

economic integration（经济一体化）：仅在形成联盟的国家之间歧视性地减少或消除贸易壁垒的商业政策。

economic union（经济联盟）：消除成员国间的贸易壁垒，协调与世界其他国家间的贸易政策，允许成员国间劳动力和资本的自由流动，也协调或整合成员国的货币、财政和税收政策。

Edgeworth box diagram（埃奇沃斯盒型图）：描述等量的两种产品和给定的两种要素投入数量之间关系的图形。

effective exchange rate（有效汇率）：国内货币与本国重要贸易伙伴国货币汇率的加权平均值。根据该贸易伙伴国的相对重要性赋予适当权重。

elasticity approach（弹性法）：由进口品和出口品的需求价格弹性及货币的贬值引起的贸易平衡的改变。

elasticity of substitution（替代弹性）：当要素价格下降时，在生产中用一种要素替代另一种要素的程度或难易。

endogenous growth theory（内生增长理论）：该理论旨在详细且严格验证通过更加自由化的贸易导致更快的长期经济增长与发展的途径和方法。

engine of growth（经济增长的发动机）：认为出口是推动19世纪新兴经济区域走上快速增长和发展道路的先导因素的一种观点。

environmental standards（环境标准）：被各国接受的污染水平。

equilibrium level of income, Y_E（均衡收入水平）：意愿消费或计划消费等于产出，意愿储蓄等于意愿投资时的收入水平。

equilibrium relative commodity price in isolation（孤立状况下的商品相对均衡价格）：一国在孤立状态下使自身财富最大化的相对商品价格。它由国家生产可能性曲线和无差异曲线在自给自足的生产与消费点处的共同切线的斜率决定。

equilibrium-relative commodity price with trade（贸易条件下商品的相对均衡价格）：两国在贸易平衡条件下的相对商品价格。

escape clause（免责条款）：允许那些宣称从进口中受害的行业向国际贸易委员会提出要求的一种保护机制。该委员会可向主席建议取消任何关税减让协议。

Euler's theorem(欧拉定理)：该定理假设生产具有不变规模报酬且每一要素根据其生产率获得报酬，最终产品将被用尽且正好被用尽。

Euro(欧元)：欧盟 15 个成员国中的 11 个于 1999 年开始使用的通货。

Eurobonds(欧洲债券)：在借款国以外的国家销售的长期债券，目的在于筹集债券销售国货币以外的长期外币资本。

Eurocurrency(欧洲货币)：一国商业银行以外币标价吸收的存款。

Eurocurrency market(欧洲货币市场)：欧洲货币的交易市场。

Euronotes(欧元票据)：介于短期欧洲货币银行贷款和长期欧洲债券之间的一种中期金融工具。

European Central Bank, ECB(欧洲中央银行)：该机构与美国的联邦储备体系类似，可以控制货币供给，发行欧盟的单一货币。

European Currency Unit, ECU(欧洲货币单位)：欧洲货币体系定义的货币单位，基于欧盟成员国货币的加权平均。

European Economic Area, EEA(欧洲经济区)：由 12 个欧盟成员国和 7 个欧洲自由贸易联盟成员国中的 5 个组成的自由贸易区，成立于 1994 年 1 月 1 日。

European Free Trade Association, EFTA(欧洲自由贸易联盟)：该自由贸易区成立于 1960 年，由英国、奥地利、丹麦、挪威、葡萄牙、瑞典和瑞士组成。1961 年芬兰成为联系成员国。1970 年冰岛加入。1973 年英国和丹麦离开该组织加入欧盟。1986 年芬兰成为该组织的正式成员，1991 年列支敦士登加入。1995 年奥地利、芬兰和瑞典脱离欧洲自由贸易联盟并加入了欧盟。

European Monetary Cooperation Fund, EMCF(欧洲货币合作基金组织)：欧洲货币体系的机构，负责向成员国提供短期或中期的国际收支支援。

European Monetary Institute, EMI(欧洲货币局)：欧洲中央银行的前身。据 1991 年 12 月的马斯特里赫特条约，于 1994 年 1 月宣布成立，旨在进一步集中成员国的宏观经济政策，减小汇率的浮动范围。

European Monetary System, EMS(欧洲货币体系)：1979 年由欧盟的成员国成立的组织，该组织基于欧洲货币单位的诞生，旨在限制成员国的汇率波动，成立欧洲货币基金。

European Monetary Union, EMU(欧洲货币联盟)：欧盟中采用欧元作为其共同的货币并建立欧洲中央银行执行共同货币政策的 12 个国家。

European Union, EU(欧洲联盟)：由联邦德国、法国、意大利、比利时、荷兰、卢森堡在 1958 年成立的关税同盟。随着英国、丹麦、爱尔兰 1973 年加入，希腊 1981 年加入，西班牙和葡萄牙 1986 年加入，1995 年奥地利、芬兰与瑞典加入而扩大到 15 个国家。

exchange controls(外汇管制)：一国对国际资本流动的限制，对远期市场和多种汇率的官方干预及其他金融和货币限制。

exchange rate(汇率)：外币的本币价格。

exchange rate mechanism, ERM(汇率机制)：欧洲货币体系下，成员国货币被允许在中心汇率或平价的基础上上下浮动 2.25%。

exchange rate overshooting(汇率超调)：汇率以超出其长期均衡水平必需的程度立刻升值或贬值的趋势，在向长期均衡水平移动时，就会改变其移动方向。

expansion path(扩张线)：投入价格不变，不断增加投入支出的情况下所达到的各个生产者均衡点与原点的连线。

expected prices(预期价格)：认为将来会流行的价格。

expenditure-changing policies(支出—改变政策)：旨在改变国家总需求水平的财政和货币政策。

expenditure-switching policies(支出—转换政策)：低估或重估国家货币的价值以将国家的支出由本币转成外币或由外币转成本币。

export controls(出口管制)：国际商品协定的一种形式，目的是控制每个国家出口商品的数量。

Export-Import Bank(进出口银行)：美国的一个政府机构，向外国提供补贴贷款以利于美国的出口。

export instability(出口不稳定性)：出口价格

和收入的短期波动。

export-oriented industrialization（出口导向的工业化）：一些发展中国家的工业化政策，旨在增加用于出口的工业品的产出。

export pessimism（出口悲观主义）：由于发达国家日益增强的贸易保护主义，认为发展中国家对发达国家的出口不可能快速增长的悲观主义情绪。

export subsidies（出口补贴）：赋予潜在出口商以免税和补贴贷款的优待，并给本国出口商品的外国购买者以低利率贷款。

export tariff（出口税）：对出口产品征收的税。

external balance（外部均衡）：一国国际收支的平衡目标。

F

factor abundance（要素丰裕）：本国某种可利用的生产要素在很大程度上比另一国有相对低的价格。

factor endowments（要素禀赋）：见要素丰裕。

factor-intensity reversal（要素密集度逆转）：某商品当劳动的相对价格较低时是劳动密集的，而当资本价格较低时是资本密集的，如果这是普遍的情形，赫—俄贸易模型将不再成立。

factor-price equalization theorem（要素价格均等化定理）：赫—俄理论的一部分，其预期在严格的限制条件下，国际贸易将导致国家间同类要素的相对和绝对收益的一致化。

factor-proportions or factor-endowment theory（要素比例或要素禀赋理论）：见赫克歇尔—俄林理论。

financial account（金融项目）：美国在国外的资产，外国在美国的资产，或其他官方储备资产的变化。

financial crisis（金融危机）：参见全球金融危机。

financial inflow（金融性资本流入）：在本国的外国资产的增加或在外国的本国资产的减少。

financial outflow（金融性资本流出）：在本国的外国资产的减少或在外国的本国资产的增加。

first credit tranche（第一档信用贷款）：某国在国际货币基金组织的配额的25%，要求以特别提款权或由国际货币基金组织选择的其他成员国货币支付，并可以随时从国际货币基金组织借出。

foreign debt（外债）：发展中国家欠发达国家商业银行的巨额美元债务，这些债务很难被偿还，甚至连利息都难以收回。

foreign exchange futures（外汇期货）：一个在有组织的外汇市场上以选定的日期、标准的数量交易的外汇远期合同。

foreign exchange markets（外汇市场）：一国货币与另一国货币进行交易的框架。

foreign exchange options（外汇期权）：设定在某一指定日期或之前买或卖标准数额交易货币的权利的合同。

foreign exchange risk（外汇风险）：由于汇率随时间变动，使那些在未来要以外币支付或要收到外币的人面临的风险，也称为头寸。

foreign repercussions（外国反馈效应）：某大国收入和贸易的变化对世界上其他国家的影响，以及其他国家反过来对该国的影响。这就是经济周期在世界范围内传播的机制。

Foreign Sales Corporations, **FSC**（外国销售公司）：美国公司成立的海外子公司，以利用美国税法部分税收豁免的优惠。

foreign trade multiplier, k'（对外贸易乘数）：收入变化与出口或投资变化的比率，$k'=1/(MPS+MPM)$。

forward discount（远期贴水）：外币远期汇率低于其即期汇率的年率。

forward premium（远期升水）：外币远期汇率高于其即期汇率的年率。

forward rate（远期汇率）：外汇交易过程中按合同规定1月、3月或6月后交割货币的汇率。

freely floating exchange rate system（自由浮动汇率制）：一种浮动汇率制度，在该制度下汇率由供求决定且没有任何对外汇市场的政府干预。

free trade area（自由贸易区）：消除成员间的所有贸易壁垒，对非成员国保留其贸易壁垒。最好的例子是欧洲自由贸易联盟、北美自由贸易联盟和南方共同市场。

fundamental disequilibrium（根本性失衡）：较大的持续性的国际收支逆差或顺差。

G

game theory（博弈论）：在互斥条件下选择最优战略的方法。

General Agreements on Tariff and Trade, GATT（关税与贸易总协定）：旨在通过多边贸易协商推进自由贸易的国际性组织。

General Agreements to Borrow, GAB（借款总协定）：根据该协定，在必需的情况下，国际货币基金组织从"十国集团"（最重要的发达国家）及瑞士借款以增加其财力资源，用于帮助国际收支出现困难的国家。

general equilibrium model（一般均衡模型）：一个同时研究所有生产者、消费者和贸易商行为的经济模型。

global financial crisis（全球金融危机）：这次危机于2007年发端于美国房地产行业，源于次级贷款和抵押贷款，之后于2008年扩展到整个金融行业，并蔓延到美国的实体部门和世界其他地区，最终导致2009年的"大衰退"。

globalization（全球化）：通信和交通革命推动贸易和金融资本流动，同时也推进了思想和人员的流动，从而在全球日益形成经济一体化。

gold export point（黄金输出点）：铸币平价加上等价于一单位外汇的黄金在两国间的运输成本。

gold import point（黄金输入点）：铸币平价减去等价于一单位外汇的黄金在两国间的运输成本。

gold standard（金本位）：1880—1914年实行的国际货币体系，在该体系下，黄金是唯一的国际储备，汇率只在黄金点内波动，国际收支的调节靠的是价格及黄金流动机制。

gold tranche（黄金份额）：一国在国际货币基金组织中配额的25%。要求以黄金支付，并可以随时从国际货币基金组织借出。

Group of Twenty, G-20（20国集团）：2009年全球金融危机时期成立，由20个最为重要的发达国家和发展中国家经济体组成，取代7国集团，成为世界经济中居支配地位的组织。

H

Heckscher-Ohlin(H-O) theorem（赫克歇尔—俄林定理）：赫克歇尔—俄林理论的一部分，假定一国将出口本国相对充足和便宜的要素密集的产品，进口本国相对缺乏和昂贵的要素密集的产品。

Heckscher-Ohlin(H-O) theory（赫克歇尔—俄林理论）：该理论指出：(1)一国将出口本国相对充足且便宜的要素密集型产品；(2)国际贸易将使国家间相同要素的收益均等化。

hedging（套期保值）：避免外汇汇率风险（或轧平头寸）。

high-performance Asian economies, HPAEs（高成长型的亚洲经济）：中国香港、韩国、新加坡和中国台湾，以GDP、工业生产、制造业出口的高速增长为特征，也称为新型工业经济(NIEs)。

homogeneous of degree 1（一阶齐次性）：规模报酬不变的生产函数。

horizontal integration（横向一体化）：在国外生产一种与国内产品同类的有差异的产品。

human capital（人力资本）：体现于员工身上的教育、工作训练和健康状况等，这些会增加工人的劳动生产力。

I

IMF conditionality（国际货币基金组织条件）：国际货币基金组织对成员国从国际货币基金组织借款的条件。

immiserizing growth（贫困化增长）：由于增长，一国的贸易条件恶化以至于该国增长后比以前更贫困，即使无贸易的增长倾向于增加国家财富。

import-substitution industrialization, ISI（进口替代工业化）：20世纪50、60和70年代许多发展中国家采取的用国内生产品替代进口工业品的工业化政策。

import tariff（进口税）：对进口商品征收的税。

income terms of trade（收入贸易条件）：一国

出口品价格指数与进口品价格指数之比乘以该国出口数量指数。

incomplete specialization（**不完全专业化**）：尽管会增加成本，但两国仍继续都生产两种产品，即使是在一个有贸易发生的小国。

increasing opportunity costs（**递增的机会成本**）：一国要生产额外的一单位某种产品而必须放弃生产的另一种产品数量的递增。这也表现为生产可能性曲线凸向原点。

increasing returns to scale（**规模报酬递增**）：产出增长的比例大于投入或生产要素增长比例的生产条件。例如，投入要素增加一倍，产出增长则多于一倍。

industrial policy（**产业政策**）：工业化国家的政府为刺激一些产业的增长或发展（通常是高科技产业）而采取的积极性政策。

infant-industry argument（**幼稚工业保护论**）：该观点认为，为了建立某一行业以及在某行业的发展初期抵御成熟而有效的外国公司的竞争，必须采取暂时的贸易保护。

interdependence（**互相依存**）：国家间的（经济）关系。

interest arbitrage（**套利**）：将短期流动资金转移到国外赚取更高回报。

internal balance（**内部均衡**）：在物价稳定的情况下达到充分就业的目标，通常是一国最重要的经济目标。

International Bank for Reconstruction and Development, IBRD or Word Bank（**国际重建和发展银行（世界银行）**）：第二次世界大战后建立的向发展中国家提供长期发展援助的国际性机构。

international cartel（**国际卡特尔**）：由位于不同国家（隶属于不同政府）的一种商品的供应商组成的联合组织，该组织约定将限制该商品的生产和出口，以达到组织利益最大化或总收益增加的目的。像垄断者一样行事的国际卡特尔也称为集中卡特尔。

international commodity agreements（**国际商品协定**）：生产国和消费国的联合组织，目的是稳定和提高发展中国家初级出口品的价格和收入。

international debt（**国际债务**）：发展中国家欠发达国家商业银行的几千亿美元，它们发现很难偿还本金，甚至连支付利息都很困难。

International Development Association, IDA（**国际开发协会**）：世界银行1960年建立的分支机构，以补贴利率向贫困的发展中国家提供贷款。

international economies of scale（**国际规模经济**）：企业生产经营体系遍布全球的一体化所带来的生产力提高。

international finance（**国际金融**）：研究外汇市场、国际收支和调节国际收支失衡的学科。

International Finance Corporation, IFC（**国际金融公司**）：世界银行1956年建立的分支机构，旨在刺激发展中国家本国的和外国的私人投资。

international investment position（**国际投资状况**）：年底一国在国外资产和国外在本国资产的数额及分布状况，也称为国际债务收支。

international macroeconomic policy coordination（**国际宏观经济政策协调**）：国内经济政策按照国际间依存关系而调节。

International Monetary Fund, IMF（**国际货币基金组织**）：在布雷顿森林体系下产生的国际机构，目的在于：(1)监督各国遵循国际贸易和金融的一系列既定规则；(2)给暂时面临逆差难题的国家提供借款便利。

international monetary system（**国际货币体系**）：影响国际支付的规则、关税、工具和组织等。

international trade policy（**国际贸易政策**）：考查贸易限制的原因及影响。

international trade theory（**国际贸易理论**）：分析贸易基础和贸易收益的理论。

intervention currency（**干预货币**）：为了使汇率在允许或期望的波动范围浮动，各国货币当局用来干预外汇市场的可自由兑换的货币（主要是美元）。

intra-industry trade（**产业内贸易**）：同一行业或宽泛产品组内差别产品间的国际贸易。

isocost（**等成本线**）：在给定支出和要素价格的条件下，企业可以使用的两种要素的不同组合的曲线。

isoquant（**等产量线**）：为生产特定水平的产出，企业可以使用的两种投入要素的不同组合的曲线。

J

Jamaica Accords(牙买加协定)：1976年1月达成，1978年4月批准的，确认有管理的浮动汇率制度并取消黄金官价的协定。

J-curve effect(J曲线效应)：贬值造成的一国贸易收支在净改善之前的恶化。

K

Kennedy Round(肯尼迪回合)：1967年(在1962年贸易扩张法令授权下)完成的多边贸易谈判，达成了将工业品的平均关税减少35%的协定。

L

labor theory of value(劳动力价值理论)：商品的成本或价格可完全由其劳动内容决定或推导得出的理论。

laissez-faire(自由放任)：使政府最少地干预经济或规范经济活动的政策。是亚当·斯密和其他古典经济学家所奉行的政策。

law of comparative advantage(比较优势原理)：该原理解释在一国生产所有产品都不如他国有效或相对他国有绝对劣势的情况下，互利贸易如何发生。该国应生产并出口其绝对劣势较小的产品(这种产品具有比较优势)，进口其他产品。

law of one price(一价法则)：在运输成本、关税和其他有碍自由贸易的障碍都不存在的条件下，在所有市场上，由于商品套利会使所有同种商品的价格相等。

learning curve(学习曲线)：表示产业累积产出随时间的增加所导致的平均生产成本减少的曲线。

Leontief paradox(里昂惕夫悖论)：经验数据表明美国的进口替代品比出口品的资本密集度高。这与赫-俄贸易理论相背离，后者指出，资本密集的国家(美国)应进口劳动密集型产品而出口资本密集型产品。

liquidity(流动性)：国际储备中可用于解决暂时国际收支失衡的数额。

long-run aggregate supply（LRAS）curve(长期总供给曲线)：一国的价格水平与其产出的自然水平间的固定关系。这取决于该国劳动力、资本、自然资源和科技的可获得性。

M

Maastricht Treaty(马斯特里赫特条约)：该条约号召成立欧洲货币局作为欧洲中央银行的前身，同时1997年或1999年前成立欧洲联盟。

macroeconomics(宏观经济学)：研究总的或综合的，如一国总收入和总支出及总价格指数的科学。

managed floating exchange rate system(有管理的浮动汇率制度)：货币管理部门对外汇市场的干预政策，目的是减少短期波动而不是影响汇率的长期趋势。

marginal rate of substitution,MRS(边际替代率)：在同一无差异曲线上，一国为额外一单位某种商品而必须放弃的另一种商品的数量。它由无差异曲线上消费点的斜率决定，并随一国对该种商品消费量的增加而下降。

marginal rate of technical substitution of labor for capital in production,MRTS(劳动对资本的边际技术替代率)：表示在同一等产量线上，某厂商多使用一单位劳动力要放弃多少资本。

marginal rate of transformation,MRT(边际转换率)：一国要多生产一件某商品而必须放弃的另一种商品的数量。这是商品的机会成本的另一种说法，由生产可能性曲线上的生产点的斜率给出。

Marketing Boards(销售局)：第二次世界大战后由几个发展中国家建立的，旨在稳定农产品的出口价格而设的国家计划。

Marshall-Lerner condition(马歇尔-勒纳条件)：当出口品和进口品的需求价格弹性总和大于1时(当进口品和出口品的供给弹性无穷大时)，外汇市场是稳定的。

Mercantilism(重商主义)：17世纪和18世纪盛行的理论，它指出一国富裕的出路在于限制进口，刺激出口。因此一国的赢利必然建立在他国的亏损之上。

Mercosur(南方共同市场)：南美(或南方锥型火山地区)共同市场,1991年由阿根廷、巴西、巴拉圭、乌拉圭发起成立。

microeconomics(微观经济学)：研究个别单位,如特定国家和单一商品的相对价格的学科。

mint parity(铸币平价)：金本位制下的固定汇率制度,各国定义其货币的含金量,并被动地按此价格买入卖出任何数量的黄金。

monetary model of exchange rates(汇率货币模型)：该理论假定汇率在每一国家货币存量或货币总需求与总供给达到均衡的过程中得以确定。

most-favored-nation principle(最惠国原则)：美国与其他国家协商的互减关税政策延伸至所有贸易伙伴。

multilateral trade negotiations(多边贸易谈判)：多国间的贸易谈判。

multinational corporations,MNCs(跨国公司)：该公司在几个国家拥有、控制或管理生产和设备分配。

multiple exchange rates(多种汇价)：发展中国家推行的多种汇率制度,政府按每种进口品的有用性赋予不同的汇率。

multiplier,k(乘数)：收入变化与投资变化之比,在无政府的封闭经济条件下,$k=1/MPS$。

N

national security clause(国家安全条款)：一种禁止任何危害重要国防产业的关税减让(即使已经过协商)的保护性机制。

natural level of output,Y_N(产出的自然水平)：在给定的劳动力、资本、自然资源和技术条件下,一国在长期中能够生产的固定产出水平。

net IMF position(净国际货币基金组织头寸)：一国在国际货币基金组织中的配额减去国际货币基金组织持有的该国货币。

neutral production and consumption(中性生产和消费)：生产和消费的增长导致贸易数量成比例增长。

New Arrangement to Borrow,NAB(新借贷协议)：国际货币基金组织于1997年年初制定的由25个参加国和机构签署的协议,同意借款340亿特别提款权(约470亿美元),用于追加5年期的贷款总安排。

New Independent States,NIS(独联体)：包括亚美尼亚、阿塞拜疆、白俄罗斯、爱沙尼亚、格鲁吉亚、哈萨克斯坦、吉尔吉斯斯坦、拉脱维亚、立陶宛、摩尔多瓦、俄罗斯、塔吉克斯坦、土库曼斯坦、乌克兰、乌兹别克斯坦。

New International Economic Order,NIEO(国际经济新秩序)：由发展中国家组成集团,向美国提出取消现在国际经济制度中不平等内容的要求,并要求美国采取具体的行动支持发展中国家的发展。

Newly Industrializing Countries,NICs(新兴工业国家与地区)：中国香港、韩国、新加坡和中国台湾,以GDP、工业生产、制造业出口的高速增长为特征,也称为高成长型的亚洲经济(HPAES)。

nominal tariff(名义关税)：一种按最终产品价格计算的关税(从价税)。

nominal exchange rate(名义汇率)：外币的本币价格或汇率。

nontariff trade barriers,NTBs(非关税贸易壁垒)：除关税外的其他贸易限制,如自愿出口限制;技术、管理和其他的规则;由国际卡特尔引起的倾销和出口补贴等。

nontrade goods and services(非贸易商品和服务)：那些因运输成本超过国际价差而不必在国际间贸易的商品和服务。

North American Free Trade Agreement,NAFTA(北美自由贸易协定)：该协定在美国、加拿大和墨西哥间建立了自由贸易区,并从1994年1月1日起生效。

O

offer curve(提供曲线)：表示一国需要的进口商品中有多少愿意供出口;或在各种相对商品价格下,一国愿意进口和出口的程度。

official reserve account(官方储备账户)：该账户度量美国官方储备资产的变化和外国在美官方储备资产的变化。

official settlements balance(官方结算平衡)：

官方储备账户的净贷方或借方余额。

offshore deposits(离岸存款)：以持有国货币以外的一种货币命名的银行存款。

offshoring(离岸外包)：企业在海外设厂生产产品所需要的部分零部件。

Omnibus Trade and Competitiveness Act of 1988(1988年总贸易和竞争法)：通过其超级301条款，对那些未取消对美国出口品的主要壁垒的国家，控制进口。

open-economy macroeconomics(开放经济宏观经济学)：研究外汇市场、国际收支平衡和调节收支失衡的学科。

opportunity cost theory(机会成本理论)：该理论指出某商品的成本等于多生产一单位该产品而必须放弃生产的另一种产品的数量。

optimum currency area or bloc(最佳货币区)：以永久的固定汇率相联系的一组国家，以及可使该区域处于最优状态的条件。

optimum tariff(最佳关税)：使一国贸易条件改善带来的收益减去贸易量减少带来的负面影响所得的净效应最大的关税税率。

outsourcing(外包)：企业为了在经济全球化背景下保持低成本，从而在海外采购零部件，而不是自己在本国生产。

P

pass-through(让渡影响)：反映在进出口价格变化上的汇率变动的比率。

pattern of trade(贸易模式)：每个国家进出口商品的情况。

peril-point provisions(危险点条款)：阻止总统签定任何可能对本国产业造成严重损害的关税减让政策的保护性机制。

persistent dumping(持久性倾销)：国内垄断者为实现其利润最大化，而以低于国内价格的低价在国外销售商品的持久性倾向，也称为国际价格歧视。

portfolio investments(资产组合投资)：购买纯粹的金融资产，如债券、股票(如果购买的股票少于该公司股票总数的10%)，通常通过银行和投资基金安排。

portfolio theory(资产组合理论)：投资于收益率负相关的证券，以很低风险得到给定的收益率，这是在同等风险条件下保持的最高的收益率。

predatory dumping(掠夺性倾销)：暂时以低价在国外销售以挤垮外国生产者，然后可以提价，利用新获得的国外的垄断优势获取利益。

preferential trade arrangements(特惠贸易协定)：经济一体化最松散的形式；给参加国以低于非参加国的关税。英联邦特惠计划就是一例。

price-specie-flow mechanism(价格黄金流动机制)：金本位制下的自动调节机制。逆差国黄金减少，货币供给减少，然后国内价格降低，以刺激国家出口，减少进口直至逆差消除。盈余则采取相反过程。

producer equilibrium(厂商均衡)：厂商达到与给定等成本线相切的最高的等产量线。

product cycle model(产品周期模型)：该模型由弗农首创，指出新产品首先由发达国家引入，由技能较高的工人生产，最终标准化后可以在其他国家由技能较低的劳动力生产。

production contract curve(生产契约曲线)：该曲线由两种商品的等产量线的切点连接而成，在该区间要素投入使用最有效。

production effect of a tariff(关税的生产效应)：由于关税使商品价格增加导致的国内该商品生产的增加。

production function(生产函数)：表示企业各种要素投入量与商品最大产量之间关系的函数。

production possibility frontier(生产可能性边界)：表示一国完全使用其所有资源，并利用最优技术，可能生产的两种商品各种不同组合的曲线。

prohibitive tariff(禁止性关税)：关税足够高致使所有国际贸易都停止，以致该国又返回闭关自守状态。

protection cost or deadweight loss of a tariff(保护成本或关税的重负损失)：一国福利的真实损失，由于关税引起的生产的无效率和消费的扭曲。

protrade production and consumption(正贸易效应的生产和消费)：生产和消费的增加导致贸

易额更高比例的增长。

purchase contracts（购货合同）：规定进口国购买某一具体数量商品的最低价格和出口国出售某一具体数量商品的最高价格的长期多边协定。

purchasing-power parity (PPP) theory（购买力平价理论）：该理论认为汇率取决于两国的相对价格。

Q

quantity theory of money（货币数量学说）：该学说指出一国的货币供给乘以货币的流通速度等于该国的价格指数乘以充分就业条件下的实际产出。假定货币流通速度和实际产出是不变的，价格的变化与货币量的变化成正比。

quota（配额）：对贸易的直接数量限制。

R

rate of effective protection（有效保护率）：以生产某产品的国内附加值计算的关税。

real exchange rate（实际汇率）：名义汇率经两国消费者价格指数调节而得的汇率。

reciprocal demand curve（相互需求曲线）：提供曲线的又一名称。

regions of recent settlement（最新居住区）：欧洲人19世纪占据的最空阔、资源最丰富的地区，如美国、加拿大、阿根廷、乌拉圭、澳大利亚、新西兰和南非。

relative commodity prices（相对商品价格）：一种商品价格除以另一种商品的商，等于第一种商品的机会成本，由生产可能性边界的绝对斜率得到。

relative factor prices（相对要素价格）：一种生产要素的价格与其他要素价格之比。以资本和劳动作为生产要素，劳动的相对价格为w/r，资本的相对价格为其倒数，即r/w。

relative purchasing-power parity theory（相对购买力平价理论）：该理论指出汇率变动的百分比等于两国价格水平变动百分比的差。

rent or producer surplus（租金与生产者剩余）：从长期看，为了使生产者提供某一具体数量的商品或要素服务而不必生产者支付的数额。

reserve-currency country, RCC（储备货币国）：一国（如美国）的货币被其他国家持有作为外汇储备货币。

revenue effect of a tariff（税收的收入影响）：政府从关税中获得的收入。

risk diversification（风险分散化）：投资于收益率反向相关或负相关的证券，或分散投资于不同行业或产品，能减少总投资风险。

rules of the game of the gold standard（金本位制下的游戏规则）：金本位制下货币管理部门限制逆差国的信贷，扩大盈余国的信贷的规则（于是加强了国际黄金流动对国家货币供给的影响）。

Rybczynski theorem（雷布钦斯基原理）：该原理指出商品价格不变的条件下，某要素禀赋的增加将导致该要素密集度高的产品的产出增加并减少其他产品的产出。

S

scientific tariff（科学关税）：使进口品价格等于国内品价格，从而使国内生产者可以同国外生产者竞争的税率。

seigniorage（铸币税）：一国从发行货币或其货币作为国际货币储备中得到的利益。

Shared Foreign Sales Corporations（国外销售公司份额）：美国税法为刺激美国出口而减少对出口收入的有效税率的政策。

short-run aggregate supply (SRAS) curve（短期总供给曲线）：由于不完全信息或市场的不完善性，一国产出和价格水平之间的暂时的正向关系。

single factoral terms of trade（单因素贸易条件）：一国的出口品价格指数与进口品价格指数比乘以该国出口部门生产指数。

small-country case（小国情况）：贸易以贸易前大国相对商品价格进行，以至于小国得到了所有贸易好处的情况。

Smithsonian Agreement（史密森协定）：1971年12月在华盛顿达成的协定；在该协定下，美元贬值9%（每盎司黄金从35美元升为38美元），对其他硬通货相对于美元的价值进行重估；美元可否转换为黄金仍悬而未决；允许汇率在新平价上下浮动2.25%。

Smoot-Hawley Tariff Act（斯穆特-霍利关税法）：该法案使美国平均进口税在1932年达到历史最高的59%。

Sovereign wealth funds（主权财富基金）：由主权国家政府所有的资产公司，主要来自新兴市场经济体，投资于发达国家的金融和高技术企业。

Special Drawing Rights, SDRs（特别提款权）：国际货币基金组织创造的国际储备，用以补充其他的国际储备，并根据各国在国际货币基金组织中的份额分配给成员国。

specific-factors model（特殊要素模型）：该模型分析了至少一种要素不能在行业间流动时一国商品价格变化对要素收益的影响。

specific tariff（特别关税）：以每单位贸易商品中的固定数额表示的关税形式。

speculation（投机）：接受外汇汇率风险，或头寸风险，以期获得收益。

sporadic dumping（偶发性倾销）：偶尔以低于国内的价格在国外销售某产品，目的是在国外销售一些不可预见的或暂时的商品剩余，而不必降低国内价格。

spot rate（即期汇率）：要求从交易确认的那天起两个交易日内收付外汇的外汇交易中的汇率。

Stability and Growth Pact, SGP（稳定和增长协定）：要求欧洲货币联盟的成员国将本国的预算赤字控制在不超过本国GDP的3%的协定。

stabilizing speculation（稳定性投机）：当外币的本币价格（即汇率）下跌或很低时购买外汇，以期汇率会很快上升而获利，或者当汇率上升或很高时抛掉外汇，期望它很快下降。

stable foreign exchange market（稳定的外汇市场）：在外汇市场上，均衡汇率的波动会产生自发的力量，推动汇率回复到均衡状态。

stagflation（滞胀）：萧条或停滞与不断上升的价格和通货膨胀并存的状态。

standby arrangements（备用信贷协定）：成员国与国际货币基金组织协商认可未来可以从国际货币基金组织中借款的协定，以便需要时可以立刻执行。

state trading companies（国营贸易公司）：中央计划经济下掌握特定产品贸易权的国家组织。

statistical discrepancy（统计误差）：按复式簿记的要求，使一国国际收支中贷方与借方相等的账户。

Stolper-Samuelson theorem（斯托尔帕-萨缪尔森原理）：该原理指出自由国际贸易会使得一国相对短缺要素的实际收益下降，相对丰富要素的实际收益上升。

strategic trade policy（战略贸易政策）：在具有广泛外部性的寡头垄断市场上，积极的贸易政策可以增加一国的福利。

subprime mortgage crisis（次贷危机）：2007年源于房地产泡沫，从美国房地产市场开始，随后蔓延到整个金融行业的危机。

substitution account（替换账户）：该账户用于将所有国外持有的美元换成国际货币基金组织的特别提款权，以解决美元过剩的问题。

surplus in the balance of payments（国际收支顺差）：经常项目和资本项目中贷方超过借方的部分，或自主性交易，等于官方储备账户的净借方余额，或融通性交易。

swap arrangements（互惠信贷安排）：各国中央银行间协商彼此互换货币，用来干预外汇市场和控制国际游资。

synthesis of automatic adjustments（自动调节综合）：企图将自动价格调节、自动收入调节与货币调节统一起来以纠正国际收支的失衡。

T

target zones（汇率目标区）：在该体系下，主要工业化国家估计均衡汇率并对允许的汇率波动幅度达成一致。

tariff factories（关税工厂）：在一个国家或其他经济机构（如关税同盟）中，为避免进口关税而进行的直接投资。

technical, administrative, and other regulations（技术、管理和其他管制）：如安全、健康、标记要求和边境税等非关税贸易壁垒。

technological gap model（技术差距模型）：国际贸易的一部分是建立在引入新产品或新工艺基础之上的一种假设。

terms of trade（贸易条件）：一国出口商品价格指数与进口商品价格指数之比。

terms-of-trade effect of a tariff（关税的贸易条件效应）：大国征收进口关税导致进口商品价格的下降。

theory of the second best（次优理论）：该理论认为，当实现社会福利最大化或帕累托最优的条件不能全部得到满足时，设法尽可能多地满足那些条件不必然地或通常导致次优福利。

Tokyo Round（东京回合）：于 1979 年达成的多边贸易协定（在 1974 年的贸易改革法授权下），在该协定下，将平均税率减少 30%，并为应付非关税壁垒采取统一的国际行动。

Trade Adjustment Assistance（贸易调节援助）：美国 1962 年贸易扩张法中的条款（并延续至随后的贸易法案）。该条款对因贸易自由化受损害的工人和厂商给予援助。

Trade Agreements Act of 1934（1934 年贸易协定法）：授权美国总统在最惠国待遇的原则下与其他国家签署至多 50% 的相互关税减让。

Trade and Tariff Act of 1984（1984 年贸易与关税法）：授权美国总统协商降低服务贸易壁垒，与以色列签订自由贸易协定，并将普惠税（GSP）延至 1993 年。

trade controls（贸易控制）：一国在国际贸易上设置的关税、配额、对进口品的提前存入款和其他限制。

trade creation（贸易创造）：当来自非关税同盟成员国（支付进口关税）的定价较高的进口品由来自成员国（不支付进口关税）的定价较低的进口品所替代时，就称为贸易创造。贸易创造增加了成员国的福利，因为它增加了国际贸易和专业化。

trade deflection（贸易偏转）：进口品从世界上其他国家进入自由贸易区的低税成员国，从而避开了其他成员国的较高关税。

trade diversion（贸易转移）：关税同盟成员国之外的低成本进口品被同盟成员国的高成本的进口品替代时，就发生了贸易转移，对关税同盟自身来说，这减少了财富。

trade effect of a tariff（关税的贸易效应）：由关税引起的某商品贸易数量的减少。

Trade Expansion Act of 1962（1962 年贸易扩张法）：授权美国总统与周边国家协商关税减让最高至 1962 年水平的 50%，并用调节支援来代替无伤害原则。

trade indifference curve（贸易无差异曲线）：该曲线表示使一国具有相等财富的各种贸易条件。

trade or elasticities approach（贸易或弹性法）：该方法强调了贸易或商品与劳务的流动对汇率的决定作用，该模型在对长期汇率的解释上比对短期汇率的解释更有用。

trade policies（贸易政策）：规范一国商业或国际贸易的规则。

trade promotion authority or "fast track"（贸易振兴机构或"绿色通道"）：立法批准美国总统有权与其他国家签署全球贸易协议，容许不修改草案，而仅由国会投票批准或驳回协议（Sect. 9.7A）。

Trade Reform Act of 1974（1974 年贸易改革法）：授权美国总统减让关税，但不得超越肯尼迪回合后税率水平的 60%，并减少非关税贸易壁垒。

transfer pricing（转移定价）：跨国公司的分公司之间进行交易时，有意过高或过低定价，目的是使收入或利润从税率高的国家转向税率低的国家。

transfer problem（转移问题）：一宗大额的或不经常的资本转移，实际上伴随着支付国的顺差和等额的接受国的逆差，这种情况的处理被称为转移问题。

transportation or logistics costs（运输或物流成本）：商品转移过程中的运费、仓储费、装卸费、保险费和利息费用。

trigger-price mechanism（基准价格机制）：美国 1978 年为保护其钢铁工业而引入的反倾销机制，通过对低价钢铁进口国施加关税，使其价格等于基准价格制度中所规定的最低进口价格。

U

uncovered interest arbitrage(无抛补的利率套利)：将短期流动资金输往有较高利率的国际货币中心，不考虑将来汇率变动的风险。

unilateral transfers(单方面转移)：给予国外或从国外收到的赠品或赠款。

United Nations, UN(联合国)：旨在促进各国间在国际法、国际安全、经济发展、社会进步及人权议题上合作的国际组织。

United Nations Conferences on Trade and Development, UNCTAD(联合国贸易和发展会议)：联合国在1964年、1968年、1972年、1976年、1979年、1983年、1987年和1992年举办的特别会议，会上发展中国家提出了为促进发展中国家经济的发展改善现行国际经济体系运作的要求。

unstable foreign exchange market(不稳定外汇市场)：外汇市场中的不稳定因素使汇率越来越远离均衡状态的情景。

Uruguay Round(乌拉圭回合)：开始于1986年，结束于1993年的多边贸易协定，目的在于逆转非关税壁垒增加的趋势。用世界贸易组织(WTO)代替了关贸总协定(GATT)，将服务和农业引入世界贸易组织，并改善了争端的解决机制。

V

variable import levies(差价进口税)：欧盟对农产品进口征收的进口税，它等于欧盟设定的较高的农产品价格与较低的世界市场价格之差。

vehicle currency(国际支付货币)：用于国际交易或国际合同的标价货币，如美元和欧元。

vent for surplus(剩余出口理论)：该理论指出在一些发展中国家，出口应作为潜在剩余农产品和原材料的一个出路。

vertical integration(纵向一体化)：企业向前扩张供给自己的原材料和中间产品，和/或向后扩张提供自己的销售和分销网络。

voluntary export restraints, VERs(自愿出口限制)：在更高的全面贸易壁垒的威胁下，进口国使另一国"自愿"减少某商品对进口国的出口。

W

World Bank(世界银行)：见国际复兴开发银行(IBRD)。

World Trade Organization, WTO(世界贸易组织)：乌拉圭回合建立的组织，以代替关贸总协定秘书处，有权对工业品、农业品和劳务的贸易进行管理，并在解决贸易争端方面有更大的权限。

译后记

本书是美国著名国际经济学教授多米尼克·萨尔瓦多经典教科书《国际经济学》的简编版,适用于一个学期的国际经济学课程,针对的是只上过一两门经济学原理课程的本科生。本书既承继了原《国际经济学》教材的优点,即内容全面、知识前沿、讲解清晰、联系实际,同时又根据读者对象的不同对很多内容进行了精编、提炼,使之更适于作为入门教材。

除译者外,参与本书初译工作的还有吴秀云、庄孟升、陈晓霜、任随光、许思睿、黄柯彦、谢翔、吴晓丹、梁震宇、严晓久、郝利凡、杨海亮、于平、寇世奇、王晓宇、吴垠康、侯拥华、苗向东、潘姝苗、盛文群、吴克华、郑璐璠、郑韶婵、方震宁、曹春华、吴方、张影、王雯婷。

由于译者水平有限,加上时间比较仓促,文中错误和不当之处在所难免,恳请读者批评指正。

译者

2013 年 1 月

教学支持说明

▶▶ 课件申请

尊敬的老师：

您好！感谢您选用清华大学出版社的教材！为更好地服务教学，我们为采用本书作为教材的老师提供教学辅助资源。该部分资源仅提供给授课教师使用，请您直接用手机扫描下方二维码完成认证及申请。

任课教师扫描二维码
可获取教学辅助资源

▶▶ 样书申请

为方便教师选用教材，我们为您提供免费赠送样书服务。授课教师扫描下方二维码即可获取清华大学出版社教材电子书目。在线填写个人信息，经审核认证后即可获取所选教材。我们会第一时间为您寄送样书。

任课教师扫描二维码
可获取教材电子书目

 清华大学出版社

E-mail: tupfuwu@163.com　　　　　　　网址：http://www.tup.com.cn/
电话：8610-83470293　　　　　　　　　传真：8610-83470142
地址：北京市海淀区双清路学研大厦B座509室　　邮编：100084

教学支持说明

尊敬的老师：

您好！感谢您选用清华大学出版社的教材。为更好地服务教学，我们为采用本书作为教材的教师免费提供教辅资源，包括教学大纲、教案、课件、习题答案及课程思政案例等。请您直接用手机扫描下方二维码即可完成认证及申请。

为方便教师了解教材、选择教材，本社向使用我社教材授课的教师免费赠送样书，本活动解释权在清华大学出版社。您可以扫描下方二维码，推荐您感兴趣的图书，我社编辑将在第一时间与您取得联系。

清华大学出版社

E-mail: zhipin@tup.tsinghua.edu.cn
电话: 010-83470235
地址: 北京市海淀区双清路学研大厦A座509室
邮编: 100084
传真: 010-83470010